社会转型与伦理变迁研究书系

追寻政治的"是其所是"
从手段之善到目的之善

晏辉 著

中国社会科学出版社

图书在版编目（CIP）数据

追寻政治的"是其所是"：从手段之善到目的之善／晏辉著. —北京：中国社会科学出版社，2023.1
（社会转型与伦理变迁研究书系）
ISBN 978－7－5227－0347－3

Ⅰ.①追⋯　Ⅱ.①晏⋯　Ⅲ.①政治哲学—研究—中国②政治伦理学—研究—中国　Ⅳ.①D092②B82－051

中国版本图书馆CIP数据核字（2022）第097324号

出 版 人	赵剑英	
责任编辑	冯春凤	
责任校对	张爱华	
责任印制	张雪娇	

出　　版	中国社会科学出版社	
社　　址	北京鼓楼西大街甲158号	
邮　　编	100720	
网　　址	http://www.csspw.cn	
发 行 部	010－84083685	
门 市 部	010－84029450	
经　　销	新华书店及其他书店	
印　　刷	北京君升印刷有限公司	
装　　订	廊坊市广阳区广增装订厂	
版　　次	2023年1月第1版	
印　　次	2023年1月第1次印刷	
开　　本	710×1000　1/16	
印　　张	25	
插　　页	2	
字　　数	357千字	
定　　价	158.00元	

凡购买中国社会科学出版社图书，如有质量问题请与本社营销中心联系调换
电话：010－84083683
版权所有　侵权必究

"社会转型与伦理变迁研究书系"
总序

"社会转型与伦理变迁研究书系"来自于"转型期中国伦理基础变迁及其重建研究"这一课题的最终研究成果①，其主旨在于从德性论、规范论和实践论三个维度对社会转型与伦理变迁的内在逻辑关系做深入和整体性的研究。这一研究采取了发生学的方法，将起始于20世纪70年代末的全面而深刻的改革开放运动，作为分析和论证的历史起点，坚持了"始点"即第一哲学式的论证方式，试图开创一种全新的"转型期中国伦理基础变迁及其重建研究"的书写方式，即将价值哲学、道德哲学、伦理学融会贯通在一起的论证方式。将具体—抽象—具体、抽象—具体—抽象的逆向的思维发生学和正向的历史发生学的方法贯彻到论证过程的始终，将价值逻辑立于事实逻辑之上；最大限度地将断面思维中经段落思维而达于历史思维；在哲学的高度上见出问题的深度。

将"转型期中国伦理基础变迁及其重建研究"确立为真问题、基础性问题和根本性问题，是有着坚实的事实基础和理论依据的，无需花费更多的笔墨予以充分论证便可知晓其缘由。因为起始于20世纪

---

① 国家社科基金重点项目"转型期中国伦理基础变迁及其重建研究"（批准号：16AZX018），2016年6月立项，历时5年，于2021年6月18日结项。"社会转型与伦理变迁研究书系"是在该课题的最终结项报告的基础上，修改、完善而成。2021年12月又成功获批国家社科基金重大招标项目"当代中国道德观念史与道德实践史研究"（批准号：20&ZD038），这将成为"转型期中国伦理基础变迁及其重建研究"的拓展和深化，并从发生学视角呈现当代中国之道德观念与实践的原始发生及其演变的内在逻辑。

1

70年末的当代中国社会转型,是我们亲身经历过的事情,而且我们现在依然在经历着这个深刻的社会变革,更重要的是,由社会转型引发的诸种深层问题也逐渐显露出来,并且具有了新的外部环境,这就是西方逆全球化浪潮的兴起,它使得当代中国的社会转型面临着新的、更加严重的困难和挑战。当代中国的社会转型,本质上不是一个事件式、断面性的,而是一个复杂的历史过程;在质的意义上,它是一个不同于前现代社会而生成现代社会的过程,无论是在经济组织方式上,社会构成方式上,如"机械团结"和"有机团结"的相互嵌入、相互共属,还是在人们的认知方式、情感结构和意志立意上,都是一个全新的过程。我们所要做的不是去怀疑"转型期中国伦理基础变迁及其重建研究"是不是一个真实的、基础性的、根本性的和全局性的问题,而是要广度开显和深度发掘社会转型的原始发生及其引发的伦理基础的变迁,因为中国式现代化新道路已经义无反顾地向我们走来,这是现当代中国社会发展的"逻各斯"、"道",我们要么拥有这个"逻各斯",要么分有"逻各斯",如何为新的政治、经济、文化、社会、科技活动进行伦理基础的奠基,才是我们能够且应当做的事情。那么,如何进行广度开显和深度发掘呢?如何使当代中国社会转型朝向人类活动的终极之善而坚定地运行呢?这便是"转型期中国伦理基础变迁及其重建研究"的书写方式问题。它内在地由5个专题构成,既可单独成文又可合成一体。

1. 价值哲学与中国形态的现代性:社会转型与伦理变迁的宏观伦理学研究

这是从价值哲学的高度把握中国式现代化新道路的理论方式,它为"转型期中国伦理基础变迁及其重建研究"提供了"元哲学基础",是从总体性上把握中国形态现代性的哲学形式。它内在地蕴含着两种学术旨趣,一个是对当代中国价值哲学的发轫、发展和演变的反思与批判,指明价值哲学出场、在场、隐退、重返生活世界的复杂过程;一个是用价值哲学的原则与方法、概念与话语、运思与逻辑分析和论证作为一般范畴的现代性、作为特殊概念的社会主义现代化和作为个别范畴的中国形态的现代性,或中国式现代化新道路。它采取了由外到内的叙事方式,即从现代性的普遍性困境开始,如全球化场域下的流动性、易变性和风险性,返回到制度、教育、资本和科技这些现代性的基本要素上来,深度发掘现代化运动对中国人的"基本情绪"的嵌入和改造过程;正视和重视资本、权力、知识和技术支配世界的复杂过程;面对充满创价与代价、机遇与挑战、和解与冲突的诸种现代性困境,如何修正和完善教育理念、制度和体制,以培养更能适应现代性、改造现代性、引领现代性的现代人,因为在现代化的诸种事项中,人的现代化才是根本的、终极的。通过人而为了人,借助复杂而多变的现代化运动,促使每一个人过一种整体性的好生活,才是推行现代化运动的终极目的。缺少对现代性的总体性把握,没有对现代性困境的深度分析,"转型期中国伦理基础变迁及其重建研究"就缺少坚实的元哲学基础。全球化、中国式现代化新道路,原本就是一种典型的哲学性质的存在,它们构成了元哲学问题或哲学中的元问题,基于亲缘性原则,对此一元哲学问题只能用元哲学予以分析和论证,借以见出整体性或总体性特征。如果不是刻意固守学科分类和学科边界,那么,"价值哲学与中国形态的现代性"就是关于中国式现代化新道路的大伦理学研究,是关于现代化运动之基础价值、根本价值和终极价值的判断。

2. 问题域的确定及其构成逻辑:社会转型与伦理变迁的一般与具体哲学批判

就"转型期中国伦理基础变迁及其重建研究"这一题材所涉及到的问题而言,我们将其规定为"问题域",试图沿着基础性—根本性和全局性的构成逻辑来展开问题域的确定和确证。我们将对"社会转型与伦理基础变迁"的一般哲学批判确定为基础性问题,它要解决两个问题,即"社会转型与伦理基础变迁"的人性基础追问和社会根源考察。对人类欲求史的考察,构成了人性基础的追问;对前现代、现代和后现代的社会结构分析，构成了社会根源考察。而人类欲求史的发展与经济组织方式、国家治理和社会管理方式的历史变迁又是相互嵌入和相互促进的过程。我们并不是在社会革命的意义上，而是在社会进步和人的发展的意义上规定"社会转型"的，以此为基础，严格意义上的社会转型指的是由前工业社会、前市场社会向市场社会、工业社会的结构性变迁，这是人类在物质文明、政治文明和精神文明上的一次质的飞越，时至今天，这种社会转型依旧在如火如荼地进行着。尽管它产生了为前现代、前市场社会所没有的种种问题，如马克思恩格斯在《共产党宣言》中所论述的那样："资产阶级在它已经取得了统治的地方把一切封建的、宗法的和田园诗般的关系都破坏了。它无情地斩断了把人们束缚于天然尊长的形形色色的封建羁绊，它使人和人之间除了赤裸裸的厉害关系，除了冷酷无情的'现金交易'，就再也没有任何别的联系了。它把宗教虔诚、骑士热忱、小市民伤感的神圣激发，淹没在利己主义打算的冰水之中。它把人的尊严变成了交换价值，用一种没有良心的贸易代替了无数特许的和自力挣得的自由。总而言之，它用公开的、无耻的、直接的、露骨的剥削代替了由宗教幻想和政治幻想掩盖着的剥削。"① 由资本的运行逻辑所推动的全面的市场化，快速的生产过程和消费过程，使得整个社会都进到了一个时空高速运转的状态之中。"资产阶级除非对生产工具，从而对生产关系，从而对全部社会关系不断地进行革命，否则就不能生存下去。反之，原封不动地保持旧的生产方式，却是过去的一切工业阶级生存的首要条件。生产的不断变革，一切社会状况不停的动荡，永远的不安定和变动，这就是资产阶级时代不同于过去一切时代的地方。一切固定的僵化的关系以及与之相适应的素被尊崇的观念和见解都被消除了，一切新形成的关系等不到固定下来就陈旧了。一切等级的和固定的东西都烟消云散了，一切神圣的东西都被亵渎了。人

---

① 《马克思恩格斯文集》第 2 卷，人民出版社 2009 年版，第 33—34 页。

们终于不得不用冷静的眼光来看他们的生活地位、他们的相互关系。"① 这就是现代社会转型的价值二重性。起始于 15 世纪、发展于 16—17 世纪，而成熟于 18—19 世纪的西美国家的现代化运动（现代社会转型），是用血与火的文字将这种运动写入人类编年史的。因此，如果没有对西方和美国等现代社会转型的全面考察和深入论证，便不会了解现代社会转型的事实逻辑和价值逻辑，继而也就不能做出有坚实历史根据和有充分价值依据的判断来，也就发现不了西方现代化运动给自身乃至人类造成的创价与代价。中国的现代社会转型发轫于 20 世纪 70 年代末，是典型的后发形态的现代化运动，是追赶型的社会转型。它面临着双重选择，其一，西方和美国的现代化运动，经历了四百多年的历程，由它所造成的代价已昭然若揭，这有可能使得后发国家的社会转型畏首畏尾、裹足不前，但也有可能吸取其教训、借鉴其经验，砥砺前行，更加理性地、稳步地推进当代社会转型。其二，如何参照西方和美国的社会转型的教训和经验，既不照抄照搬又不极端排斥，走出中国特色的现代化道路，即中国式现代化新道路。这无疑是一个重大的理论问题和实践难题。当把中西放在社会转型过程中产生的异同标画出来之后，一个更加复杂的问题便呈现出来，即社会转型在各个社会领域中的表现，它们共同构成了根本性问题。我们用"社会转型与伦理变迁之诸种哲学原理"的形式呈现这些问题，具体表现为"社会转型与伦理变迁之经济哲学原理"、"社会转型与伦理变迁之社会哲学原理"、"社会转型与伦理变迁之政治哲学原理"、"社会转型与伦理变迁之道德哲学原理"和"社会转型与伦理变迁之精神哲学原理"五个主要的部分。"社会转型与伦理变迁之道德哲学原理"和"社会转型与伦理变迁之精神哲学原理"这两部分，原本是最为艰深而重要的部分，但限于篇幅和能力，只做了最为集中的分析和论证，更加丰富而复杂的内容只好留到国家社科基金重大招标项目"当代中国道德观念史与道德实践史研究"中加以解决了。

---

① 《马克思恩格斯文集》第 2 卷，人民出版社 2009 年版，第 34—35 页。

当关于"社会转型与伦理变迁"的一般哲学和具体哲学批判完成之后，如何运用通过这种批判给出的原则与方法、道路与环节，深入研究当代中国社会的社会转型及其伦理基础变迁与重建问题，就自然而然地突出出来。它们构成了"转型期中国伦理基础变迁及其重建研究"的全局性问题，这是理论追求和实践诉求的终极目标。在对全局性问题的研究中，我们采取了结构主义和发生学的方法。除了已经运用过的社会领域原则，还从时间结构上，把当代中国的社会转型划分成"史前史"状态、"转型过程"状态以及"后转型"状态三种类型；在空间结构上分成相对封闭状态和全球化场域两个方面。在发生学的意义上，极为细致地刻画了当代中国社会转型之原始发生的"起点"问题，严格区分了政治家、思想家和民众在社会转型之原始发生的初始状态中所起的作用，以及发挥作用的方式；细致地刻画了社会转型带给人们的"基本情绪"的深刻变化；用现代性的中国形态这一哲学研究统领对当代中国社会转型之具体过程的分析和论证。对以上三个问题的研究构成了"转型期中国伦理基础变迁及其重建研究"的第二部分："社会转型与伦理变迁的一般哲学和具体哲学批判"。这是"价值哲学与中国形态的现代性"研究所取得的成果在具体问题研究中的应用。这是中观伦理学。

3. "转型期中国伦理基础变迁及其重建研究"的道德哲学基础：走向心灵和历史深处的道德哲学

在某种意义上，当代中国的社会转型对道德哲学和伦理学的需要是迫切的、深刻的；然而当代中国的伦理学，无论是所谓的德性论、规范论还是实践论，都未能随着社会转型的拓展和深化而深化和扩展自身；相反人们似乎自觉不自觉地在用传统的伦理学和道德哲学体系、用过往的道德观和伦理观来感知、判断和评判由社会转型引发的深刻的伦理基础变迁，尽管讨论、议论和争论显得如火如荼，但有深度、有力度的研究尚显不足，未能用整体性意识、复杂性思维和冲突性态度去认知、感悟和论证越来越复杂化的伦理变迁。令人忧虑的是，伦理学研究似乎存在着朝着"政坛伦理学"和"讲坛伦理学"方向"急速挺进"的倾向，并非说这两种研究范式不重要、不正确，而是说它们很难深刻把握转型中国所面对的深层的伦理问题，为此，要加大促使伦理学研究朝向理论和思想进行沉思的力度；构造一个走向心灵和历史深处的道德哲学，它构成了"转型期中国伦理基础变迁及其重建研究"的元道德哲学基础。

（1）确定伦理学的问题域及其论证方式构成了当代中国道德哲学的前提性工作。伦理学究竟该研究什么？这个看上去似乎是一个伦理学研究中的常识性问题，其实却构成了一个必须优先加以解决的基础性问题。在当代伦理学研究中，人们往往不能区分伦理学研究对象的问题域和伦理学自身的问题域，以为二者的问题域是相同的，这种认识的结果就会把人们何以要有德性、何以拥有德性和如何运用德性的问题等同于伦理学认为的核心问题，如道德与利益的关系问题，群己关系问题；道德实践上的始点与伦理学研究的始点是不同的，如果不能找到道德生活世界中的始点，那么任何一种伦理学研究就是不彻底的。为此，就必须预先引入道德形而上学、道德哲学和伦理学三个概念，梳理三者之间的内在的逻辑关系。道德形而上学是一种追问道德始点的思维方式，康德在《道德形而上学奠基》和《实践理性批判》中一直在苦苦寻找那个使人以道德的方式过一种有尊严的生活的始点，善良意志、实践法则和实践理性构成了康德式的德性论，它要回答、也能够回答在一个充满陌生关系的公共生活中，具有正当性基础的行动是如何可能的问题。道德形而上学对德性与规范之始点的追问形成了一个自足的逻辑体系，这就是道德哲学。如果把道德哲学定义为对德性与规范之何以可能、如何可能和怎样可能的追问，那么道德责任的实存以及如何履行责任就构成了它的核心，进一步地，人是否拥有意志自由或者说人在德性和规范上是否是自由的，构成了道德哲学的核心问题，它以绝对命令如何可能的陈述方式表达出来。那么，有理性的存在者究竟履行何种样式的道德责任，又是如何履行责任的呢？对此一问题的思考构成了直接面向行动的伦理学。至此就完成了从道德形而上学到道德哲学再到伦理学的沉思，如下10个前提性问题也得到了澄明：①道德与伦理的关系问题，这不仅仅是一个语言学、语义学或语言哲学问题，更是一个有关行动的道德判断问题，同时还是一个"主观意志的法"与"自在的伦理世界"的关系问题。②伦理性与伦理基础的关系问题，道德哲学和伦理学只研究那些具有伦理性质的社会事实，即具有利益相关者和相应规范的社会事实，是因其行动而成且能够为其行为担负道德责任的社会事实；为一个具有伦理性质的观念和行动进行伦理基础的奠基，构成了"伦理基础"这个概念和核心内容。③正当与善何者优先的问题。这个被元伦理学的开创者摩尔称之为伦理学基本问题第二个方面的核心问题，确实切中了伦理学基础问题的要害；什么是一般价值上的正当？什么是道德哲学和伦理学意义上的正当？④决定论与意志自由的关系问题，如果人是由自然和社会所规定了的存在者，那么他就不可能是自由的；如果他是可以决定自己的行动的善恶的，那么人世间就不会有作恶多端的人和事了。如果从纯粹学理的意义上争论不休，那么就会偏离客观的道德事实。反复进行的道德实践证明，人在意志上只具有相对的自由。能够和应当为善并非就是总是或必然地为善；绝对而普遍地为善或为恶，都不是普遍的社会事实和精神事实。⑤动机与效果的关系问题。这不仅仅是一个道德评价问题，更是一个究竟何种要素在道德选择和道德行动过程中起决定性作用的问题，我们可以在极不严格的意义上，将前者称为基于善良意志之上的义务论，将后者称为充满功利计算的功利论；前者是自律的方式，后果是他律的方式。⑥德性的起源问题。而就对起源的解释方式而言，主要有外在起源说和内在起源说两大类。外在起源说包括上帝说、社会说和自然说，内在起源说则有康德的有限理性存在者和孟子的良知、良能说。⑦公正的观察者、正确的言说者和正当的行动者的相互关系问题。只有做到三者有机统一的人才是真正拥有德性和运用德性的人。⑧结构主义和发生学的方法问题。结构主义在研究德性、规范上具有独特的功效，它既可以分别出不同的类型，还可以分解成不同的要素，检视一下哪一个或哪一些要素在决定正当行动过程中起关键作用。然而结构主义、功能主义毕竟是将动态的行动静态化、将流动的善类型化，如若将它们发展到极端就会偏离实际的德性自身，将有生命的流动的德性当做没有生命力的固定的善来加以研究。于是，必须引入发生学的方法，通常称之为"原始发生"。它有两个思考维度，一个是德性是怎样获得的，一个是德性是怎样应用的。⑨实证主义与现象学的关系问题。在伦理学研究中，有一种强烈的自然主义或实证主义倾向，试图将人的道德判断、推理和选择实证化，试图找到一个像物理规律那样的一种道德规律来，人工智能的发明者和推动者有着坚定的实证主义意图和强烈的自然主义倾向。他们常常以为，只要像发明人工智能那样，构造出一个人为设置的道德自由模型，人们就会按照人工智能发明者的意图做有德性的事。而现象学则主张，人有不断变化的意向、意愿和意向性，价值判断与事实判断具有本质上的不同，看不到人的意向性和主体性便看不到人在选择的上的多样性、可以为善也可以为恶的可能性。⑩场域问题。布尔迪厄在《反思社会学引论》中集中讲述了他的"场域"理论，这对道德哲学和伦理学研究来说极为重要。在我们的伦理学研究中，很多分析和论述都是在无主体、无语境下进行的，其结论似乎适合于任何一种境况，而仔细想来，又不适合于任何一种境况。诸如，西美国家的现代社会转型具有不同的国内外环境，而中国的现代社会转型则面临着极其不同的场域，比如我们不能像西美国家那样，通过国内的圈地运动和对他国的资源掠夺、军事侵略、政治支配和文化殖民的方式来实现由封建帝制向资产阶级私有制的转型；中国是在逆全球化浪潮甚嚣尘上、西方优先、美国优先的全球化背景下艰难进行现代转型的。如果离开了充满矛盾和冲突的全球化这个场域，独自研究所谓的中国形态的现代转型，就必然不能把握由这种转型所引发的伦理基础变迁；同样，如果离开了中国传统文化或文化传统而只考虑西方文明对当代中国的意义，那势必被西方文化所改造和同化；历史事实证明，一个被其他民族文化同化了的民族，也就彻底失去独立发展的内在源泉。当预先拥有了这些前提性问题的批判，对德性和规范的考察也就有了足够的理论准备，这不仅仅是方法的建构，更是基本理论的生成。

（2）德性如何可能以及怎样可能？理论上的困境来自实践中的难题。在分析和论证中国当代社会转型的原始发生时，我们在始点的意义上遇到了一个困难，亦即，是哪个或哪些主体预先认知和感受到"前社会转型"结构的失效、无效状态？这便是道德主体问题，可有政治家、思想家和民众三种行动主体；前两者具有先在性，即他们充分感受到，只有实现现代社会转型才能摆脱普遍贫穷和全面落后的状态。那么，政治家和思想家的德性是如何生成的呢？他们又是如何运用德性于国家治理和社会管理的呢？对这些问题的追问促使我们必须回归到道德哲学和伦理学自身，以此可以说，只有预先实现道德哲学和伦理学自身的现代转型，才能找到解释和范导伦理基础变迁及其伦理基础重建的范畴群、话语体系和逻辑结构。

在德性是什么和如何可能的追问中，我们充分吸收和借鉴了中外古今重要的思想资源，尤其是心灵哲学领域里的思想。在这一领域，我们将柏拉图、亚里士多德、奥古斯丁、休谟、康德，以及现当代西方的心灵哲学作为我们考察的重点；将孟子以及朱熹对"四书"的注释和阐释，作为中国伦理文化中的重点，认真体会、深刻领会。在此基础上，我们集中论述了灵魂、心灵和德性之间的关系；在充分领悟和借鉴中外古今心灵哲学和德性论基础上，构造了一个"道德人格"理论模型。将"道德人格"作为一个可行能力概念确定下来。在"道德人格"这个概念之下，分析和论证了道德人格的内部构成以及各个要素单独和共同起作用的机制、机理，然后用行动概念统领道德判断、推理和选择的过程。其中，道德体验和道德推理是我们讨论的重点，它们将道德人格中的情感因素和理性元素有机地统一起来。如果说，通过结构主义构造和发生学的动态考察，我们给出的是一个充满流动性的德性，那么，这个流动的德性是如何培养出来的呢？为此，我们集中分析和论证了道德教化问题，提出了感受性和接受性问题；具体分析了在不同的历史场域之下，德性养成的路径和具体内容。如果说，德性为体，德行为用，体用结合方为型，那么，如何判断一个的行动是基于德性之上的德行呢？这就是行动的根据和评价的依据问题，即道德规范问题。

（3）道德规范的原始发生及其起作用的方式。康德说："对客观原则的概念，就其对意志具有强制性来说，称之为理性命令，对命令的形式表达称之为命令式。一切命令式都用应该这个词来表示，它表示理性客观规律和意志的关系，就主观状况而言，意志并不要由此而必然地被决定，是一种强制。人们说，做这件事好，做那件事不好，但听这话的意，决不是去做在它看来是做了好的事情。实践上善就是由理性观念决定意志，不过并不是出于主观的原因，而是出于客观原因，也就是那些每一个有理性的东西，作为有理性东西都要接受的根据。它和乐意不同，乐意是由于只为这个人或那个人在感觉上接受的主观原因，通过感觉对意志发生影响，而不是作为理性原则，而为一切人所接受。"① 康德的意思是说，对于一个乐意追求自己快乐的人，即使明确地认识到有一个普遍有效的道德法则，但由于这个法则不是出于他的主观原因，即不是出于他的快乐愿望，他也不会十分愉悦地按法则行事。这就是说，对于一个追求快乐的人来说，遵循快乐原则而行动是必然的，而遵循道德法则而行动则不必然；对快乐对象的关切是主动关切，对按着法则去行动的关切是偶然关切。对于完全善良的意志而言，遵照客观规律、实践法则而行动，并不是被动的，而是自愿的，如上帝的意志，神圣的意志（圣人、智者）；只有对这个或那个有理性的东西、不完全意志，如人的意志，客观规律才是强制的，它以命令式表达客观要求。这就是道德规范。对道德规范的研究属于规范论，在当代中国伦理学研究中，规范论研究是比较薄弱的。"转型期中国伦理基础变迁及其重建研究"要求我们必须重构当代的

---

① ［德］康德：《道德形而上学原理》，苗力田译，上海人民出版社1986年版，第64页。

规范论。我们从规范的原始发生、结构类型、规范变迁三个方面深入分析和论证了规范的起源、本质与功能,指明了道德规范与其他社会规范的区别与联系;在社会转型期,各种社会规范发生结构性变迁的内在过程;一种新的更加能够体现效率与公平、正义与平等、自由与幸福的规范体系尤其是制度体系是如何可能的;能否对制度进行伦理辩护与批判?等等。在处理社会依存性、道德责任与道德规范三者之间的关系时,始终抓住社会秩序、责任根据和实践理性三个核心环节,指明,任何一种规范都根源于人们对秩序的需要,包括物与物、人与物、人与人之间的和谐状态,保持这些秩序就是每一个行动者的责任,有完全责任和不完全责任;有对自己的责任,更有对他者的责任。而履行责任的基础则是人的善良意志和实践理性。为着解决交互主体之间的协调、权力和冲突问题,人们必须把可以相互提出的有效性要求规范化、形式化。"在社会依存性场景中作为协调、权力或者冲突问题表现的、由对策性行为引起的行为规律性须用下述事实进行解释,即并非行为人自己,而是他人(也)希望实施相关行为方式。有意针对他人行为的意愿行为的内容则是一种规范。如果有人要求行为人采取某一方式的行为,那么这就意味着行为人应该按照此人意愿采取某一特定方式的行为。如果有人希望行为人可以按某种特定行为方式行为,这就表示行为人不改动按照该人的意愿以某种特定方式行为。向某一行为人表明一种意愿,即他应该或被允许采取某一特定行为方式,这就意味着他人作为'规范制定者'为作为'规范对象'的行为人确定一种规范。在这个意义上通常可以认为,经验上源于他人意愿而非行为人本人意愿的行为方式的原因是规范确立。如果规范制定者的目标是通过许可或禁止某一特定行为方式而限制规范对象的决策自主权,那么这就是确立'义务规范'或'行为规范',反之,如果行为制定者通过明确允许行为人实施一种通常被禁止的行为方式,因此意在扩大规范对象的决策自主权,则是确立'许可规范'。最后,如果规范制定者要求规范对象服从其他行为人的意愿,所确立的规范便称之为'授权规范'。这种情况下,规范制定者是想扩大行为人相对于他人权力从而使后者拥有额外的行为选择性。"① 无论是出于协调、权力还是冲突的原因，规范的制定和实施都是相互的，具有主体交互性和利益互利性。

我们依据康德在《实践理性批判》中，在"有关善恶概念的自由范畴表"中给出的关于道德规范的四个规定性，即数量、性质、关系、情状（模态）四个方面，给出了有关道德规范的一个完整模型。这完全是一个形式上的规定，在不同的社会场域之下，其具体内容和实现方式是不同的。在社会转型期，最大的变化就是，向行动者而言的利我动机常常被置于各种动机的首要位置，这既向道德规范提出了挑战又为形成新型的、更有范导能力的道德规范提供了契机。

（4）集德性与规范于一身应用于各个活动领域的实践论。人是在行动中养成德性和制定规范的，也一定是在行动中运用德性和践行规范的。如果德性论和规范论只是为好的生活提供了主体性力量和客体性根据，那么实践论则是把这种力量和根据变成了现实的伦理世界，以及人们在这个伦理世界中对幸福的追求和体验。

起始于20世纪70年代末的当代中国社会转型，直接促成了社会活动领域的分化。在传统社会，人们生活在家国同构的状态下，当开始于两汉之际的儒家伦理的意识形态化过程，在家与国之间就不再有本质的伦理区别了，它们遵循着共同的伦理规范系统。比附性思维的嵌入作用，使得家庭伦理和国家伦理没有了质的分别；经济的、政治的、科技的运行方式，使得人们在传统社会，于家与国之间未能开辟出一个可以表达公共意志的真正的社会领域来。经过社会转型，经济和文化开始摆脱政治的强制统合作用，逐渐相对独立地发挥作用。于是，一种相对独立的社会领域被开显出来，这就是婚姻与家庭领域，以友爱为基础的私人交往领域，以互相尊重、共同遵守道德规范的公共生活领域，以遵守诚实守信原则为基础、以追求利益最大化为目的

---

① ［德］鲍曼：《道德的市场》，肖君、黄承业译，中国社会科学出版社2003年版，第50—51页。

的经济领域,在宪法界定的范围内、以享有平等的权利履行平等的义务为内容的政治领域。领域的内容不同、目的有别,规则也就不同,那么,道德哲学和伦理学就必须研究不同社会领域中的德性与规范及其生成和运用问题。

首先,实践论是面向手段之善和目的之善的行动,幸福被视作是自足的、具有内在价值的、其自身就值得追求的善;但它必须与属人的善结合起来;属人的善就是令一个人处在好的状态,并使他出色地完成他的活动所必需的优良品质,这就是德性;幸福是合于德性的实现活动。

其次,必须研究各个社会活动领域里的德性和规范状态。这些不同的社会活动领域,分别为人的生活,为人们追求快乐和幸福提供着各自的基础和价值。在婚姻家庭领域,惟其是以互爱为前提、以互相履行责任为保证、以共同生活为目的而构建起的伦理生活共同体,所以家庭成员之间履行的是差序伦理,践行的是利他主义的伦理规则。它为每一个家庭成员提供着本体性安全,在朝夕相处中,成员获得了高度的认同感、归属感和安全感。经济活动以效率与公平为价值原则,遵循的是等价交换、诚实守信、童叟无欺原则,追求的是合理的利益最大化,它为人们提供着物质和精神生活资料。公共生活为人们的休闲和公共交往提供着可供分享和共享的公共设施,遵守的是相互尊重和相互协作原则。而政治领域则以正义与平等为价值原则,以提供政治保障为目的,使社会在有序的状态下运转。除此之外,与每个人的思考和行动都密切相关的伦理问题则是科技伦理和生态伦理,这显然是具有鲜明现代性的伦理难题,值得深入分析和论证。当我们依照伦理学的问题域及其论证方式——德性论—规范论—实践论的内在逻辑构造起一个自足的逻辑体系时,"转型期中国伦理基础变迁及其重建研究"的理论基础也就奠定起来了,这就是本课题的第三部分,"转型期中国伦理基础变迁及其重建研究"的道德哲学基础:"走向心灵与历史深处的道德哲学"。相较于"价值哲学与中国形态的现代性"之宏观伦理学、"社会转型与伦理变迁的一般与具体哲学批判"

之中观伦理学，关于"走向心灵与历史深处的道德哲学"研究，则必是微观伦理学。

4. "转型期中国伦理基础变迁及其重建研究"的政治伦理呈现：追寻政治的"是其所是"——从手段之善到目的之善

在起始于20世纪70年代末的中国当代社会转型的原始发生中，政治的力量起着根本性的作用。在40多年的转型过程中，政治作为一种相关于每个人的根本利益的所有方面，是以实现终极之善为目的的。政治治理国家和管理社会的方式，超越了资本的功利性和权力的强制性，它把以人民为主体的理念贯彻到了治理与管理的各个领域和层面。由这一事实逻辑和价值逻辑所决定，"转型期中国伦理基础变迁及其重建研究"必是以"政治领域"里的伦理基础变迁及其重建为研究重点，指明一种从手段之善到目的之善的基本模型和实现路径。

（1）沉思政治伦理基础变迁及其重建的微观设定。我们可以对我们的以及他者的"不再是"和"尚未是"的政治性质和政治意义有浓厚的兴趣，但我们永远都生活在"正在是"的此在状态中，我们的"实际性"就是我们的一切。我们必须关注和回答我们的政治难题。转型期中国的政治学、政治伦理学和政治哲学将面对它必须重视的问题，也必须要解决这些问题。在极不完整的意义上，我们把本有和分有政治性质的问题梳理成如下一些方面：①财富的快速积累与公平分配问题；②市场不足与市场过度问题；③市场社会主义与权力寻租问题；④个人意志与公共意志问题；公共理性与实用理性问题；⑤官僚主义的根深蒂固与经济权利和传播权利的问题；⑥政治过度与政治不足的问题；⑦被代表与主动诉求的关系问题；⑧一元主义核心价值体系与多元主义实践价值的关系问题；⑨国家工具主义与国家本质主义之间的矛盾；⑩确证主义与内敛之道家文化之间的矛盾关系；⑪政治哲学与政治是其所是之间的关系；⑫国家与市场之间的关系问题；⑬一元主义话语体系、话语权垄断与多元主义意志表达之间的矛盾关系；⑭个人利益思维与公共理性思维之间的矛盾关系；⑮好的理念与劣的体制之间的关系问题；⑯权力资本化及其边际成本问题；⑰从权力社会到政治社会的可能性及其限度问题；⑱传统文化的优与劣的问题；⑲正确的政治观和权力观如何可能的问题；⑳核心价值与共同价值问题；㉑国家治理现代化过程中的道德基础建构问题；㉒未来核心素养中的知识与德性问题；㉓国家治理中的善良意志、实践法则与实践理性问题；㉔自由与正当性基础的追问之间的关系问题；㉕人格与人格性的关系问题；㉖公正的旁观者、正确的言说者与正当的行动者之间的关系问题；㉗社会管理中的自治力问题；㉘流动的社会与固定的身份、地位、机会之间的矛盾关系问题；㉙黄色文明、红色文化、蓝色文化与绿色文明之间的关系问题；㉚意识形态话语权的国家性与世界性问题；㉛逆全球化与世界性之价值诉求之间的矛盾关系；㉜政治表达与表达政治的合理性边界问题；㉝公共权力分割与运行之中的手段之善与目的之善的关系问题；㉞边陲管理与中轴管理中的权力滥用问题；㉟权力集团的自觉与一般民众的觉醒之间的关系问题；㊱作为第四种权力形式的现代媒体的社会作用问题；㊲全球化进程中文化安全问题；㊳平等的多样化与复杂性问题；㊴城市化与公共空间分配中的正义问题；㊵现代生物技术开发与运用中的伦理问题。在此，我们无意就这些问题逐一加以分析和论证，而是将这些问题整合成一个基础性、根本性和全局性问题的逻辑序列，在整体性意识和复杂性思维的高度上做哲学意义上的探讨，出于表象上的具体问题而又止于抽象上的具体，是这种探讨所欲达到的目的。以上诸方面只是我们在思考的意义上必须考虑到的问题域，而在实际的论证和论述中，则必须将这些问题整合成一个由基础性、根本性和全局性问题构成的有机体，依照结构主义和发生学的致思范式将它们呈现在表象里、把握在意识中。

（2）伦理基础变迁及其重建的全局性问题是政治观和权力观问题。对政治的定义可有技术主义和本质主义两种，如果仅仅把政治定义为获取权力的技艺，而不追问政治的"是其所是"，那么，权力就极有可能变成权力拥有者实现私人目的的手段，权力滥用和权力不用就会普遍地出现，极端专制和无政府状态就会产生，其后果是整个社会结构的解构、价值体系的崩溃和观念体系的崩塌。对政治权力和公共职权进行合理分割和严格限制，是使权力服务于终极之善的基础，为此，就必须引入本质主义的定义方式，将权力定义为：相关于每个人之根本利益的所有方面。就根本利益说，就是被宪法合法界定了的公民享有的权利和应尽的义务，即生存权、财产权和自由权，也就是每个人个体追求幸福的三个基础，即身体之善、外在之善和灵魂之善；而就社会进步和人的发展的终极状态说，就是财富的积累和合理分配，合理表达公共意志，过一种整体性的好生活。所谓所有方面，就是政治观—政治制度—政治行动；而政治制度的供给与变迁又是最根本的方面，它是连接观念与行动的中间环节。对政治权力的伦理辩护与批判构成了实现这一环节的理论基础。

（3）能治与善治是现代政治伦理的核心，也是一个好政党、政府和好政治的一个有力证明。在常态化的国家治理和社会管理中，由中国共产党人领导的社会主义革命、建设和发展，始终将人民主体的理念作为坚定的信仰和信念，贯彻到政治制度和政治行动中；在手段之善的意义上，始终致力于"五位一体、协调发展"的战略，追求人与自然、人与人、人与自身的和谐；还把这种理念贯彻到了全球治理中，在提供着中国道路和中国智慧。

5. "转型期中国伦理基础变迁及其重建研究"的公共管理伦理确证：为公共管理活动进行伦理基础奠基

追问政治的"是其所是"是研究政治伦理基础变迁及其重建的形而上沉思，而"为公共管理活动进行伦理基础奠基"则是实现政治之"是其所是"的形而下确证。在这一单元，我们将严格按照观念—制度—体制—行动的内在逻辑，探讨公共管理伦理基础的建构及其实现方式。"为公共管理进行伦理基础奠基"属于"转型期中国伦理基础变迁及其重建"之"政治伦理基础变迁"的形而下问题研究，它的理论来源有两个，一个是伦理学的基本理论，由"由走向心灵与历史深处的道德哲学"提供；一个是政治哲学的理论支持，由"追问论政治的是其所是"供给。如果说，"追问政治的是其所是"解决的是"政治是其所是的东西"的预先设定，政治信仰和政治观念的预设，制度之政治哲学的批判、意识形态的建构及其传播、国家伦理的预设及其实现方式，等等，那么"为公共管理进行伦理基础奠基"所要回答的是权力的原始发生、权力分配和运行中的伦理问题，初始性制度安排与矫正性制度变迁中的伦理问题，能治与善治的政治伦理基础，道德约束权力滥用的可能方式，等等。如果说"追问政治的是其所是"解决的是观念和制度的正义问题，那么"为公共管理进行伦理基础奠基"解决的则是体制和行动中的伦理问题。为着不使"为公共管理进行伦理基础奠基"的研究陷入就事论事式的描述和争论中，我们采取的研究路径是学科和学说式的，或者说，从学科和学说高度概括和提炼在公共管理中产生的根本性和全局性的伦理问题，并把这一研究贯穿到当代中国的公共管理实践中来。

相较于宏观、中观和微观伦理学，"追寻政治的是其所是"和"为公共管理进行伦理基础奠基"则属于应用伦理学；它们既是刚刚建构起来的道德形而上学、道德哲学和伦理学理论的应用，也是充满生命力的生活实践对道德和伦理学理论的检验，检验它们的正确性和有效性程度。

这就是"转型期中国伦理基础变迁及其重建研究"的书写方式。期间贯穿着普遍性—特殊性—个别性的内在逻辑；遵循着从宏观伦理学到中观伦理学再到微观伦理学的致思路向；体现着历时性与共时性相统一的时空架构；实现着历史逻辑与价值逻辑的有机统一；坚持着伦理辩护与伦理批判的立场；追求着理论与实践的高度统一的目标。

目　录

导论：追问和追寻政治"是其所是"的三种方式 …………（1）

第一章　政治"是其所是"的一般哲学批判 …………（39）
　　第一节　将康德的建构性原则和范导性原则应用于政治
　　　　　　事实研究的可能性及其限度 …………………（40）
　　第二节　基于思辨理性之上的有关政治"是其所是的
　　　　　　东西"的诸哲学原理 …………………………（46）

第二章　权力的伦理辩护与批判 ……………………（56）
　　第一节　权力的起源和来源 ……………………………（56）
　　第二节　政治权力：复杂性与正当性 …………………（71）
　　第三节　政治权力的伦理辩护与批判 …………………（77）

**第三章　政治哲学把握当代中国问题的方式：一种类型学的
　　　　　考察** ……………………………………………（132）
　　第一节　何谓政治哲学把握政治事实的方式？ ………（133）
　　第二节　类型学意义上的中国问题 ……………………（138）
　　第三节　政治哲学视阈中的观念论、方法论与
　　　　　　实践论 …………………………………………（150）

第四章　从权力社会到政治社会：可能性及其限度……………（155）
  第一节　勘定与界定：问题域与范畴群的先行标划………（156）
  第二节　界定和确定权力社会的历史根据与道德立场……（161）

第五章　三种历史场域下的意志自由与道德责任……………（176）
  第一节　有关意志的道德哲学原理…………………………（177）
  第二节　前现代性场域下的意志自由与道德责任…………（184）
  第三节　现代性场域下的意志自由与道德责任……………（188）
  第四节　中国形态之现代性场域下的意志自由与
      道德责任………………………………………………（198）

第六章　从相同意志到公共意志的内在逻辑及其复杂性………（201）
  第一节　有关意志的道德哲学原理…………………………（202）
  第二节　从有关意志的类型学到政治意志…………………（210）
  第三节　政治意志作为公共意志的生成逻辑………………（223）
  第四节　培养和践行政治意志（公共意志）的道路………（230）

第七章　伦理辩护与批判：城市化及其伦理后果………………（242）
  第一节　市场化与城市化及其伦理辩护……………………（243）
  第二节　市场化与城市化的伦理后果：世界语境与
      中国问题………………………………………………（247）
  第三节　为一个良好的市场化和城市化进行伦理
      基础奠基………………………………………………（254）

第八章　论劳动之伦理本体地位的消解与重建…………………（258）
  第一节　在事实与应当之间：确证劳动之伦理本体地位的
      两种方式………………………………………………（258）
  第二节　两种意义上的消解与不公正………………………（265）
  第三节　让劳动回归伦理世界………………………………（271）

第九章 政治传播的哲学基础论证 ……………………（278）
第一节 政治传播的本体论基础 …………………（279）
第二节 政治传播的认识论前提 …………………（284）
第三节 政治传播的价值论根据 …………………（287）
第四节 政治传播的实践论建构 …………………（293）

第十章 危机管理中的政治力量和人格魅力 ……………（298）
第一节 哲学批判逻辑的先行标划 ………………（299）
第二节 公共危机之原始发生的前提批判 ………（310）
第三节 如何以政治哲学的方式看待和
对待公共危机？ ……………………………（318）
第四节 危机管理中的哲学态度与哲学行动 ……（325）

第十一章 从权力政治到生命政治：两种场域与两种路向……（344）
第一节 面向学术还是面对问题：对政治哲学
自身的先行批判 ……………………………（346）
第二节 直面生命政治自身：生命政治
"原理"的先行标划 …………………………（350）
第三节 同一种场域下的两种路向与
两种场域下的同一种路向 …………………（369）

参考文献 …………………………………………………（375）

导论：追问和追寻政治"是其所是"的三种方式

在某种意义上可以说，只要有人类存在，只要人们愿意生活下去并意欲过上整体性的好生活，政治事实就必然存在。而在诸种学科或学问中，有关政治事实的理论研究似乎与其他人文社会科学研究同样长久，甚至可以说，有关政治事实的学问乃是有关人和社会之最根本问题的学问。亚里士多德在《尼各马可伦理学》《政治学》和《论灵魂》中，在讨论伦理学与政治学的关系时，曾明确指出政治学乃是"考察高尚〔高贵〕与公正的行为"的科学。"如果在我们活动的目的中有的是因其自身之故而被当作目的，我们以别的事物为目的都是为了它，如果我们并非选择所有的事物都为着某一别的事物，那么显然就存在着善或最高善。那么关于这种善的知识岂不对生活有重大的影响？如若这样，我们就应当至少概略地弄清这个最高善是什么，以及哪一种科学与能力是以它为对象的。看起来，它是最权威的科学或最大的技艺的对象；而政治学似乎就是这门最权威的科学。因为正是这门科学规定了在城邦中应当研究哪门科学，哪部分公民应当学习哪部分知识，以及学到何种程度。我们也可看到，那些最受尊重的能力，如战术、理财术和修辞术，都隶属于政治学。既然政治学使其他科学为自己服务，既然政治学制定着人们应该做什么和不该做什么的法律，它的目的就包含着其他学科的目的。所以这种目的必定是属人的善。尽管这种善于个人和于城邦是同样的，城邦的善却是所要获得和保持的更重要、更完满的善。因为一个人获得这种善诚然可喜，为一个城邦获得这种善则更高尚,更神圣。"① 那么,什么才是政治的"是其所是"呢?约有三种提问方式和追问方式:政治学、政治伦理学和政治哲学。预先标划出三种追问方式的异同,继而规定出政治"是其所是的东西",最后对当代政治事实作出学科高度上的沉思和问题深度上的发掘,则是我们"直面政治事实自身"的理论旨趣。

一 把握政治事实的三种致思方式

政治学,是关于政治行动之运行规律的科学,是一门以研究政治行为、政治体制以及政治相关领域为主的社会科学学科。狭义的政治学研究国家的活动、形式和关系及其发展规律;广义的政治学研究在一定经济基础之上的社会公共权力的活动、形式和关系及其发展规律。这个定义似乎已经成为对政治事实研究的一种常识,从这一定义可以看出,政治学具有鲜明的实证性质和技术主义的特征,其所着眼的更多的是技艺;政治伦理学则是关于政治行动的伦理性质和伦理基础的思考方式。其一,它要先行确定政治行动的伦理性质,这可以通过两个论证逻辑来完成,第一,质料的论证逻辑。确证和确认政治行动是否有利益相关者存在,这在日常意识和日常生活中似乎是毋庸置疑的事情,然而要给出政治伦理学意义上的论证,却要给出充足理由,因为确证和确认的根据与条件不同,论证的结果就存有差别。必须明确地指出,政治是所有社会行为中最具伦理性质的行动,因为它相关于每一个人的根本利益,因而是最具有普遍性的行动。第二,形式的论证。这一点显得极为重要。康德在《道德形而上学原理》一书中为何要花如此之多的功夫,制订一个先天实践法则?伦理学作为最具规范性特征的学科或学问,必须拥有一个自洽的、且合乎思维逻辑和行动逻辑的规范体系。康德从数量、性质、关系和情状四个维度

---

① [古希腊]亚里士多德:《尼各马可伦理学》,廖申白译,商务印书馆2003年版,第5—6页。

给出了一个"善恶概念的自由范畴表"①。在《道德形而上学原理》第二章中，康德从不同角度给出了同一个先天实践法则的三种陈述："定言命令只有一条，这就是：要只按照你同时认为也能成为普遍规律的准则去行动"②；"你的行动，应该把行为准则通过你的意志变为普遍的自然规律"③；"你的行动，要把你自己人身中的人性，和其他人身中的人性，在任何时候都同样看作目的，永远不能只看作手段。"④ 我们无意去领会康德论证其先天实践法则的思维逻辑，而只想指出，政治伦理学如若不能给出一个有关政治行动的普遍有效的实践法则，那么有关政治行动的道德判断就是无根基和无标准的。在目前的政治伦理学研究中，关于政治规范的研究还极为薄弱。其二，关于政治行动之伦理基础的奠基问题，其必要性已由政治的性质先行给定，其可能性则由政治家、管理者的德性（自律）和道德舆论（他律）来决定。而就政治行动之伦理基础的存在形式而言，则有主体性的存在和客体性的存在两种类型。德性构成主体性的存在，规范体系构成客体性的存在，与此对应，伦理学也被划分为美德伦理学和规范伦理学。简约地说，伦理性和伦理基础构成了政治伦理学的两个思考维度。

政治哲学也是对政治事实的哲学沉思，它起始于政治学，遵循的是事实逻辑，它决定了我们能做什么；中介于政治伦理学，遵循的是价值逻辑，它决定了我们应当做什么；最终达到对"政治是其所是的东西"的追问与设定。"是其所是的东西"构成了政治事实的本体论，这是目的之善；政治的伦理基础构成了政治事实的条件，这是手段之善。政治哲学不仅要设定政治的"是其所是"，还要找到实现"是其所是"的初始性力量，只有将这个初始性力量先行标划出来，

---

① ［德］康德：《实践理性批判》，关文运译，广西师范大学出版社2002年版，第56—57页。
② ［德］康德：《道德形而上学原理》，苗力田译，上海人民出版社1986年版，第72页。
③ ［德］康德：《道德形而上学原理》，苗力田译，上海人民出版社1986年版，第73页。
④ ［德］康德：《道德形而上学原理》，苗力田译，上海人民出版社1986年版，第81页。

才能找到实现好的政治的源初性力量，也才能为一个好的政治进行伦理基础的建基。出于这样的目的，政治哲学就是要基于客观因果性陈述与意义妥当性陈述的有机统一而见出政治行动的事实逻辑和价值逻辑。

二 直面政治事实自身

事实是指已经、正在和将要存在的事物，这些事物既可以是看见的、听见的，也可以是想象的；可以是与人的努力无关的自在之物，也可以是与人的行动密切关联的自为之物。而依照事实的性质，则有物理事实、社会事实和精神事实。政治事实既是社会事实又是精神事实，作为社会事实存在的政治，乃是公民与国家之间的权利义务关系，国家意志与公民个人意志之间的关系；国家通过思想上层建筑和政治上层建筑在宪法和法律所界定的范围内支配公民意志以实现集体行动的政治逻辑，就是为每个公民提供最大的秩序保证和最多的公共物品。把政治作为社会事实来看待，这只是后果主义的思考方式，是被描述的政治，但却不是被理解了的、把握在意识中的政治，正如叔本华在《作为意志表象的世界》中把世界规定为作为被表象和意识到了的存在，只有被表象和意识到了的世界才是真实的。同理，只有被把握在意识中、被理解了的政治才是现实的社会事实。为着这一目的，必须从后果回溯到过程与前提中来，从社会事实回溯到精神事实。作为精神事实的政治，乃是一个相关于人的观念、情感、意志和行动的事情，我们把拥有且行使政治权力和行政职权的人如何思考、判断权力和职权，又是如何运用权力和职权的，称为政治行动的"原始发生"，而把政治哲学呈现这个"原始发生"的致思过程称为"生成论奠基"。

政治本质上是一个精神事实。对这一特殊精神事实的规定，可有多种方式，而每一种方式似乎都有根据，根据不同结论而相异。何以至此？界定者拥有各自认为合理的根据，看来，规定"政治是什么"

就不是一个分析命题，而是一个综合命题；不仅仅是一个事实判断而是一个价值判断。定义之一：政治是上层建筑领域中各种权力主体维护自身利益的特定行为以及由此结成的特定关系，它是人类历史发展到一定时期产生的一种重要社会现象。依照这个定义，可以扩展式地得出这样的结论，政治是各个权力主体之间为着各自的利益所进行的角逐，如果把这个定义贯彻到实践中，那么其结果可能是各个权力集团通过权力的博弈而形成利益集团，出现一个集团压迫和剥削另一个或另一些集团的后果。显然这不是一个好的政治。作为一种社会事实，这种政治确实存在过，但我们却绝不能把这种过往的政治事实作为我们所追寻的价值目标。起始于15世纪下半叶的资产阶级革命，所要改变的恰恰是这种政治；然而，当资产阶级一跃而成为统治阶级的时候，便又把政治变成了维护其自身利益的手段，但资产阶级曾经倡导的政治观则无疑是人类政治文明进化中的重要思想资源。在此基础上，我们可以在终极之善的意义上定义政治。定义之二：政治是相关于每一个人之根本利益的所有方面。生存权、财产权和自由权便是每个人的根本权利，一个好的政治就是最大化地保证这些权利并实现这些权利。在这个定义中，内在地蕴含着两个方面的规定：目的之善与手段之善。目的之善表现为三个方面，一个好的政治就是要最大限度地实现三个价值目标，第一，能够有效地积累财富并平等地分配财富；第二，建构一个具有高度自治的社会，通过有机团结构造一个依照理论理性和价值理性运行的社会有机体；第三，让每个人过上整体性的好生活。当我们先行标划出这个目的之善之后，关键的事情便是如何实现目的之善，这便是手段之善，即"有关公民之根本利益的所有方面"。何谓所有方面？即作为主体性的政治人格和作为客体性的制度体系，这主客观两个方面共同构成了政治行动的伦理基础。

　　研究政治事实的真正目的并不在于从系统论和生成论视野呈现政治事实的"原始发生"，而是要深刻揭示作为目的之善与手段之善之有机统一的政治事实是如何发生的。在当代政治学、政治伦理学和政治哲学的讨论中，历史感和现实感的缺失是极为明显的事实。人们或钟情于各种过往思想资源的比较、批评，或对文本的"过度"开发与注解；要么热衷于构建乌托邦式的"理想社会"，唯独不愿做充满历史感和现实感的哲学沉思。政治伦理学和政治哲学都是面向现实生活的实践哲学，其理论旨趣在于对当下的人们如何进行政治思考和政治行动进行哲学沉思，借以给出一个好的政治是如何可能的根据与道路来。

三 政治哲学把握政治事实的优越性

在人文社会科学研究中，为何同一个对象会有不同的学科呢？理由只有一个，那就是这个同一个对象具有多样性。那是否会有一个学科，能够对该对象进行全面研究呢？回答是不能的。理由也只有一个，那就是，人的理性能力是有限的，既不可能也无必要。政治哲学作为研究政治事实的一个学科，如若比其他学科做得更好，就必有其独特的研究原则和方法，也必有其所追求的目标。

（一）学科高度与问题深度

既是哲学把握政治事实的方式就必须体现哲学的原则，这就是高度与深度。马克思在谈到政治经济学的方法时指出："具体之所以具体，因为它是许多规定的综合，因而是多样性的统一。因此它在思维中表现为综合的过程，表现为结果，而不是表现为起点，虽然它是现实的起点，因而也是直观和表象的起点。在第一条道路上，完整的表象蒸发为抽象的规定；在第二条道路上，抽象的规定在思维形成中导致具体的再现。"[①] 马克思把这种思考方法称之为理论（哲学）把握世界的范式。马克思在批评了黑格尔错误地理解了思维与存在的具体关系之后指出："因此，黑格尔陷入幻觉，把实在理解为自我综合、自我深化和自我运动的思维的结果，其实，从抽象上升到具体的方

---

① 《马克思恩格斯文集》第8卷，人民出版社2009年版，第25页。

法，只是思维用来把握具体、把它当做一个精神上具体再现的方式。但决不是具体产生的过程……整体，当它在头脑中作为思维整体而出现时，是思维着的头脑的产物，这个头脑用它所专有的方式掌握世界，而这种方式是不同于对于世界的艺术精神的、宗教精神的、实践精神的掌握的。"① 政治哲学作为部门哲学，它同样保持了哲学学科的高度，它要用类似于康德式的十二范畴表，将个别上升到一般。在问题的深度上，它并不停留于人们对政治事实的直观和表象上，而是依照马克思所说的回溯法，从结果上溯到原因，达到"许多规定的综合，因而是多样性的统一"，这便是第一条道路，将"完整的表象蒸发为抽象的规定"，这就是所谓的抽象的具体，是事物的逻辑起点，但人们却用抽象的概念去表述这个具体；然后以这个"抽象"的具体为起点，沿着事物自身演进的逻辑，将事物自身的心路历程呈现出来，这就是第二条道路。第一条道路是思维的逻辑，第二条道路是表述的逻辑，表述的逻辑必须与事物的逻辑相一致。政治哲学研究政治事实的范式正是思维逻辑和表述逻辑的有机统一。在不同社会历史状态下，之所以有不同的政治事实，那是因为人们有不同的权利观念，不同的权利关系和结构，以及不同的政治形式。那么，为着反思和说明作为直观和表象的政治事实，就必须运用回溯法，沿着政治事实逆向行驶，直至找到造成政治事实的初始根据，继而用抽象的范畴表述这个抽象的具体。随后再沿着这个抽象的具体展开其自身，变成一系列与政治的"是其所是的东西"相关的直观和表象。政治哲学对待政治事实的方式不同于政治学和政治伦理学，它要通过对政治"是其所是的东西"的追问而见出政治事实的生成逻辑，其间呈现着前提—过程—结果的演进逻辑。

（二）客观因果性陈述与意义妥当性陈述的统一

政治事实既是科学事实又是价值事实，科学事实决定了我们必须

---

① 《马克思恩格斯文集》第 8 卷，人民出版社 2009 年版，第 25 页。

用客观因果性命题、范畴和话语进行陈述，其所回答的是我们能够做什么，即一个好的政治究竟如何可能？价值事实决定了我们必须用意义妥当性命题、范畴和话语进行描述，其所回答的问题是我们应当做什么，即怎样的政治才是好政治。客观因果性陈述必须合于事实逻辑，意义妥当性陈述必须合于价值逻辑。在内部的逻辑关系中，后者必须立于前者之上，即能够做什么总是决定着应当做什么。而在能够做什么的意义上，一个好的政治绝不是凭空出现的，是在已有思想遗产和政治传统基础上进化而来的，事实上，已然的政治传统和思想遗产都是对过往政治生活及其体验的描述、记述和论述。人类总是选择相对为好的政治方式而不是最坏的那种，虽然并不排除因极端的个人意志而导致的社会混乱或超出正常秩序之外的专权政治，但人类总是在不断地修正、矫正、改正不能很好地实现正义、平等、自由、民主、富强的政治，而追寻更能实现终极之善的政治。在实现政治之终极目的的过程中，人类有着最基本的价值诉求，而在不同的历史阶段上，人类又有着特殊的政治诉求，但总的趋势是，随着理智的德性和道德的德性的提升，人类越来越找到了能够最大限度实现政治之目的之善的道路与方式。

（三）历时性建构与共时性建构的统一

所谓历时性结构指的是，一个民族和国家在其久远的社会构成和历史演进中所经历的政治的心路历程，可用已然、实然和未然三个词语加以描述和叙述。一如政治事实乃是一个复杂的社会设置那样，作为历时性结构的心路历程也同样以多样化和复杂性的样式而展开其自身。所谓自身乃是手段之善与目的之善的有机统一，目的之善已由前面先行给出，而手段之善则完全体现了它的历史性。共时性结构指称的是在全球化语境下因政治的多极化而发生的既相互借鉴、相互嵌入又相互矛盾和冲突的状态，这种冲突沿着经济、政治和文化的逻辑而展现为结果、过程和前提意义上的相互借鉴和相互冲突，这就是全球化场域下的经济一体化、政治多极化和文化多样化。在这种场域下，不同的政治观念、制度、体制和行动相互交织、相互激荡、反复博弈，比其优劣，亮其长短，而每一个国家和民族都有在其千百年来的历史流变中积淀下来的政治模式，因此都有其深厚的社会基础和人性根基，任意一方试图一厢情愿地替代别一国家的政治模式，几乎是不可能的，即便通过军事打击和文化渗透，也不能使其"心悦诚服"。其根本原因在于，既然经历千百年的锤炼而流传至今，其政治模式总有它的某些长处，相反，迄今为止，没有任何一种政治模式是完美无缺的，以此观之，在全球化场域下，只有相互尊重、认同、借鉴和互补，才能各得其所，得其所是。

当代中国便处在历史性结构与共时性结构相交织的坐标上，呈现出创价与代价、继承与创新、借鉴与拒斥的相互交织的景象，这种复杂性决定了当代中国的政治模式具有了三维空间：自身之过往的、他者之共时的、自我之当下的。以自我为"中心"，构建"三观"：关照自我的过往，失去自己的历史便失去了自己的根基；观望他者的共在，缺少他者的眼光便会失去自我反思的机会；关心自我的当下，重建自我之当代形态的政治模式。

4. 反思、批判与建构的有机统一

反思、批判与建构的致思范式是建基于辩护与批判这一思考方式之上的。任何一种政治模式都像一块银币，具有正反两个面。其优长或许就是其所短。反思，即回溯，人虽然不会现实地回到过往历史的任何一个段落，但可以在意识上、观念中回到任何一个段落中。回溯的目的不是通过简单的历史叙事、演绎颇具诱惑力的趣闻轶事，而是理性地复现历史的演进逻辑，基于事实逻辑见出价值逻辑来。除此，反思还有辩证分析和论证之意，即在持续的历史流变中那些根深蒂固的观念、长久不变的情感结构、自我维系的需要类型，是如何影响甚至决定现代政治谋划的。批判是对当下的政治事实所进行的理性的、有充足根据的分析和论证，借以见出在建构现代政治的过程中所存在的各种不足、缺欠、瑕疵，这种"批判"、"揭示"不是意见、情绪

的随意表达，而是充分且公开运用理论理性和实践理性的"业绩"。批判不是无语境、无场域的，而是在三维空间中、通过"三观"标划当代政治的可能形态。建构，是在反思和批判基础上给出政治之是其所是的理论形态，即在目的之善的规定和约束之下选取能够实现目的之善的手段之善，给出德性之美与城邦之善两种善的逻辑及其通约关系。

四 当代政治事实的内在结构及其运行逻辑

直面政治事实自身，固然要回到理论形态的政治事实，更要回到实践形态的政治事实，即那个充满生命力的、充满流动感的、充满矛盾、冲突和纠结的具有现实感的政治事实。一如黑格尔所说："凡是合乎理性的东西都是现实的；凡是现实的东西都是合乎理性的。"[①] 一些自称是理解黑格尔哲学的学者常常不能准确理解他的这句名言，相反，仅仅把它作为名言、箴言、警句来渲染，以示自己的所谓哲学知识。事实上，这里的理性和现实是有不同含义的，其一，现实的就是现存的、现在的，我们不可能超越时代去讨论过往的政治事实；其二，现存的、现在的政治事实也实现的，是过往政治事实演变的结果，是"存在于作为自我意识着的精神性的理性和作为现存的现实世界的理性之间的东西"。"历史是这样创造的：最终的结果总是从许多单个意志的相互冲突中能产生出来的，而其中每一个意志，又是由于许多特殊的生活条件，才成为它所成为的那样。这样就有无数互相交错的力量，有无数个力的平行四边形，由此就产生出一个合力，而这个结果可以看做一个作为整体的、不自觉地和不自主地起着作用的力量的产物。因为任何一个人的愿望会受到任何另一个人的妨碍，而最后出现的结果就是谁都没有希望过的事物。所以到目前为止的历史总是像一种自然过程一样地进行，而且实质上也是服从于同一运动规

---

① [德]黑格尔：《法哲学原理》，范扬、张企泰译，商务印书馆1979年版，第11页。

导论：追问和追寻政治"是其所是"的三种方式

律的。但是各个人的意志——其中的每一个都希望得到他的体质和外部的、归根到底是经济的情况（或是他个人的，或是一般社会性的）使他向往的东西——虽然都达不到自己的愿望，而是融合为一个总的平均数，一个总的合力，然而从这一事实中决不应作出结论说，这些意志等于零。相反，每个意志都对合力有所贡献，因而都是包括在这个合力里面的。"① 这是恩格斯在1890年9月21—22日于伦敦写给约瑟夫·布洛赫的信中说道的历史平行四边形"原理"。作为各种意志或一致或冲突的"合力"，当代政治事实是以怎样的"无数个力"共同起作用呢？

首先，当代政治事实的内在结构呈现出一个由"中轴原理"支配的由"无数个力"共同起作用的相对统一结构。政治的核心是权力，政治的本质是不同意志之间的博弈，政治的终极目的是实现公共善。历史上出现的各种政治形态都是这种公共善的不同"善型"。当代政治的"善型"就是一个由统一的政治权力所支配的、借助市场的力量进行资源配置而又不完全依据市场规则进行分配的政治形态。"边陲原理"虽不完全含括中国20世纪之前的全部政治形态，但至少可以含括秦王朝之后的封建政治形态。而"中轴原理"描述的正是20世纪中叶以来的国家治理和社会管理模式。

其次，当代政治是一个以国家为单元、以世界化和全球化为场域而在内外压力下构造起来的政治形态，各种政治观念、国体、政体、体制、制度以前所未有的冲突与融合的方式相互嵌入又相互对峙。一种试图寻找普世价值体系的努力在体制内和体制外扩展开来。

其三，一种民粹主义和国家主义的情绪、理念和行动在扩大与扩张，这是现代性的新形态，每个国家都在寻求在全球化过程中的有利位置。一种向内和向外的三种支配逻辑成为最具全球化的政治事实：资本的逻辑、政治的逻辑和文化的逻辑。除了经济实力的较量，政治实力和文化实力将成为政治博弈的关键。

---

① 《马克思恩格斯文集》第10卷，人民出版社2009年版，第592—593页。

其四，政治事实越来越具有公共的性质，这倒不是由于政治事实被赋予了公共性，这种公共性是为政治所先天具有的，而是变成了反思和批判的对象，具有基本道德理性知识的人，无论出于好奇还是出于公共善的目的，都对政治事实有了越来越浓厚的兴趣。在此种境遇下，如果国家意志不能对社会舆论保持足够的开放态度和宽容品格，一种公开的和隐蔽的意志冲突就会蔓延开来，人们有三条道路可以选择，其中极端的道路有两种，向左和向右，第三条是适度原则。

以上四点是对当代政治事实之内在结构及其运行逻辑的一般性描述，详细论证将在后续的章节中一一给出。

五　有关政治之"是其所是"的书写方式

在政治哲学的视野内，如何书写政治的"是其所是"乃是一个必须先行标划出的事项，这种书写方式是由政治自身之整体性、复杂性和冲突性所决定的，只有当书写方式与政治的"是其所是"的对应性被共出的时候，政治的"是其所是"才能被呈现在表象里、被把握在意识中。

（一）将"先验还原"与"本质还原"运用于政治事实研究的可能性及其限度

现象学之于我们的意义固然有许多方面，但最为重要的则是方法论意义，而"先验还原"和"本质还原"又是这种方法论意义中的核心部分。"先验还原"是要完成两个"悬置"或"加括号"，朝向"我思"主体的悬置指的是，若想把握一个对象，先将先见、成见、偏见悬置起来，将日常的经验、常识悬置起来，求得一个"纯粹自我"，这是一个"排除作用之剩余"。经过若干排除、悬置之后，一个由"自我"、"我思"为核心要素的"纯粹自我"就被构造出来了，"纯粹自我似乎是某种本质上必然的东西；而且是作为在体验的每一实际的或可能的变化中某种绝对同一的东西。纯粹自我在以特殊意义上完完全全地生存于每一实显的我思中，但是一切背景体验也属于它，它同样也属于背景体验；它们全体都属于为自我所有的一个体验流，必定能转变为实显的我思过程或以内在方式被纳入其中。按康德的话说，'我思'必定能伴随着我的一切表象。"① 一如笛卡尔所做的工作那样，我们可以怀疑任何事情，直至最后一个事项即"怀疑"本身，这是不能被怀疑的，因为只有使这个"怀疑"自身持续地进行着，"怀疑"的行为系列才能实现，"我思"作为"怀疑"剩余乃是"怀疑"工作的最大成果，它不只具有否定意义，在积极的意义上，通过质疑、怀疑而获得具有确定性和正确性的知识。胡塞尔的"悬置"工作同样是为了获得一个可靠、可信的"主体"，它是我们获得知识、真理的本体，这个本体就是"纯粹意识"，它含有自我和我思两个要素。"如果在对世界和属于世界的经验主体进行了现象学还原之后留下了作为排除作用之剩余的纯粹自我（而且对每一体验流来说都有本质上不同的自我），那么在该自我处就呈现出一种独特的——非被构成的——超验性，一种内在性中的超验性。因为在每一我思行为中由此超验性所起的直接本质的作用，我们均不应对其实行排除；虽然在很多研究中与纯粹自我有关的问题可能仍然被悬置不问。但是就直接的、可明证论断的本质特征及其与纯粹意识被共同给与而言，我们将把纯粹自我当作一种现象学材料，而一切超出此界限的与自我有关的理论都应加以排除。"② 简约地说，所谓"先验还原"就是要彻底排除经验、常识、成见、偏见对"我思"的干扰作用，我们虽然不能彻底清除它们，但可以将它们悬置起来，尽一切可能不使它们起阻碍和偏离作用，尽管我们永远无法将它们从自我中彻底清除出去，若此，自我也就不再是一个完整的自我了。不要以为胡塞尔殚精竭虑地所进行的排除行为是一种"独断论"，是一种毫无实践意

---

① ［德］胡塞尔：《纯粹现象学通论》，李幼蒸译，商务印书馆1992年版，第151页。
② ［德］胡塞尔：《纯粹现象学通论》，李幼蒸译，商务印书馆1992年版，第151—152页。

义的"主观游戏",相反,这是我们试图获得知识和真理所必须预先完成的"主观游戏"。

既然"先验还原"的目的旨在获得"真",那么就必须实现从"先验还原"到"本质还原"的过渡。这就是朝向客体的"本质还原"。作为"先验还原"的成果、业绩,纯粹意识可直面事物自身,在纯粹意识中,事物自身与自我形成了一个双向互逆结构:纯粹意识只有以符合事物本质的方式才能将事物的本质呈现在本质直观之中,而意见、情绪、常识、成见就是与事物本质不相符合的把握方式,它们使事物的"真"陷入到"遮蔽"、"掩盖"的状态中。反之,事物的本质只有以向自我敞开的方式在纯粹意识中"招致前来",它才能从"遮蔽"状态中解救和解放出来,置于"澄明"和"解蔽"状态之中,这就是"真"的"被给予性"。不是自我通过纯粹意识生成了、造就了真,而是真因自我而被呈现出来,现出它无比的光亮和光彩来。一如马克思:"当物按人的方式同人发生关系时,我才能在实践上按人的方式同物发生关系。"① 通过"先验还原"和"本质还原",自我通过"纯粹意识"完成了双向过渡和相互嵌入,被呈现在表象里、被把握在意识中的"事物本质"不再是一个点、线和面,而是一个整体。当这个整体被呈现在"纯粹意识"中时,一种关于事物自身的"本质直观"就被建构起来了。

然而,政治事实并非纯粹的自然存在,本质上是社会事实和精神事实,是因人的行动而成的事实,而人生成并分配这种事实的终极目的是实现生命政治,于是,将政治的"是其所是"呈现在表象里把握在意识中,就必有价值判断和价值诉求内含其中,这就从根本上决定了,政治不是一般的事实,而是在基于客观事实之上的价值事实。基于这种双重逻辑,政治哲学就不能把它当作纯粹依照机械规律来运行的物理事实,不能用纯粹观念论的方式加以认知、整合、概括,还必须依照信念论的方式进行"本质直观"。如若我们通过建构性原则

---

① 马克思:《1844年经济学哲学手稿》,人民出版社2018年版,第82页。

和范导性原则将政治事实呈现在表象里把握在意识中，那么这个被把握了的理解了的政治事实，到底以怎样的方式被给予出来呢？

（二）政治"是其所是"的外部结构

如何确定政治"是其所是"的外部结构和内部结构，看上去仅仅是一个思考问题的方法问题，然而，事实上却是一个严重的思维方式问题。如果我们采取"平铺直叙"的方法，在现象层面将我们感知到的、直观到的政治现象描述一番，评价一番，借以证明我们的研究是多么地现实，多么地体现现实性，这恰恰是非哲学的沉思方式和表述方式。某些政治哲学研究存在着两种缺陷，一种是过分现实，一种是过度抽象。将已然的、实然的政治事实作一番描述，发一顿牢骚，既无反思性的批判，更无建构性的设计，起于现象又止于现象。另一种是过度抽象，这种抽象尚不属于纯粹"思想"的建构，就像康德所做的那样，在《道德形而上学》中的"法权论的形而上学"部分，试图在道德哲学基础上，构造一个"法权哲学"或"政治哲学"。它的缺陷并不在于将具体的历史场域隐藏在"法权哲学"原理的背后之中，而在于康德并未将政治的整体性、复杂性和冲突性反映到他的"原理"中。当下的政治哲学研究的过度"抽象"缺陷，不是指思想的"纯粹性"，或许当代的哲学工作者已既无意愿更无能力来构造纯粹的"思想"了，而是沉浸在对各种有关政治哲学的文献和思想资源的译介和评述之中了，且主观上甚感高级和高尚，似乎译介和评价了思想家的思想就等于使自己成为思想家了。事实证明，在研究政治的"是其所是"时，过分现实和过度抽象的错误是必须要避免的，留给自己的就只有一条可行的道路，这就是"抽象与具体"相统一的道路。而这一道路的获得完全是得益于马克思和恩格斯的思想的。

在标划政治"是其所是的东西"的外部结构时，给予我们最大启发的依旧是马克思在《资本论》中所运用的思维方式和表述逻辑。这就是把思维进程的结果作为表述的逻辑起点，亦即把对资本主义社会进行整体思考所得到的"具体"即商品作为表述资本主义运行逻辑的起点，因为商品是作为"许多规定的综合，因而是多样性的统一"而出现的。那么，政治是否也是这种"许多规定的综合，因而是多样性的统一"呢？实事求是地说，关于政治"是其所是的东西"的哲学沉思除了包含马克思运用到的"抽象"与"具体"的方法之外，还包括对人类为何以政治的方式进行治理和管理从而实现人类终极目的的初始根据进行发掘，进言之，我们必须将康德的"可能"思维引入我们的沉思之中，这就是，政治的"是其所是"何以可能？寻找价值根据和事实根据；"如何可能？"标划政治的外部结构和内部结构；"怎样可能？"将根据和结构还原到"历史场域"中来，将"根据"、"结构"和"道路"有机结合起来就构成了一个充满历史感和现实感、流动的完整的"政治"，政治就是流动的、活的善，它在人的存在状态中产生又在存在状态的历史展开中实现。

　　第一，政治"是其所是"的一般哲学批判。所谓一般哲学批判，乃是指从哲学中的元理论出发对政治"是其所是"所做的批判性考察。相比于其他学科以及哲学中的部门哲学如经济哲学、政治哲学、文化哲学、价值哲学、道德哲学等等，哲学元理论的批判更在于它的问题深度和沉思高度。或许有人批评说，对于政治"是其所是"这样一个极具现实性的题材，哲学中的元理论或纯粹的形而上学乃是无用的、无效的，仅有自然科学、社会科学和部门哲学就足够有效了。而我们以为，现代社会呈现出前所未有的整体性、复杂性和冲突性，故意的、自发的问题政治频发，如果人们只是着眼于政治事实发生的过程及其后果，这正是自然科学和社会科学所着力考察的方面，而不进行人类灵魂的拷问、观念的追问、行动的质问，进言之，没有本体论意义上的彻底清查，那么因头疼医头脚疼医脚式的看待和对待方式，必然招致问题政治的重复出现。元哲学的反思性品质促使人们找到造成问题政治的初始性的原因；它的批判性性格推动人们知止而行止；它的建构性旨趣引导人类朝向整体性的好生活。并不是我们一厢情愿地将哲学批判强加给现时代，而是说现时代本身就是哲学性的、哲学式的，我们通过哲学所做的不过是让人类及其类本质重归其本

导论：追问和追寻政治"是其所是"的三种方式

身。领悟天人之道以求人与自然的和谐，感悟人伦之道以求人与社会的和谐，体悟心性之道以求心灵的和谐，是回归人本身的根本道路。对政治"是其所是"预先进行元哲学批判，也为分析和论证政治行动中具体哲学问题奠定了基础。康德在说明"纯粹理性批判"时指出："我所谓批判，并不是批判各种书籍和学说，而是着眼于理性有可能不依赖任何经验去追求的一切知识，来批判一般理性能力，因而是判定一般形而上学是否可能，并确定其源泉、界限和范围——所有这些都是从原理出发的。"① 所谓"原理"可有狭义和广义之分，狭义的"原理"便是不依赖于后天的经验而先天具有的知识，即以必然性和严格的普遍性为可靠标准的知识；② 广义的"原理"乃是康德精心构造的有关纯粹理性批判的严密的逻辑体系。在此，我们无意去复述和评述康德的观念论和知识论，只是在相关于政治的"是其所是"的分析和论证时才会适度地加以运用。我们的意图在于，将康德的观念论和知识论改造成用于分析和论证政治"是其所是"问题所用的"哲学批判逻辑"。

政治是何种现象？既是与每个人的根本利益相关的权力结构，又是与每个人的意志相关的相互嵌入、相互影响的互动过程；既是社会事实，具有时空结构，又是精神事实，是政治人格的形成和运用，也可能是对道德人格的解构。

政治的原始发生所要描述的是，其一，前提逻辑，即政治得以发生的初始根据，对这个根据的先行标划意味着为政治的历史生成奠定基础；其二，历史逻辑，政治现象只是生成的具体历史过程，一个初步的结论是，政治并不与人类观念史和实践史具有相同的时间段落，在人类早期的观念和实践中，似乎并没有政治概念；对政治现象的出现要做出适当的价值判断。

什么才是政治的核心问题？毫无疑问是权力，离开了权力讨论政

---

① ［德］康德：《纯粹理性批判》，邓晓芒译，人民出版社2004年版，第3—4页。
② "必然性和严格的普遍性是先天知识的可靠的标准。"［德］康德著：《纯粹理性批判》，邓晓芒译，人民出版社2004年版，第3页。

◈ 追寻政治的"是其所是"

治就好像离开了资本、货币、生产资料谈论经济一样。权力现象与人类的观念史和实践史共长久，因为人类社会的所有关系都是支配和被支配的关系，但并不是所有的支配关系都可以称之为政治权力。政治权力是从先前的所有支配关系中脱离出来的最有强制性、广泛性和持续性的支配关系。

政治的"是其所是的东西"是什么？可否预设？如果仅仅是理论和思想形态的预设，而不是包括一般民众和政治家的先行预设，那么一种全面追求目的之善的政治行动就绝对不可能产生。一如政治并不伴随人类始终那样，对政治之"是其所是的东西"的预设也并不同政治现象同样长久，依照福柯的说法，乃是18世纪下半叶的事情，而这正是市场经济的建立、现代化运动开启的时候。自此以后，以这个追问和追寻政治之终极目的的观念和行动便开始了，直至今天，这个"是其所是的东西"已经明了，这就是最大限度地创造并公平地分配公共善以满足人们日益增长起来的各种需要，每个人都有意愿也有能力过一种整体性的好生活。

一个自我构造的、自我修正、矫正的政治结构究竟是怎样的呢？这是一个颇有思考空间的问题，如若不作精心设计、缜密论证，那么一个由内到外的自我生成的体系就无法被呈现在表象中、把握在意识里。由美国学者迈克尔·G. 罗斯金等人编著的《政治科学》一书，[①]在其内容构成上，划分成了五个部分：政治学基础、政治态度、政治互动、政治制度、政治体系。且不论这五个部分之间是否具有内在的必然关联，而就每个部分而论，具体内容与标题不相符合的情形常常

---

① 由美国学者迈克尔·G. 罗斯金等人编著的《政治科学》一书被列为"国外经典政治学教材"，已由中国人民大学出版社出版发行到第十二版，基于这种表面上的"成绩"似乎可以断定，这是一部成功的"政治学教材"，从而可以自称为"政治科学"。或许，由于知识结构、理论素养和道德立场上的差异，每个思考者对政治的认知程度和理解程度也不同，撰写出的文字也不同，但既然称之为"政治科学"那就必须对政治结构有一个经得起检验的规定，对这一结构的设定及其展开也应该是依照政治结构自身的运行逻辑而定，而不是用大量的感性材料对所谓的政治结构作一般性的描述和评述。简言之，以"政治科学"名义出现的教材或专著，究竟如何体现政治的"科学性"是一个值得深思和认真对待的问题。

导论：追问和追寻政治"是其所是"的三种方式

出现。而由美国学者杰弗里·托马斯撰写的《政治哲学导论》，也被列为"国外经典哲学教材译丛"中的"经典"，该著"内容提要"说道："这是一本阐述深刻而又清晰简明的政治哲学经典教科书。全书围绕权力、权威、国家、主权、法律、正义、平等、权利、财产权、自由、民主和公共利益等政治哲学核心概念而展开讨论，突出了与这些核心概念有关的高层次理论和难点；不仅引证了西方从古到今政治哲学大师的思想精华，还评述了围绕他们的核心思想和论证而展开的各种争论。"如若这个带有评价性的"内容提要"能够令人信服的话，那么作为政治哲学之研究对象的"政治"至少有一个完整的结构被先行标划出来，而实际上，这个完整的"肖像"并未出现在适当位置。如果把政治哲学的理论旨趣和学科要求贯彻到底，那么它关于政治的哲学沉思就必须是建构原则和范导原则的统一，当以对政治的系统分析和论证为主，将从古至今政治哲学大师的思想精华作为哲学沉思的元素嵌入到论说者的知识论、观念论和信念论之中，而不该是论与述相混，述与评相杂。从这样两个案例中我们得出的结论是，无论是"政治科学"还是"政治哲学"，"政治结构"的先行标划都是必不可少的，对探讨"政治的是其所是"而言，先行标划出政治结构更是前提性工作。

第二，政治结构的原始发生。这里的原始发生，含义有二，其一，政治得以发生的关键要素，或条件。这个条件必须从人与社会两个领域给出，而人又具有逻辑上在先的性质，而由人的非自足性和未完成性所导致的各种集体的产生，都是人的展开过程及其结果，而这个作为结果的集体一经形成就成为与人相对的存在，它就沿着属于它自身的逻辑运演下去，并时时处处将自身嵌入到个体的生存、生活和思考状态中。而作为人的存在状态的展开之结果的集体、社会乃是一个非人格化的集合体，是一个物理世界的伫立、一个财富王国的堆积、一个文化场域的设置、一个信息集群的策源，它非得经由核心的、支配性力量的引领，它需要政治性的操控。当把个体的状态和社会的结构结合起来，一个政治性的事实就被建构起来了。如果这一层

19

次的政治生成论乃是逻辑上的预演，那么它的实践演化则是历史中的政治的生成过程。逻辑预演呈现的是本体性，实践演化呈现的是历史性。

第三，政治与场域：历史中的政治。无论是作为表层结构的政治构架，还是作为中层架构的价值体系（权力、权威、国家、主权、法律、正义、平等、权利、财产权、自由、民主和公共利益），或是作为深层结构的政治主体，任何一种现实的政治都是在具体的历史场域中发生的，所有的体验和经验，所有的观念和情感都是在反复进行的政治实践中培养起来和发挥作用的。韦伯给出的支配行为的三种类型，虽有相互重叠的可能性，但似乎更有时间结构上的先后性："正当性支配有三个纯粹类型。对正当性的主张之是否妥当，必须建立于：1. 理性的基础——确信法令、规章必须合于法律，以及行使支配者在这些法律规定之下有发号施令之权利（法制型支配）。2. 传统的基础——确信远远悠久的传统之神圣性，及根据传统行使支配者的正当性（传统型支配）。3. 卡理斯玛的基础——对个人及他所启示或制定的道德规范或社会秩序之超凡、神圣性、英雄气概或非凡特质献身和效忠（卡理斯玛支配）。"① 支配类型的历史性演化也标示着政治"是其所是的东西"实现其自身的历史性。

第四，政治"是其所是"的现代形态。当代政治的持存是在现代政治的原始发生及其展开之上进行的，是现代政治价值体系的当代形态。起始于15世纪下半叶的现代化运动开启了一个全然不同于传统社会的政治建构过程，在古希腊和中世纪的思想家那里有所倡导但并不普遍的政治价值观，随着市场经济运动的进行而扩展开来和践行起来；直到20世纪70年代末，权力、权威、国家、主权、法律、正义、平等、权利、财产权、自由、民主和公共利益等这些政治哲学中的关键词，不但一直贯穿于资本主义制度的设计与实践中，也逐渐被

---

① ［德］韦伯：《经济与历史：支配的类型》，康乐等译，广西师范大学出版社2004年版，第303页。

社会主义制度所接受，并开始了实质性的实践。

第五，国家治理与全球治理的三重逻辑。政治的"是其所是"既是历史的又是当下的，而实质则是此在的。当下的、此在的政治结构表现为全球化场域下的国家治理与全球治理的相互嵌入与相互作用，它表现为资本、政治和文化的三重逻辑变奏，然而这三重逻辑只具有手段之善的意义，政治的目的之善才是决定这三重逻辑的终极性力量；所有的人类智慧都将表现为实现"生命政治"的具体行动。同时，实现"生命政治"的具体道路也以正常状态和非常状态两种方式而展开；统领三重逻辑的核心力量将是文化体系，哪个民族和国家贡献了有利于实现政治之"是其所是的东西"即"生命政治"的观念体系、制度系统和德性结构，就将成为人类精神的创造者和实践者。

（三）政治"是其所是"的内部结构

如果说政治"是其所是"的外部结构不是本源的而是过程和结果式的，那么政治"是其所是"的内部结构则是造成这一过程和结果的"本源"。在各种分析和论证政治的论著中，似乎并不缺乏对政治之目的之善的"绝对关照"，也不缺少对实现目的之善的手段之善的，如对制度、体制、政策的研究，但这些被揭示出来的目的和手段都是预设和论证，也通常都是无主体、无语境的。任何一种政治事实都是与人有关的事情，也是因人的观念和行动而成的事情，是一种典型的社会事实和精神事实，既然如此，那我们就必须研究人们是如何进行政治思考的，又是如何生成政治事实的。这是规定政治之"是其所是"的内部结构的起点。

第一，关于政治主体问题。虽然政治是相关于每一个人之根本利益的所有方面，但却并不具有同样的意义，也不是所有人共同造成的，只是应然上的集体行动的逻辑，也不是实然上的共同行动的结果，因为在政治事实中，每个人、每个阶层、每个政党都具有不同的地位和作用，而且作用的方式和程度也大不相同。根据在构成政治过程所起作用的方式和程度的不同，可把人们分成三大群体：政治家及政治精英集团；政治学和政治哲学家；一般民众。

第二，政治人格。政治人格，是指政治人物由政治刺激引起的持续、有组织和动态性的反应组合。美国心理学家拉斯韦尔发表的《病理心理学与政治》一书开创了现代政治人格研究。其形成受早年的家庭环境、父母的影响，受以后的学习和生活环境，以及个人的生理缺陷和自卫模式等的影响。根据不同的标准，可以分为理智型与现实型；理性型与狂妄型；内向型与外向型；软心肠型与硬心肠型；常态型与变态型等。不同政治人格的政治领袖人物对政治的影响，特别是对重大历史和政治事件的影响是不同的。既然政治是相关于每个人的事情，那么政治人格并非仅仅是政治领袖或政治精英集团所特有的因政治行动而成的心理结构，也同样是理论家和思想家以及一般民众看待和对待政治事实时所具有的心理结构。

第三，政治行动。既然政治事实根源于人性、来源于互动，那么它就是由对政治权力具有超出常人的欲望而又"迷恋"支配的人，通过合法的或非法的手段获取、攫取政治权力并实施强制支配的过程及其结果。政治行动就是由政治家或政治精英集团发动而由理论家、思想家和一般民众或主动、或被动参与的集体行动，尽管这个集体行动未必产生对所有参与者都有利的结果。在描述政治行动时，如果我们仅仅着眼于政治家或政治精英集团，而完全忽略思想家和一般民众的参与，更忽略他们的体验、经验和行动，那么任何一种对政治"是其所是的东西"的追问和追寻都不可能，即便是可能的也是没有意义的，因为，在正常和非常状态下，政治家或政治精英集团在政治行动所得到的益处总比其他人要多。

第四，政治价值。政治价值是与权力有关的观念和行动所具有的效用和意义。毫无疑问，政治价值既不是单一的外部结构也不是单一的内在结构，而是主客观因素相互嵌入、相互作用形成的过程和结果。我们可以用很多词语表达政治价值，权力、权威、国家、主权、法律、正义、平等、权利、财产权、自由、民主和公共利益等等，它们或是手段之善，或是目的之善，或兼而有之。如果极不准确地加以比附，内部结构和外部结构像是分析判断，而政治价值像是综合判断。

总括地说，政治事实是整体性的、复杂化的、冲突性的存在，它绝非像政治学、政治社会学、政治心理学和政治哲学所描述的那样，是可以简述的，可描述的。在语言哲学的意义上，政治事实乃是可以言说、不可言说、无需言说、不能言说和不敢言说的综合体，这无论是在政治宽容的意义上还是在政治体验的意义上，一如霍布斯把国家比喻成"利维坦"那样，政治更是易变、易怒的。政治就如同戏剧，政治家或政治精英既是剧作者又是剧中人；既是导演又是演员；他们制造着场域，又支配着场域；既控制着场域，又解构着场域，他们千方百计地使政治场域朝向自己、有利自己。我们在这里所要做的，就是努力地以戏剧的情感、哲学的思维、理性的语言、公正的立场绘制政治戏剧的整体画面，既要规定出政治之"是其所是的东西"，更要呈现出政治事实所不是的东西。

"凡是合乎理性的东西都是现实的；凡是现实的东西都是合乎理性的"这句名言出现在黑格尔《法哲学原理》的"序言"中。这里有相当多的工作要做，首先，黑格尔是在什么语境下提出这个名言的。在"序言"中，黑格尔虽然提到了与他同时代的几位学者，但通常都是作为批评或批判的对象而出场的，他唯一认真讨论的哲学家是柏拉图。从上下文看，黑格尔曾多处论述到柏拉图，且每处都有具体的观点给出。何以至此？固然要从柏拉图在西方哲学史中的特殊地位给予论述，更要注意黑格尔是在"序言"中从具体观点出发讨论柏拉图这一事实。其次，理解这句名言的关键是与理性和现实相关的论述。第一，哲学的本性问题。哲学是关于"理性"的科学，"哲学是探究理性东西的，正因为如此，它是了解现在的东西和现实的东西的，而不是提供某种彼岸的东西的，神才知道彼岸的东西在哪里，或者也可以说，这种彼岸的东西就是在片面的空虚的推论那种错误里面。"[①] 理性和现实是密切关联在一起的，没有对现存（现在）的和

---

① [德]黑格尔：《法哲学原理》，范扬、张企泰译，商务印书馆2010年版，第10页。

现实的东西的理解和把握，便不可能有对规律的把握和对自然规律和法的理解。人类从不缺少对美好理想的向往和追求，但每个人乃至整个人类的理想以及对理想的追求都是在现实的基地上产生的。第二，哲学关注"现在的东西和现实的东西"并不意味着它沉浸在所有的现实事务中。黑格尔以柏拉图为例论述了一个具有必然性的"现存"和"现实"在没有成为"现实"之前，常常被当作偶然的、甚至是"坏"的东西出现在"现在"中。"但是柏拉图理念中特殊的东西所绕着转的原则，正是当时迫在眉睫的世界变革所绕着转的枢轴。"① 黑格尔从柏拉图如何对待"自由的无限的人格"将成为时代精神这个事实中，得出结论说："每一个天真意识都象哲学一样怀着这种信念。哲学正是从这一信念出发来考察不论是精神世界或是自然世界的。如果反思、情感和主观意识的任何形态把现在看作空虚的东西，于是就超脱现在，以为这样便可知道更好的东西，那么，这种主观意识是存在于真空中的，又因为它只有在现在中才是现实的，所以它本身完全是空虚的。如果相反地把理念仅仅看做一个理念，即意见中的观念或表象，那么哲学就提出了与此不同的见解，除了理念之外没有什么东西是现实的。所以最关紧要的是，在有时间性的瞬即消逝的假象中，去认识内在的实体和现在事物中的永久的东西。其实，由于理性的东西（与理念同义）在它的现实中同时达到外部实存，所以它显现出无限丰富的形式、现象和形态。"② 在丰富多彩的形式、现象和形态中，就蕴含着具有普遍性和必然性的理念、理性，它如同心脏和大脑，它支配着这些形式和形态，而这些形态时时感受到理念和理性这一脉搏在跳动。哲学的任务就是要通过"无限繁复"的情况、"繁茂芜杂"的假象，见出充满跳动的脉搏，而不是沉陷在繁茂芜杂的假象之中。哲学家如柏拉图曾建议目前把孩子放在手上经常摇摆、费希特建议警察不仅把嫌疑者行为相貌的特殊标志记在护照上，而且

---

① ［德］黑格尔：《法哲学原理》，范扬、张企泰译，商务印书馆2010年版，第10—11页。
② ［德］黑格尔：《法哲学原理》，范扬、张企泰译，商务印书馆2010年版，第11页。

要把他的像画在上面,这样,以哲学家称呼出现的人所做的事情,就不是哲学要完成的任务,所以黑格尔说:"现在这本书是以国家学为内容的,既然如此,它就把国家作为其自身是一种理性的东西来理解和叙述的尝试,除此以外,它什么也不是。作为哲学著作,它必须绝对避免把国家依其所应然来构成它。本书所能传授的,不可能把国家从其应该怎样的角度来教,而是在于说明对国家这一伦理世界应该怎样来认识。"① 有了这样一个认识论转向,也就确定了哲学对待"国家"的正确态度,即必须正确认识现存国家这一伦理世界,不应该用抽象的、缺少充分根据的"理想"、"空想"来要求甚至构造现实的国家,相反必须从现存的和现实的国家入手分析现实的国家和国家的现实,借以见出其中的理性;从现存和现实国家入手,不是纠结于人们的"'心情、友谊和灵感'的面糊之中",而是用"概念"去把握国家中的理性。"存在于作为自我意识着的精神性的理性和作为现存的现实世界的理性之间的东西,分离前者与后者并阻止其在后者中获得满足的东西,是未被解放为概念的某种抽象东西的桎梏。在现在的十字架中去认识作为蔷薇的理性,并对现在感到乐观,这种理性的洞察,会使我们跟现实调和;哲学把这种调和只给与那些人,他们一度产生内心的要求,这种要求驱使他们以概念来把握,即不仅在实体性的东西中保持主观自由,并且不把这种主观自由留在特殊的和偶然性的东西中,而是放在自在自为地存在的东西中。"② 有了这样一些深化的和扩展的讨论,我们对"凡是合乎理性的东西都是现实的;凡是现实的东西都是合乎理性的"这句名言就有了更为深刻的认识。另外,"凡是合乎理性的东西都是现实的"所表述的是可能性与现实性的关系问题。自然界规律是万物循以产生的规律,而自由规律则是万物应该循以产生的规律,但不排除使它不出现的条件。而不论怎样困难和复杂,应当但不必然的规律总会显现在现存的伦理世界中,尽管

---

① [德] 黑格尔:《法哲学原理》,范扬、张企泰译,商务印书馆2010年版,第12页。
② [德] 黑格尔:《法哲学原理》,范扬、张企泰译,商务印书馆2010年版,第12—13页。

这种显现乃是形态多样的,甚至是充满假象的,只要合乎理性,只要是理性发出的呼声,都会在现实中得到实现和体现。"凡是现实的东西都是合乎理性的"所表述的正是"理性"、"现实"、"现在"和"现存"的多样性和复杂性问题。除去战争、瘟疫这种可能导致人类毁灭的特殊状态之外,任何一种在人类历史上出现的"国家"都是有其存在理由的,因为它们都使人类存在着,只要没有突破导致整个人类灭亡这个底线,任何一种国家形式都是有根据的,都在某种程度上拥有了"理性"或部分地分有了"理性"。没有任何瑕疵的国家只是想象的产物,而不是现实的国家。笔者花费如此之多的笔墨讨论"凡是合乎理性的东西都是现实的;凡是现实的东西都是合乎理性的"这句名言,其真正意义在于当代政治哲学面对当代政治事实时,我们该如何正确思考和正当行动。

"观念论"和"信念论"之于政治哲学把握政治之"是其所是的东西"的重要性,乃是一个饶有兴趣的问题。无论是在政治实践中,还是在对这种实践的哲学把握中,观念论和信念论都是重要的方面,因为它们就是政治实践中的一个不可忽视的要素,更是哲学把握政治实践的一种高级方式。美国学者汤姆·罗克莫尔在《康德与观念论》一书中说道:"在日常用法中,'观念'——因此,'观念的'和'观念论'——都是指与实在区分开来的显像,既是指那种独立于主体而存在的东西,又是指那种与所是的东西区分开来、应当所是的东西。在现代欧洲语言中,各种各样的词典总是指出:'观念论'这个词与古希腊语中的'观念'相联系,而在古希腊语中,'观念'的意思是形式、显像(与实在相对立)、种类、类型、本质等等。"① 依照汤姆·罗克莫尔所提供给我们的日常生活和日常语义上的"观念"概念,我们的理解是,可从面向"真理"和"价值"的思辨哲学观念论、面向行动和意义的实践哲学观念论两个向度来界定"观念论"。

---

① [美]汤姆·罗克莫尔:《康德与观念论》,徐向东译,上海译文出版社2011年版,第24页。

导论：追问和追寻政治"是其所是"的三种方式

关于前者正是汤姆·罗克莫尔所要做的工作，他甚至给出了一个类型学意义上的"观念论"："对'观念论'的评价面临很多困难，其中一个主要困难就是如何知道这个术语的精确含义，如何知道有关的术语例如'柏拉图式的观念论'、'德国观念论'、'英国观念论'等等的精确含义。"① 而我们要完成的任务是，一个有关政治的"观念论"是如何完成的。

正如汤姆·罗克莫尔在上述定义中所指出的，观念既可以是对独立于主体的是的形式、显像、种类、类型，又是对与所是的东西不同的应当所是的东西的显像。这就在实践哲学的意义上得出这样的结论，一个政治观念的发生原是与已经是的和应当是的东西的显像和规定，前者是建构性的，后者是范导性的，康德以"作为一种先天地立法的能力的判断力"为标题论证和论述了这一具体过程："一般判断力是把特殊的东西当做包含在普遍的东西之下、来对它进行思维的能力。如果普遍的东西（规则、原则、法则）被给予了，那么，把特殊的东西归摄在普遍的东西之下的判断力（即使它作为先验的判断力先天地指明了诸条件，惟有根据这些条件才能被归摄在那普遍的东西之下）就是规定性的。规定性的判断力从属于知性提供的普遍的先验法则，它只是归摄性的；法则对它来说是先天地确定下来的，因此它不必为自己想到一条法则，以便能够把自然中的特殊的东西置于普遍的东西之下。——然而自然有如此之多的形式，仿佛是普遍的先验自然概念有如此之多的变异，它们通过纯粹知性先天地确立的那些法则依然未得到规定，因为这些法则仅仅一般而言地关涉一个自然（作为感官的对象）的可能性，但这样，对于这些变异就也必须有一些法则，这些法则虽然作为经验性的法则按照我们知性的洞识来看可能是偶然的，但如果它们应当叫做法则的话（就像一个自然的概念也要求的那样），就必须在杂多之统一性的一个尽管不为我们所知的原则出

---

① ［美］汤姆·罗克莫尔：《康德与观念论》，徐向东译，上海译文出版社2011年版，第27页。

发被视为必然的。"①"作为一种先天地立法的能力的判断力"把特殊的东西包含在普遍性东西之下加以思考，貌似为自然界立了法则，为特殊的东西提供了普遍性的法则，但这并不意味着这些个别的、特殊的东西以及统合这些特殊的普遍法则完全是靠知性想象出来的，先天的、先验的自然法则以概念的形式先天地存在于人的知性之中，而这个先天法则与自然本身的普遍性恰是相合的。但自然不会像人那样，把属于自身的普遍法则呈现给自己，而是依靠人的知性得以显现，这便是自然法则的被给予性。被给予性不等于被生成性，自然界的法则不是人给它创制出来的，而是由人给显现出来的，自然因人的具有立法能力的判断力而得以澄明，获得了无论对其自身而言还是对于让其显现的人而言都极其重要的确定性和明见性。② 如果把政治视作已然和实然的社会事实加以描述，便是观念论的叙事，即遵循把实在视作与主体完全不同的客观事实加以叙述，无论怎样赞美或痛恨这个实在都不会使实在增加什么或减少什么。然而，即便是在胡塞尔的"本质直观"中，将政治事实这个实在无成见和偏见地呈现在表象里把握在意思中，但由于政治事实是因人的活动而成的，或政治就是人的争夺政治权力以实现某种善为目的的活动本身，那么这种"本质直观"就不可能是无立场、无趋向的。政治之"本质直观"的呈现者面对政治这个凝聚各种欲望、充满各种冲突、蕴藏天机和阴谋的"实在"，不可能是无立场的；政治事实的多样性和复杂性决定了不同的叙述者面对同一个实在可有不同的选取角度，选取不同的材料，作为一个材料不再增加的实在，但多重意义却是向人们敞开着的，只要把这个意义从遮蔽、隐蔽状态下"解救"出来，失去生命的政治事实

---

① 《康德著作全集》第5卷，李秋零译，中国人民大学出版社2007年版，第188—189页。

② 康德说："确定性和明晰性这两项，这涉及到这门研究的形式，它们必须被看作人们对一个敢于做这样一种难以把握的工作的作者可以正当提出的基本要求。"（［德］康德：《纯粹理性批判》，邓晓芒译，人民出版社2017年版，第4页）所谓的确定性，康德说就是客观上有充分根据的那种"认其为真"，"客观上的充分性则叫作确定性（对任何人而言）。"（［德］康德：《纯粹理性批判》，邓晓芒译，人民出版社2017年版，第747页）

导论：追问和追寻政治"是其所是"的三种方式

似乎又恢复了往日的生机，在叙述、叙事者那里，各种潜藏着的意义被开显出来，释放出来，以昭示在世者及其后来者。以此观之，即便面对过往的政治事实，"本质直观"也并非全然建构性的，而是规范性、范导性的。如若将政治定位于面向未来的事情，那么叙事者和表述者就更加倾向于规范性和范导性的方面。此一种范式就是信念论的。即便是信念论的却也不是纯粹的主观上有其充分根据而客观上根据不充分的那种"视其为真"，而是充满着对事实的分析与论证，这就是对人类的政治能力的判断。简约地说，面对过往的政治事实，观念论优先而信念论次之；在立于当下而面向未来的政治事实时，则是信念论优先而观念论次之。

在这里集中讨论一下马克思的哲学研究方法问题，对于我们揭示和论证政治的"是其所是"显得极为重要。马克思在《资本论》第一卷中为何从商品开始，而不是从人口、阶级、资产阶级、雇佣工人开始？马克思在《1857—1858年经济学手稿》中的"政治经济学的方法"部分以及在《资本论》第一版序和第二版跋中对此做了详尽的论述；后又在1859年《政治经济学批判》序言中，对自己的整个研究所形成的方法作了精辟的总结。马克思为何多次论述自己的研究方法以及形成方法的过程？马克思的伟大功绩并不仅仅在于从学科高度和问题深度标划出资本主义的总体画面，揭示出资本主义自身那种无法彻底克服的内在矛盾，而必然发展出社会主义和共产主义制度来，还在于发展出既不同于机械唯物主义又不同于主观唯心主义的科学方法。对我们具有切近意义的是，马克思从未在进入某一问题的研究之前预先设计出研究这一问题的方法，马克思的研究方法就是马克思深入思考问题的内在过程，当马克思在陈述研究方法时，分明是在陈述思维的逻辑与事物的逻辑的双重逻辑变奏，当其使用的方法与事物的本质相一致时，方法就变成了理论；当事物以符合方法的形式被"开显"和"解蔽"出来时，关于对象的"本质直观"就变成了思想。那么，马克思是如何将资本、资本主义制度、资本主义社会变成"本质直观"从而形成思想的呢？"当我们从政治经济学方面考察某

◆◈ 追寻政治的"是其所是"

一国家的时候，我们从该国的人口，人口的阶级划分，人口在城乡海洋、在不同生产部门的分布，输出和输入，全年的生产和消费，商品价格等等开始。从实在和具体出发，从现实的前提出发，例如在政治经济学上从作为全部社会生产行为的基础和主体人口开始，似乎是正确的。但是更仔细地考察起来，这是错误的。如果我抛开构成人口的阶级，人口就是一个抽象。如果我不知道这些阶级所依据的因素，如雇佣劳动、资本等等，阶级又是一句空话。而且这些因素是以交换、分工、价格等等为前提的。比如资本，如果没有雇佣劳动、价值、货币、价格等等，它就什么也不是。因此，如果我从人口着手，那么，这就是一个混沌的关于整体表象，经过更切近的规定之后，我就会在分析中达到越来越简单的概念；从表象中的具体达到越来越稀薄的抽象，直到我达到一些最简单的规定。"① 实际上，从具体的事实，从可感知的现象出发，如从人口出发，深入到决定人口的因素中去，直到最后的因素，它类似于康德笔下的原因性，即自因，就算到达了最简单的规定，然后将这个最简单的规定概念化，这就是具体现象抽象化，直接感受概念化。这是一个极其艰苦的思维过程，由果溯因，直到最初的原因，之后再从原因还原到结果。这就是思维的逻辑和表述的逻辑关系。"于是行程又得从那里回过头来，直到我最后又回到人口，但是这回人口已不是一个混沌的关于整体的表象，而是一个具有许多规定和关系的丰富的总体了。"② 马克思说，从人口、民族、国家、若干国家等等开始，最后从中找出一些有决定意义的抽象的一般关系，如分工、货币、价值等等，然后再从这些简单的东西上升到国家、国际交换和世界市场，这正是经济学在它产生时期在历史上走过的路。亚当·斯密、大卫·李嘉图等古典经济学家，似乎走的就是这样一条路。马克思说，这条路无疑包含着积极的、科学的元素，但尚未达到最简单规定的彻底性，所以马克思说，"后一种方法显然是科

---

① 《马克思恩格斯全集》第46卷（上），人民出版社1979年版，第37页。
② 《马克思恩格斯全集》第46卷（上），人民出版社1979年版，第37—38页。

学上正确的方法"。所谓后一种方法就是从多样性的后果中经过抽象的功夫得出单一的原因即本体的方法，那么这种方法何以是正确的、科学的方法呢？马克思用哲学的语言将这个科学的方法极其简约地表述为："具体之所以具体，因为它是许多规定的综合，因而是多样性的统一。因此它在思维中表现为综合的过程，表现为结果，而不是表现为起点，虽然它是实际的起点，因而也是直观和表象的起点。在第一条道路上，完整的表象蒸发为抽象的规定；在第二条道路上，抽象的规定在思维形成中导致具体的再现。"① 在马克思看来，这种抽象与具体的方法与其说是经济学的一种思考经济现象的方法，倒不如说是一种哲学思维，这种思维决定着我们能否把握到事物的"真"。马克思在批判了黑格尔颠倒了思维与实在的关系之后指出，"在意识看来（而哲学意识就是被这样规定的：在它看来，正在理解着的思维是现实的人，因而，被理解了的世界本身才是现实的世界），范畴的运动表现为现实的生产行为，而世界是这种生产行为的结果；这——不过又是一个统一反复——只有在下面这个限度内才是正确的：具体总体作为思维总体、作为思想总体，事实上是思维的、理解的产物；但决不是处于直观和表象之外或凌驾于其上而思维着的、自我产生着的概念的产物，而是把直观和表象加工成概念这一过程的产物。整体，当它在头脑中作为思想整体而出现时，是思维着的头脑的产物，这个头脑用它所专有的方式把握世界，而这种方式是不同于对世界的艺术的、宗教的、实践精神的掌握的"②。经过第一条道路，马克思得到了最一般的规定，即商品，商品是资本主义社会的本体，一切由之产生，一切又复归于它，所以马克思在《资本论》第一卷开篇便说："资本主义生产方式占统治地位的社会财富，表现为'庞大的商品堆积'，单个的商品表现为元素的形式。因此，我们的研究就从分析商品开始。"③ 第二条道路表现为"抽象的规定在思维形成中导致具体

---

① 《马克思恩格斯全集》第46卷（上），人民出版社1979年版，第38页。
② 《马克思恩格斯全集》第46卷（上），人民出版社1979年版，第38—39页。
③ 《资本论》（纪念版）第一卷，人民出版社2018年版，第47页。

的再现",即资本的生产过程、资本的流通过程、资本主义生产的总过程。马克思抽象与具体的研究方法,对于我们追问政治的"是其所是"具有怎样的借鉴意义呢?我们直观或感受到的是各种政治现象,它正在发生着,也正在显现着,这是具体,是现实的、实在的具体,从实际出发,就是从这个实在和具体出发。如果不沿着这个实际回溯到产生或决定这个实际的原因,那么我们就不能知道这个实际是如何发生和演变的。只有从各种政治现象回溯到导致这些政治现象的原因,现象才能得到证明和说明。

马克思研究方法的第二个重要意义在于,马克思在《资本论》中所描述的劳动、资本的形态乃是人类发展到那个状态下的最复杂、最发达的形式,"现代的资产阶级私有能制是建立在阶级对立上面、建立在一些人对另一些人的剥削上面的产品生产和占有的最后而又最完备的表现。"①。所以马克思对资本主义的批判最具普遍性和典型性。"最一般的抽象总是产生在最丰富的具体发展的地方,在那里,一种东西为许多东西所共有,为一切所共有。这样一来,它就不再只是在特殊形式上才能加以思考了……资产阶级社会是历史上最发达和最复杂的生产组织。因此,那些表现为它的各种关系的范畴以及对于它的结构的理解,同时也能使我们透视一切已经覆灭的社会形式的结构和生产关系。"② 但决不能用资产阶级的经济学范畴去剪裁甚至替代过往社会的经济现象,包含但不能替代,这便是人类社会在不同历史阶段上的个性于共性问题。"如果说资产阶级经济的范畴适用于一切其他社会形式这种说法是对的,那么,这也只能是在一定意义上来理解。这些范畴可以在发展了的、萎缩了的、漫画式的种种形式上,总是在有本质区别的形式上,包含着这些社会形式。"③ 对政治之"是其所是的东西"的追问和追寻,必然是以当代人类所达到的政治文化或政治文明水平为范本,因为它包含着以往任何社会状态下所产生的

---

① 《马克思恩格斯文集》第2卷,人民出版社2009年版,第45页。
② 《马克思恩格斯全集》第46卷(上),人民出版社1979年版,第42—43页。
③ 《马克思恩格斯全集》第46卷(上),人民出版社1979年版,第43页。

因素，即便是被克服了的因素，也不是真正地消失了，而是被新的更加合理的因素抑制了或替代了，人类总是能够从过往的社会形态中汲取在建构政治文化、提升政治文明的类型中所积累的经验、产生的失败教训。

马克思对整个资本主义社会的研究，始终坚持整体性、复杂性和冲突性原则。马克思在《政治经济学批判》序言中对自己的研究方法做了精彩总结："我的研究得出这样一个结果：法的关系正像国家的形式一样，既不能从它们本身来理解，也不能从所谓人类精神的一般发展来理解，相反，它们根源于物质的生活关系，这种物质的生活关系的总和，黑格尔按照18世纪英国人和法国人的先例，概括为'市民社会'，而对市民社会的解剖应该到政治经济学中去寻找。我所得到的，并且一经得到就用于指导我的研究工作的总的结果，可以简要地表述如下：人们在自己生活的社会生产中发生一定的、必然的、不以人们的意志为转移的关系，即同他们的物质生产力的一定发展阶段相适应的生产关系。这些生产关系的总和构成社会的经济结构，即有法律的和政治的上层建筑竖立其上并有一定的社会意识形式与之相适应的现实基础。不是人们的意识决定人们的存在，相反，是人们的社会存在决定人们的意识。社会的物质生产力发展到一定阶段，便同它们一直在其中运动的现存的生产关系或财产关系（这只是生产关系的法律用语）发生矛盾。于是这些关系便由生产力的发展形式变成生产力的桎梏。那时社会革命的时代就到来了。随着经济基础的变更，全部庞大的上层建筑也或慢或快地发生变革。在考察这些变革时，必须时刻把下面两者区别开来：一种是生产的经济条件方面发生的物质的、可以用自然科学的精确性指明的变革，一种是人们借以意识到这个冲突并力求把它克服的那些法律的、政治的、宗教的、艺术的或哲学的，简言之，意识形态的形式。我们判断一个人不能以他自己的看法为根据，同样，我们判断这样一个时代也不能以它的意识为根据；相反，这个意识必须从物质生活的矛盾中，从生产力和生产关系之间的现存冲突中去解释。无论哪一个社会形态，在它所容纳的

◇❖ 追寻政治的"是其所是"

全部生产力发挥出来以前，是决不会灭亡的；而新的更高的生产关系，在它的物质存在条件在旧社会的胚胎里成熟以前，是决不会出现的。所以人类始终只提出自己能够解决的任务，因为只要仔细考察就可以发现，任务本身，只有在解决它的物质条件已经存在或者至少是在生成过程中的时候，才会产生。资产阶级的生产关系是社会生产过程的最后一个对抗形式，这里所说的对抗，不是指个人的对抗，而是指从个人的社会生活条件中生长出来的对抗；但是，在资产阶级社会的胚胎里发展的生产力，同时又创造着解决这种对抗的物质条件。因此，人类社会的史前时期就以这种社会形态而告终。"[1] 这段精彩的文字是马克思对自己的一大发现之一即唯物史观的集中描述，我们并不是将这段精彩文字摆放在这里，以示我们多么理解、领会和掌握马克思的"历史唯物主义原理"，而是要把这一原理运用到对政治事实的研究中去。而这里的"应用"也不是简单地生搬硬套，将丰富多彩的、充满冲突的政治事实机械地、条块儿式地装进这个原理中，相反，我们要深入到马克思所揭示的充满整体性、复杂性和冲突性的社会结构中去，探究政治事实的原始发生及其演变过程。第一，如何看待政治与经济基础的关系？依照马克思所说，政治属于上层建筑中的一个要素，如果把这一观点贯彻到底，那么就有一个如何打造并支配经济基础的问题，如果把政治视作上层建筑中的一个因素，它是由经济基础决定的，那么政治何以能够支配经济基础呢？这就必须对政治做一个创造性的、扩展式的理解，即把政治视作国家治理和经济管理的机构、力量和行动，狭义的政治指的是政治观念、政治思想。看来，经济基础虽然是社会结构的基础部分，但并不是决定性的力量，而是影响上层建筑的根本因素。

整个社会的运转，经济基础无疑是基础性的，但不是唯一的要素。恩格斯在1890年9月21—22日写给约瑟夫·布洛赫的信中说道："根据唯物史观，历史过程中的决定性因素归根到底是现实生活

---

[1] 《马克思恩格斯文集》第2卷，人民出版社2009年版，第591—592页。

导论：追问和追寻政治"是其所是"的三种方式

的生产和再生产。无论马克思或我都从来没有肯定过比这更多的东西。如果有人在这里加以歪曲，说经济因素是唯一决定性的因素，那么他就是把这个命题变成毫无内容的、抽象的、荒诞无稽的空话。经济状况是基础，但是对历史斗争的进程发生影响并且在许多情况下主要是决定着这一斗争的形式的，还有上层建筑的各种因素：阶级斗争的各种政治形式及其成果——由胜利了的阶级在获胜以后确立的宪法等等，各种法的形式以及所有这些实际斗争在参加者头脑中的反映，政治的、法律的和哲学的理论，宗教的观点以及它们向教义体系的进一步发展。这里表现出这一切因素间的相互作用，而在这种相互作用中归根到底是经济运动作为必然的东西通过无穷无尽的偶然事件向前发展。我们自己创造着我们自己的历史，但是第一，我们是在十分确定的前提和条件下创造的。其中经济前提和条件归根到底是决定性的。但是政治等等的前提和条件，甚至那些萦回于头脑中的传统，也起着一定的作用，虽然不是决定性的。第二，历史是这样创造的：最终的结果总是从许多单个的意志的相互冲突中产生出来的，而其中的每一个意志，又由于许多特殊的生活条件，才成为它成为的那样。这样就有无数相互交错的力量，有无数个力的平行四边形，由此就产生出一个合力，即历史结果，而这个结果又可以看做一个作为整体的、不自觉地和不自主地起着作用的力量的产物。因为任何一个人的愿望都会受到任何另一个人的妨碍，而最后出现的结果就是谁都没有希望过的事物。所以到目前为止的历史总是像一种自然过程一样地进行，而且实质上也是服从于同一运动规律的。但是，各个人的意志——其中的每一个都希望得到他的体质的和外部的、归根到底是经济的情况（或是他个人的，或是一般社会性的）使他向往的东西——虽然都达不到自己的愿望，而是融合为一个总的平均数，一个总的合力，然而从这一事实中决不应作出结论说，这些意志等于零。相反，每个意志都对合力有所贡献，因而是包括在这个合力里面的。"①

---

① 《马克思恩格斯文集》第 10 卷，人民出版社 2009 年版，第 591—593 页。

结合恩格斯的论述，马克思和恩格斯给予我们的方法论意义在于，在研究政治的"是其所是的东西"问题上，我们必须坚持整体性、复杂性和冲突性原则。如果不是把政治仅仅看作是被经济基础决定的一个要素，而是将其理解为在国家治理和社会管理中的核心要素，那么一个完整的社会结构及其运行逻辑的图像就会标划出来。另外，社会结构的生成和运行并非社会各要素的机械相加，而是有机地统一在一起的，换言之，就是恩格斯所说的，是各个意志的相互冲突。这样一来，社会结构的生成和运转则是无数个个人意志既相协调又相冲突的结果。然而问题是，在各个相互起作用的个人意志中，有些意志则是可有可无、甚至是忽略不计的，被各种记录体记录下来的个人意志，几乎都是那些影响甚至决定历史相貌和历史进程的意志。这绝非一种英雄史观，而是面向历史本身，发现个人意志影响和决定历史进程的内在机理，并找出何种个人意志、以怎样的方式影响和决定历史的，怎样的结果才符合政治的终极之善所必须进行的理论工作。如若不能揭示政治嵌入社会结构并决定历史进程的内在逻辑，便不可能证明政治"是其所是的东西"实际上是怎样的，应当怎么样。当我们的意识能力、思考能力和概括能力与政治"是其所是的东西"相去甚远的时候，那么人们就不可能通过"本质直观"将事物自身标划出来。事实证明，政治并非一个简单的观念、意识，而是由观念、政策、制度、体制和行动构成的完整的有机整体。

反思性和批判性思维对于分析和论证政治的"是其所是"所具有的重要性似乎无须赘述。自人类学会用哲学的方式把握自身和周围世界的时候，便拥有了反思和批判意识与思维，或许说，在任何一个时代都不缺少个别的哲学家以及哲学家具有的反思与批判意识和思维，但它并构成一个批判的时代。被称之为一个"批判的时代"乃是18世纪之后的事情。在元哲学基础上生发出的各种部门哲学或领域哲学，之所以雨后春笋般地发展起来，完全得益于一个"建构的时代"，这就是起始于15世纪下半叶、发展于16、17世纪而成熟于18世纪的西方现代化运动。这是一个全新的社会结构及其展开方式，它

导论：追问和追寻政治"是其所是"的三种方式

要对过往的社会、观念和理论进行全面的理性"清算"，而且要对人类的一般理性能力进行彻底的考察，借以见出理性能力的实践边界。"这种态度显然不是思想轻浮的产物，而是这个时代的成熟的判断力的结果，这个时代不能够再被虚假的知识拖后腿了，它是对理性的呼求，要求它重新接过它的一切任务中最困难的那件任务，即自我认识的任务，并委任一个法庭，这个法庭能够受理性的合法性保障的请求，对于一切无根据的非分要求，不是通过强制命令，而是能按照理性的永恒不变的法则来处理，而这个法庭不是别的，正是纯粹理性的批判。"① 在康德所列出的人的先天能力中，判断力是最后被发现的，而康德有明显的倾向，认为正是判断力才把认识能力和欲求能力即思辨理性和实践理性连结起来，人的理性能力的一个根本的标志就是判断力的高度。关于"时代的成熟的判断力"问题，康德在注释中说道："人们时常听到抱怨当代思维方式的肤浅和彻底科学研究的沦落。但我看不出那些根基牢固的科学如数学和物理学等等有丝毫值得如此责备的地方，相反，它们维护了彻底性的这种古老的荣誉，而在物理学中甚至超过以往。"康德用真正称得上是具有彻底性的科学如数学和物理学反驳他那个时代人们对肤浅思维方式的抱怨和责难，在康德看来，真正肤浅的思维方式体现在人文科学研究中。"而现在，正是同一个彻底精神也将在另一些知识类型中表明其作用，只要我们首先留意对它们的原则加以校正。在缺乏这种校正的情况下，冷淡、怀疑，最后是严格的批判，反倒是彻底的思维方式的证据。我们的时代是真正的批判时代，一切都必须经受批判。通常，宗教凭借其神圣性，而立法凭借其权威，想要逃脱批判。但这样一来，它们就激起了对自身的正当的怀疑，并无法要求别人不加伪饰的敬重，理性只会把这种敬重给予那经受得住它的自由而公开的检验的事物。"② 就理性批判的对象而言可有两种，一种是对人的判断力本身的考察，确定人

---

① ［德］康德：《纯粹理性批判》，邓晓芒译，人民出版社2004年版，第3页。
② ［德］康德：《纯粹理性批判》，邓晓芒译，人民出版社2004年版，第3页。

的判断力所能达到的广度和程度，先前的本体论承诺和认识论承诺都要在人的判断力所允许的范围内加以确立。另一种是对人的判断力的运用过程及其所取得的业绩的考察，亦即对正确性和正当性的确定。对数学和物理学这样的自然科学而言，考察其正确性是理性批判的任务，而对人文社会科学的批判则既有正确性又有正当性的要求。但批判时代的批判所指向的对象并不止于对思维本身以及思维的成果的考察，更要对现行的社会事实进行无情的批判，其中最为重要的便是对政治事实的批判。然而如果批判的主体仅限于理论家和思想家，而普通民众依旧处在被动接受和盲从附和的状态，那么关于政治"是其所是的东西"的追问和追寻就不可能是全体民众的事情，也就不可能进入真正的批判的时代。只有当民众具备基本的理性能力并能够正确和正当运用这种能力的时候，真正的批判时代才能到来；只有当民众把自身的根本利益和公共善视作最大的政治时，才能开启一个政治社会，并以此替代往日的权力社会。

第一章　政治"是其所是"的一般哲学批判

　　对政治"是其所是的东西"进行一般哲学批判，是研究"历史中的政治"、"政治'是其所是'的现代形态"和"政治'是其所是'的当代形态"的逻辑前提，它内在地包含着对"政治"及"政治是其所是的东西"的规定、政治之原始发生的现象学考察两部分，对"政治"及"政治的是其所是的东西"的语言学、语言哲学及结构主义的研究又具有逻辑在先的性质。所谓一般哲学批判，乃是指从哲学中的元理论出发对"政治"及"政治的'是其所是'"所做的批判性考察。相较于其他学科以及哲学中的部门哲学如经济哲学、政治哲学、文化哲学、价值哲学、道德哲学等等，哲学元理论的批判更在于它的问题深度和沉思高度。或许有人批评说，对于"政治"及"政治的'是其所是'"这样一个极具现实性的题材，哲学中的元理论或纯粹的形而上学乃是无用的、无效的，仅有社会科学和部门哲学就足够有效了。而我们则以为，现代社会呈现出前所未有的整体性、复杂性和冲突性，社会权力的多样性，政治权力的强制性，政治权力分割及支配活动的任意性，如果人们只是着眼于对政治事实的产生过程及其运行后果的描述、综述，这只是自然科学和社会科学所着力考察的方面，而不进行人类灵魂的拷问、观念的追问、行动的质问，进言之，没有本体论意义上的彻底清查，那么因头疼医头脚疼医脚式的看待和对待方式，必然招致权力滥用的重复出现，官僚主义、形式主义持续存在。元哲学的反思性品质促使人们找到造成权力扩张和滥用的初始性原因；它的批判性性格推动人们知止而行止；它的建构性旨趣引导人类朝向整体性的好生活，它的范导性义务规约和激励人们求真向善趋美。并不是我们一厢情愿地将哲学批判强加给现时代，而是说现时代本身就是哲学性的、哲学式的，我们通过哲学所做的不过是让人类及其类本质重归其本身。领悟天人之道以求人与自然的和谐，感悟人伦之道以求人与社会的和谐，体悟心性之道以求心灵的和谐，是回归人本身的根本道路。对"政治"及"政治的'是其所是'"进行元哲学批判，也为分析和论证"政治"及"政治的'是其所是'"的具体哲学问题奠定了基础。

第一节　将康德的建构性原则和范导性原则应用于政治事实研究的可能性及其限度

将康德的建构性原则和范导性原则应用于政治事实研究，是否必要与可能呢？如果我们只是泛泛地，或是为着某种"政治的"、"功利的"目的而去研究政治事实，那么这种对康德之哲学原则的借鉴就是毫无意义的，因为如果不以追求确定性和明晰性为学术志向，不以追求正义和道义为学术良知，而以积累货币资本和政治资本为目的，那么任何一种追求正确、追寻正当的学术致思和学术实践都将被工具化、功利化。那这是否意味着，如若将正确性和正当性确立为研究政治事实的伦理原则，就可以成功地运用康德的哲学原则于具体的致思活动之中呢？并不必然。这便是意愿与能力问题，若想强烈地澄明政治事实的正确性根据、确立正当性依据，那是必然要领会和运用康德之哲学原则的；只有理解和领会了康德的哲学精神，才能准确地运用他的哲学原则。

一　康德对建构原则与范导原则的构造

康德以"作为一种先天地立法的能力的判断力"为标题论证和论述了这一具体过程："一般判断力是把特殊的东西当做包含在普遍的

东西之下、来对它进行思维的能力。如果普遍的东西（规则、原则、法则）被给予了，那么，把特殊的东西归摄在普遍的东西之下的判断力，（即使它作为先验的判断力先天地指明了诸条件，惟有根据这些条件才能被归摄在那普遍的东西之下）就是规定性的。但如果只有特殊的东西被给予了，判断力为此必须找到普遍的东西，那么，这种判断力就纯然是反思性的。

规定性的判断力从属于知性提供的普遍的先验法则，它只是归摄性的；法则对它来说先天地确定下来的，因此它不必为自己想到一条法则，以便能够把自然中的特殊的东西置于普遍的东西之下。——然而自然有如此之多的形式，仿佛是普遍的先验自然概念有如此之多的变异，它们通过纯粹知性先天地立的那些法则依然未得到规定，因为这些法则仅仅一般而言地关涉一个自然（作为感官的对象）的可能性，但这样，对于这些变异就也必须有一些法则，这些法则虽然作为经验性的法则按照我们知性的洞识来看可能是偶然的，但如果它们应当叫做法则的话（就像一个自然的概念也要求的那样），就必须在杂多之统一性的一个尽管不为我们所知的原则出发被视为必然的。——反思性的判断力的职责是从自然中的特殊的东西上升到普遍的东西，因此它需要一个原则，它不能从经验借来这个原则，因为这原则恰恰应当为一切经验性的原则在同样是经验性的、但却更高的原则之下的统一性提供根据，因而为这些原则相互之间的系统隶属的可能性提供根据。因此，这样一个先验原则，反思性的判断力只能当做法则自己给自己确立，不能从别处拿来（因为若不然，它就会是规定性的判断力了），也不能指定给自然，因为关于自然法则的反思取决于自然，而自然并不取决于我们力图去获得一个就这些法则而言完全是偶然的自然概念所依据的那些条件。"① 这是康德对建构性原则和范导性原则论述得最集中、最明确的地方。

---

① 《康德著作全集》第5卷，李秋零译，中国人民大学出版社2007年版，第188—189页。

在我们的理解能力所及的范围内，我们可以将康德的建构性原则（规定性的）和范导性原则（反思性的）简约地表述如下。其一，我们何以有先天的立法能力？关于这一点，康德在《道德形而上学原理》中说道："在自然界中每一物件都是按规律起作用。唯独有理性的东西有能力按照对规律的观念，也就是按照原则而行动，或者说，具有意志。既然使规律见之于行动必然需要理性，所以意志也就是实践理性。如果理性完全无遗地规定了意志，那么，有理性东西那些被认作是客观必然的行为，同时也就是主观必然的。"[1] 有理性者可以把规律呈现在表象里，把握在意识中，然后将这个对规律的观念变成原则，再按原则行事。那么，作为有理性的人，何以能够把规律变成对规律的原则，再按原则行事呢？"我们的知识来自于内心的两个基本来源，其中第一个是感受表象的能力（对印象的接受性），第二个是通过这些表象来认识一个对象的能力（概念的自发性）；通过第一个来源，一个对象被给予我们，通过第二个来源，对象在与那个（作为内心的单纯规定的）表象的关系中被思维。所以直观和概念构成我们一切知识的要素，以至于概念没有以某种方式与之相应的直观、或直观没有概念，都不能产生知识。这两者要么是纯粹的，要么是经验性的。如果其中包含有感觉（它以对象的现实的在场为前提），那就是经验性的；但如果表象中没有混杂任何感觉，那就是纯粹的。我们可以把感觉叫作感性知识的质料。所以纯粹直观只包含使某物得以被直观的形式，而纯粹概念只包含一个对象的思维的一般形式。只有纯粹直观和纯粹概念才是先天可能的，经验性的直观和概念则是后天可能的。"[2] 那么，作为知识之来源的第二个因素究竟是怎样一种能力呢？它的名字叫"知性"。"我们若是愿意把我们的内心在以某种方式受到刺激时感受表象的这种接受性叫作感性的话，那么反过来，那种产生表象的能力，或者说认识的自发性，就是知性。我们的本性导

---

[1] ［德］康德：《道德形而上学原理》，苗力田译，上海人民出版社1986年版，第63页。
[2] ［德］康德：《纯粹理性批判》，邓晓芒译，人民出版社2017年版，第41页。

第一章 政治"是其所是"的一般哲学批判

致了,直观永远是感性的,也就是只包含我们为对象所刺激的那种方式。相反,对感性直观对象进行思维的能力就是知性。"① 关于人的先天能力,康德在《实践理性批判》的"原序"中说道:"因此,在这种方式下,心灵的两个先天原则,即认识官能和欲望官能,就会被发现,而且它们在运用的条件、范围和界限方面也都被确定了,这样就给包括理论和实践在内的这个哲学体系,打下了一个牢固的哲学基础。"② 而在《判断力批判》中,康德则认为人有三种先天能力,即认识能力、判断力和欲求能力。这三种能力遵循原则、为着三种目的:一是认识能力,此种能力的先天基础是知性,其所遵循的是合规律性原则,它的应用范围是自然;二是愉快和不愉快的情感,它的先天基础是判断力,其所遵循的是合目的性原则,它的应用范围是艺术;三是欲求能力,它的先天基础是理性,其所遵循的是终极目的原则,它的应用范围是自由。

从形式上看,心灵的三种先天能力及其运行是在相对独立的情境下发生的,对此,康德作出了边界清晰的规定:"就一般心灵能力而言,只要把它们作为高层能力、即包含自律的能力来看待,那么,对于认识能力(对自然的理论认识能力)来说知性就是包含先天构成性原则的能力;对于愉快不愉快的情感来说,判断力就是这种能力,它不依赖于那些有可能和欲求能力的相关并因而有可能是直接实践性的概念和感觉;对于欲求能力来说则是理性,它不借助于任何不论从何而来的愉快而是实践性的,并作为高层的能力给欲求能力规定了终极目的,这目的同时也就带有对客体的纯粹智性的愉悦。——判断力关于自然的一个合目的性的概念仍然是属于自然概念的,但只是作为认识能力的调节性原则,虽然关于某些因其自然合目的性概念的(自然的或艺术的)对象的审美判断就愉快和不愉快的情感而言是构成性的原则。认识能力的协调一致包含着这种愉快的根据,在这些能力的

---

① [德]康德:《纯粹理性批判》,邓晓芒译,人民出版社2017年版,第41页。
② [德]康德:《实践理性批判》,关文运译,广西师范大学出版社2002年版,第6页。

活动中的自发性使上述自然合目的性概念适合于成为使自然概念的诸领地和自由概念在它们的后果中联结起来的中介，因为这种自发性同时也促进了内心对道德情感的感受性。"① 从康德的论述中，人的心灵中的三种先天能力的初始根据及其运行规律、效力边界都是相对清晰而有别的，但它们均统一于人的心灵结构之上，且三种能力的运行具有内在的自发性和协调性。但从这些论述中，总是隐约感到，为何康德只把愉快与不愉快的情感体验严格限制在判断力这一能力的运用之上呢？如果不是机械论式地理解和运用康德三种能力理论，而是做扩展式讨论，那么康德的诸多理念和方法对于我们对政治事实进行一般哲学批判，具有巨大的启发和借鉴意义。

二　将康德的建构性和范导性原则应用于政治事实哲学批判的可能性及其限度

康德将基于认识能力之上的理论理性严格地限制在对与人的努力无关的自然事实的研究上，从而试图解决自然形而上学如何可能的问题，但在《纯粹理性批判》的"先验方法论"之"至善理想作为纯粹理性最后目的之规定根据"部分，就关于"我们理性的纯粹运用之最后目的"问题向自己反问道："理性由其本性中某种偏好驱使着超出经验的运用之外，在其纯粹的运用中并借助于单纯的理念冒险冲破一切知识的极限，而只有结束自己的循环，在一个独立存在的系统整体中，才会安息。那么，这种努力只不过是在建立它的思辨的兴趣之上呢，还是唯一的只建立在的实践的兴趣之上？"② 简单来说，通过思辨理性，人类借助知性这种先天能力解决数学知识、自然知识和形而上学如何可能的问题，对每个人乃至整个人类而言，是否都是必要的，即使它们都不是终极性的问题；康德为何在《实践理性批判》中说，预先解决思辨理性问题更具有优先性，但极为细致地论述了思辨理性和

---

① ［德］康德：《判断力批判》，邓晓芒译，人民出版社2002年12月第2版，第32页。
② ［德］康德：《纯粹理性批判》，邓晓芒译，人民出版社2017年版，第463页。

第一章 政治"是其所是"的一般哲学批判

实践理性因其各自处理的对象而具有的区别与联系;"但是因为关于纯粹理性的知识在这里仍然是其实践运用的基础,所以实践理性批判的章节划分在大体上仍然必须契合于思辨理性批判的章节划分。因此,我们在实践理性批判里面也应当分原理论和方法论,而在前一部原理论中还应当分为真理规范的分析论和阐述并解决实践理性判断中幻觉的辩证论。但是分析论中的子目次序却与纯粹思辨理性批判中的次序相反。因为在现在的场合下,我们是从原理出发,进向概念,随后再从这里进向感觉,如果这是可能的话;反之,在思辨理性方面,则我们不得不先从感觉出发,而停止在原理上。这个理由又是在于:我们现在必须论究一个意志,并且必须从理性对这个意志和其原因性的关系方面,而非从理性和对象的关系方面来考察理性。因此,我们必须从不受经验所制约的一种原因性的原理出发,然后才能企图对这样意志的决定动因确立一个概念,并且确立这些概念在对象上最后又在主体和其感性上的应用。在这里,规定'自由'的原因性的法则,亦即一个纯粹实践法则,就不可避免地以此作为出发点,并且决定它所惟一能应用于其上的那些对象。"① 康德从未否认过纯粹思辨理性研究对纯粹实践理性的研究所具有的基础性作用,人类并不是拥有两种完全不同的理性能力,只是因为其所致思的对象不同,孜孜以求的最终业绩不同,才有了分别。虽然康德把思辨理性严格限制在对自然现象的研究上,通过知性范畴表,在先天逻辑的指导下,经过对表象进行加工整理、特征抽提,以获得可靠知识;而实践理性则用来处理用善良意志、实践理性和先天法则来规约欲求能力以及由此造成的理智世界(原型世界)对感性世界(模型世界)的支配性作用,从而实现行动的正当性。面对"政治事实"及其终极之善,我们能否充分运用康德针对心灵的三种先天能力所构造出来的先天原则?首先,我们将努力借助思辨理性,遵循建构性原则,沿着从感觉—范畴—原理的致思路向,构造有关政治"是其所是的东西"的诸原理,以实现合规律性;

---

① [德]康德:《实践理性批判》,关文运译,广西师范大学出版社2002年版,第14页。

其次，我们试图充分运用实践理性，在欲求能力所及的范围内，利用范导原则，沿着原理—概念—感觉，寻找政治行动的道德哲学基础，以实现终极目的；第三，依据判断力，坚持构造原则与调节原则相统一的观念，以完成相关于政治"是其所是的东西"的事实判断和价值判断，寻找可公度的判断根据，以实现合目的性。

第二节　基于思辨理性之上所见出的有关政治"是其所是的东西"的诸哲学原理

诸多哲学原理的构造并非主观任意所为，而是政治"是其所是的东西"自身所致。只有对象以表象的形式向观察者和沉思者显现时，沉思者才以与对象相符合的方式把握对象。这便是语言问题，语言作为存在就是被指，存在者只有以可言说的方式呈现在所指者的视界中，所指者才以相对的语言指称被指者，语言既是解蔽者又是遮蔽者。关于政治"是其所是的东西"的语言哲学原理构成了诸哲学原理的存在论和认识论基础。当范畴群和话语体系被建构起来之后，一种面向政治及其"是其所是的东西"自身的沉思就开始了，它将利用"拆解"与"整合"相统一的方法，将政治的结构呈现在表象里、把握在意识中。语言哲学原理呈现的是思维方式，社会哲学原理呈现的是存在论的、空间意义上的政治，历史哲学原理呈现的则是时间中的政治。人类以不同时代的个体的有限性呈现了它的持续性，历史就是由不同时代的有限的个体通过思考与行动构造起来的社会结构而关联起来的有机体，人类从其诞生之日起就从未中断过，中断的是个体的有限生命。不同时代的人们创造着不同的政治，也追问和追寻着属于他们自己的政治的"是其所是"，历史中的政治才是现实的政治。这便是历史哲学原理。而无论是语言、社会和历史，有关政治之"是其所是的东西"的不同领域和不同层面，终归都要落实到终极目的上来，这便是价值哲学原理。正是手段之善和目的之善指引着人们去苦苦追寻和实现政治本身。

第一章 政治"是其所是"的一般哲学批判

一 有关政治"是其所是的东西"的语言哲学原理

范畴、话语与逻辑构成了有关政治"是其所是的东西"的语言哲学原理的基本单元，它们既是人们用以认知、把握和领悟政治真理的工具系统，也是将政治从遮蔽状态进到澄明和无蔽状态的锁钥；同时还是政治"是其所是的东西"自身。思想者与思想是同一的，巴门尼德说："因为能被思维者和能存在者是同一的。可以言说、可以思议者存在，因为它存在是可能的，因而不存在者是不可能的……可以被思想的东西和思想的目标是同一的；因为你找不到一个思想是没有它所表达的存在物。"① 亚里士多德说，能被思想者一定是善的东西，甚至是最高的善，善型与善型的显现方式是一致的，这个显现方式就如同是立在思想者和思想之间的一个中项，它把所指和被指有机地结合起来。如若有一种东西它是至善或最高的善，那它一定是一种自足的东西，它推动着追求和向往它的东西去运动，去实现它，它自身就是一个运动着的本体、实体，"它以这样的方式来运动；像被向往的东西和被思想的东西那样而不被运动。最初的这些东西也是这样。被欲求的东西，只显得美好，被向往的东西，才是最初的真实的美好。欲求是意见的结果而不是相反。因为思想是本原。理智被思想对象所运动，只有由存在所构成的系列自身，才是思想对象。而在这个存在的系列中，实体居于首位，实体中单纯而现实的存在者在先（单一和单纯并不相同。单一表示尺度，单纯则表示自身是个什么样子）。而美好的东西，由于自身而被选择的对象，都属于思想对象的系列。在一系列中，最初的永远是最好的或者和最好的相类。"② 最初的东西就是最美好的东西，它总是这样地美好而不会变成别样，"由于它必然而存在，作为必然，是美好，是本原或始点。而必然性又有这所有含义，由于与意向相反而被强制，或者没有它好的结果就不可能，总

---

① 《西方哲学原著选读》（上卷），商务印书馆1981年版，第22—24页。
② 《亚里士多德全集》第七卷，苗力田译，中国人民大学出版社1993年版，第277页。

须如此而不允许别样是最单纯的意义"①。在亚里士多德看来，天界和自然就是这种最初的本源，它们永远都是自足的，没有缺陷，只要完满；但人类就是有缺陷的，它总是想获得那个完满的东西，但总是以有限的方式去思想它和追求它。"天界和自然就是出于这种本原，它过着我们只能在短暂时间中体验到的最美好的生活，这种生活对它是永恒的（对我们则不可能），它的现实性就是快乐（因此，清醒、感觉、思维是最快乐的，希望和记忆也因此你而是快乐）。就其自身的思想，是关于就其自身为最善的东西而思想，最高层次的思想，是以至善为对象的思想。理智通过分享思想对象而思想自身。它由于接触和思想而变成思想的对象，所以思想和被思想的东西是同一的。思想就是对被思想者的接受，对实体的接受。在具有对象时思想就在实现着。这样看来，在理智所具有的东西中，思想的现实活动比对象更为神圣，思辨是最大的快乐，是至高无上的。如若我们能一刻享受到神所永久享到的至福，那就令人受宠若惊。如若享得多些，那就是更大的惊奇。事情就是如此。神是赋有生命的，生命就是思想的现实活动，神就是现实性，是就其自身的现实性，他的生命是至善和永恒。我们说，神是有生命的、永恒的至善，由于他永远不断地生活着，永恒归于神，这就是神。"②③ 如若把人自身视作神，那么他就一定是一个自我运动、自我沉思的神，获得至善固然重要，但获得至善的过程更重要；获得思想重要，但现实地沉思着思想的对象更令人着迷，因为只有具有现实性的活动才更加重要。

于我们而言，指明政治的"是其所是"固然重要，沉思这个

---

① 《亚里士多德全集》第七卷，苗力田译，中国人民大学出版社1993年版，第278页。

② 《亚里士多德全集》第七卷，苗力田译，中国人民大学出版社1993年版，第278—279页。

③ 黑格尔对亚里士多德"思想者与思想者是同一的"的思想高度重视。他在《哲学史讲演录》的"亚里士多德"部分，对这段话几乎是引用原话进行了逐句的讲解（见《哲学史讲演录》第二卷，贺麟、王太庆等译，上海人民出版社第281—285页）。在《精神哲学》的最后一节即577节中，论述"理念之自我分割"时，在注释中几乎逐字逐句地引证了亚里士多德的这段话。足见黑格尔对亚里士多德关于思想与思想者是同一的这一思想的高度重视。

第一章 政治"是其所是"的一般哲学批判

"是其所是"进而获得这个"是其所是"更重要。将政治的真理呈现在表象里、把握在意识中,就是沉思的过程,它是思的现实性;将政治的真理变成现实的活动,它是行动上的现实性。前者构成认识论,后者构成实践论;前者遵循的是建构性原则,后者执行的是范导性原则。

在某种意义上可以说,概念史就是观念史,梳理政治概念就是在梳理政治观念。从字源学或词源学角度梳理政治概念,乃是建构有关政治"是其所是的东西"的语言哲学原理的基础。

政,㱀 㱀。《说文解字》:"正也。从攴从正,正亦聲。之盛切(zheng)。"政,以强力施行正义。字形采用"攴、正"会义,"正"也是声旁。正也。《论语》孔子曰,政者,正也。从攴正。正亦聲。之盛切。《十一部》,"正:桂馥《说文解字义证》:'《周礼》:'司马使帅其属而掌邦政。'注云:'政者,正也。政,所以正不正者也'。""政,正。由攴、由正会意,正也发声。"① 作为一个会意字,"政",从攴从正,本义为"正";从攴,而"攴"则与手的动作有关,将"正"与"攴"并合在一起,表示统治者以鞭杖来匡正天下。"会意"是古人六种造字方法中的一种,"会意者,比类合谊,以见指撝。""撝",撝撝撝撝,《说文解字》:"裂也。从手。一曰,手指也。"汤可敏注释道:"手指:田吴炤《说文二徐笺异》:'手指即指撝连用之谊也。'段玉裁《说文解字注》:'凡指撝当作此字。'后作挥。"②"撝",读【huī】,撝在句中意思是指挥,同"挥",字造成后让人知到它的字义所在,叫"以见指撝"。《说文解字》:"会意者,比类合谊,以见指撝。""武"、"信"是也。出自于中国东汉学者许慎的《说文解字》。意思是:并合两个以上的"文",成为一个字,可要把它们的意义,联系起来,表达另一个新的意义,这种字叫会意字。例如合并"止"、"戈",是"制止干戈等武器而不用"的意思;

---

① 《说文解字》(一),汤可敏译注,中华书局2018年版,第651页。
② 《说文解字》(四),汤可敏译注,中华书局2018年版,第2578页。

◇◈◇ 追寻政治的"是其所是"

又如合并"人"、"言"二字,是"人所说的话一定要诚实"的意思。"政"由"正"和"攴"两个偏旁或两个字组合而成,意义似与"义"相同,即为"适当"、"正当"、"适宜",获得结果成比例,即适当原则;获得过程和手段要适宜,即正当原则。将"政"、"正"作为副词修饰和限定与"政"组合而成的一个"合体字"的另一个字,乃是修饰和限定另一个"行动"或"动作"。以"政"为单元字组成的词语不下40余个,似乎只有"政治"构成一个偏正词组结构,或许有人认为"政治"是一个并列式词组作谓语的语式结构,但将"政"作为一个独立的动词还是作为连动结构结构中的动词,似乎都难以准确地、明确地表达意思。一个准确的把握是,在"政治"这个词组中,"政"是用来修饰和限制"治"的,属于"状语"。在汉语中,修饰和限制状语是句子一个重要修饰成分,是谓语里的另一个附加成分。从情况、时间、处所、方式、条件、对象、肯定、否定、范围和程度等方面对谓语中心词进行修饰、限制。显然,"政"作为"治"的修饰和限制词,不是一般性的限制,而是一种具有肯定和否定性质的修饰,"政者,正也。政,所以正不正者也。"而"正"或"不正"则是一个价值判断,它不像时间、处所、条件、范围、程度等等,是可感知且可公度的感知,而"正"与"不正"乃是一个虽不可视见但却可以陈述的判断和推理,因地位、身份、角色不同,对"治"是否正义、正当的判断和推理也就不同。因此从字源学或词源学角度考察"政治",就包含着在"政治"问题上见仁见智的初始根据。

治,𣱼 𣵛 𣵩。"治,𣵩,水。出东莱曲(城)【成】阳丘山,南入海。从水,台声。直之切(chi)。"汤可敏注释道:"①治:即今山东大沽河与支流小沽河。张舜徽《说文解字约注》:'源出山东省掖县马鞍山,即阳丘山。水南流经莱阳县西南,与大沽河合,至平度县称沽河,合胶莱河入海。'②曲城:当依段玉裁《说文解字注》城作成。《汉书·地理志》东莱郡有曲成县。今山东掖县东北。"汤可敏译注道:"治,水名。从东莱郡曲成县阳丘山流出,向南注入大海。

从水，台声。"① 将水之最初的河流名称演变成一个脱离具体实体的抽象名词，乃是后来的事情。

①治理。《论积贮疏》："民不足而可治者，自下及今未之尝闻。"②＜动＞惩处。《出师表》："不效则治臣之罪。"③＜动＞医治。《扁鹊见蔡桓公》："君有疾在腠理，不治将恐深。"④＜动＞建造。《西门豹治邺》："为治斋宫河上。"⑤＜动＞整理；备办。《冯谖客孟尝君》："于是约车治装，载券契而行。"⑥＜动＞训练。《左忠毅公逸事》："史公治兵，往来桐城。"⑦＜动＞对付；抵御。《赤壁之战》："同心一意，共治曹操。"⑧＜动＞处理。《苏武传》："单于使卫律治其事。"⑨＜动＞讲求；研究。《齐桓晋文之事》："此惟救死而恐不赡，奚暇治礼义哉。"⑩＜名＞地方政府所在地。《过小孤山大孤山》："州治德化县，即唐之浔阳县。"⑪＜形＞治理得好；太平。《屈原列传》："明于治乱，娴于辞令。"

基于相关于"政治"的语义学和语言哲学的讨论，更为复杂的方面还有如下一些。这里有两个极为棘手的理论问题，必须给予高度重视，并得到适当解决，这对于分析和论证政治事实即使没有直接的意义，也必有间接的价值。这两个问题是，第一，为何在《实践理性批判》（1788年）中，康德只讲了"心灵的两个先天原则"，即认识能力和欲求能力，而到了《判断力批判》（1790年）中，又将人的先天能力规定为三种：认识能力、判断力和欲求能力。从表象上看，直到《判断力批判》完成或出版之际，康德才完成了他对人的三种先天能力的构造，而事实却是，康德早在1787年即《实践理性批判》出版之前即已完成了对三种先天能力的构造。一个思想的生发、发生、演进、成熟是一个极为艰苦的过程，绝非一朝一时之事，而是经历了长时间的灵光乍现、内在纠结、思绪混乱、逻辑整合、思想呈现的过程，一个哲学思想的产生更是如此。康德在1786年至1790年这5年间给友人写的大约18封信中，只在1787年12月28日、31日写给卡

---

① 《说文解字》（四），汤可敏译注，中华书局2018年版，第2272—2273页。

尔·莱昂哈德·莱茵霍尔德的信中详细地讲述了他发现三种先天能力的过程："我并不是自负,我可以保证,我在自己的道路上前进得越远,就越不担心某种矛盾或者结盟(在当前,这种结盟是司空见惯的)会给我的体系带来严重的损害。这是一种内在的信念,我之所以形成这样的信念,是因为我在推进其他方面的研究时,不仅发现我的体系总是自身一致的,而且,如果我有时不能正确地确定某个对象的研究方法,那么,只要我能够回顾一下认识和与此相关的心灵能力各要素的全貌,就能找到我所期待的答案。我现在正忙于鉴赏力的批判。我在这里,将揭示一种新的先天法则,它与过去的揭示不同。因为心灵具有三种能力:认识能力,快乐与不快的感觉,欲望能力。我在纯粹(理论)理性的批判里发现了第一种能力的先天原则,在实践理性的批判里发现了第三种能力的先天原则。现在,我试图发现第二种能力的先天原则,虽然过去我曾认为,这种原则是不能发现的。对上述考察各种能力的解析,使我在人的心灵之中发现了这个体系。赞赏这个体系,尽可能地论证这个体系,为我的余生提供了充足的素材。这个体系把我引上了这样一条道路,它使我认识到哲学有三个部分,每个部分都有它自己的先天原则。人们可以一一地列举它们,可以确切地规定以这种方式可能的知识的范围——理论哲学、目的论和实践哲学。其中,目的论被认为最缺乏先天规定根据。"① 从康德的自述中,我们不难发现,他对三种先天能力的发现和论证,以及更加广泛地应用,是感到自豪的,他自己"赞赏着这个体系",他尽可能地论证这个体系,为他的"余生提供了充足的素材。"康德自批判时期之后的整个批判哲学体系,都是建立在这三个先天能力之上的,因此,如若不能深刻领悟和准确把握康德的这个能力体系及其先天原则,便不可能理解和掌握康德的哲学体系,更遑论运用他的体系了。可以肯定地说,在三种先天能力及其先天法则之上,康德成功地构造

---

① [德]康德著:《康德书信百封》,李秋零译,上海人民出版社2019年版,第133—134页。

第一章 政治"是其所是"的一般哲学批判

出了属于康德自身即康德式的哲学大厦，致使后来的人们持续地从这个哲学大厦中汲取灵感、原则、方法和结论。第二，在这种成功背后，似乎总有这样的疑问，康德在《判断力批判》中将这三种能力列出表格，将它们各自的能力类型、先天原则和应用范围清晰地标划出来；然而，在此前的论述中，康德将判断力仅仅限制在或规定为指向审美对象的感受快与不快的能力，总觉得有某些牵强之处，一个表面上可以接受的解释是，为着他的真善美追求，不得不强制地使判断力不同于认识能力和欲求能力而专门指向审美对象。对此，我们试图从下面的引文中，把握康德如此这般的用心。

"知性对于作为感官客体的自然时先天地立法的，以在一个可能经验中达到对自然的理论知识。理性对于作为主体的超感官东西的自由及其独特的原因性是先天立法的，以达到无条件地实践的知识。前一种立法下的自然概念的领地和后一种立法下的自由概念的领地，与它们有可能独自（每一方根据自己的基本规律）对对方拥有的一切交互影响相反，由于超感性的东西与现象分离开来的那个巨大的鸿沟，而被完全隔离开来了。自由概念在自然的理论知识方面什么也没有规定；自然概念在自由的实践规律方面同样也毫无规定；就此而言，从一个领地向另一个领地架起一座桥梁是不可能的。——不过，即使按照自由概念（及它所含的实践规则）而来的原因性的规定根据在自然中找不到证据，而感性的东西也不能规定主体中的超感性的东西：但这一点反过来倒是可能的（虽然不是着眼于自然的知识，但毕竟是着眼于从自由概念中对自然产生的后果），并已经在通过自由而来的原因性这个概念中包含着了，它的效果应当按照自由的这些形式规律在世上发生，尽管原因这个词在运用于超感性的东西上时只是意味着这样做的根据，即把自然物按照其固有的自然律、但同时却又和理性的规律的形式原则相一致地在某种效果上规定其原因性的那个根据。这样做的可能性虽然不能看出来，但从据说存在于其中的矛盾所提出的反对理由却是完全可以驳倒的——按照自由的概念而来的效果就是终极目的，它（或者它在感性世界中的现象）是应当实存的，为此人们就预设了它在自然界中的可能性的条件（即作为感官存在物、也就是作为人的那个主体的可能性的条件）。这个先天地、置实践于不顾地预设这条件的东西，即判断力，通过自然的合目的性概念而提供了自然概念和自由概念之间的中介概念，这概念使得从纯粹理论的理性向纯粹实践的理性、从遵照前者的合规律性向遵照后者的终极目的之过渡成为可能；因为这样一来，只有在自然中并与自然规律相一致才能成为现实的那个终极目的之可能性就被认识到了。

知性通过它为自然建立先天规律的可能性提供了一个证据，证明自然只是被我们作为现象来认识的，因而同时也就表明了自然的一个超感性的基底，但这个基底却完全被留在未规定之中。判断力通过其按照自然界可能的特殊规律评判自然界的先天原则，而使自然界的超感性基底（不论是我们之中的还是我们之外的）获得了以智性能力来规定的可能性。理性通过其先天的实践规律对同一个基底提供了规定，这样，判断力就使得从自然概念的领地向自由概念的领地的过渡成为可能。"①

依照康德的说法，他在纯粹理性批判中发现了认识能力，在实践理性批判中发现了欲求能力，在分析感受快与不快中发现了判断力，虽然判断力是第二个先天原则，却是最后一个发现的，而且一经发现就被广泛运用于纯粹理性和实践理性之中，且极为确定地说，正是判断力的发现才打通了从自然概念的领地通往自由概念的领地的通道，在二者之间架起了桥梁。按照正常理解，既然认识能力、欲求能力和判断力具有先后次序关系，那为何作为第二种能力的判断力最后一个被发现呢？是为着最终解决真善美的需要才刻意创制出来的，还是人的心灵能力的客观结构使然？或许，这两种情形都是可能的。有一点是肯定的，判断力在发现和实现真善美中是至关重要的。对此，阿伦特在《康德政治哲学讲稿》中，给予了充分肯定和高度重视。"从前述那些时间性思辨的角度看，意愿和判断关注的都不是在场的事，这

---

① ［德］康德著：《判断力批判》，邓晓芒译，人民出版社2002年版，第30—33页。

些事之所以不在场，要么因为它们'尚未是'，要么因为它们'不再是'；意愿和判断与思索活动相反，思索活动处理的是经验中的不可见物，而且思索活动总是倾向于一般化，意愿和判断处理的往往是特殊物，就此而言，二者与外观世界更接近……既然过去的已然过去，过去的归我们的判断力管，那么，相应地，判断力，也不过是意愿的一个准备而已。这样的视角，持有它的人，毫无疑问，一定是行动中的存在者，而且在此范围内，这个视角也是很正当的。"阿伦特把判断力视作与思索和意愿并列的三种能力，判断力之不同于思索和意愿乃在于它有不同于其他两种能力的根源和运行逻辑。"我要表明一下，我把判断专门视作我们心智的一种独特的能力，我的这一看法，其主要的假设是：判断既非由演绎得出，也非由归纳得出；简言之，判断的得出与逻辑运作毫无共同之处。我们搜寻的应该是那种'沉默的感觉'，而这种'沉默的感觉'总是被当成'品味'来处理，甚至在康德那里，因此也就被认为是属于审美领域的。"① 在充分理解康德本意和阿伦特"新意"的基础上，直面人的三种能力本身，判断力作为一种"天赋"，并不仅仅指向"审美对象"，更指向"自然概念的领地"和"自由概念的领地"。我们要做的工作是，面对"政治事实"这一属于自由概念领地的对象，一个判断是如何发生的，它所欲求的不是"美丑"和"真假"，而是正当。政治事实就是一个面向正当性问题的"自由概念的领地"里的一个重要的"地段"。

---

① ［美］汉娜·阿伦特著：《康德政治哲学讲稿》，曹明、苏婉儿译，上海人民出版社2013年版，第9—10页。

第二章 权力的伦理辩护与批判

公共管理的核心是权力的合理分割与正当使用，而可供分割和使用的权力并不来完全自权力的拥有者和使用者。那么这就隐含着一个逻辑前提，即权力的来源和运用都必须拥有正当性基础，而公共管理的伦理基础就是一种保证这种正当性的主体力量和客体力量。权力具有二重性，既可以成为实现目的之善的手段和力量，也可以成为权力拥有者谋得私利的力量，致使权力成为一种于每个公民而言的异己力量。这就是为权力进行伦理辩护和批判的理由。

因为权力不仅是公共管理活动的核心，更是政治哲学的中心议题，公共管理伦理学必须以政治哲学为理论基础。

第一节 权力的起源和来源

用发生学的方法呈现权力的起源与来源，无疑是一个较好的致思方式。而所谓的原始发生，不是要在人类起源的意义上追溯权力的产生，而是要在哲学的意义上，阐明权力得以产生的人性根源和社会基础。首先，权力产生的最为深刻的人性根源在于人的存在状态及其展开方式。每个个体是最初始性的存在，没有比单个人更根本的存在了，当然这只对人类社会有效。既是如此，那么我们的分析和论证就必须从对单个人的现象学考察开始。黑格尔把单个人提升到了观念性的精神存在。"属于精神概念的这种对外在性的扬弃，就是我们曾称之为精神的观念性的东西。精神的一切活动都无非是外在东西回复到内在性的各种不同的方式，而这种内在性就是精神，并且只有通过这种回复，通过这种外在东西的观念化或同化，精神才成为而且是精神。"① 精神性的存在是那个知道其自身，且知道自身存有缺陷、为着克服这种缺陷不得不外化自身于他物，并将他物蕴含于自身进而回复到自身的存在者，存在者这种扬弃外在性回复到自身的内在逻辑及其展开的内在力量就是精神。精神既是实体性的又是观念性的，那么具有精神性的存在者到底为何物呢？"如果我们稍微更仔细地考察精神，那我们就发现精神的最初的和最简单的规定就是：精神是自我。自我是一个完全简单的东西、普遍的东西。当我们说自我时，我们想到的大致是一个个别的东西；但因为每个人都是自我，从而我们只是说出了某种完全普遍的东西。"② 这个具有普遍性的自我，惟其是精神性的存在者，因而他既以自身为对象，又以他者为对象，因而成为对象性的存在。何以至此？

自我是有缺陷的、为完满的存在者，且能感觉到、意识到这种缺陷和不足，这一切均"得益于"人的存在状态及其展开方式。人无时无刻不处在两种状态，即不足和匮乏状态，过量和饱和状态。用以描述这两种状态的概念便是需要，需要作为一个描述性范畴，其所描述的对象乃是一个客观事实，一切有生命物质都是这种事实。为着解除这种不足和匮乏，需要者就必须占有价值物，用以满足需要、解除匮乏，继而使自己恢复到正常即健康状态。然而有生命需要是多样的，③而能力却是有限的，它永远都处在需要的多样性和能力的有限性的矛盾之中。为着有效地解决这一矛盾，有生命的存在者必须获得自身之外的价值物，这就从存在论上决定了有生命存在者的依赖性。植物和动物依赖外界的方式是既成的，它们只能享用现有的价值物，如阳光、水、植物，等等，唯一的区别在于，植物是以固定的方式，动物是以流动的方式。然而，动物也有一定程度的认知、记忆、情绪、语言，

---

① ［德］黑格尔：《精神哲学》，杨祖陶译，人民出版社 2006 年版，第 14 页。
② ［德］黑格尔：《精神哲学》，杨祖陶译，人民出版社 2006 年版，第 14—15 页。
③ 关于需要的类型学设定，可有不同标准，约有二分法，即物质需要和精神需要两大类；三分法，即生物性需要、社会性需要和精神需要；五分法，即马斯洛的五种需要理论。

但这些依旧不能改变它们是既成的存在物这一根本特征;动物也有分工与协作,但只是在外界给定的条件下,去获取食物。而人既是既成的又是生成的,既成的这一点决定了人永远无法摆脱身外的自然和人自身的自然的约束,因而人是被限定的因而是有限的存在物;但人又是生成的存在者,它是依赖对象而依靠自身的存在者。人通过创造一个价值世界继而创造人自身。每个人都意识到了自身的缺陷,也深深感受到了基于非自足、非完满状态之上的需求状态,并时时刻刻体验着需要占有的心理倾向性。任何人都无法摆脱这种非自足的状态以及基于这种非自足之上的占有和表达的心理倾向,因为这就是他的存在本身,他属于这个存在,他通过展开这个存在而成为他自身。惟其如此,每个个体便在三个层面上确立了自我的四性:自我性、向我性、利我性和宽我性。起于心意以内的由己性证明了来自我之存在状态以及对这种状态的体验的内在方向;由此决定,我的意向、意向性、认知都自在自为地朝向我自身;在价值排序中,我将尽可能地使我的所得最大化,以使价值朝向我流动;在同样场域下,自我会不自觉地宽容自己的所作所为,而严格要求于他者之同样的所想所行。在这个意义上,严于律己、宽以待人是道德行为;而严于律人、宽以待己则是自然行为,因为,人们无需克服多大困难就可以自发地宽以待己。这就使我们澄清了向我和利我行为的道德性质,因为这种行为不是在理性指导下,在充分考虑其正当性基础上而做出的,相反它具有天然的、自然的合理性,自然的东西就是天然合理的,其合理性是自在的,无需证明的。如果能够正确理解黑格尔"自我是一个完全简单的东西、普遍的东西。当我们说自我时,我们想到的大致是一个个别的东西;但因为每个人都是自我,从而我们只是说出了某种完全普遍的东西"这句精彩话语和论断,那么我们倒可以坚定地说,那个完全简单、普遍的东西恰恰就是每个人都拥有的自我性、向我性、利我性和宽我性。同时我们还可以将康德人是有理性存在这一点而必须得到尊重这一论断改造成存在论意义上的"自我确立"和"自我成立"。"那些其实存不以我们的意志为依据,而以自然的意志为依据的东西,如若它们是无理性的东西，就叫做物件。与此相反，有理性的东西，叫做人身，因为，他们的本性表明自身自在地就是目的，是种不可当作手段使用的东西，从而限制了一切任性，并且是一个受尊重的对象。"基于这一论断，康德提出了一个质料意义上的绝对命令："你的行动，要把你自己人身中的人性，和其他人人身中的人性，在任何时候都同样看作是目的，永远不能只看作是手段。"① 依照康德的原意，人这个特定的存在者，既是一个具有自然依据的存在者，又是一个具有理性根据的存在者，而前者恰是后者存在的条件，而无论是自然依据还是理性根据，它们具有普遍性，即每个人基本如此，如果每个人之间没有相近性或相同性，那又何来人人需当作自在的目的而不仅仅是手段的绝对命令呢？人的自然依据以及基于这种依据之上的自我性、向我性、利我性和宽我性乃是人们相互视作目的而不仅仅当作手段的自然前提。康德的"人性"概念是一个整体性的或整全性的范畴，这在《道德形而上学原理》的第三卷以及《实践理性批判》的"纯粹实践理性基本原理演证"中作了明确论述。② 从康德的论述中我们发现，他虽然从未抹

---

① ［德］康德：《道德形而上学原理》，苗力田译，上海人民出版社1986年版，第80—81页。杨云飞在《道德形而上学奠基》中，将上述所引段落翻译为："有些存在者，它们的存在虽然不基于我们的意志而基于自然，但如果它们是无理性的存在者，它们就只有作为手段的相对价值；与此相反，理性存在者就被称之为人格，因为他们的本性已经凸显出他们就是自在的目的本身，即某种不可仅仅当作手段来使用的东西，因而在这方面就限制了一切任意。""你要这样行动，把不论是你的人格中的人性，还是任何其他人的人格中的人性，任何时候都用作目的，而绝不只是用作手段。"（［德］康德：《道德形而上学奠基》，杨云飞译，人民出版社2013年版，第62、64页）

② "有理性的东西认为自己，作为理智，是知性世界的成员，而只有他属于这一世界的作用因的时候，他才把自己的因果性成为意志。在另一方面，他也意识到自己是感性世界的一部分，他的行动在这里只不过是感性世界的因果性现象。但我们并不清楚，这些以我们所不知道的原因为根据的行为是如何可能的；或者可以认为这些行动是由另一些现象所规定的，例如，欲望和爱好属于感觉世界的东西。作为知性世界的一个成员，我的行动和纯粹意志的自律原则完全一致，而作为感觉世界的一个部分，我又必须认为自己的行动是和欲望、爱好等自然规律完全符合的，是和自然的他律性相符的。我作为知性世界成员的活动，以道德的最高原则为基础，我作为感觉世界成员的活动以幸福原则为依据。既然知性世界是感觉世界的依据，从而也是它的规律的依据，所以，知性世界必须被认为是对完全属于知性世界的我的意志有直接立法作用。所以，我认为自己作为理智，是知性世界的规律的主体、是意志自律性的主体。总而言之，在必须承认自己是一个属于感（见下页）

杀感性世界、欲望、快乐、幸福的作用，甚至在他的四个"定理"中把功利和（自爱）幸福原则作为第一和第二定理确立下来，但他似乎始终都把这个功利和幸福视作必须加以约束、控制甚至是消灭的对象，继而把理智世界和感性世界对峙起来，他要为感性世界供给一个与感性经验、与快乐和幸福毫无干系的理智世界，这个理智世界可以直接提供一个道德法则，其推理和论证似乎缺少了若干个中间，因而其结论总是令人可疑。在理解康德道德哲学的具体细节上，他似乎混淆了德性、道德法则的"根源"与"来源"问题。"约束性的根据既不能在人类本性中寻找，也不能在他所处的世界环境中寻找，而是完全要先天地在纯粹理性的概念中去寻找。"①而事实上，"人类本性"和"世界环境"正是德性和法则得以存在的根源，若是没有了基于人的存在状态和展开方式以及由这种展开方式所造成的相互依存性情形，那么德性和法则还有何种必要呢？当德性与法则的必要性也已确立之后，德性与法则如何可能的问题就凸显出来，这就是德性与法则的"来源"问题。

（接上页）觉世界的东西的同时，我认为自己是理性的主体，这理性在自由观念中包含着知性世界的规律。所以，我必须把知性世界的规律看做是对我的命令，把按照这种原则而行动，看做是自己的责任。"（[德]康德：《道德形而上学原理》，苗力田译，上海人民出版社1986年版，第108—109页）在《实践理性批判》中，康德把他的两个世界理论以及其间的"本体"与"现象"的关系做了更进一步的阐释。道德法则"就给予作为感性自然的感性世界（就有理性的存在者而言）以悟性世界形式，即超感性存在形式，而同时并不致破坏前一世界的机械作用。但是最广义下的自然就是受法则所控制的事物的存在。一般有理性的存在者在感性世界的存在乃是指他们在受经验制约着的法则之下的存在而言，这种存在在理性看来就是他律。反之，同样存在者在超感性世界的存在乃是指他们合乎不依任何经验条件的那个法则的存在而言，因而属于纯粹理性的自律。而且那些单靠认识就可使事物存在的法则既然有实践力量，所以超感性的存在（就我们能设想它而言）就不外乎是受纯粹理性的自律所控制的一种存在。但是这个自律法则就是道德法则，因而道德法则就是一个超感性存在和一个纯粹悟性世界的基本法则；这个世界的副本必然存在于感性世界之中，但并不因此损害了这个世界的法则。我们可以称前一个世界为原型世界，这个世界，我们只能在理性中加以认识，至于后一个世界，我们可以称它为模型世界，因为它包含着可以作为意志动机的第一个世界的观念之可能结果。"（[德]康德著：《实践理性批判》，关文运译，广西师范大学出版社2002年版，第31—32页）

① [德]康德：《道德形而上学原理》，苗力田译，上海人民出版社1986年版，第37页。

第二章　权力的伦理辩护与批判

确如康德所言，德性和法则是不能从人的感性世界得出的，更不能从外部世界给出，"而是完全要先天地在纯粹理性的概念中去寻找"。即便如此，康德仅仅把德性和法则的来源归结为纯粹的理性概念本身，也是不周全的，对此一问题的深入分析和论证将在稍后的部分给出。

在此，我们只想指出，在人的存在状态及其展开方式与德性和规范的关系问题上，康德阻塞甚至是斩断了两个路径依赖，一个是"根源"问题，一个是"来源"问题。其一，如果不从人的存在状态及其展开方式以及由此蕴含着的快乐和幸福生发出德性与法则之何以必要的根据来，那么就必然使德性、法则、良心成为毫无感性经验、幸福与意义基础的"纯粹的善"。虽不排除智者、灵魂不朽者一生致力于日进无疆、以求至善的情形，但道德哲学和伦理学应该是也必须是面向绝大多数人的实践哲学，这也就是幸福论的伦理学和功利主义伦理学容易被绝大多数人接受的根本理由。其二，康德要完全先天地从人类纯粹理性的概念中寻找"约束性的根据"，也是值得深入分析和论证的。康德的同时代人及其后世的众多学者对康德的这种结论及其论证表示难以理解，甚至诟病，其根本原因就在于，康德在他的假设中已经蕴含了解决所有道德难题的条件，换言之，在他的前提中已经包含了其所欲求的答案。其成问题的关键在于，在德性与法则如何可能的问题上，他把"信念论"当成了"观念论"，即把主观上认其为真而客观上没有充分根据的信念，当成了主客观均有充分根据的认其为真的知识或真理。既然每个人无需后天的习得、教育、教化，而先天地知晓并有先天的能力践行实践法则，那么所有的道德难题不就迎刃而解了吗？黑格尔在《法哲学原理》中以"从道德向伦理的过渡"为标题，委婉地批评康德的"良心"、"主观意志的法"的软弱无力;① 阿伦特在《康德政治哲学讲稿》中批评康德的道德哲学缺乏

---

① 参见黑格尔《法哲学原理》，范扬、张企泰译，商务印书馆1979年版，第161页。

"社会性"概念。① 由于康德所设定的道德主体是单数的,而不是复数的,因而就没有社会性、政治性的思考维度,没有共同体概念。

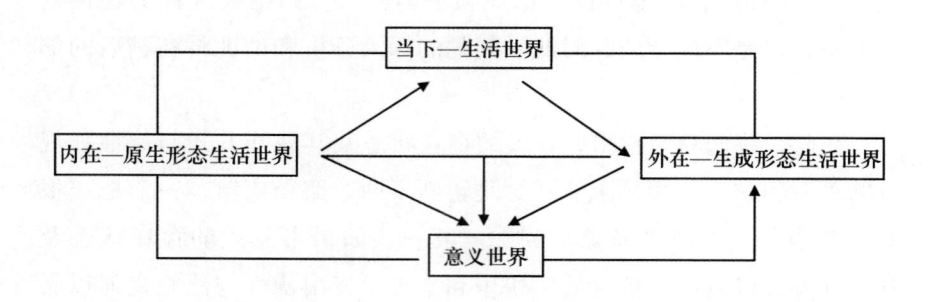

```
        ┌──────── 当下—生活世界 ────────┐
        │              ↑               │
        │              │               │
内在—原生形态生活世界 ←——→ 外在—生成形态生活世界
        │              │               │
        │              ↓               │
        └──────── 意义世界 ─────────────┘
```

这个图示所直观呈现出的乃是个体生活世界图形。每个个体都是当下的存在,此在是他的存在方式,他永远处在过去与未来的交汇点上,然而他只有在这个点上的时候,他的存在才是现实;同时,这种此在还是"内在—原生形态生活世界"与"外在—生成形态生活世界"的相互嵌入,将内在生活世界嵌入到外部世界的过程,就是外化,将外部生活世界嵌入内部生活世界的过程就是内化,而外化与内化的相互统一便是"当下—生活世界"。个体的此在就是这个以个体为初始性的本体由此展开的社会存在形式,它集活动结构与关系结构于一身,集事实逻辑与价值逻辑于一体,以从事实到价值再到意义为

---

① 阿伦特在《第一讲》中说,康德对自然、生命、历史充满着不在乎的态度,关于"社会性"问题,阿伦特说:"此乃历史的肇始;历史的进程也就是进步;这一进程的产物,有时被称为文化、有时被称为自由;只有一次,那也只是顺便在一个插入语中,康德指出,这一进程也是一个实现'专属于人的最高目的,即社会性'的问题。""康德是很晚才逐渐意识到'与社会性截然有别的政治性,是人的在世状况中不可或缺的重要部分',意识到这一点,康德已近迟暮,无力也无暇再就这一特别的论题经营自己的哲学了。"在《第二讲》开头部分,阿伦特又说:"我在第一讲中谈到,对康德来说,在其生命行将终结时,还遗留着两个问题。第一个问题可以被概括或简述为人的'社会性',人的'社会性'也就是指这一事实:没有人能够独自生活,人们不只是在需求和照应方面是相互依存的,而且在他们的最高官能即人类心智方面也是相互依存的,离开人类社会,人类心智便毫无用武之地。"([美]汉娜·阿伦特:《康德政治哲学讲座》,曹明、苏婉儿译,上海人民出版社2013年版,第17—18、19、20—21页)

生存逻辑，个体首先是事实性存在，然而是有缺陷的存在，他依赖他者，依赖社会，无论是身体上、心理上，还是精神上，所以需要价值，他要获得使自己生存和生活的环境和条件；然而，人却不是机械地占有和消费价值，人不是消费的机器，他是通过占有和消费价值而创造和享用意义的存在者。他追寻着意义，体会着意义，并以快乐和幸福的词汇表达这种体验。人们相互分工又相互协作，创造着为任何一个追求意义的人所必须的价值世界，人们或分享、或共享着这个价值世界。

借助对康德关于德性与法则之"根源"与"来源"问题的分析，更加坚定了我们从人的存在状态及其展开方式中推导出德性与法则的"根源"与"来源来"。人被规定是过集体生活的政治性动物得益于人的非自足性和非完满性这一点。为着从根本上解决需要的多样性与其能力的有限性的矛盾，每个个体必须与我相似甚至相同的他者合作。人口生产产生出了除了满足各自需要之外的一个"合作剩余"，即子女，而子女的出生满足了生产者的生物性需要、社会性需要和精神性需要。生活资料的生产除了产生出生产者的"得其所得"之外，尚有多种形态的"合作剩余"产生，无论这种产生是有意还是无意的。于是，每个个体便在自身之外产生了三种关系：个体与他者的关系、个体与共同体的关系、个体与自然的关系；在这些关系中，有些是有人称的，他者在场的，而有些则是无人称的关系，即他者不在场的关系。这些关系，有些是因自己的活动而造成的，是出于自己的意志的，自己是这个活动及其关系的原因性力量，而有些虽不是自己的活动造成的，但却与自己的感受和需要相关的，是先辈或他者创造的，惟其如此，我便不能随意获取它们。在特定场域下，人们因为如下两个原因而使合理分配各种价值、机会、地位成为必要。一方面，由于人是非自足的存在物，因而是需要着的存在物，因而也是价值性的存在物，没有了各种满足需要的价值物，人以及人类也就不复存在了。也正由于这一点，每个个体都基于自身的存在状态而生发出自我性、向我性、利我性和宽我性。作为强烈的意向和意向性，这些自我性、向我性、利我性和宽我性极有可能超出自然的限制、社会的规制和人性的限度，而使价值、机会和地位的分配处于不公平、非正义的状态；当这种矛盾和冲突达到了致使社会秩序体系和价值系统崩溃的地步，人类的正常秩序就濒临解体的状态。战争是使自由、民主、平等趋于崩溃的社会状态，德性与规范已经变得软弱无力甚至毫无意义。每个个体以及由不同个体的共同活动所造成规范化形式即集体，共同个体的善良意志和组织的公共意志都试图将个体和组织的观念与行动限制在合理的范围内。在某种意义上可以说，个体及类的需要总和常常大于社会财富的总和，更何况，当把需要转变成欲望的时候，①欲望的总和更是积累到令人惊异的程度。另一方面，人类总是设想一种理想的社会状态，在这里，价值世界丰富到了每个人不再有任何贪欲的地步，自私、私有将成为令人耻笑的事情。人类从未放弃过构建这种社会类型的坚定信念，但时至今日，此一种理想社会尚未出现，而人们面对的总是那个"供给侧改革"和人们日益增长的物质和文化需要。

这就使得如何公平、正义地分配各种类型的价值（善）变成了每个个体共同面对的问题，因而也因此变成了"类"的事情。人类在

---

① 每个个体有着惊人的天赋，可以把需要转换成欲望，在此一过程中，想象力起了决定性的作用。由于人是被限定和被规定的存在物，因而是有限的存在物，不论在空间上，还是在时间上，人都是有限度的。然而，人在满足各种需要之前，总是通过体验和内感知将客观的不足、匮乏，过量、饱和以及由此决定的占有和表达这种客观的倾向性转换成主观表象，将客观的需要把握在意识中，呈现在表象里。而一当需要变成欲望，便可以在意识中将需要分解、归类、改造、转换，于是，作为客观需要之主观表达形式的欲望就越来越远离需要，甚至变得与需要毫不相关。以此观之，康德说把有理性存在者自在地视作目的，在这里就变得极为复杂，这个自在的目的到底是怎样的，是需要的总和还是欲望的总体？从正当性角度来看，一些被自在地视作目的的内容，原本就是恶的。作为被把握在意识中的需要即欲望，已经突破了自然的限制、社会的规制和人性的限度，它使原本有限度的需要变得极为强烈和无边无限。此时，人们意欲满足的是需要还是欲望？人们不能满足的不是需要而是欲望。借助想象力，无论是生产性的还是非生产性的，不但使欲望变得天马行空、无边无际，而且在满足欲望的具体细节上，也在实在地得到满足之前，生发出无穷尽的虚拟满足，他会在意识中构造出多种多样的满足方式。此种情形，将永远存在于人类的本性之中，不同的只是不同历史场域下的不同类型、强弱程度、宽狭范围。人类的智慧就在于，在构造特定的欲望类型的同时也创造出了约束欲望的德性结构和规范体系。

长期的进化中据说找到了两种有效的解决方案，即道德与法律，无论是"以德治国"还是"依法治国"，都是现代人试图完善约束机制的诸种努力。经过这番烦琐的分析和论证，其实结论只有一个，那就是，在人类发展的任何一个阶段，德性和规范都是必要的。德性和规范正是人以人的方式生存和发展的根本途径，也是人必须过一种集体生活的根本保证。

从这一复杂而全面的论证中，我们发现了一个最为普遍的事实，即每个人惟其是非自足者、非完满者，因而也是需要者、需求者和欲望者，都需要占有和表达。而无论是占有还是表达都是一种支配，支配是权力的根本特征。每个人都需要支配，因而都有支配的欲望，这就是权力产生的人性根源。但个体的占有和表达，或者个体的支配欲望和支配行为不是孤立存在的，总是具有利益相关者，无论这个相关者是有人称的还是无人称的。于是支配总是在关系中产生，是在具体的社会关系中界定和确定的，进一步说便是，由于人们是相互依赖和相互依存的，所以作为支配行为的权力，总是在相互关系中产生和实现的。其内在机制可从如下几个方面呈现出来。

首先，权力起源于差别。每个个体虽然都有天然地进行占有和表达的权力，都有支配物和他者的欲望，没有任何人可以毫无根据地剥夺一个人的占有、表达和支配物与人的权利，但并不是所有的个体在同一个场域下具有同等的进行占有、表达和支配的地位、机会和力量。这可以从天赋地位和自致地位两个方面得到论证。所谓天赋地位，指的是一个人无需自己努力便由他者给定的位置、地位、身份和名分，而不同的地位和身份就是一种资源、一种力量，它们可以通过各种方式转换成支配性的力量。如果不是从人类起源的角度，而仅仅从一个个体之现实性的角度看待个体的地位和身份，那么每个人似乎都是被他者和社会预先规定了的。而这种规定和决定极有可能使个体一生都处于弱势地位而无升迁到优势地位的可能。所谓自致地位，是指一个人经过自身努力而获得的位置、地位和身份。而无论是天赋地位还是自致地位，都会充分地表现为两大类型，即自身的力量和外部的力量。每个个体在拥有自身和外在力量方面是存在差别的。在一个反复交往的人群中，在自身和外在力量上具有优势的个体存有利用其优势支配其它个体、占有较多资源的可能性，从而产生支配性行为，出现权力现象。但即使是运用自身优势和外部力量支配他者，却也未必是权力现象，权力起源于支配，但并不是所有的支配行为都构成权力现象。其判别依据在于，若支配者出于被支配者之利益考虑，即因他者之故而实施支配性行为，便不是权力现象。如父母对子女的教化、教育和管束，这是以血缘为基础的；以友缘为基础，出于友爱，因朋友之故而实施的善意的劝慰、批评；以真诚为基础，因受教育者之故，教师对学生的支配行为，是令受教育者的理智德性和道德德性得以提升，等等，虽是支配行为但却不构成权力。

其次，权力相关于意愿。权力一定与出于优势地位的个人有意运用其优势有关，但也不能由此推论出，凡是出于意愿的利用优势而实施支配性的行为均构成权力现象，一如上述，出于被支配者之利益考虑的支配就不构成权力。还有另一种情形，即处于优势地位的个体，从无利用自己的优势通过支配他者以使自己获益的意图和意愿，更无获得超出正当性基础之上的不合理益处，就更不构成权力现象。意向和意向性在权力产生与运用过程中起着初始性力量的作用。处在优势地位的个体必须充分认识到、感受到自己在自身的力量和外在的力量于他者而言的优先性和优越性，继而有利用这种优先和优越性实施支配行为的动机和意向，但这种意向仅仅是一种动议、倾向而已，尚无具体的对象给出，此种情形属于"喜怒哀乐之未发，谓之中"。若将意向转变成意向性，即有被支配的对象给出，但其动机却是令被支配者要么生活变好，要么德性得以提升，要么生活状况得以改善，并无利己动机产生。此种情形属于"发而皆中节，谓之和"，"中也者，天下之大本也；和也者，天下之达道也"。只有在明确自利动机支配下，充分运用自身的和外在的力量支配公共善和他者的行为才构成权力。

第三，权力的本质及其复杂性。一如上述，支配的意愿和意志与人的存在状态及其展开方式密切关联。我们可以在强和弱两种意义上定义权力。Ⅰ．所谓权力是指，个体或组织充分运用自身的和外部的力量，排除各种抗拒以贯彻其意志，而不问其正当性基础为何而实施的支配性行为。Ⅱ．所谓权力是指，个体或组织充分运用自身的和外在的力量能够排除各种抗拒以贯彻其意志，而必问其正当性基础为何而实施的支配性性行为。为深入分析和论证权力现象的复杂性，我们预先讨论定义Ⅰ和定义Ⅱ的共同之处。

任何一种权力现象都必须具备如下一些要素。第一，支配者一定是具有人格性的个体以及个体的组合形式即组织。而组织的支配性行为是最具迷惑性的权力现象，实质上，组织作为无人格、无情感、无体验的非人格化形式，是没有支配意愿和支配能力的，它的支配性行为是由决定组织的个体及其个体集团作出的，但它不会以个人的身份而是以组织的名义实施支配行为，这在一定程度上分解了因强制性支配而引发的被支配着对支配性的抵制情绪和抗拒行为，也在规则问题上逃避了个人或每个人必须担负的责任。第二，支配者都有或强或弱的利己动机。这种利己动机或者是单一的，或者是复合的。单一的动机表现为以占有物为目的，或以支配人的意志为目的；而复合的动机则是既要占有物又要支配人的意志。第三，任何一种权力现象都有可依靠的优势力量，无论是天赋的还是自致的。在合理性程度上，利用自致的优势地位实施支配性行为更容易体现合理性。当然，在初始性的意义上，运用自致的优势地位所获得外部力量，在一个充满平等和正义的场域下，通常是合理的。但这并不能保证在后续的利用自致的外部力量而实施的支配性行为总是正当的。第四，任何权力现象都是在行动结构和关系结构中界定和规定的。支配者和被支配者必须共在于一个情境之下，没有被支配者，支配者的支配性行为也就不复存在了。因此，权力的最高本质乃是支配者和被支配者的不同意志之间的关系。所有权的核心问题是意志。第五，并非所有顺意性的支配性行为都是合理的，如动员分散的个体，顺其导致社会价值体系和社会秩序系统崩溃之意志的支配性行为，就是完全违背正义原则的行为。反之，并非所有逆意性的支配性行为都是不合理的。

如教育者对受教育者的知识传授和道德教化，通常是逆受教育者之意愿的，但却是使受教育者受益的支配行为。以此观之，权力既是一个普遍的社会现象，亦即任何一种支配行为均可视为权力现象；又是一种特殊现象，亦即并非所有的支配行为都是权力现象，因此，可区分为弱的和强的两种权力现象。二者的最大区别在于其支配性行为的正当性基础的证明问题，如若此种支配行为始终把被支配者的意愿、意志、地位、机会、身份等视作支配行为的终极目的，那么，其正当性基础的证明是明晰而可见的，反之，支配者若假借他者之名义行自己之实，那么其正当性基础是需要明确给予证明的。接续的工作便是对强的权力现象给予充分论证。

第四，权力的类型。每个人都有追求其美好生活的天然权利，他们需要身体之善、外在之善和灵魂之善。然而这些善并不自在、自足地存在，需要人们去生产或创造。然而，个体的能力又是有限的，他们必须进行合作，为着那个合作剩余，人们或自发或自觉地团结起来，采取集体的行动，以组织的形式去创造那些可分享、共享的善。组织是若干个体进行有效合作的规范化形式，为着那个合作剩余，组织就必须对组织成员进行合理分工，以使人们各就其位、各司其职、各负其责。正是这种依存性情形导致支配性力量得以产生，支配性力量源自组织的协调、管理、整合之需要，而拥有协调、管理和整合组织与力量的某个人或某些人就居于组织的支配地位。决策者和管理者地位的生成是导致权力现象的直接原因，这些决策和管理者无论是通过民主讨论产生，还是通过击败诸多对手而自行产生，都不会改变决策与管理者这一支配地位，正是这一支配地位使他获得了监督和控制其他成员的力量，他会充分运用物质化和非物质化的手段来控制整个组织，并努力地阻止其他成员"分享"这种因优势地位而产生的支配力量。为着实现组织的目标，控制组织成员的思考与行动，支配者会精心设置制度、体制，并充分运用这些手段贯彻自己的意志。处于弱势或不利地位的人可能抗拒来自支配者的意志，但却可能因为如下两种情形而放弃这种抗拒，一是，可能缺少确立替换机构以实现其目标的机会；二是，即便采取最为极端的抵抗行动也不能使当下的境况改善。"在上的少数能够保持在下群众的服从，只要他们的控制按照两者运作于其中的社会群体的法律和准则是制度化的。制度化对于实现例行化的集团目标是必不可少的，因此，个体性权力，即社会的分层也就成了社会生活的一个制度化特征。"① 根据迈克尔·曼的论证，我们可以根据广泛性、深入性、权威性和弥散性把社会权力划分为四种类型，它们既是权力的来源，也是权力的类型：意识形态权力、经济权力、军事权力和政治权力。我们没有这样的意愿，像迈克尔·曼那样，从史前到现代，借用大量史料来论证、检验他的四种权力来源的正确性，以确证其权利理论的可信性。而我们的论题是，是否存在着这样一种社会权力现象，权力拥有者将其可资利用的权力变成了表达和贯彻其个人意志的并占有公共价值的手段，如若存在这样的事实，如何分析、判断，又如何将政治权力改造成创造公共善并公正地分配公共善的力量，其可能性和必要性的限度在哪里。

在上述四种权力类型中，唯有政治权力有可能被滥用，成为权力拥有者单方贯彻其意志、谋取私利的有力工具，这是由人的本性和政治权力的本质决定的。首先，政治权力所依靠的力量是垄断的、强制的、不可逆的，这就是政治上层建筑和思想上层建筑。权力拥有者可能拥有被公认的个体美德，但这种美德只有借助强大的外在力量才能变成政治智慧，变成追求平等、正义和自由这三大社会价值的政治行动。思想上层建筑作为一个复杂的观念体系，包括观念、观点、话语、解释，其所指向的是人们的思想和意志，它要依照意识形态的逻辑整合、统摄被支配者各自不同的立场、态度、观念、思想与意志，以使他们按照它设计好的思想逻辑运行。思想上层建筑作为引领、控制意志的精神力量，绝不能游离出政治权力所能控制的边界；作为精神力量，思想上层建筑要创造知识和意义，制造规范和话语，决定仪

---

① ［英］迈克尔·曼：《社会权力的来源》，刘北成、李少军译，上海人民出版社2002年版，第9页。

式、惯例和习性。在政治权力所及的人群中，政治精英会培养或选定能够领会其政治意图、贯彻其政治意志的精神生产者，为其生产和创造知识与意义，虽偶有论证，以证明其知识和意义是正确的、正当的，但终极目的是并不止于建构知识和意义。关于知识与意义的合理性与合法性证明，只是用来支配世界的一个步骤和手段。被建构的知识不是严格意义上的自然科学和社会科学意义上的知识，而是实践知识，是与人的思想和行动有关的知识，除了用这些实践知识规约人们的思想与行动之外，还要进行创设和解释。所谓创设指的是，政治精英指给人们的"社会范型"，并真诚地承诺给民众，其所给出的社会范型是实现社会进步和人的发展的最好的理想类型。生活于这个社会范型中的人们会觉得生活得到了极大改善，是值得过的整体上的好生活。知识的创设和意义的生产具有极大的政治意义，而制造规范和话语又是创造知识和生产意义的扩展形式，与政治权力直接相关的规范有政治话语、法律体系和道德规范三种形式。法律体系更倾向于理性，其所追求的乃是人与社会"应是的东西"，是理性化的结果。政治话语和道德规范的制造可能介于情感与理性之间，是具有领袖气质的政治精英对人与社会"应是所是的东西"的直接领悟，在政治话语、法律体系和道德规范的构造之后出现的则是仪式、惯例、习性，当这些精神的要素被整合在一个统一的框架时，一种政治领袖所期望的场域就形成了，它是一个"看似有理性结构"。当这个"看似有理性结构"被构造出来逐渐成为一个不容置疑的因而是合理的社会存在时，它就会成为一种强大的社会力量，抵御和排除各种异己的力量，借以保持它的主导、主动地位。

政治权力所依据的另一种社会力量便是政治上层建筑，它们是思想上层建筑的物化形式，是国家意志的直接体现。如果说思想上层建筑是面向人的思想与意志的，那么政治上层建筑则是直接面向人的行动的。由于意识形态是垄断的、独占的社会力量，由它所保障的政治权力也是垄断的、独占的，且是强制的，它只能掌握在权力集团手中，不会向所有人开放，正是在这个意义上，我们才把政治权力定义为：能够排除各种抗拒以贯彻其意志，而不问其正当性基础为何的可能性。政治权力的垄断性和强制性使它获得了广泛性和深入性这两个根本特征。"广泛性权力涉及把分布在辽阔领土上的大量人民组织起来从事最低限度稳定合作的能力。无论所涉及地区和人数大小多少，深入性权力都涉及紧密组织和指挥高水平动员或使参加者承担义务的能力。社会的主要结构结合了广泛性和深入性权力，因此有助于人类在广泛和深入的合作中实现他们的目标——不论这目标可能是什么。"① 我们还可以在更加广泛的意义上讨论政治权力的广泛性和深入性。其一，没有任何权力能像政治权力那样，与每个社会成员有关，它不但相关于所有人，且涉及每个人的根本权利与义务。生命权、财产权、自由权是被宪法明晰、明确规定和确定了的。其二，其所产生的效力是广泛而持续的。其三，政治权力并不仅限于它的意识形态化，即演变为意识形态权力，还必然演变为经济权力、社会权力和军事权力。

正由于政治权力依靠垄断而强大的意识形态而拥有的能够排除各种抗拒以贯彻意志的功能，才有这样一种可能性，使其意志偏离民众意志，偏离其承诺给人们的诺言，使其成为权力拥有者获取私人利益的工具。当政治权力偏离了政治要求于权力的"应是其所是"时，政治权力就背离了历史的声音和人民的心声。当这种背离成为一种普遍且持续的语境或场域时，一种典型的权力社会就会出现。

第二节 政治权力：复杂性与正当性

关于政治权力的原始发生问题乃是规定和论证政治权力的逻辑前提。关于原始发生问题，可有两种致思范式，一种是时间即历史逻辑，一种是哲学即人性逻辑；前者旨在描述政治权力得以产生的

---

① ［英］迈克尔·曼：《社会权力的来源》，刘北成、李少军译，上海人民出版社2002年版，第10页。

历史过程，它是描述性的，后者旨在呈现政治权力得以生成的内在机制，它是论证性的。一如上述，由人的存在状态及其展开方式所决定，人被规定为过集体生活的动物，更进一步地说，人是被规定过政治生活的动物。所有的集体生活并不一定是政治性的，一如所有的权力并不都是政治权力一样。但政治生活一定是所有社会生活中最重要、最复杂的生活形式。而要研究政治权力的起源与发展，就必须从主体与客体、个体与社会的交互作用中寻找根据，展现它的历史逻辑、呈现它的人性基础。政治权力的原始发生必须具备两个条件，一个是主观条件，一个是客观条件，前者被视作是主体性的，后者被视作是客体性的。如若人没有获取权力的欲望，那么权力便永远不可能的产生，而若没有可占有的权威性、强制性力量，政治权力依旧不能发生。然而，由于政治权力作为一种极具权威性和垄断性的支配性力量，永远都是稀缺的，因而更加重、加深了它对人们的吸引力和诱惑力。

一 权力欲的原始发生

由人的存在状态及其展开方式所决定，完成从外到内的占有、实现从内到外的表达，乃是人的宿命，甚至可以说，人的所有快乐和幸福都与这个占有和表达有关。与人的不足和匮乏、过量与饱和相对应的是人的三个层次的需要：生物性需要，与此相对应的是人的身体之善；社会性需要，与此相对应的是人的外在至善；精神性需要，与此相对应的是灵魂之善。如若把需要转换成欲望，便产生出了最基本的三种欲望形式：生殖欲、金钱欲和权力欲。这三种欲望形式在任何历史形态下都是存在的，区别只在于程度和广度。我们既可以研究作为普遍现象的政治权力的原始发生，也可以研究某个具体场域下的权力现象。而研究作为普遍现象的政治权力的原始发生，具有逻辑上在先的性质。虽然不是所有人都对政治权力有浓厚兴趣，但政治权力却始终是所有权力类型中最具诱惑力的支配性力量。面对政治权力这一最具诱惑力的支配性力量，不同的个体具有不同的关注度和追逐能力。

对政治权力具有浓厚兴趣会有两种原因，一种是基于自然和情感之上的自然倾向性，亦即天然具有支配物和支配人的意志的心理倾向，通常情形之下，他们都有着超乎常人的占有欲和表达欲。除了自然生物性倾向和心理倾向之外，还有一种情形，那就是某个个体在其未成年时有政治权力明显影响的精力，使他深深地感受到政治权力的威力，导致自幼对权力产生浓厚兴趣。"凡是最希望获得权力的人，就最有可能获得权力。由此可以推论，在权力向大家开放的社会里，凡是能予人以权力的职位，照例是被爱好权力异乎常人的人所占有。对权力的爱好虽然是人类最强烈的动机之一，但表现在各人身上的程度却很不一致，而且也为其他动机所限制，例如爱安逸、爱享乐以及有时爱表扬等。在比较怯懦的人当中，对权力的爱好伪装为对领袖服从的动力，这就扩展了大胆之徒发展权力欲的余地。对权力的爱好不甚强烈的人，是不可能对世事的演进产生多大影响的；引起社会变革的，通常就是极希望引起社会变革的那些人。因此，爱好权力是在世事的造因方面起了重大作用的那些人的一种特性。当然，假如我们把爱好权力当作人类唯一的动机，那也是错的，但这个错误还不致像我们在探求社会科学的因果律方面所容易造成的错误那样使我们完全迷失方向，因为爱好权力是产生社会科学必须研究的那些社会变革的主要动机。"① 从罗素这段冗长的引述中，我们看到了政治权力得以产生的主体性方面的根据，以及这种根据的复杂性。从人们对权力的欲求这一点尚不能直接得出善恶判断来，即是说，绝不能由此得出结论说，有着强烈的占有欲和表达欲的人就一定是恶的。如若有强烈的权力欲且用政治权力实现政治之终极之善，此种权力欲当然是朝向善的。

二 政治权力的特殊性

政治权力比之其他权力形式更具诱惑力，乃是诱发人们强烈获取政治权力的客观原因。虽然说任何权力的获得均与自身的道德德性和

---

① ［英］伯兰特·罗素：《权力论》，吴友三译，商务印书馆2012年版，第6页。

理智德性有关，更与自己的勤奋密切相连，但政治权力比之其他权力更有权威性和广泛性、持续性，乃在于政治权力的来源和所依靠的力量是特定的、特殊的。首先，从其所依靠的力量来说，政治权力是依靠政治上层建筑和思想上层建筑而发挥效力的。政治上层建筑作为一种具有强制性的物质力量，作为一种具有暴力倾向的机关，可对人的身体和意志具有不可抗拒的支配性力量，军队、警察、法庭、监狱，都是维护国家安全和公共秩续的强制性力量。而思想上层建筑作为一种集宗教、哲学、艺术、文学、法律等于一身的思想体系，乃是具有权威性和唯一性的意识形态，它是一个国家的核心价值体系。政治权力就是依附于政治和思想上层建筑、在法律的支撑下面向人的身体、财产和意志的支配性力量。基于这些分析和论证，我们可以将政治权力界定为：一，政治权力是可以排除各种抗拒以贯彻其意志，而不问其正当性基础为何的可能性；二，政治权力是可以排除各种抗拒以贯彻其意志，而必问其正当性基础为何的可能性。这两种定义方式都揭示了政治权力的本质特征，即"排除各种抗拒"、"贯彻其意志"、"追问正当性基础"。政治权力的本质是支配性行为，且这种支配性是由特定的人实施的，可称为"官"和"吏"，在公共管理中，被称之为"行政主体"。在现代行政法的逻辑体系中，公共管理的主体与客体是分明的，因行政职权而发生的管理与被管理即支配与被支配的关系，即公共管理关系；而在行政法范围内，行政主体与行政相对人虽处在不对等的关系状态中，但二者的法律地位是平等的。由于法律地位是平等的，因此在公共管理中行政主体与行政相对人虽然在形式上是不对等但实质上是对等的。事实证明这是一种不符合事实因而也是不能令人信服的论证方式。关于支配与被支配的合理性问题我们将在后续的章节中进行详细论证。在这里我们将从政治权力所依靠的力量推论出其单方意志性。由于人的理性是有限的，更由于国家治理和社会管理是极为复杂的，所以，一个政党、一个政府给出的政策设计和制度安排，永远做不到绝对为优，由于政策和制度一经制定便成为了其适应性和变动性不再增加的规范体系，其所分配的财富、其所规

第二章 权力的伦理辩护与批判

约的行为都具有相对的有效性,不可能持续地得到所有人的承认、认同和支持。至于在一个政党或政府完全背离了民众的意愿而变成党派利益之争、个人利益所得的情形之下,来自民众的、思想家的、知识分子的抗拒意志就会普遍地发生。但政治权力可以借助政治和思想上层建筑的强制性力量,排除这些抗拒,或有限度地、或一意孤行地贯彻自身的意志。毫无疑问,此种情形之下的排除各种抗拒就缺少了足够的正当性和合理性。在人类历史上似乎从不缺少这种情形的案例,从人类所追求的终极之善判断,这种专制的、一意孤行地排除合理的意志抗拒以贯彻其意志,一定是不足取的国家治理和社会管理模式。

更加重要的问题还在于,一个政党或政府借助强制性力量而实施的支配性行为,乃是一个贯彻其意志的行动,那么这里的意志是指谁的意志呢?黑格尔说:"国家是伦理理念的现实——是作为显示出来的、自知的实体性意志的伦理精神,这种伦理精神思考自身和知道自身,并完成一切它所知道的,而且只是完成它所知道的。"[①] 如果按照黑格尔的设想和论证,这个意志应该是作为自在的善即伦理的主观表达形式,即国家把这个公共的善即伦理以伦理理念的形式变成自己的意志,之后通过其行动把这个自在的善变成现实的善,即实现了的伦理,其所体现的是伦理精神。然而,国家如何做到这一点呢?国家是非人格化的工具系统,它并没有类似于人这样的道德人格,而要实现国家的伦理性即公共善,就必须拥有一个思考国家伦理和知道国家伦理的政治家和公共管理者。于是,问题的实质就转换成了国家意志必须首先成为政治家和公共管理者的意志。然而,一如康德所说,实现公共善的意志是特殊意志,实现个人之功利和快乐之目的的意志则是一般意志,那么如何保证拥有且行使政治权力和行政职权的人将特殊意志置于一般意志之上呢?如此一来,被贯彻的意志极有可能是政治权力和行政职权的拥有者与行使者的意志,但他们会以公共善和公共意志的名义实施支配性行为,从而取得形式上的合理性,即合法性。形式上

---

① [德]黑格尔:《法哲学原理》,范扬、张企泰译,商务印书馆1979年版,第253页。

的合法性实质上的不合理,乃是最具模糊性的支配性行为。

关于支配性行为的正当性基础的证明问题,乃是现代社会的政治哲学和政治伦理学的理论任务。肇始于15世纪末、发展于16、17世纪、成熟于18世纪下半叶的现代化运动,打破了原有的政治权力或宗教教权统治经济和文化的社会结构,使得经济、政治和文化开始相对分化开来,各自相对独立地发挥其功能。如此一来,在政治权力的界定和确定上便引入了进行正当性基础的证明的思考维度。正义、平等、民主、自由价值观的生成和践行,使得政治权力被一意孤行地加以使用的状况受到批判和改造。但这种改造所要和所能达到的目的乃是最大限度地实现公共善和公共意志,而不是要改变政治权力所固有的广泛性、深入性、权威性和弥散性这些特征。如果没有广泛性,就会使政治权力成为某个阶层、某个人群甚至是某个人的特权,成为满足少数人之私人利益的工具,只有最大化地使得每个公民都能享受到政治权力所带来的益处,这个政治才是好的。同样的道理,社会越是快速发展、社会活动结构、关系结构和利益结构越是复杂,越是需要公共权力加以调整和调节,这便是政治权力的深入性。在全球治理、国家治理和社会管理中,约有三种力量相互交织地起着作用,这就是知识(文化、观念)、政治和资本。毫无疑问,知识、文化和观念不可能单独发挥作用,它只有转换成政治和资本才能起引领和范导作用。值得深入研究的是政治的逻辑和资本的逻辑在国家治理和社会管理中的作用。自亚当·斯密开创近现代经济学以来,理性无限论、社会分工论、市场自治论似乎一直是西方主流形态经济学的核心价值观,也一直努力将政府变成市场的守夜人、护城者。但事实证明,斯密所给出的理性无限论和市场万能论都是靠不住的承诺,实用主义、技术理性、利己动机极有可能使经纪人变成技术理性意义上利己主义者,"搭便车"、"逃票"、"道德风险"都可能导致市场失灵。因此,如若完全脱离政治的整合力量而任由资本的逻辑大行其道,那么就极有可能使政治变成资本的工具,使公共政策和制度成为少数既得利益者进一步谋得私利的权力保障。个人利己主义、集团利己主义和国家利己主义正是资本逻辑任意运行的后果。以此观之，政治权力具有两重性，既是实现终极之善的权威性、广泛性、深入性力量，也可能成为被权力拥有者滥用从而造成大面积腐败的工具。如何使政治权力成为求真、向善、趋美的支配性力量，对政治权力进行坚实而可信的伦理辩护和批判是必要的。

第三节　政治权力的伦理辩护与批判

为政治权力进行伦理辩护和批判，奠基于政治权力先在地具有伦理性和伦理基础这样两个本质规定之上。进入国家状态以后，人类在进行国家治理和社会管理中，创制出了最大的"公共物品"即政治权力，迈克尔·曼认为政治权力具有四个特征即广泛性、深入性、权威性和弥散性，是有充分根据的，因为政治权力是普遍地、持续地相关于每个人的支配性力量，是实现人的基本权利即生存权、财产权和自由权的核心力量，它构成了对政治权力进行伦理辩护的基础。而政治权力作为一种强制性的支配性力量，也成为排除各种抗拒以贯彻其意志而不问其正当性基础为何的异己力量，在所有的异化现象中，资本异化往往根源于权力异化。这构成了对政治权力进行伦理批判的根据。

一　对政治权力进行伦理辩护的理由与逻辑

对于个体与人类而言，正确性和正当性乃是最为重要的两件事。确定一个结论、一个理论的正确性叫证实和证明，其所追求的乃是"真"；而对一个立场、观点、观念和行动的合理性进行确证叫证明和论证，其所追求的乃是一个"值"；前者称为根据，后者称为理由。在康德看来，视其为真在哲学上是一桩重要的事情："视其为真是我们知性中的一桩事情，它可以是建立在客观的根据上，但也要求在此作判断的人的内心中有主观原因。如果这件事对每个人，只要他有理性，都是有效的，那么它的根据就是客观上充分的，而这时视其为真就叫作确信。如果它只是在主观的特殊性状中有其根据，那么它就称为置信。"① "视其为真,或者判断的主观有效性,在与确信(它同时又是客观有效的)关系中有如下三个层次:意见、信念和知识。意见是一种被意识到既在主观上又在客观上都不充分的视其为真。如果视其为真只是在主观上充分,同时却被看作在客观上不充分的,那么,它就叫信念。最后,主观上和客观上都充分的那种视其为真叫做知识。主观上的充分性叫做确信(对我自己而言),客观上的充分性叫做确定性(对任何人而言)。"② 对政治权力进行伦理辩护旨在指明,政治权力自身蕴含着向善的趋向力,即,无论政治权力自身潜藏着怎样的被滥用的可能性,但它始终是完成一个好的国家治理和社会管理的最具权威性的力量。于是,对政治权力本身的伦理辩护就沿着两条路径而展开。

首先,就政治权力的历史使命而言,从其产生之日起就是为着创造社会财富并公平分配社会财富的。尽管人被规定为过集体生活,因而是政治性的动物,但每个人以及由一定的个人组成的组织,都有利己的倾向。向我性、为我性和利我性乃是基于个体之存在状态及其展开方式之上的自然倾向,这是无需后天培养的倾向,社会环境只能决定或改变这种倾向的程度及其满足方式。相反,每个个体和组织如要合理地满足基于自然倾向之上的向我性、为我性和利我性却是需要后天培养的。人们只有在极其狭小的社会空间中,才能凭借风俗、习惯、管理、禁忌、巫术、家规、族规和村规,整合个体及其家庭之间的自利倾向,达到相对自治的状态。在这个自治状态中,人们相安无事、各自安好,过着日复一日、年复一年的、自然而然的、千篇一律的生活。正义、平等、自由、民主不会成为他们观念中的核心词。在此种场域下,来自国家的基于政治上层建筑和思想上层建筑的政治权力所能产生的效力十分有限,因为他们对政治权力的依赖性较低。当资本的运行逻辑打破了地域的限制、空间的壁垒、文化的屏障,将不

---

① [德] 康德:《纯粹理性批判》,邓晓芒译,人民出版社2004年版,第621页。
② [德] 康德:《纯粹理性批判》,邓晓芒译,人民出版社2004年版,第622—623页。

第二章 权力的伦理辩护与批判

同地区、民族和国家的人们连接在同一个经济体制、政治体制和文化体制之中的时候，一种全面的利益最大化原则就会被推广开来。每个人以及由一定数量的个人组成的营利性组织都逐渐感受到、意识到自身利益的重要性，一种获得财富、地位、身份、机会、运气、快乐、幸福的一般意志，将成为人们进行思考、选择和行动的直接动机。显然，用资本的运行逻辑解决基于自利动机之上的利益矛盾和冲突，只能造成资源、财富、机会垄断，产生严重的两极分化，因为市场规则只能决定资源依照市场规则进行资源配置的方式，但无法公平地分配财富。这就需要超越经济手段之上的权威性力量来调控整个社会资源的配置和财富分配，这个权威性力量正是政治权力。一如以上所论，任何一种权力都是一种支配性力量，当冠以各种限定词之后，权力的支配对象和支配方式就有了分别，经济权力是利用生产资料和货币资本支配生产、分配、交换和消费的力量，它不可能直接支配人们的友爱关系和政治关系；政治权力则是通过政策和制度合理安排生产资料、资源配置创造社会财富并合理分配社会财富的支配性力量。在权力之前冠以"政治"这个限定词，并不简单地是一个德语式的冠词，而是一种性质，是一种鲜明的政治性。它要在共同的价值目标之下动员全体社会成员，采取集体行动以实现终极之善。以终极之善为目的是政治权力区别于任何其他权力形态的根本标志。

其次，为政治权力进行伦理辩护的另一个维度是对政党之建制原则、政党治理国家和管理社会的价值原则与科学方法的考察。由政治权力的历史使命所决定，何种政党、何种政府如若借助政治权力最大化地实现了政治的"是其所是"，那它就一定是受到民众拥护和爱戴的政党和政府，相反，如若政党将政治权力变成了争夺党派利益的手段，或变成了政府少数人谋得私人利益的工具，那它们就必定成为受到民众批判、唾弃和抛弃的政党和政府。从个体与国家之间的天然的构造关系中即可自行地确定政党和人民之间的契约关系。"没有人能够自立皇帝或国王，人民提升某一个人之高于自己，就是要让他依据正确的理性来统治和治理人民，把他所有的给予每一个人，保护善良的人，惩罚邪恶的人，并使正义施行于每一个人。但是如果他妨碍或扰乱了人民建立他所要确立的秩序，也就是违反了人民选择他的契约，那么人民就可以正义而理性地解除服从他的义务。因为是他首先违背了将他们联系在一起的信仰。"① 对政党或政府或统治者之进行国家治理和社会管理的观念与行动进行伦理辩护，本质上要对这种观念和行动的正当性及其程度进行考察、判断和推理。而进行伦理考察和判断的根据在于两种，即是目的之善的设定和手段之善的选择。所谓目的之善乃是指政治权力所欲追求的终极目标而言，其根据在于政治的"是其所是"，这就是经济的、政治的和人类学的目标。在经济上，建构一个能够创造财富的经济组织方式。在人类所能找到的诸种经济组织方式中，市场经济被认为是相对有效率的那种，但如果被创造出来的财富没有公平分配，那依旧不能说这是一个好的政治体系。在政治上，每个人都有意愿也有理性进行政治意志的表达，也对政治意志进行反思、批判，只有这样才能提升社会的自治能力。在人类学上，每个人在身体之善、外在之善、自由意志之上，有意愿也有可能过一种整体性的好生活。这便是政治权力的目的之善。显然，要完成这个公共善就必须拥有政治权力，于是如何获得政治权力就成为了手段之善。这直接涉及政治领袖的遴选方式，禅让制、继承制、选举制，等等，这些都是在合法的形式下进行的。还有另一种极端的形式，那就是武力或暴力获得政权的方式。毫无疑问，此种方式在具体的场域下是不被认可的，但不被认可的未必是不合理的，如历次进步意义上的起义、革命，都使社会有了或大或小的进步。判定手段之善的终极根据乃是获得政权者将政权作何之用。这就出现了复杂情形：

---

① [英]迈克尔·莱斯诺夫等：《社会契约论》，刘训练等译，江苏人民出版社2006年12月第2版，第13页。迈克尔·莱斯诺夫说，"上面所引的这段话的作者是居住于阿斯萨斯的劳滕巴赫的曼尼戈德，他大约在1080年就注意到了政治义务问题。他对我们这项研究的重大意义在于他处理这一问题时使用了契约概念，曼尼戈德可能是提出关于政治权威之一般契约论的第一人（或者说自古代以来的第一人。）"迈克尔·莱斯诺夫进一步说："这位作者继续写道，如果一个统治者像暴君一样行事，破坏了和平与正义，那么，人民就由此免除了效忠誓言，可以自行地废黜他，另立他人为统治者。"（同上书，第13页）

手段为善，但目的为恶。尽管获得政权的方式是合法的，也许下了为实现目的之善而倾其全力的诺言，但却成为了最大的失信者。这又有复杂情形，虽无谋得党派利益和个人私利之动机，但因为理论理性、创制理性和实践理性的匮乏，或因严重缺乏哲学思维与实践智慧而无法兑现承诺。由于国家治理和社会管理的复杂性远远超过了执政者的智力总量、知识结构和执政能力所给定的程度，致使执政者拥有道德德性而匮乏理智德性而无法实现目的之善。最为伦理辩护所不能容忍的是如下三种情形，一是手段和目的均为恶的那种，既有超强的获取政权的能力，更有谋得党派利益和个人私利的能力。二是无超强的治理国家和管理社会的能力，却有超强的获取政权以权谋私的能力。三是既无超强的治理国家和管理社会的能力，也无贪得私利的欲望。由此看见，只有既有超强管理社会、治理国家的能力又廉洁自律、一心为公的执政者才是最好的治理者。在手段之善和目的之善的复杂关系上，贤人政治和能人政治都不能含括对政治权力进行伦理辩护的所有可能性。

正如我们一直强调的那样，政治权力具有二重性，既可为善，亦可为恶。而政治权力仅仅是一种权威性、强制性的支配力量而已，其善恶乃是争得、争夺、获得权力的德性结构，取决于理智德性和道德德性的拥有程度和运用方式。对此一问题的考察属于伦理批判的范畴。

二 对政治权力进行伦理批判的事实依据与价值根据

在文艺理论或文学批评中，有所谓"伦理批评"这一命题，它以一定的道德意识以及由此而形成的伦理关系作为规范来评价作品，以善恶为基本尺度来决定批评对象的取舍。这种批评模式具有历史的久远性、标准随时代的变化性及其差异性和敌对性。这种批评模式的代表人物如中国的孔子、韩愈、朱熹等，西方的柏拉图、新古典主义等。而伦理批判则要高于伦理批评，它不只是要对作品之道德意识、伦理关系进行善恶判断和取舍，更要对做出这种道德判断和取舍的根据、依据进行深入分析和论证。伦理批判所指向的对象并不像伦理批评那样，仅仅是对文学作品进行道德和善恶取舍，而是要对全部与善恶有关的主体性事实和客体性存在伦理性质的分析和论证。政治权力就是典型的与善恶有关、具有典型的伦理性质的主体性事实存在和客体性存在。

首先，对作为主体性事实的政治权力的伦理批判。对某个人、某个组织的观念与行动，对某个政策、制度与体制进行伦理批判，须有一个关键词和两个客观依据。所谓关键词就是"正当性"。妥当性和正当性又称"合法性与合理性"，这是法哲学中的一组对应范畴。法律现象中的妥当性（合法性）与正当性（合理性）二者在本质上是统一的。但一些西方学者、特别是自然法学派与法律实证主义者，则往往各持一端。第二次世界大战以后，复兴自然法学派在批判法律实证主义时，说它只考虑法律规范、程序方面的"形式上的合法性"（妥当性），而不问"内容上的合法性"（正当性或合理性）。这是很有道理的。但是，复兴自然法学对于妥当性（合法性）的忽视态度，又是一种片面性。若是沿着法学或法哲学的致思路径延续下去，似很难将正当性问题的深层意蕴开显出来，这里就必然要引入道德形而上学和道德哲学的思考范式。

其次，合法的事情未必是合理的，合理的也未必是合法的。如果法律是一个恶法系列，那么合法的观念和行动就未必是合理的。反之，在一个充满专制、暴政的社会状态下，一种追求正义、平等、民主、自由的观念和行动就常常被恶法所抑制，甚至消灭。这样的合法性乃是符合特权阶层的利益那种意义上的合法；在道德形而上学和道德哲学的意义上，所谓正当性乃是指，其观念和行动，或政策、制度和体制是有充分质料根据和形式依据的。质料的根据就是，作为政治权力之主体性的政治权力和行政职权的拥有者和使用者，其观念和行动具有典型的利益相关者存在，而且这个利益相关者是普遍的，因为政治权力是和每个公民的根本利益有关的支配性力量，因而是典型的、普遍的伦理性存在。所谓形式依据，并不仅仅指法律规范，只有在民主、平等、正义成为根本的且是现实的基础价值的时候，其所制定的法律体系才有可能是正义的。相反，比之法律体系的正义性更加源初和根本的观念则是每个人心中的正义观和正义感，无论这种情感和观念是来自直觉、感悟，还是来自教化和理性，它们都植根于人的心灵深处，这便是康德所说的普通的道德理性知识。每个人在这个先天的正义感和正义观的意义上，都是公正的"旁观者"，"大家都知道，一个有理性而无偏见的观察者，看到一个纯粹善良意志丝毫没有的人却总是气运亨通的人，并不会感到快慰。"① 亚当·斯密通过同情和移情论证和论述了"正当性"、"正义性"和"妥当性"的人性中的心灵根据："对自己幸福的关心，要求我们具有谨慎的美德；对别人幸福的关心，要求我们具有正义和仁慈的美德。前一种美德我们约束我们以免受伤害；后一种美德敦促我们促进他人的幸福。在不考虑他人的情感是什么、应该是什么、或者在一定条件下会是什么这些问题时候，那三种美德中的第一种最初是我们的利己心向我们提出来的要求，另两种美德是我们仁慈的情感向我们提出来的要求。然而，对别人情感的关心，会强迫所有这些美德付诸实践并给予指导；而且一个人若在其整个一生中或一生中的大部分时间坚定而始终如一地仿效谨慎、正义或合宜的仁慈这种思想方式，则其行为主要是受这样一种尊重的指导，即对那个想象中的公正的旁观者、对自己心中的那个伟大居住者、判断自己行为的那个伟大的法官和仲裁者的情感的尊重。"② 斯密笔下的"想象中的公正的旁观者、对自己心中的那个伟大居住者、判断自己行为的那个伟大的法官和仲裁者"乃是每个人心中的共同、共通的情感，人们通过移情和同情的方式能够感受得到它们，正是这些潜存、持存于人的心灵深处的情感才构成了人们判断一个观念和行动的正当性的基础。当拥有了质料的事实和形式的规则，对作为主体性事实的政治权力的伦理批判就获得了充足的根据和依据。

---

① [德]康德：《道德形而上学原理》，苗力田译，上海人民出版社1986年版，第42页。
② [英]亚当·斯密：《道德情操论》，蒋自强等译，商务印书馆1997年版，第342页。

德性论是用以分析和论证人的德性如何可能以及怎样可能的思考范式。我们可以不顾及每个人所拥有的地位、角色、身份、机会、权力，而纯粹地先行标划出个体美德来，借以呈现德性得以生成和运用的内在逻辑。之所以这样做，完全是出于理论研究的需要，使世界图像化、符号化和概念化是进行理论研究所必备的环节。亚里士多德给出了善的范型、属人之善的规定和辩护；康德给出了由先天实践法则、善良意志和实践理性为核心要素的德性论，这些均构成了马克斯·韦伯所说的"理想类型"。由于这个理想类型是缺少历史感和现实感的，所以必须将其还原到具体的场域中，借以检验之和实践之。在此，我们无意呈现德性这个"理想类型"的原始发生及其外化方式，而是指明一个拥有了政治权力和行政职权的个人和集团是如何思考和行动的。

一如罗素所说，在人的各种无限欲望中，主要是权力欲和荣誉欲。至于为何政治权力具有如此之大的诱惑力，乃在于政治权力的本质规定，惟其如此，人也最容易在政治权力的诱惑下而丧失理智，成为不公正的人、不正确的人和不正当的人。虽不排除有很多人对政治权力缺少足够的兴趣，但总有一些人对政治权力有着超乎寻常的欲求，因为他们比之其他人有着更为强烈的占有欲和表达欲。在真正拥有政治和行政权力之前，希求者对权力的获取只是一种强烈的心理倾向性，即意向，在这意向中，善的动机、恶的倾向都以潜在的形式存在着。人并不是先行习得政治德性之后，再按照德性论和规范论所规定的那样去思考和行动，相反，他只是在争夺、抢夺、获得政治权力的过程中，其潜在的意向才变成了明晰的意向性。对这种意向性进行深入分析和缜密论证，是对政治权力进行伦理批判的最重要也最为复杂的环节，也是完成建构公共管理伦理基础的奠基性工作，因此，理当着力研究。

毫无疑问，对政治权力有着超乎寻常的兴趣的人，其潜在的人性基础便是超强的占有欲和表达欲。在其幼小的心灵中尚不得知也无体验，政治权力具有比之其他权力有着超乎寻常的诱惑力。这种潜意识随着年龄的增长、岁月的积累、体验的增加，就会在孩童及少年的游

第二章 权力的伦理辩护与批判

戏中展现出来,变成日益清晰的权力意识。然而,此时的权力意识只是一种意向而已,此种意向尚无明确的善恶性质。当人们真正进入争夺、获取、攫取各种权力的游戏活动中,先前的意向就变成了明确的意向性,权力意识变成了权力观念、情感、意志和行动。然而在政治权力的这种原始发生过程中,作为初始性的意识和意志乃是决定争夺、攫取政治权力者在后来的岁月中将政治权力用在何处的坚实力量。一如我们已经界定的那样,政治权力是一种能够排除各种抗拒以贯彻其意志,而不问或必问其正当性基础为何的可能性,在寻找如何将政治权力用于最大限度地实现政治的"是其所是"的初始性力量的时候,亚里士多德的"意愿"、"自制"、"理智",康德的"善良意志"、"实践理性"、"实践法则",斯密的"想象中的公正的旁观者、对自己心中的那个伟大居住者、判断自己行为的那个伟大的法官和仲裁者",似乎都显得软弱无力了,不能做出令人满意的解释和指导,因为它们均难以细致、细腻地呈现政治权力的争夺者、攫取者和支配者在意识和意志上的复杂性、矛盾性和冲突性。这就要求我们必须回到事情本身,从无意识、潜意识和意识三个层次呈现这种复杂性和冲突性。

基于人的不足、匮乏这种存在状态之上而天然生成的占有欲和表达欲,是自在的、先在的,或称之为人的天赋性存在,因而人们无需培养、教育和教化便天然地习得了这种占有和表达的心理倾向。这是无意识的,无论人们是否明确地感受到还是清晰地认识到,它们都自在地存在在那里。个体之间在占有欲和表达欲上的分别,不是有无问题,而是强度和满足方式问题。因此,人们对政治权力"觊觎"的初始形式是无意识的,当把这种无意识变成实际的争夺和获得是通过潜意识环节的,亦即当政治权力尚未成为一种现实的可争夺的支配性力量时,或者说,当政治权力尚未进入某个人的感受和认知范围时,或即便进入一个人的生活世界,或因为他对政治权力毫无兴趣,或试图获得却毫无可能性时,也会把潜存于无意识和潜意识中的占有欲求限制在不被意识到的范围内。于是,我们的分析对象就被限制在有意愿且有能力获得政治权力的可能性这一论域上。

一如罗素所说，对权力的爱好虽然是人类最强烈的动机之一，但表现在各人身上的程度却很不一致，至于对政治权力有着超强欲求的人何以有如此这般的占有欲和表达欲，其成因已如前述，在此我们将集中分析和论证其争夺、获得政治权力的意识和意志是如何发生的，又是如何转变的。对作为主体性存在的政治权力的伦理批判，最为困难也是最有意义的批判乃在于对争夺、获得并使用政治权力的人的意志的道德判断。

关于意志的讨论乃是对个体之德性分析和论证的关键环节。对这一问题的研究构成公共管理伦理基础问题的最为核心的内容，理当深入分析和缜密论证。

意志不仅仅是一个心理学范畴，更是伦理学和政治学中的核心概念。如果从事实的角度看待意志，当指行动者的动机、意愿、意向。在指向上，意志可有主体性的存在和客体性的存在。主体性的意志便是行动者的动机和意愿；客体性的意志便是行动者所意欲的过程和对象，前者是意向的，后者是意向性的。主体性的意志仅仅指意愿某事，至于这个某事是否是清晰的、明确的，是不明显的，而客体性的意志乃是对象性的，不仅仅是某种意愿，更是这种意愿所指向的对象。无论是作为伦理学的意志还是作为政治哲学的意志，首先都是心理学的概念，因为如果没有动机、意愿、意向这些心理要素，一种可实践的心理行动和现实行动就绝不可能发生。作为伦理学概念的意志，乃是指意愿、意向和动机的正当性性质和正当性程度，要么是形式的正当性，即符合先天实践法则的程度，要么是质料的，即令他人和行动者愉快或生活得以改善的程度。而作为政治哲学范畴的意志，则首先是心理学的，其次是伦理学的，第三是面向政治事实的心理行动和现实行动。政治伦理学或政治哲学意义上的意志乃是面向政治事实的相同意志和公共意志，亦可称之为政治意志。面向政治事实的相同意志，描述的是每个公民都或自觉或不自觉地关注政治事实，但它们仅具有相似性或相同性，只是表明人们关注的是同一个对象；而公共意志则是对公共善的预设和信念，作为对象，公共意志就是公共善，作为主体性的意志就是公共理性。在以机械团结为主要交往方式的历史场域下，很难形成基于公共理性之上的公共意志；只有在以有机团结为主要交往方式的历史场域下，公共意志才有可能形成并得到充分地运用。揭示政治意志的内部构成与外部结构及其生成逻辑无疑是政治哲学的重要任务。

从相同意志到公共意志的内在逻辑问题乃是两个方面内容的判断：事实判断与价值判断。在政治哲学的视阈内，价值判断具有优先性，其所指称的是，实现从相同意志到公共意志的飞跃乃是一种好的逻辑进路，谓其是好的乃在于如下两点，其一，实现从相同意志到公共意志的飞跃有利于行动者自由自觉能力的提升，更有利于行动者基于自由自觉意志之上的责任归属；其二，有利于社会自治能力的提升，每个人都积极且有效地参与国家治理和社会管理往往优于少数人支配国家和社会之状况。以此观之，实现从相同意志到公共意志的飞跃乃是一个好社会的政治诉求。作为一种善，一种手段和目的意义上的善，公共意志可以促进个人的发展与社会的进步，然而，这种飞跃如何可能呢？于是，关于公共意志的哲学沉思，是要解决从相同意志到公共意志飞跃的必要性问题，它构成了这种飞跃的价值基础；解决如何实现这种飞跃的问题，它构成了这种飞跃的可能性问题。在公共意志这一主题之下，我们必须预先给出关于意志的道德哲学原理，继而在具体的历史场域下呈现从个体意志到相同意志，再到公共意志飞跃的客观逻辑，最后给出现代性语境下当代中国之公共意志生成的内在逻辑及其所需的条件与环境。

于是，有关意志的道德哲学原理就被设计出来。意志的主体是具有人格结构的现实的人，而人格是由信、知、情、意四个要素组成的有机体，其中意是联结信、知、情与行动的关键要素。对人之意志的研究，心理学的规定与解释是最基础的，或是最基本的，《当代西方心理学新词典》认为，意志是人自觉地确定目的，并支配行动去克服困难以实现预定目的的心理过程。意志是人类特有的心理现象，也是人的意识能动性的表现。其主要特征：（1）明确的目的性，即意志行动总是自觉确定和执行目的的行动。（2）与克服困难直接相联系，即只有克服各种困难才能实现预定的目的。（3）直接支配人的行动，即意志主要是为完成一定的目的任务而组织起来的行动。它对行动的调节既可表现为发动和进行某些动作或行为，也可表现为制止和消除某些动作或行为，前者是作为的意志，后者是不作为的意志。当代神经心理学、神经生理学乃至脑科学为人类研究意志现象提供了科学依据。关于意志的一般哲学原理无疑要充分了解、理解和充分运用这些科学理论，但意志本质上并不仅仅是一个科学的、可数据化、可模型化的过程或品质，毋宁说，意志乃是一个动机、意愿、意向、意向性的过程，且是一个可以对其正当性进行哲学分析的过程和品质。

对意志的哲学规定可有能力与品质两种范式。作为一种能力，意志是在动机推动下，克制内心冲动、抵御外部诱惑、克服各种困难以把预先设定好的意愿贯彻下去所需要的心理能量，这种心理能量的释放过程就是一个由三个关键环节组成的目的性的行动，行动的质性特征就是品质，可用顽强、坚韧、执着、勇敢、自律等赞美性的词句加以称颂。品质是行动的外部特征，且是令行动得以成功的特征，行动为体，特征为用，体用结合方为型，这个型就是意志。作为一种能力和品质，意志贯穿于人的行动的各个环节之中，无论这种行动是观念的还是实践的。观念的活动类似于康德的思辨理性活动，这种活动虽不使世界发生任何变化，只使观念发生变化，但它同样需要意志。意志在思辨理性活动中的作用主要表现为集中所有的精力完成理性向知性提出的要求，这个要求表现为范畴的建制和理论的建构，这便是建构性原则。[①] 意志在纯粹理性批判的作用表现为向外与向内两个方面，

[①] 康德在《判断力批判》的第一版"前言"和"导论"中，在"知性"与"理性"的分别中，在"认识能力、愉快和不愉快的情感和欲求能力"的比较中，简约地论述了思辨理性的使命："人们可以把出自先天原则的认识能力称为纯粹理性，而把一般而言对纯粹理性的可能性和界限的研究称为纯粹理性批判……因此，真正说来是知性，就它包含着先天的建构性原则而言，拥有自己的领域，确切说是在认识能力中拥有，它应当通过一般地如此称谓的纯粹理性批判而针对其余一切追随者来确保他自己独占的财产。"（《康德著作全集》第5卷，李秋零译，中国人民大学出版社2007年版，第176—177页）

前者表现为划界，后者表现为建构，所谓划界，纯粹思辨理性只指向与人的动机、正当性无关的自然界，为着为"自然立法"，必须先行划定界限。由于思辨理性只是欲求自然规律，而不是欲求自由规律，只适用因果律而不适用道德律，因此，在思辨理性那里，自由只是一种绝对意义的自由，"有了这种能力，先验的自由现在也就被确立了，而且这里所谓的自由是指绝对意义下的自由。"① 在思辨理性范围内，与意志密切相关的自由乃是一种在认识上认其可能而在实践中并不必然的一种信念，因为思辨理性所处理的主题乃是因果性关系起支配作用的"物自体"，而追问物自体之无制约者的意愿乃是超出理性限度的"僭越"，人们只能研究物自体呈现给人们的表象，至于物自体本身我们却知之甚少，甚至一无所知。在有限理性的范围内，意志的作用就被严格限制在，通过知性创设范畴，用范畴对通过先天直观形式即空间与时间得来的感性、表象，进行特征抽提，起于个别，中经特殊而达于普遍，从而形成逻辑学和自然哲学。在思辨理性中，在理论哲学中，有关意志的一般哲学原理带有先验逻辑的明显特征，由于意志并不指向人的实践，所以这里的意志几乎不涉及正当性、道德性问题。依照康德给我们指出的致思路向，必须到人的实践中，到人的行动中寻找真正的有关意志的一般哲学原理。

在某种意义上可以说，康德的《道德形而上学原理》（或译《道德形而上学奠基》）就是一部关于意志的哲学教科书。在此我们无意去阐述、评述康德的意志哲学理论，而只想运用这些理论构建起一个有关意志的道德哲学原理。

依照先前的分析与论证，可把意志分成目的论和能力论两个部分，而从整体性上把握意志，目的论和能力论原本就是一体的，是同一种能力的不同运行方式，确立目的本身就是一种能力，实现目的更是一种能力，是目的论能力的扩展形式。我们试图在实践或行动概念下系统地研究意志现象。

---

① ［德］康德：《实践理性批判》，关文运译，广西师范大学出版社2002年版，第1页。

首先，关于"一般意志"与"特殊意志"问题。康德在《道德形而上学原理》的前言中，以"著名的沃尔夫"为批评对象，指出其普遍实践哲学和道德哲学相混同起来以及由此造成的混乱，认为："正因为这是普遍实践哲学，所以它所考察的不是一种特殊的意志，不是一种不须一切经验的动因、一种完全由先天原则来决定，被称之为纯粹意志的意志。它所考察的是一般意愿，以及在这种一般意愿下属于它的全部行为和条件。这样看来，它和道德形而上学的区别，正如普通逻辑和先验哲学的区别一样。在这里，前者所阐明的是一般思想的活动和规则，后者阐明的则是纯粹思想的特殊活动和规则。所以道德形而上学所研究的，应该是可能纯粹的意志的观念和原则，不是人的一般意愿的行为和条件，这些东西大都来自心理学。"① 康德极为认真地区分特殊意志或纯粹意志和一般意志的关系，目的在于寻找一种无制约的、初始性的、终极性的力量，借助这种力量每一个有理性存在者都能够尽职尽责，做他应该做的事情。康德从未否认过一般意志的存在，甚至极其重视这个一般意志，因为若没有一般意志的强大作用，又如何彰显纯粹意志的重要和高贵呢！如果不对一般意志进行哲学分析和论证，便无法推论出特殊意志的必要性与可能性，不能为着道德哲学的理论需要而否认一般意志的合理性和必要性。

区分一般意志和特殊意志的理据在于一个行动者的行动的性质，即合法性和合理性问题，而我们首先必须在事实的意义上研究意志的复杂结构及其运行方式，而不是对意志的正当性进行规定。如果把意志视为一个最高的概念，而不仅限于指称行动者的意愿、动机、意志力、支配能力，那么就必须以行动概念为核心词讨论意志的复杂结构及其运行方式。一如马克思所说，人怎样行动人就怎样，行动成就了人是什么和不是什么的根据与判据。行动由三个环节构成，即前提、过程和结果，而意志恰恰贯穿于这三个环节中。

---

① ［德］康德：《道德形而上学原理》，苗力田译，上海人民出版社1986年版，第39页。

在前提中，意志表现为对动机和意愿的确定。意愿和目的相对应，意愿是起于心意以内的由己性，这种由己性表现为生活状况和内心体验。令自己的生活状态变好，令自己感到快乐和幸福。这种由内到外的倾向性就是动机或意愿，而动机和意愿的强度与广度随他的需求程度和外部环境的可能性而定。然而，人并不像机械论者所坚持的那样，只是一部高度精密的机器，而是具有基本理性判断力和反思能力的有理性存在者。于是在动机和意愿的确定和确证上，行动者会凭借想象力将行动的后果先行标划出来，借以确证动机和意愿的正当性和可能性。如果整个行动及其结果原则上不涉及他者，即不存在主体间的正当性问题，那么这样的动机、意愿、行动就是一个分析命题，其所遵守的乃是技术规则。在规则的指引和约束下，行动过程和行动结果仅对行动者有效，于是在仅向行动者有效的行动中，意志就以下列程序展开其自身。首先，在动机与意愿的确定上，行动者会根据对自己的重要性和紧迫性而对动机进行价值排序。意志的作用就在于确定动机和意愿的现实性，而不去幻想那些毫无可能性的意愿。其次，在行动过程中，意志的作用在于克制内心的冲动、抵御外部的诱惑、排除各种困难，以把初始性的意愿贯彻下去。最后，在行动结果上，意志的作用在于自我评价，总结经验、吸取教训，以利再战。

其次，每个行动者仅向自己而言且不涉及他者利益的意志行动总是少量的，事实上，每个行动者的利己行动都常常涉及他者的利益，即存在利益相关性。在一个行动存在利益相关性时，通常存在三种情形："在这里，我且不谈那些被认为是和责任相抵触的行为，这些行为从某一角度看来可能是有用的，但由于它们和责任相对立，所以也就不发生它们是否出于责任的问题。我也把那真正合乎责任的行为排除在外，人们对这些行为并无直接的爱好，而是被另外的爱好所驱使来做这些事情。因为很容易分辨出来人们做这些合乎责任的事情是出于责任，还是出于其他利己意图。最困难的事情是分辨那些合乎责任，而人们又有直接爱好去实行的行为。"① 在此,我们无意沿着康德的思考逻辑讨论一个行动反乎、合乎、出于责任的复杂情形,只想呈现在存在利益相关性时,行动者如何在一般意志与特殊意志、实用理性与实践理性、利己与利他之间做出抉择。当我们直面这种选择本身时,其内在复杂性重复了一般意志在展开其自身时出现的情形。尽管就行动的结果来看,可能会存在着单一和重叠利益后果,单一利益后果是不可得兼的那种情形,要么是损人利己,要么是利他而少有利己;重叠利益后果是合乎责任那种情形,但揭示出行动者在冲突的语境下如何做出正确选择时具有怎样的复杂情形和内心体验,似乎更加重要。

　　首先,在前提中,即在选择什么样的动机作为行动的动力时,意志的作用表现在确定何种意图或意愿作为行动的初始性元素。无论是出于、反乎还是合乎责任,多种动机共存于同一个行动者的选择集中,是共同的情形。假定行动者是一个拥有基本理性能力,能做善恶判断的行动者,那么他对行动赖以出发的动因和行动可能产生的后果是有先行判断力的。康德严格区分了定言命令和假言命令两种情形,而无论哪种情形,都会在行动者之内发生善良意志、实践理性、实践法则和自我反思四个要素的相互作用的过程。在学理的意义上,一个行动者在面对正当与否、应当与否的语境下,如何做出正确选择,确实需要用一个范畴群加以描述和解释,对此,康德给出了一个极具启发性的论述:"在自然界中每一物件都是按照规律起作用。唯独有理性的东西有能力按照对规律的观念,也就是按照原则而行动,或者说,具有意志。既然使规律见之于行动必然需要理性,所以意志也就是实践理性。如果理性完全无遗地规定了意志,那么,有理性东西那些被认作是客观必然的行为,同时也就是主观必然的。也就是说,意志是这样的一种能力,它只选择那种,理性在不受爱好影响的条件下,认为实践上是必然的东西,也就是认为善良的东西。如若理性不能完全无遗地决定意志;如若意志还为主观条件,为与客观不相一致

---

① [德]康德:《道德形而上学原理》,苗力田译,上海人民出版社1986年版,第46页。

的某些动机所左右；总而言之，如若意志还不能自在地与理性完全符合，象在人身上所表现的那样，那么这些被认为是客观必然的行动，就是主观偶然的了。对客观规律来说，这样的意志的规定就是必要性。这也就是说，客观规律对一个尚不是彻底善良的意志的关系，被看作是一个有理性的东西的意志被一些理性的根据所决定，而这意志按其本性，并不必然地接受它们。"[①] 在存在利益相关性的语境下，行动者的正当行动乃是一个多种要素相互嵌入、相互作用的结果。先天实践法则构成了评判行为正当与否的根据与标准；将他者的利益（质料）和实践法则（形式）作为行动的初始性意愿，构成善良意志；克制内心冲动、抵御外部诱惑、克服各种苦难，以把善良意志贯彻下去的能力，是实践理性；对行动后果进行评价构成了反思性能力。

其次，在过程中，意志与理性以相互嵌入的方式支撑着行动。过程是联结动机与结果的桥梁，无论这个桥梁是长还是短，一切想象中的困难和复杂性都是现实化了。为着克服这些想象到的、不曾想象到的困难，必须实现意志的坚守和理性的坚持。在行动前曾确立下来的善良意志或善良动机，无论是出于形式的还是出于质料的善意，意愿，意向，在行动过程中，都必须汇集成坚定的信念，一种非坚持下去不可的心理能量。如果说始自善良意志的坚定信念乃是一种非分析、非反思的情感性力量，那么基于分析和论证之上的实践理性，则是一种理智，它把类似于信念论的先天实践法则落实到遵循技术规范和道德规范的行动中。善良意志必须通过正确的道路实现；一如类似于信念论的先天法则通过理性得以实现那样。而无论是信念论还是理智论，无论是善良动机的后续呈现，还是未来结果的预先表象，在康德看来，都是意志自由的充分体现。人何以能够做到始终依照实践法则而行动？康德用他的"两个世界"理论予以充分论证。康德在《道德形而上学原理》的第三章的"定言命令"部分和《实践理性批

---

① ［德］康德：《道德形而上学原理》，苗力田译，上海人民出版社1986年版，第63页。

判》的"纯粹实践理性基本原理演证"部分做了极为精彩的论述①，

---

① 康德道德哲学中的"自由意志"理论或许是他整个伦理学的理论基石，也是整个理论体系的轴心。"自由概念的实在性既然被实践理性的一个必然法则所证明，所以它就成了纯粹的甚至思辨的理论体系的整个建筑的拱心石，而且其他一切概念（神的概念和不朽的概念）当做理念原来在思辨理性中没有依据的，到了现在也都附着在这个概念上，而借它稳定起来，并得到客观实在性。"（[德]康德：《实践理性批判》，关文运译，广西师范大学出版社2002年版，第1—2页）那么，人的自由意志如何成为可实践的能力呢？"现在我们知道，在我们把自己想成自由的时候，就是把自身置于知性世界中，作为一个成员，并且认识到了意志的自律性，连同它的结论——道德；在我们把自己想成是受约束的时候，就把自身置于感性世界中，同时又是知性世界的一个成员。"（[德]康德：《道德形而上学原理》，苗力田译，上海人民出版社1986年版，第108页）那么，借着知性世界和感性世界，人的自由意志是如何可能的呢？"有理性的东西认为自己，作为理智，是知性世界的成员，而只有他属于这一世界的作用因的时候，他才把自己的因果性称为意志。在另一方面，他也意识到自己是感性世界的一部分，他的行动在这里只不过是感性世界的因果性的现象。但我们并不清楚，这些以我们所不知道的原因为根据的行为是如何可能的；或者可以认为这些行动是由另一些现象所规定的，例如，欲望和爱好等属于感觉世界的东西。作为知性世界的一个成员，我的行动和纯粹意志的自律原则完全一致，而作为感觉世界的一个部分，我又必须认为自己的行动是和欲望、爱好等自然规律完全符合的，是和自然的他律性相符合的。我作为知性世界成员的活动，以道德的最高原则为依据，我作为感觉世界成员的活动以幸福原则为依据。既然知性世界是感觉世界的依据，从而也是它的规律的根据，所以，知性世界必须被认为是对完全属于知性世界的我的意志具有直接立法作用。所以，我认为自己作为理智，是知性世界的规律的主体、是意志自律性的主体。总而言之，在必须承认自己是一个属于感觉世界的东西时，我认为自己是理性的主体，在理性在自由观念中包含着知性世界的规律。所以，我必须把知性世界的规律看做是对我的命令，把按照这种原则而行动，看做是自己的责任。"（[德]康德：《道德形而上学原理》，苗力田译，上海人民出版社1986年版，第108—109页）康德在《实践理性批判》中再一次论述到了"两个世界"理论，借以再次论证自由意志的客观性和现实性："一般有理性的存在者在感性世界的存在乃是指他们在受经验制约着的法则下的存在而言，这种存在在理性看来就是他律。反之，同样存在者在超感性世界的存在乃是指他们合乎不依任何经验条件的那个法则的存在而言，因而属于纯粹理性的自律。而且那些单靠认识就可使事物存在的法则既然有实践力量，所以超感性的存在就不外乎是受纯粹实践理性的自律所控制的一种存在。但是这个自律法则就是道德法则，因而道德法则就是一个超感性存在和一个纯粹悟性世界的基本法则；这个世界的副本必然存在于感性世界之中，但是并不因此损害了这个世界的法则。我们可以称前一个世界为原型世界，这个世界，我们只能在理性中加以认识，至于后一个世界，我们可以称它为模型世界，因为它包含着可以作为意志动机的第一个世界的观念之可能结果。因为事实上道德法则就把我们置于一个理想领域中（在那里，纯粹理性如果赋有充足的自然力量，就会产生最高的善），并且决定我们的意志给予感性世界以一种形式，使它仿佛成了理性存在者所组成的一个全体。"（[德]康德：《实践理性批判》，关文运译，广西师范大学出版社2002年版，第31—32页）我们将康德有关意志自由的精彩论述抄录于此，目的在于，康德为特殊意志和公共意志的生成和践行提供了道德哲学基础论证，这对我们研究作为公共意志的政治意志同样有效。

然而，根据康德的两个世界理论，似乎会得出独断论的结论，即每一个有理性者，凭借其善良意志和实践理性完全可以做其应为之事。然而，事实上，不但人的动机并不总之善良的，人的实践理性也并不总是周全的，一个可接受的结论是，人是有限理性存在者，人是有限度的正确者和正当者。惟其如此，人才有了反思的能力和愧疚、自责的体验。

第三，在行动的结果上，有理性存在者会有反思的行为和愧疚、自责的体验。在不存在利益相关者的情形之下，行动者的反思与遗憾仅向行动者有效，反思的目的在于总结经验、吸取教训以利再战；遗憾的意义在于未能产生令自己生活得以改善和令自己快乐的体验。而在存在利益相关者的情形下，反思的意义在于就自身行动的正当性问题进行技术路线的后思与反观；愧疚与自责的作用在于两点，一是技术主义的，即有善良动机，但却因为手段和环境的"欠缺"而未能产生所意愿的好结果；一是意志上的矫正，即未能抵制外部的诱惑和抵御内心的冲动。后思或反思的实质是，后思技术的欠缺乃是实践理性的张力；愧疚自己的"不当"乃是意志力的彰显。

当我们把一个有理性者的思与行在前提、过程与结果的意义上分解开来，以便呈现其内在的运行逻辑，其旨趣在于检验和证明"有关意志的道德哲学原理"的正确性与有效性，那么接续的工作则是在科学的意义上呈现有关意志的类型，并在类型学意义上实现由一般意志到特殊意志、再到政治意志的过渡。

第四，如何实现从有关意志的类型学的规定到政治意志的证成？创制一个有关意志的类型学原理，旨在发现意志在不同行为中发挥作用的内在机制。而意志无论在何种行为中发挥作用，都遵循着同一个原则，即意向和意向性。意向是行动者起始于需要、中介于目的和动机而产生的心理倾向性。从指向上看，这种倾向性可有由外向内的占有和由内向外的表达两种。如果这种占有和表达仅仅是一种来自行动者内部结构的倾向，而不指向具体的对象，那么这种倾向性就是意向。每一个体在意向上的差异就在于多少和强弱之间的差别，其根源是复杂的，或许既有生物根据，也有社会根源和精神基础。为何某些人对权力和金钱有着超乎寻常的兴趣，甚至是病理学意义上的"着迷"，而另一些人则无动于衷，意向看似是一个与意志没有密切关系的问题，恰恰相反，需要、欲望、意向较强、超强的人，也许成为秩序的创制者，也许是秩序的破坏者，所以他们更需要意志。

作为起于心意以内由己性的意向所呈现的仅仅是一种倾向，并不指向具体的对象，如这种倾向指向了某个或某些具体的对象，那么这种意向就是意向性的。而被指向的对象既可以是既成的，也可能是尚未出现的，只是一种"理想模型"。而无论是哪一种对象，行动者在意向和意向性的促发下，通常会采取具体行动，而行动的价值逻辑便是通过占有对象、支配对象而实现占有和表达的目的。无论是一般意志还是特殊意志，本质上都是意向和意向性的，作为动机就是意志，作为实现动机的力量就是意志力。

在意向和意向性这个普遍本质的基础上，我们可以对意志的诸类型作出一般性的规定，借以推导出作为公共意志的政治意志来。首先，一如"有关意志的道德哲学原理"所指明的，可依照主体自我正当性和主体间正当性而把意志分为一般意志和特殊意志。而一般意志乃是那种朝向行动者的动机和意志力，为着使行动者自身（或令自己生活得以改善，或令自己愉快）而采取的行动，如果说这种朝向自身的行动也有责任的话，那么这只是一种非典型的道德行动，其善良意志和正当性是自我确证的，而不是主体间完成的。在实践哲学所论及的范围内，一般意志所指向的行动通常只在极小的范围内存在，而在绝大多数场域下，一个行动都是在主体间完成的，其善良意志和正当性是在主体间被确定和确证的，这是就是康德笔下的特殊意志。其次，特殊意志乃是指那种其行动存在明确利益相关者（无论是有人称的还是无人称的）因而需要正当性基础证明的动机和意志力。只有存在利益相关者的时候，其意志和行动才与道德相关，在康德看来，只有出于责任的行为才具有道德价值。那么，如何确认和确证一个意志和行动是具有道德价值的呢？康德给出了一个质料性的和形式的根据，质料的根据便是目的论，即人人都是目的而不仅仅是手段；形式的根据乃是那个预先确立起来的先天实践法则：你要按照你意愿别人对待你的方式对待人。① 从康德对目的的众多性、形式的单一性和意志的普遍性之内在逻辑关系的证明中，我们总结出了有关意志的差异性、相似性、相同性、共同性和公共性问题。

每一个体在一般意志上的差异性是我们讨论任何一种共同意志和公共意志的逻辑前提，也是我们在行动上所归之于它的结果，换言之，任何一种公共意志如若不是为着每个人的个人意志的最大化，那么这种公共意志也就毫无意义。起于心意以内的由己性决定了个体行动的自我性、向我性和为我性，一如康德所言说的那样，每一个有理性的存在者自在地就是目的。这个结论应该说具有人性基础，即每个人都在存在论、认识论和价值论上视自身为目的，由此决定，在一般意志的支配下，每个人也总是自然而然地将自己的优势目的确立为具体行动的动机，每个人各有各的目的和动机，这便是康德所说的"目的的众多性"，即一般意志上的差异性。然而这种差异性并未导致在对各自动机和行动之认知和理解上的障碍，人们通过想象、移情、同情和解释的方式达成"共识"，这便是基于差异性之上的相似性。这种相似性通过意向和意向性表现和表达出来，如每个人都有相似的为我性和向我性动机；每个人都有相似的内心体验，快乐、幸福的，平淡、无奇的，沮丧、痛苦的。如若没有了这些相似性，那么人与人之间的沟通和交流也就不可能，基于差异性之上共同性和公共性也就更

---

① "1. 一种表现为普遍性的形式、道德命令的公式，在这方面，就成为这样的：所选择的准则，应该是具有普遍自然规律那样效力的准则；2. 一种作为目的的质料，这一公式这样说，有理性的东西，其本性就是目的，并且是自在目的，它对任何准则所起的作用，就是对单纯相对的、随意目的的限制条件；3. 通过以上的公式，对全部准则作完整的规定，这就是：全部准则，通过立法而和可能的目的王国相一致，如象对 e 一个自然王国那样。这一进程也正象意志诸范畴的进程一样，形式的单一性，意志的普遍性，质料的众多性，客体，也就是目的的众多性，及其体系的整体或全体性，在作道德的评价时，最好是以严格的步骤循序渐进，先以定言命令的形式作为基础，你的行动所依从的准则，其自身同时就能够成为普遍规律。"（[德]康德：《道德形而上学原理》，苗力田译，上海人民出版社1986年版，第89—90页）

不会发生。然而，每个个体在一般意志上的相似性、相同性却不能作为判断一个行为是否正当的道德基础，其理由已由康德在《实践理性批判》中的"定理一"和"定理二"给出。"一切实践原理，凡把欲望官能的对象（实质）假定为意志的动机，都是依靠经验，而不能提供实践法则的。"① 为什么基于欲望而对能够带来快乐的对象的占有不能作为实践法则的基础呢？或为什么依靠经验不能供给实践法则呢？康德论证道："一个原则如果只是依据在人对快乐或痛苦的感受性的这样一种主观条件上（这种感受性永远只能在经验上被认识，并且对于一切有理性的存在者也不能同样有效），那么对于具有这种感受性的主体来说，它诚然可以作为他的准则，不过甚至于对于这个主体自己来说，它也不能成为法则（因为它缺少了那必须被先天认识到的客观必然性）。既然如此，这样一个原则永远不能供给实践法则了。"② 那么，自爱原则或个人幸福原则能否充当普遍有效的实践法则呢？康德的回答是否定的："'事物存在'表象给人的快乐，就其成为人对这个事物的欲望的动机的一个原则而言，乃是依据在主体的感受性上面，因为它是依靠于一个对象的现实存在的。因而它乃是属于感觉，而不属于悟性——悟性是表示表象对客体的概念关系，而不表示表象与主体的感觉关系。所以只有在主体从对象的现实存在所期待的那种愉快感觉决定其欲望官能的范围以内，这种快乐才可以促进实践。一个有理性的存在者能意识到终身不断享有的人生乐趣，就是所谓幸福；把幸福立为选择的最高动机的那个原理，正是自爱原理。"③ 无论是能够带来快乐的对象，还是这个快乐本身均不能构成"实践法则"。

以此观之，由意志的差异性到相似性和相同性，均不能推导出共同意志或公共意志来。问题的实质在于，尽管意志的相似性和相同性与意志的共同性和公共性都冠以意志这个"词根"，但它们却不是同

---

① ［德］康德：《实践理性批判》，关文运译，广西师范大学出版社2002年版，第6页。
② ［德］康德：《实践理性批判》，关文运译，广西师范大学出版社2002年版，第6页。
③ ［德］康德：《实践理性批判》，关文运译，广西师范大学出版社2002年版，第7页。

一系列的范畴，前者相关于欲望的对象、对象带来的快乐，可从经验得来；而后者则超越了经验的个别性而达于意志的普遍性，进言之，意志的共同性或公共性乃是概念的，或信念的。"约束性的根据既不能在人类本性中寻找，也不能在他所处的世界环境中寻找，而是完全要先天地在纯粹理性的概念中去寻找。同时，任何其他单纯以经验原则为依据的规范虽然有一定的普遍意义，然而它即使有极小一部分甚至一个念头是出于经验的话也是一个实践规则，永远不能称之为道德规律。"① 简言之，构成意志之共同性或公共性基础的乃是两个维度上的"存在"：客体性与主体性的存在。而就客体性的存在而言也有两种，其一，每一个有理性的存在者，他们都是目的王国中的一个成员，都自在地是目的；其二，公共性的存在，这种存在不能分解成等份的形式，即每人分得相同的份额，政治作为一种特殊的社会事实，就是这种公共性的存在。就主体性的存在而言，便是基于"概念"之上的共同的信念和原则观念。如若把康德的特殊意志置于一个具体的场域之下，那么共同意志或公共意志就超越了日常生活和经济活动中的法则意义上的公共性，而指向政治和精神领域里的公共性意志。②

其五，政治意志作为公共意志是如何生成的？无论是作为意向还是作为意向性，政治意志作为公共意志必须是相关于公共善的善良意志和实践理性，而政治动机和政治理性又必须与政治行动关联起来，成为政治行动的一个初始性力量和过程中的支配性力量。于是对作为公共意志的政治意志之生成逻辑的分析就必须坚持整体性原则和复杂性思维。③ 当我们在学理的意义上直面政治意志自身之后，在发生学

---

① ［德］康德：《道德形而上学原理》，苗力田译，上海人民出版社1986年版，第37页。
② 关于公共性的类型及其内在逻辑关系的研究，参见晏辉《公共性的原始发生》，《教学与研究》2007年第4期；《现代性语境下公共性问题的哲学批判》，《哲学研究》2011年第8期；《精神公共性危机及其重建》，《苏州大学学报》2013年第2期。
③ 这种复杂性并不仅限于政治意志作为公共意志的发生逻辑，还充分体现在整个社会的结构性变迁，从权力社会向政治社会的过渡的复杂性和艰难性。关于权力社会、政治社会、建构政治社会的可能性及其限度的研究，我将在"从权力社会到政治社会：可能性及其限度"的专题论文中给出更为细致的论证。

的意义上，就必须直面政治意志之生成逻辑自身，即回到生成政治意志和运用政治意志的历史场域和社会语境之中。

我们无意回到真正的历史过程中梳理政治意志的生成史，这个工作无疑是重要的，而更加重要的则是发掘政治意志生成逻辑的内在机制，我们试图充分运用涂尔干的"机械团结"和"有机团结"这两个范畴，以"现代性"为分析坐标，呈现政治意志的生成逻辑。

"机械团结"和"有机团结"这两个概念是由涂尔干在《家庭社会学导论》中提出，用来描述传统社会与现代社会的人们之相互结合的方式的范畴。理解两种团结之区别的最为根本的要素乃是理性，如若人们的联结方式是依靠宗教、自然情感、传统习俗、禁忌规范等元素而实现的，那么这种结合方式便是机械团结；若人们是依靠理性知识和理性能力通过判断、推理而完成的结合，便是有机团结。黑格尔在《法哲学原理》中曾分析和论证了人们在家庭、市民社会和国家中的理性化程度，认为，在家庭中，人们的理性是最不发达的，只有在公共生活如在市民社会和国家里，人们的理性才能培养起来和发展起来，运用起来。充分且公开运用理性于公共事务是社会进步和人的发展的重要标志。机械团结所揭示的乃是这样一种社会历史事实，相互交往的人们，只是根据过往的价值标准进行判断和选择，或根据自然情感或自然情感的变换形式即社会情感行事，它既不对过往规范体系的正确性做反思的、批判性的考察，也不对人们做出某种选择的正当性基础进行追问，其知与行似乎都是自然而然的。这种情形只有在千百年来不曾变化的生产方式、交往方式和生活方式的场域下才是可能的。机械团结揭示出，相互交往的人们既缺少理论理性，也缺少创制理性，更缺少实践理性。如果说人们有实践智慧，那也仅限于人们的日常意识和日常生活。当然，在机械团结的语境下，人们也并非全然没有理性，但这种理性绝不是涂尔干和黑格尔笔下的社会理性，更不是康德笔下的纯粹实践理性，而是用以处理日常人伦关系的实用理性。这极有可能导致相互交往的人们在"关系文化"上极为发达，而在"规则文化"上极为弱化。如若人们把这种"关系文化"迁移

第二章 权力的伦理辩护与批判

到当下的公共生活中，那必然妨碍公共理性的培育和对公共价值的追求。更为严重的是，在机械团结之下，相互交往的人们严重缺失公共理性能力和公共善观念。

在以家庭、家族和村社为基本的生产、生活和交往空间的场域下，家国同构的社会结构状态决定了"齐家、治国、平天下"的贯通逻辑，政治权力和行政职权被垄断在权力集团手中，这个集团要么是家族式的，要么是利益集团式的。普天之下莫非王土，率土之滨莫非王臣，这是一种权力强势和政治弱势的结构类型。人们对政治和权力的定义和理解也普遍地被限制在技术主义的和手段之善的意义上，公共善的概念和公共理性的能力几乎是无从谈起的。①然而我们不能得出结论说，在以家国二元结构进行国家治理和社会管理时，因缺少公共意志和公共理性而断言这种社会类型就是完全不合理的。公共意志和公共理性之生成的社会场域是公共生活的形成，如若在国家与家庭、家族和村社之间缺少一个"公共领域"，那么这个家国同构貌似是直接的支配，实际上是断裂的。"边陲"式的国家治理和社会管理已经充分表明国家政治权力对家庭、家族和村社的支配是十分有限的，地方组织的自足和自治使得家庭、家族和村社成为一个极具自组织能力的单元。自给自足的自然经济极大地弱化了"基层组织"对国家权力的依赖性，而完备的家规、族规和村规又使得每一个"族员"的知与行远离了政治制度和政治体制的支配。在这里，涂尔干的"机械团结"反倒体现出了极高的有机成分。

机械团结的另一种形式是单一的"政治团结"。其所描述的是这样一种情形，政治领袖通过建立一种具有权威性的、一律化的、不可置疑的意识形态体系，将每一个人整合到这个体系中来，保持一律化的思考与行动。这是一种高度化的"社会团结"，但却是使每个人没有独立的政治思考、没有独立选择行动机会的团结方式。这种高度的

---

① "人类始终只提出自己能够解决的任务，因为只要仔细考察就可以发现，任务本身，只有在解决它的物质条件已经存在或者至少是在生成过程中的时候，才会产生。"（《马克思恩格斯文集》第2卷，人民出版社200年版，第591—592页）

◇❖ 追寻政治的"是其所是"

"政治团结"乃是一种极具风险的团结方式，它会由于政治冷漠和政治激情而导致集体无理性，外在的政治强制体系一旦崩塌，整个社会就会瞬间陷入混乱状态。从政治之是其所是的逻辑看，这种"政治团结"是包含诸多缺陷的团结方式，因为它使经济的效率与公平原则、政治的正义与平等原则、文化的自由与幸福原则无法得到充分的体现和实现。在此种场域下，表面上看，人们在政治领袖之个人意志的"引领"下采取了集体行动，然而这种集体行动并不是真正的政治行动，而是政治运动，集体行动的价值逻辑是国家意志名义下的个人意志，不要以为采取了与政治有关的集体行动就断言人们拥有了成熟和明晰的政治意志和公共理性。因为在此种场域下，真正的公共生活和公共领域并未建构起来。

与人对人的依赖不同，"以物的依赖性为基础的人的独立性，是第二大形态，在这种形态下，才形成普遍的社会物质交换，全面的关系，多方面的需求以及全面的能力体系。……以交换价值和货币为媒介的交换，诚然以生产者相互间的全面依赖为前提，但同时又以生产者的私人利益完全隔离和社会分工的为前提，而这种社会分工的统一和互相补充，仿佛是一种自然关系，存在于个人之外并且不以个人为转移。普遍的需求和供给相互产生的压力，使毫不相干的个人发生联系。"[①] 市场社会是完全不同于家国同构的传统社会的结构类型，它在家庭与国家之间建构起了一个真正的"社会"，这就是黑格尔在《法哲学原理》中所论述的"市民社会"。市民社会从质料与形式上建构起了一个不同于传统社会的"目的"与"规则"，它使每一个人真正意识到了自己的存在，他要在存在论、认识论和价值论有机统一的意义上建构起一个"自我"，这便是市场社会的"目的论形态"；但若每个人不以他人为中介、以普遍性为根据来规定自己、限制自己，那么每个人就会成为一个没有"自我边界"的任性者，而任性不是自由的朋友，任性是自由的敌人。康德在《道德形而上学原理》

---

① 《马克思恩格斯文集》第1卷，人民出版社2009年版，第104页。

中通过目的王国理论充分肯定了每个有理性者之间的目的与手段的关系。黑格尔更是深刻地指出:"具体的人作为特殊的人本身就是目的;作为各种需要的整体以及自然必然性与任性的混合体来说,他是市民社会的一个原则。但是特殊的人在本质上是同另一些这种特殊目的相关的,所以每一个特殊的人都是通过他人的中介,同时也无条件地通过普遍性的形式的中介,而肯定自己并得到满足。这一普遍性的形式是市民社会的另一个原则。"① 市民社会是基于每个人的全面的需要通过生产、分配、交换和消费等诸多环节建构起来的生产和交往空间,在交换与交往中,特殊性和普遍性都活跃着:"在市民社会中,每个人都以自身为目的,其他一切在他看来都是虚无。但是,如果他不同别人发生关系,他就不能达到他的全部目的,因此,其他人便成为特殊的人达到目的的手段。但是特殊目的通过同他人的关系就取得了普遍性的形式,并且在满足他人福利的同时,满足自己。由于特殊必然性以普遍性为其条件,所以整个市民社会是中介的基地;在这一基地上,一切癖性、一切秉赋、一切有关出生和幸运的偶然性都自由地活跃着;又在这一基地上一切激情的巨浪,汹涌澎湃,它们仅仅受到向它们放射光芒的理性的节制。受到普遍性限制的特殊性是衡量一切特殊性是否促进它的福利的唯一尺度。"② 市民社会为人们的普遍交往提供了社会空间,也为人们形成公共理性和公共意志提供了经济基础和社会条件。基于公共理性和公共意志之上的经济形态的公共性(公共价值和普遍规则)是形成政治形态和精神形态公共性的"基地",但它也仅仅是"基地"而已,人们不会从经济形态的公共性直接"推论出"和"建构出"政治形态的公共性,相反,在不完备的市场社会中,人们极有可能表现出极端的任性,在存在论、认识论和价值论上把自己视为最有价值因而最值得存在的"存在者","其他一切在他看来都是虚无"。解构一个"机械团结"未必即刻建构一个

---

① [德]黑格尔:《法哲学原理》,范扬、张企泰译,商务印书馆1979年版,第197页。
② [德]黑格尔:《法哲学原理》,范扬、张企泰译,商务印书馆1979年版,第197—198页。

"有机团结"。建基于经济形态公共性之上的公共意志和公共理性尚不是高级的公共意志,因为特殊性目的既是一切经济行为的出发点,也是归宿,一切都是为着个人的整体性需要的满足,利己性、向我性和为我性是实质性的,一般意志与特殊意志之矛盾的解决的最终根据依旧是功利性的,而不是政治性的,即人的真正的"是其所是的东西"。只有在国家这个最高的"共同体"中,人才真正实现了自由,才获得基于共同感或共通感之上的认同、尊重和归属。"国家是具体自由的现实;但具体自由在于,单个人的单一性及其特殊利益不但获得它们的完全发展,以及它们的权利获得明白承认(如在家庭和市民社会的领域中那样),而且一方面通过自身过渡到普遍物的利益,他方面它认识和希求普遍物,甚至承认普遍物作为它们自己实体性的精神,并把普遍物作为它们的最终目的而进行活动。其结果,普遍物既不能没有特殊利益、知识和意志而发生效力并底于完成,人也不仅作为私人和为了本身目的而生活,因为人没有不同时对普遍物和为普遍物而希求,没有不自觉地为达成这一普遍物的目的而活动。现代国家的原则具有这样一种惊人的力量和深度,即它使主观性的原则完美起来,成为独立的个人特殊性的极端,而同时又使它回复到实体性的统一,于是在主观性的原则本身中保存着这个统一。"[1] 只有也只有在特殊性与普遍性高度统一的政治共同体中,公共理性和公共意志才能是最发达的,公共价值也是最大化的,普遍物才是最高级的;也只有在高度发展了的政治共同体中,每个人才真正自觉到自己能做什么和应当做什么。"国家是伦理理念的现实——是作为显示出来的、自知的实体性意志的伦理精神,这种伦理精神思考自身和知道自身,并完成一切它所知道的,而且只是完成它所知道的……单个人的自我意识由于它具有政治情绪而在国家中,即在它自己的实质中,在它自己活动的目的和成果中,获得了自己的实体性的自由。"[2] 这是黑格尔在

---

[1] [德]黑格尔:《法哲学原理》,范扬、张企泰译,商务印书馆1979年版,第260页。
[2] [德]黑格尔:《法哲学原理》,范扬、张企泰译,商务印书馆1979年版,第253页。

近200年前的1821年描述给我们的有关国家、有关政治的完美图景，然而令人遗憾的是，至少到今天，这个完美图景并未完全出现，相反，现实的国家和现实的政治却表现出了种种的困境和危机。何以至此？

在理论上，人们并不是预先准备好了完整的政治人格，具有了健全的公共理性和政治意志，尔后在这健全的政治人格的支配下构建促使特殊目的和普遍物最大化的政治共同体；在实践中，市场社会虽然是培养和形成政治人格或政治意志的基地，但政治领域具有完全不同于经济领域的游戏规则和运行规律，从经济公共性升迁到政治公共性，需要长期的、艰苦的观念重塑和意志博弈。

起始于亚当·斯密的"市场万能论"和"理性无限论"被反复进行的社会实践证明为靠不住的承诺，有两种极端情形的持续存在使得这种承诺受到质疑，新制度经济学和人本主义经济学从经济学内部给予了适当的矫正和修正。一如经济活动中始终存在利己偏好那样，政治领域或政治活动中的利己动机和行为也普遍存在，在市场经济极不完备的场域下，政治上的利己动机和行为乃是必须正视和重视的客观事实。

在"边陲管理"模式中，权力、地位、身份无疑是国家治理和社会管理中最具权威性的支配性力量，但由于非政治性的民间组织对政治权力的依赖性较低，依照权力和地位获取不合理利益的行为被自然而然地限制在较小的范围和较弱的程度上。当原初型的市场通过政治政策和制度被开辟出来，在国家与家庭之间建制了一个社会交往空间，也就同时建构了一个"中轴管理"模式。依照市民社会的运行逻辑，在经济、政治和文化之间必须保持虽相互嵌入但却相对独立的运行逻辑。然而，在由政策和制度所推动的自上而下的市场化过程中，政治权力和行政职权的支配性作用不是被缩小了而是被放大了，若不能对公权进行严格限制、对私权以最大保障，那么，政治权力和行政职权就极有可能越过合法性和合理性边界，而"贯彻"到经济和文化领域，产生持续的、广泛的"权力资本化"后果，政治权力的广泛性、深入性、权威性和弥散性就会充分地表达出来。于是，在有关权力的定义中，一种独断的、专断的定义就会出现：权力是能够排除各种抗拒以贯彻其意志，而不问其正当性基础为何的可能性。然而，在相对完备的市场社会中，在一定范围内，一定程度上，不问其正当性基础的权力运行方式乃是必要的，因为对于极端的利己观念和利己行为必须以国家意志（公共理性和政治意志）的名义予以批判和制裁；而在有关公民之根本利益的政治行动中，其正当性基础是必须要给予证明的，这就是有关政治性的"思"与"行"中的公共理性和政治意志。

在走向相对完备的市场社会中，权力拥有和行使者以及一般民众的"任性"被证明为是缺少正当性基础的，拥有最基本理性的每一个人开始对政治"任性"进行舆论上的批判和行动上的限制，这本身就是公共理性和政治意志生成的过程。在"机械团结"和"有机团结"相重叠的场域下，是否培养出能够推动"有机团结"的德性与智慧显得极为迫切。

其六，如何培养和践行政治意志（公共意志）？

从应当拥有政治意志的行动者来看，可有三种：拥有且行使政治权力和行政职权的政治家和公共管理者；以创造和传播知识、理论和思想为旨归的理论家和思想家；以创造物质生活资料和精神生活资料为业绩的劳动者。

1. 如何做一个公正、理性、正当的决策—分配者？

作为决策—分配者，政治精英和各级官吏乃是政治权力和行政职权的占有者和使用者，这种权威性地位对实现政治"是其所是的东西"具有根本性的作用，因此他们是否具有德性、知识和理性乃是至关重要的事情。首先，他们必须具有坚定的政治信念，这种信念不是空洞的，而是现实的，那就是对政治"是其所是的东西"的确信和坚守。任何权力和职权都来自人民，也必须用于人民。信念决定方向，决定道路。如若起初就没有明确而坚定的信念，在具体的决策和管理中，就极有可能成为欲望和诱惑的俘虏。所谓坚定的政治信念，表现在终极目的上就是让每一个人的生活得以改善，使每一个人过上一种整体上的好生活。表现在手段上，就是寻找和建构能够最大化实现这个终极目的的政策与制度。有了追求和实现政治之目的之善的坚定信念之后，就必须把这种信念落在具体的德性的修为、知识的积累和理性的训练之上。德性的修为是落实信念的根本途径，在实际的国家治理和社会管理中，在一个时段、某些领域、某些方面，我们似乎只停留于信念的建构、宣传和教化上，且把这种信念的教育、宣传都落实在了他者身上。这种严重的不对等、不对称使得信念的建构和实现变成了毫无内容的形式主义。基本理由在于，真正掌握权威性资源即权力和制度的人群才是实现政治信念的主体，如果他们仅仅是为了宣传、强调某种信念，而不去殚精竭虑地实现信念，那么信念就必然流于形式，这正是官僚政治和政治官僚的集中表现。其次，为着实现信念，政治精英和各级官吏就必须强化品德修为。政治精英的德性具有双重结构，作为普通人，作为一般公民，他必须具有为一般公民具有的德性，如真诚、善良意志、正义、诚实、同情、友爱；除此之外，还必须具有为一般公民不具有的德性，如大度、宽容、自治力、理智感。德性之美是建构一个良序社会所必须具备的条件，但这个条件仅仅是必要的条件，没有德性之美就一定不会有一个良序社会，但有了它却未必就有良序社会。从德性之美到城邦之善需要诸多中间要素和环节，二者具有不同的运行逻辑。在与政治之目的之善和手段之善有关的德性之美与城邦之善之间，其内在逻辑关系究竟应该怎样呢？

首先，政治精英和各级官吏的德性乃是实现政治之目的之善的伦理基础。"自天子以至于庶人，壹是皆以修身为本。其本乱而末治者否矣，其所厚者薄，其所薄者厚，未之有也！"① 在儒家那里，"明明德"、"亲民"、"止于至善"乃普遍有效性要求，但由于每个人的权力、地位、身份不同，"止于至善"的要求便是不同。"为人君，止

---

① 朱熹：《四书章句集注》，中华书局2011年版，第5页。

于仁;为人臣,止于敬;为人子,止于孝;为人父,止于慈;与国人交,止于信。"① 为人君者,即可为一国之君,亦可为谦谦君子。为一国之君者,当止于仁。何谓仁?视每个人为人,为一国之君所止之处,便是让每个人得其所得,让其应得,让其生活幸福。当把这个当止之处立于心中之深处,心中始终装着人民,这便是正其心,"所谓修身在正其心者,身有所忿懥,则不得其正;有所恐惧,则不得其正;有所好乐,则不得其正;有所忧患,则不得其正。心不在焉,视而不见,听而不闻,食而不知其味。此谓修身在正其心。"② 之所以说修养自身的品性要先端正自己的心思,是因为心有愤怒就不能够端正;心有恐惧就不能够端正;心有喜好就不能够端正;心有忧虑就不能够端正。心思不端正就像心不在自己身上一样:虽然在看,但却像没有看见一样;虽然在听,但却像没有听见一样;虽然在吃东西,但却一点也不知道是什么滋味。所以说,要修养自身的品性必须要先端正自己的心思。为民之官、为国之君必须正其心,心不正则品不良。一国之发展在于创造更多的财富,平等分配这些财富;在于提升社会的自治力,形成良序社会;在于使每个人有尊严地生活着。这便是国之"是其所是的东西",把这个"是其所是的东西"立于心中,便是正心。政治权力和行政职权亦复如是,其是其所是的东西就是在正义、公平和平等原则支配下,完成或实现一国之"是其所是的东西",把这个是其所是的东西立于政治精英和各级官吏的心中,便是正心。反之,若把自己之私利或集团之利益置于心中,便是心不正。成为政治精英和各级官吏之正当动机的必须是这个"是其所是的东西",若把自己的占有和支配欲望视为、作为拥有和使用政治权力和行政职权的真实动机,便是动机偏离。一如康德所反复强调的那样,若没有善良意志,其他被称为品质的东西都可能被错误地使用。"在世界之中,一般地,甚至在世界之外,除了善良意志,不可能设想一

---

① 朱熹:《四书章句集注》,中华书局2011年版,第6页。
② 朱熹:《四书章句集注》,中华书局2011年版,第9页。

个无条件善的东西。理解、明智、判断力等,或者那些精神上的才能勇敢、果断、忍耐等,或者说那些性格上的素质,毫无疑问,从很多方面看是善的并且令人称羡。然而,它们也可能是极大的恶,非常有害,如若那使用这些自然禀赋,其固有属性称为品质的意志不是善良的话。这个道理对幸运所致的东西同样适用。财富、权力、荣誉甚至健康和全部生活美好、境遇如意,也就是那名为幸福的东西,就使人自满,并由此经常使人傲慢,如若没有一个善良意志去正确指导它们对心灵的影响,使行动原则和普遍目的相符合的话。这样看来,善良意志甚至是值不值得幸福的不可缺少的条件。"① 善良意志是使权力拥有者和使用者做正当之事的初始性力量。

若把善良意志贯彻于整个行为之中,第一个环节就是"诚其意"。"所谓诚其意者,毋自欺也。如恶恶臭,如好好色,此之谓自谦。故君子必慎其独也!小人闲居为不善,无所不至,见君子而后厌然,掩其不善,而著其善。人之视己,如见其肺肝然,则何益矣。此谓诚于中,形于外。故君子必慎其独也。十目所视,十手所指,其严乎!富润屋,德润身,心广体胖。故君子必诚其意。"② 使意念真诚的意思是说,不要自己欺骗自己。要像厌恶腐臭的气味一样,要像喜爱美丽的女人一样,一切都发自内心。所以,品德高尚的人哪怕是在一个人独处的时候,也一定要谨慎。品德低下的人在私下里无恶不作,一见到品德高尚的人便躲躲闪闪,掩盖自己所做的坏事而自吹自擂。殊不知,别人看你自己,就像能看见你的心肺肝脏一样清楚,掩盖有什么用呢?这就叫做内心的真实一定会表现到外表上来。所以,品德高尚的人哪怕是在一个人独处的时候,也一定要谨慎。曾子说:"十只眼睛看着,十只手指着,这难道不令人畏惧吗?!"财富可以装饰房屋,品德却可以修养身心,使心胸宽广而身体舒泰安康。所以,品德高尚的人一定要使自己的意念真诚。要做到真诚,最重要,也是最考验人

---

① [德]康德:《道德形而上学原理》,苗力田译,上海人民出版社1986年版,第42页。
② 朱熹:《四书章句集注》,中华书局2011年版,第8页。

的一课便是"慎其独",在一个人独处的时候也谨慎,简而言之,就是人前人后一个样。人前真诚,人后也真诚,一切都发自肺腑,发自内心,发自我全部的感官,就像手脚长在我自己身上一样自然自如,一样真实无欺,而不是谁外加于我的"思想改造",外加于我的清规戒律。从反面来说,"若要人不知,除非己莫为。"自欺欺人,掩耳盗铃,总有东窗事发的一天。本来具有利己之心,却要表现出一心为公、一心为民的样子,极尽表演之能事,就既无正其心,更无诚其意。

正其心、诚其意是政治精英和各级官吏能够一心为公、真正为民的道德基础,它解决的是意愿和动机问题,而要真正做到应当做的事情,还必须遵循国家治理和社会管理的客观规律,这就是所谓的"格物"、"致知"。格身外之物,以求天道;格心中之私欲,以尽善性,天道不可违,人道不可逆。如何"格物"呢?就是学习知识、把握规律、运用理论。格就是推究,研究,揣摩,体会,"致知"就是在认识上形成知识体系、理论体系,在实践上就是正确运用。只知其所知而不知其所以知,便是一知半解;若能运用到实践中,并证明知识是正确的,便是一智全解。"格物"、"致知"解决的是能够一心为公、执政为民的问题,其实质是理性能力的培养与运用。

其次,理性是使政治精英和各级官吏能够一心为公和执政为民的意识基础。如果说在千百年来都不曾变化的传统社会中,国家治理和社会管理较少充分且公开运用理性,而是反复使用过往的治理模式,那么在充满流动性、变动性、多样性的当代社会,若想建构一个良序社会,通过科学而有效的国家治理与社会管理而最大化地实现政治之目的之善,是必须要充分运用理性的。理性精神是现代精神体系中的核心内容,由理论理性、创制理性和实践理性构成。

理论理性包括知识与理论两个部分,理论理性作为一种能力首先表现为对管理知识的学习,对科学理论的掌握和运用。而无论是知识的习得还是理论的掌握,其目的都是为着理解、掌握和运用国家治理与社会管理的客观逻辑,因为平等作为一种客观的关系结构和几何比例关系，乃是一种过程、一个事实，如要追求这个事实，就必须遵循治理和管理之必然性，领悟、拥有、运用逻各斯，知识与理论乃是实现有效管理、实现正义、公平与平等原则的理性基础。

创制理性乃是一种进行技术创新、规范创新、制度革新的实践能力。平等作为一种适当的几何比例关系不是通过意见、情感来实现的，而是依靠可以反复使用的游戏规则来实现，因此，决策—分配者就必须不断进行制度创新和规范完善。在社会主义市场经济建立之初，政策设计和制度安排倾向于激励性的安排，如何实现财富的快速积累，以摆脱长期处于贫穷落后的面貌是第一要务，因此协调性的、预防性的制度设计则明显不够健全。几十年后，先富与共富、激励与预防、进取与协调之间的矛盾和不平衡逐渐暴露出来，两极分化日渐严重，职权滥用逐渐增多，如果不对原有的激励政策、分配体制、管理模式进行适当的矫正、修复和完善，势必使社会主义改革开放归于失败。决策—分配者就要时时处处根据活动结构和关系结构的变化，修复、完善已有的规范，创新、发现新的规范。当科学技术作为第一生产力被给定以后，或科学技术的内生变量已经给定的条件下，制度的完善与创新就会作为第二生产力而出现。

实践理性对决策—分配者而言，乃是最为重要的素养与素质。因为，在决定社会财富与资源的分配中，在实现平等的过程中，虽然说各种主体都会起作用，但决策—分配者则起着决定性的作用，因为他们是政治权力和行政职权的占有者和使用者，而权力又是最具支配性的力量，所以，决策—分配者是否具有实践理性、是否具有足够的实践理性对于实现社会平等而言，乃是最为要紧的元素。所谓实践理性乃是一个人在处理与自己的欲望有关的事项时所具备的能力体系，实践理性是保证一个做正当的事情以及正当地做事情的道德基础。实践理性所处理的对象是欲望与诱惑，欲望的根据在于人的需要、偏好，是促使一个人采取某个行动的动力。由需要跃迁到欲望，乃是一个客观的状态与指向的主观化或观念化的过程，欲望作为被把握在意识中的需要，乃是需要的表象，而需要一经表象化，其强度与广度就被大大扩展了。由于决策—分配者乃是掌握最具支配性力量即权力的人群，在某种意义上，他们对这种支配性力量就更加渴望。但如果这种借助权力而实施占有和表达的欲望超出了道德与法律的边界，欲望就会变成一切罪恶的渊薮。实践理性的作用就在于使权力拥有者在认知上判定欲望的合理性边界，在意志上，将不合法、不合理的欲望解决在萌芽之中。意念、欲念乃是一个行为得以发生的初始性要素。诱惑是外在之善对人的吸引力、诱惑力，而就外在之善的类型说，可有财富、权力、荣誉、名声、地位、身份，在可能性上，这些外在之善乃是令一个人生活得以改善的基础，令一个人快乐的条件。对每一个正常的人来说，外在之善都是一种吸引和诱惑。然而，这些基础和条件对于权力拥有者的吸引和诱惑更大，因为他们较之没有支配权力的人群更有机会去获取它们。那么，在欲望与诱惑的推动下，决策—分配者该如何拥有实践理性并充分运用实践理性呢？首先，在动机上。实践理性表现为善良意志，所谓善良意志就是将权利和职权的"真理"即提供公共善作为占有、使用和支配权力的动机，此所谓"正其心"，反之，如果将利己之心作为初始动机，就是动力偏离，此所谓心不正则品不良。贪婪乃罪恶之源，滥用职权生于贪婪、起于贪婪。自律必须从善良意志开始。只有将历史的声音、民众的心声置于动机之上，政治权力和行政职权才有可能沿着正确的、正当的轨道运转。第二，在过程中。在过程中实践理性表现为"顽强的意志品质"，除了排除来自自身欲望的冲动，还要抵御不断出现的各种外在诱惑。除了善良意志和自治力之外，实践理性尚有另一个任务，这就是克服各种困难以把善良动机贯彻下去的要求。这种要求乃是理论理性和创制理性意义上的，因为当一个正义、公平和平等作为价值诉求以目标或目的确立下来之后，最为关键的乃是创造条件、创设环境实现这些目标。而实现这些公共善的过程中，会产生各种阻力，出现各种困难，解决困难仅有善良意愿是不够的，还必须有理论、知识、判断力、执行力作保障。第三，在后果上。平等作为一种客观的行动以及由行动造成的利益关系，乃是一个行动的后果。一个追求平等的行动固然要以善良动机和自治力作保证，但如果不能产生平等的结果，那么善良动机和自治力也就没有了价值。在后果的意义上，实践理性对决策—分配者的作用在于促使他们对行动后果进行正当与否的鉴定，并通过鉴定检验自己的认知、情感与意志。自信与反思是这种检验的两个直接成果，自信是正当意义上的体验，当决策—分配者在善良动机和自治力的保证下，将公共善作为终极目标加以追求时，若实现了这个目标，那么就会增强更好的"执政为民"的信心，会从艰辛的"执政为民"的过程和令民众满意的后果中证明自己、再现自己，在对象性关系中实现自己的社会价值，称为人们的好公仆。若未能产生人们所预期的公共善，执政者也会总结失败的教训，在正确理论和科学知识的保障之下，矫正和修复既定的规范，以期做得更好。此时具有的体验乃是遗憾而不是悔恨。反之，若以利己为动机、以违背道德与法律规范为手段，以占有和支配为结果，那么能否实现正义、公平、平等的问题就会成为完全幻想的问题了。面对道德谴责、法律的制裁，权力和职权的滥用者毫无愧疚之安、悔罪之意，那么指望这些决策—分配者实现平等就是彻底的幻想了。如果滥用职权者面对自己的犯罪、过错表示悔过、悔罪、自责、忏悔，那么这种所谓的事后悔过也无实质意义，因为它是实践理性实效或根本就没有实践理性的恶果，因为他们不再具有补救重大损失的机会了，"悔过自新"只具有舆论的意义，而没有道德意义。因为道德的作用恰恰是在动机和过程之中，而不是后果主义的。若权力和职权的滥用者被持续地任用，那只能证明这个社会已经到了不可救药的地步。

总之，决策—分配者的人格结构、德性构成、理性能力乃是决定能否实现平等的最大的主体性资源。只有这些主体性资源被培养和积累起来以后，决策—分配者才能成为公正的旁观者、正确的思考者和正当的行动者，而只有成为三者合一者，政策的设计、制度的供给才可能是合理的，国家治理和社会管理才可能是有效的。

2. 如何做一个公正、理性、正当的辩护—批判者？

社会作为由若干个体依照各种规则、规范组织起来的共同体，并非仅有决策—分配者一个人群，尚有知识阶层和平民阶层。知识阶层作为一个具有知识、理论、人格与良知的人群，在实现社会主义平等过程中具有不可推卸的社会责任，其担负责任的方式明显不同于决策—分配者和劳动—享用者两个人群。在实现正义、平等的活动中，知识阶层的作用表现在如下几个方面，第一，有良知的中间人的角色。它身居决策—分配者和劳动—享用之间，起着上传下达、传下达上的作用。要把国家的信念、理念、意志传达到普通百姓中，变成人们的日常意识和日常行为，虽然国家并不代表和实现历史的声音与民众的心声，但国家总是在努力实现人民的意志。知识阶层还要把民众的心声以建议、提案、学术、思想的方式表达给决策—分配者。第二，是有知识和理论的群体。知识阶层在实现平等过程中的作用就是以理论的方式对平等与不平等的事实及其根源、成因、后果进行反思、批判与预设：多对过往的事实进行反思、对当下的问题进行批判、对未来的状态进行预设。第三，较少受到权力和金钱的影响。而要完成这些使命，知识阶层就必须成为公正的旁观者、正确的思考者和正当的行动者。

  知识阶层如何成为公正的旁观者呢？所谓旁观者就是平等与不平等事实的观察者，而要成为关于平等与不平等事实的公正的旁观者，知识阶层必须拥有两个先决条件，一个是视界问题，一个是理性问题。视界就是视野、角度，就是立场。平等与不平等作为一种价值事实根本不同于一般的事实，而是在事实基础上形成的相关于善恶、美丑、利弊的判断，同样是一个比例关系，处于优势地位的人会认为是公平的、平等的，而处在劣势地位的人则认为不平等。这就是视界问题。知识阶层可以站在两个当事人之外，以公正的旁观者的角色对各种比例关系进行判断。所谓公正指的是，知识阶层所给出的判断是有充分根据的，是可以证明的。改革开放40多年来，公正、正义、公平、平等问题日益凸显，政治哲学、伦理学、法学、教育学、社会学等等，从各自的学科视角进行讨论、争论，提出了各种各样的学术观点和理论模型，近几年每年一度的"平等状况调查"更是赢得了人们的普遍赞同和认同。由各个学科的平等观和平等理论而形成的"共识",愈来愈影响着政策的设计和制度的安排,也引领着普通百姓的平等观念。理性就是知识阶层表达平等观的意识基础,即是说,知识阶层的平等感、平等理论是充分且公开运用理性的结果,是沉思后的成果,只有经过前提批判,经过充分论证、经得起实践检验的感受和观点才是可信的,也才有说服力,也才是公正的视界。而要保证知识阶层对平等与不平等事实的观察期视界是公正的、理性是充分的,就必须是一个正确的思考者。

如果说,视界和理性所保证的知识阶层对平等与否的观察是公正的,解决的是平等"何以可能"中的价值根据问题,那么正确的思考者所解决的则是"何以可能"中的事实依据问题。而价值根据与事实依据必须是统一的,而这种统一就是价值逻辑与事实逻辑的统一。知识阶层把握平等问题的方式显明地有别于决策—分配者和劳动—享用者。决策—分配者在进行政策设计和制度安排时,必须以理论作支撑、以知识作基础,然而,决策—支配者却往往由于专心致志于具体的政策的设计、制度的安排以及具体的国家治理和公共管理之中,即便有学习知识、掌握理论的意愿,也由于时间和精力的稀缺而疏于理论素养的提升。如果说在农业社会人们是依照千百年来不曾变化的常识与经验进行国家治理和社会管理的,那么在充满流动性、变动性、偶然性的现代社会,国家治理和社会管理必须以知识和理论为基础。而这种知识和理论只能由知识阶层来生产、创造和传播。而这种知识与理论的作用就在于对实现平等的政策、制度、体制、治理、管理进行论证、验证、矫正、修复和完善。而普通百姓在追求平等的过程中,则是具体的要求、个人的视界,他们除了具备最基本的理性知识之外,对平等的根据、发生、根源似乎没有知其所以然的意愿,既不想也不能形成知识与理论,而在现代社会,对平等的追问、追寻和实现仅有经验和常识是不够的,是需要丰富的知识作支持,正确的理论作指导的。

当完成了公正的旁观者、正确的思考者之后,知识阶层的使命在于将沉思之后形成的知识与理论运用到实现正义和平等的社会实践之中，借以检验知识的可靠性、理论的正确性，这就是正当的行动者问题。所谓正当就是知识阶层通过其知识和理论影响社会实践的方式与路径是可接受的，适当的。正当的方式表现为，其表达平等观念的类型是理论化的、理智化的。理论化的方式不同于意见和情绪的方式，意见和情绪不需要论证，不需要符合客观逻辑，而理论则不同，其所给出的平等理论，必须是经历过回溯的过程的，即经历由果溯因的过程，是实现了思维的逻辑与表述的逻辑的完整联结的，是实现了表述的逻辑与历史的逻辑相统一的。理智化的表达方式指的是，知识阶层是通过合法而合理的手段与途径表达其平等观的。在媒体已经高度发展的今天，知识阶层必须充分运用大众媒体的作用，努力将自己的知识与理论变成实际的平等观。

而知识阶层要真正成为公正的旁观者、正确的思考者和正当的行动者，就必须具有思想之自由、独立之人格。如果仅仅成为权威的辩护者，关于平等的真理就无法给出，因为他不能借助自己的理性、知性对感性进行正确地统合，以真理的形式呈现历史的声音、实现人民的心声。如果被权力与金钱所奴役、收编和收买，那就不会有独立人格，当一个人没有了正义感、平等感，没有了经得起检验的平等观，那他就不是真正意义上的知识阶层。中国特色社会主义改革与开放的伟大实践，需要着具有思想之自由、独立之人格的知识阶层，同时也锻造着知识阶层。

3. 如何做一个公正、理性、正当的劳动—享用者？

依照日常意识和经验，追寻和要求平等的人群，通常是那些感到自己没有被平等对待、没有平等获得财富、机会、身份、地位的人群。边缘人群和弱势人群就是处在劣势地位的人群，他们有自己的平等感和平等观，他们依照自己的平等感和平等观念来对待权力、地位、身份和机会。在以家庭为基本生产单位的农业社会，劳动者既是生活资料的生产者，也是劳动的组织者，自然经济具有很强的自组织性。在此种场域下，对于大多数人来说，平等问题仅限于熟人社会的算数比例关系和几何比例关系。当生产资料和生活资料发生分离，精神生产与物质生产发生分离，生产的决策者和生活资料的创造者发生分离，就会导致政治权力和行政职权集中于决策者—分配者手中，而使劳动者阶层成为强烈要求平等的阶层。在阶级社会，严重的私有制导致严重的阶级对抗，要求平等的行动通常表现为社会革命，而在以公有制和集体所有制为主体，个体私营为重要组成部分的社会主义社会，作为生活资料生产者的劳动者阶层，究竟该如何最大限度地实现平等呢？最根本的道路乃是决策—分配者通过建构和完善科学而合理的政策、制度、体制来实现。当罗尔斯所倡导的两个正义原则已经给出，一组相对为好的激励制度已经给出，那是否意味着，劳动者阶层所企盼的平等就一定能够实现呢？在这里必须修正一种观点，这就是很多人都认为，无论劳动者—享用者如何作为，在实现社会主义平等的道路上，他们似乎都没有任何责任。如果把这种观点推至极端就会出现极端的情形，即无论劳动者阶层是否努力，都应该也必须享受改革开放的成果。事实上，这是一种极其有害的认识和观念，因为一个完全有劳动能力但却十分懒惰，然而却有充足理由分享他人的劳动成果，这是十分不可接受的事实，因为它与平等之"是其所是的东西"相悖。

若劳动者阶层无论如何努力都不能改变现有的生活状况，那造成不平等的根源也就不在劳动者阶层这里，而在于马克思所深刻揭露的社会根源，即劳动、资本和土地的严重分离，罪恶的渊薮在于私有制；当社会主义公有制给出了相对公平的政策和制度保障，给出了相对的机会平等，然而一些有足够劳动能力的人却由于懒惰而不能充分把握和运用平等的政策与机会，如果，决策—分配者依旧像对待付出艰辛劳动的劳动者阶层那样分配给懒惰者以同样的生活资料，那么就是有目共睹的"显失公正"。1949—1979年的绝对平均主义的分配政策正是这种不平等的鲜明写照。在实现社会主义平等的道路上，应该正确处理要求的平等和被给予的平等之间的关系。被给予的平等又有如下两种情况，第一种情况是整体性的被给予，在1949年后的30年里，平均主义意义之下的社会主义平等就是由决策—分配者直接"分配"给劳动—享用者阶层,其实被给予的人群并不知晓什么是平等,什么是不平等。这种给予平等的方式只有在政治权力统合一切的历史场域下才能存在。第二种情况是推行有差别的平等。在先富与后富政策之下,市场经济使每个人逐渐产生了自我意识,意识到了自己的权利和利益,开始出现要求和追求平等的情形。而这种要求平等的情形又有两种,一种是,经过自己的艰苦努力,使自己的生活状况与过去加以比较有了极大的改善,但与其他劳动者比较,改善的广度和力度相对迟缓,这种差距尽管也使发展较慢者产生些许的失落之感,但却认同这种差别,因为他们所付出的劳动存在差别,要么在能力上存在差别,要么在劳动积极性上存在差别。这种充分证明,基于几何比例关系之上的平等观正在生成。另一种情形是,辛勤劳动者与劳动者以外的人群进行比较,现代媒体的传播作用,使得劳动者阶层逐渐了解到通过权力、制度、体制、身份优势的人群,是如何使自己快速"富裕"的,这使得劳动者阶层产生更加强烈的要求平等的愿望,也使他们产生了埋怨、怨恨、仇恨。这是来自民间的要求和追求平等的力量,在这种力量的推动之下,极有可能出现被给予的平等和要求的平等的有机结合。这是值得肯定、鼓励、配置的平等观念。需要批判和改造的平等观乃是那种既不努力还又要求平等的情形,传统文化中的平均主义意识和现代社会中的等、要、靠思想,在一些人身上依旧根深蒂固地存在着。

那么,在建立和完善社会主义市场经济的过程中,劳动—享用者该如何成为一个公正、理性、正当的劳动—享用者呢?第一,树立能力本位论的观念。能力才是一个人把握平等机会、创构财富并公平获取财富的基础。别人的错误不该成为自己犯同样错误的理由,在建立和完善社会主义市场经济过程中,权力滥用、渎职等行为固然存在,但如果劳动—享用者阶层不去打造自己的能力体系,而是模仿、运用不正当的牟利方式,只能使实现平等的愿望更加遥遥无期。第二,树立正确的政治观、权力观和平等观。平均主义只是一种极端的分配方式,是最低限度的平等,"应得"、"得其所得"、几何比例分配关系才是社会主义平等的根本要求。第三，学会用理智而不是冷漠与激情进行政治表达和表达政治。

在培养和践行作为公共意志的政治意志从而最大化实现政治之目的之善的道路上，成为一个有理性且无偏见的观察者、有理性且能正确的言说者、有理性且能正当的行动者，是每一个人的事情，因为政治作为最大的或最典型的公共性存在，就是相关于每个人之根本利益的社会观念、情感、意志和行动。

四 对作为客体性事实的政治权力的伦理批判

政治权力对公民（行政相对人）的支配性过程，并不直接支配他的外在之善（财富、机会、地位）、控制人们的意志，而是借助权威性的媒介来实现的，这些手段包括用于指导、引导、支配人们的观念和意志的意识形态；用于决定人们的财富、地位、身份的分配的政策和制度。

A. 意识形态在国家治理和公共管理中的地位与作用：伦理学的考察

关于意识形态的伦理分析和论证，旨在指明观念体系的正确性和正当性，前者呈现的是事实逻辑，即一个好的社会、好的政治的观念基础是怎样的；后者呈现的是价值逻辑，即这个正确的观念体系在实践中如何转变成正当的行动。

意识形态生成的必要性决定于意识形态在人类社会中的重要地位。人类社会的演进，在某种意义上，就是两个世界的分别构造、相互嵌入、共同发展的过程。每个人要生活，就得有满足这些生活的资料，个体首先是物的存在形态，作为生物性的人，物质生活是他的基础方面。为着使人的物质生活持续地进行，就必须有物质生活资料，所以，人类的第一个任务就是生产满足这些物质生活的资料。但这些生产活动以及由这种活动所创造的世界，只能是，也只能被理解为物质的世界。这些物质世界是没有意识的，更没有什么思想之类的更加高级的东西。然而，生产这些物质生活资料的生产者却是有感觉、知觉、表象、判断和推理的，总之是有意识的。他们根据预先设计好的理想模型，生产他们所需要的生活资料，正是因为人有了意识，有了理性，人才有了积极性、主动性和创造性。于是，人们不但根据意识创造物质世界，还因为意识，也同时具有了创造精神世界的要求，创造精神世界的目的是为了满足人的精神需要。于是，从人类社会产生之日起，生产便有了分工，即物质生产和精神生产。专门从事价值观和思想生产的人就成为了思想家和理论家，那么，被生产出来的理论和思想用作什么呢？一方面用于满足人的信、知、情、意等精神需要，另一方面用于指导甚至控制人的意识和意志，以使人们采取集体行动，以保证整个社会有序运转。于是，在对意识的理解上就有了一般与特殊两种方式。

对意识形态有广义与狭义两种理解方式。广义的理解就是一般性或普遍意义上的意识形态，广义的意识形态指的是，人类的意识、观念、思想的总体，是这些精神要素的结合方式。每个人，每个组织，每个民族，都有属于其自己的意识、观念和思想，也有它们的构成方式，但这些以个体、组织和民族为主体的意识总体并不被称作意识形态，而只称作意识形式。被称为意识形态的意识形式或意识结构，是为不同个体、组织和民族共同认同、坚守和践行的意识形式，这种意识形式具有共同性、普遍性和整体性。这些意识形式起始于每个人、每个组织和每个民族，但却不止于这些个别的意识形式，而是在"多"中整合出的"一"，这种"一"似乎已经变成了不同个人、组织和民族的共同的无意识。所谓普遍性，是指这种意识结构在空间上适合所有人，在时间上具有足够的历史长度，甚至伴随人类历史始终。这些意识结构是使人成为人的最基础也最坚实的精神基础。如果没有了这些意识，人类社会将无法存续下去。所谓整体性是指，意识形态不是意识结构的某个方面、某个层次，而是各个要素的有机组合。

狭义的意识形态指的是社会结构中占主导或统治地位的人群的意识结构。对狭义之意识形态理论做出巨大思想贡献的是马克思。马克

第二章　权力的伦理辩护与批判

思和恩格斯在1845年年秋至1846年5月共同撰写了《德意志意识形态》这部伟大的著作,这部书的副标题是"对费尔巴哈、布·鲍威尔和施蒂纳所代表的现代德国哲学以及各式各样先知所代表的德国社会主义的批判"。客观地说,马克思和恩格斯在这本书中,并未就"意识形态"这个概念做界定和语义分析,也未就意识形态的结构做出规定,但马克思恩格斯却对意识形态产生的根源以及意识形态发挥作用的路径与方式做出了哲学上论证。马克思恩格斯指出,我们的出发点是人,是从事实际活动的人,因为每一个个体首先需要生活,而要生活就得从事满足这些生活需要的生产活动,而生产活动使得人们建立了社会关系和政治关系。无论是人们从事生产活动所需要的前提和条件,以及由生产造成的各种关系都是客观的,都不是从人的所谓意识中凭空产生的,相反,"思想、观念、意识的生产最初是直接与人们的物质活动,与人们的物质交往,与现实生活的语言交织在一起的。人们的想象、思维、精神交往在这里还是人们物质行动的直接产物。表现在某民族的政治、法律、道德、宗教、形而上学等的语言中的精神生产也是这样。人们是自己的观念、思想等等的生产者,但这里所说的人们是现实的、从事活动的人们,他们受自己的生产力和与之相适应的交往的一定发展——直到交往的最遥远的形态——所制约。"① 在充分论证了物质生产之于每一个以及整个社会的重要性之后,马克思恩格斯又对意识与存在的关系做了更为精辟的论述:"意识一开始就是社会的产物,而且只要人们存在着,它就仍然是这种产物。当然,意识起初只是对直接的可感知的环境的一种意识,是对处于开始意识到自身的个人之外的其他人和其他物的狭隘关系的一种意识。同时,它也是对自然界的一种意识,自然界起初是作为一种完全异己的、有无限威力的和不可制服的力量与人们对立的,人们同自然界的关系完全像动物同自然界的关系一样;但是,另一方面,意识到必须和周围的个人来往,也就是开始意识到人总是生活在社会中的。

---

① 《马克思恩格斯文集》第1卷,人民出版社2009年版,第524页。

这个开始,同这一阶段的生活本身一样,带有动物的性质。"随着在自然分工基础上的社会分工的发展,生产效率的提高,意识才真正发展起来。"分工只是从物质劳动和精神劳动分离的时候起才真正成为分工。从这时候起意识才能现实地想象:它是和现存实践的意识不同的某种东西;它不用想象某种现实的东西就能现实地想象某种东西。从这时候起,意识才能摆脱世界而去构造'纯粹的'理论、神学、哲学、道德等等。但是这种理论、神学、哲学、道德等等同现存关系发生矛盾,那么,这仅仅是因为现存的社会关系同现存的生产力发生了矛盾。我们从这一大堆赘述中只能得出一个结论:上述三个要素即生产力、社会状况和意识,彼此之间可能而且一定会发生矛盾。"①

如果说,马克思恩格斯在1846年对意识形态问题的研究主要限于在批判现代德国(马克思意义上的)基础上,阐发物质生产、交往关系与一般意识的关系,那么,到了1859年1月马克思写作《政治经济学批判序言》时,已经提出了科学的意识形态理论,并借助这个意识形态理论给出了人类社会运行的整体画面:"人们在自己生活的社会生产中发生一定的、必然的、不以他们的意志为转移的关系,即同他们的物质生产力的一定发展阶段相适合的生产关系。这些关系的总和构成社会的经济结构,即有法律的政治的上层建筑竖立其上并有一定的社会意识形式与之相适应的现实基础。物质生活的生产方式制约着整个社会生活、政治生活和精神生活的过程。不是人们的意识决定人们的存在,相反,是人们的社会存在决定人们的意识。社会的物质生产力发展到一定阶段,便同它们一直在其中运动的现存生产关系或财产关系(这只是生产关系的法律用语)发生矛盾。于是这些关系便由生产力的发展形式变成生产力的桎梏。那时社会革命的时代就到来了。随着经济基础的变更,全部庞大的上层建筑也或慢或快地发生变革。在考察这些变革时,必须时刻把下面两者区别开来;一种是生产的经济条件方面所发生的物质的、可以用自然科学的精确性指明的

---

① 《马克思恩格斯文集》第1卷,人民出版社2009年版,第534—535页。

变革，一种是人们借以意识到这个冲突并力求把它克服的那些法律的、政治的、宗教的、艺术的或哲学的，简言之，意识形态的形式。我们判断一个人不能以他对自己的看法为依据，同样，我们判断这样一个变革时代也不能以它的意识为根据；相反，这个意识必须从物质生活的矛盾中，从生产力和生产关系之间的现存冲突中去解释。无论哪种社会形态，在它所容纳的全部生产力发挥出来以前，是绝不会灭亡的；而新的更高的生产关系，在它的物质存在条件在旧社会的胎胞里成熟以前，是决不会出现的。所以人类始终只提出自己能够解决的任务，因为只要仔细考察就会发现，任务本身，只有在解决它的物质条件已经存在或者至少是在生成过程中的时候，才会产生。"①

从马克思这一大段的论述中，我们得出了关于意识形态的全面理解。在马克思给出的人类社会运行的整体画面中，有几个关键词是必须要把握并熟练使用的。

生产方式。生产方式是生产力与生产关系的有机统一，生产力是人们所具有的从事物质生活资料和精神生活生产所具备的能力系统，包括人的体力与智力，还包括人们创造出来并加以广泛使用的工具系统。随着科学技术的发展，人类的智力在生产中的作用越来越重要。生产关系是人们在生产活动结成的物质利益关系，包括生产资料、生活资料、社会财富与机会等多方面内容，生产关系的法律形式就是财产关系。生产关系实质上就是每个人分得的生产资料、生活资料以及社会机会的比例，它们直接决定着人们在物质生活和物质交往中的差别。

社会形态。在整个社会现象中，有各种各样的，但无非有两大类，一类是物质现象，一类是精神现象。而在物质现象中，有一种现象居决定地位，即经济基础，是社会占统治地位的生产关系的总和。何谓占统治地位呢？也就是占统治地位的阶级的生产关系的总和，或者说，哪个阶级在生产关系中占统治地位。而这种统治地位的突出部

---

① 《马克思恩格斯文集》第2卷，人民出版社200年版，第591—592页。

分就是生产资料归谁所有，归少数人所有就是私有制，归大多数人甚至所有人所有就是公有制。即便在典型的私有制社会，也有非私有制的部分，但这部分不占主导地位，因此，它们只是经济基础的补充。建立在经济关系之上的乃是社会意识，社会意识是人们的观点、思想、理论、价值观的综合。如果以个体为主体，社会意识就表现为个人的观点和价值观；如果是以阶级为主体，社会意识就表现为阶级心理、阶级观点和价值观。一如在经济关系结构那样，占统治地位的经济关系才可以称之为经济基础那样，在社会意识中，占统治地位的意识才可以成为上层建筑，物质形态的上层建筑称之为政治上层建筑，它们以物的形成呈现出来，如军队、警察、法庭、监狱，等等。从决定关系来说，这些物质形态的上层建筑乃是第二位的东西，它们是由占统治地位的社会意识决定的，是占统治的政治、法律、宗教、艺术、哲学思想与理论的反映。经济基础与上层建筑的有机统一被称为社会形态；政治上层建筑与思想上层建筑的有机统一被称之为意识形态。在意识形态的构成中，思想上层建筑无疑处于支配地位。

在意识形态的思想构成中，政治、法律、宗教、艺术、文学、哲学观点、理论、思想乃是主导的方面。这些思想形态的意识形态就其归属而言，它们虽然与每一个人相关，但并不为每一个人所支配，而为掌握国家机器的阶级或集团所掌握。通过生产力、生产关系、生产方式、经济基础、上层建筑、社会形态、意识形态这些核心词，人们能够把握到的是社会结构的整体画面，这无疑是我们认知、理解和把握意识形态现象的哲学基础，但我们依旧看不出意识形态教育及意识形态教育的必要性与可能性问题。

任何一种社会结构，如若有序进行就必须有保证这个秩序的基础，这就是共同的社会意识。因为只有采取集体的行动，人们所追求的和谐才能出现，相反，若每一个人都各行其是，任意妄为，那么一个良序社会是决不会出现的。什么才是共同意识呢？就是人们共同相信、信任、坚守、践行的核心价值观。这种核心价值观就其产生的来源说，可有基于日常生活需要的价值观和基于政治需要的价值观两大类。基于日常生活需要的价值观是人们在千百年来的共同生活中生产并延续下来的观念，如儒家伦理思想体系。《四书》作为儒家经典，既是人们做人做事之道理的理论总结，又是人们日常价值观念的概念和话语汇编。仁、义、礼、智、信，恭、宽、信、敏、惠就既是伦理学范畴，又是日常概念。但这些概念、话语、理论、观念并不被称为意识形态，而只能称为社会价值观念系统。因为这些观念反映的是所有人共同遵守的游戏规则，具有普遍性、大众化，通常是由先辈、先贤、智者创设出来，逐渐成为普遍化的价值观念体系。惟其先辈、先贤、智者通常都不是占统治地位的阶级，所以才有可能提出普遍有效的观念，因为它们不具有强制性、权威性。

而基于政治需要的核心价值观则是掌握国家机器的统治阶级向所有人提出的价值诉求，这种诉求可能仅仅面向一般大众，而对统治阶级不构成约束，也可能是对任何人都有效。只有占统治地位的阶级制造或创制的观念体系才可以视为意识形态，它是占统治地位的经济关系的意识形式，包括政治、法律、道德、艺术、文学、宗教、哲学等等。作为一个整体性的社会意识形式，意识形态在内容构成上可分为逻辑化、理论化的部分和观念化、命令式的部分。前者表现为严密的逻辑体系，由概念、话语和逻辑构成，是完全理性化的结果，如政治、法律、道德、宗教、艺术、文学、哲学，等等。这些以理论形式出现的意识形态，通常是由具有专门知识和理论素养的人创制出来的，具有一定的自洽性和完整性，体现了一定的客观逻辑。但这些理论化的社会意识形式之所以被称为意识形态，乃是由于这些意识形式必须反映国家或正当的意志，如若这些理论或逻辑体系与正当或国家的意志相左，甚至相冲突，则正当有理由对其进行修改、矫正。在这个意义上，我们把有逻辑体系的社会意识形式称之为知识型的意识形态。与此不同的则是狭义却是典型的意识形态，这就是观念形态的意识形态。它不要严密的逻辑论证，也不需要严格的逻辑安排，它只是由政治领袖或政治精英集团提出的一些理念、观念。这些理念通常表现为便于识别、容易记忆的语句。这些语句在内容给上并不针对某个具体领域，更不具体指向某个特定人群，或某些具体事件，而是一种信仰、信念、观念，呈现出宏大的、高原的气象。语句形式的意识形态常常带有个性特征，通常与某个具有领袖气质的伟人密切相连。

而无论是理论化还是语句式的意识形态，都不会为民众先行掌握，一个正确的国家观、政治观、权力观也不为每一个人天生具有，一组有利于国家治理、社会管理的价值观念也不为每一个人自觉去践行，因此，意识形态教育就成为了必须高度重视、必须落实的工作。意识形态教育的必要性决定于人们并不天生具有一个国家或正当要求于人们的正确观念、规则体系。

在具体的国家治理和社会管理中，意识形态教育可能具有政治领袖方面的印记，但即便是极具个性化的意识形态教育也是那个特定时代之声音的反应。都有客观和主观方面的根据。由于每个人和组织并不时时关注国家的命运、共同的心声，而是站在个人的立场和角度思考和行动，而一个国家、一个民族如若持续地发展，就必须具有共同的信仰、信念和价值观，因此意识形态教育从来都不是可有可无的问题。

在讨论具体的意识形态教育问题之前，预先给出意识形态教育的逻辑结构及其运行规律，是非常必要的。

从意识形态教育的主体看，教育者不是个人和一般组织，而是掌握国家的政党。政党因何种根据掌握进行意识形态教育的话语权，这是无需证明的，似乎具有自明的正当性基础。而国家或政党又仅仅是非人格化的规则体系、机构设置、职级构成，惟其是没有灵魂和意识的结构体系，自然不会"发号施令"，因此完成意识形态教育的真正主体乃是政治领袖或政治精英集团。而意识形态教育的客体则是包括政治精英在内的所有人，甚至在某种意义上，政治精英必须先行于一般民众信仰、信任、坚守和践行他们所给出的命令和观念，意识形态教育才可能有效。

不论是理论化的还是语句型的意识形态教育，在其内容上，主要有三个层次，即国家层次的、社会层次的和个人层次的。党的十八大提出，倡导富强、民主、文明、和谐，倡导自由、平等、公正、法治，倡导爱国、敬业、诚信、友善，积极培育和践行社会主义核心价值观。这个核心内容可以分为三个层面来理解：国家层面的是富强、民主、文明、和谐，社会层面的是自由、平等、公正、法制，个人层次的是爱国、敬业、诚信、友善。

意识形态教育的路径与手段问题，因时代不同而有别。在前现代社会，因为通讯技术不发达，意识形态教育通常通过民间形式进行。除非进行战争动员和政治运动宣传，否则日常状态的意识形态教育往往都不是疾风暴雨式的，而是和风细雨的，是通过民间力量完成的。最为典型的例子就是中国传统社会中儒家伦理问题，在某种意义上可以说，儒家乃是借助民间力量完成意识形态教育的成功范例。儒家倡导的仁、义、礼、智、信，恭、宽、信、敏、惠，既是伦理学范畴，又是日常概念。这些概念或范畴，即便是没有专门知识的普通百姓也会理解其内涵，更重要的是，平民百姓每天都在践行着这些概念，它们已经变成了实践知识。其根本原因在于，在传统社会，家庭、家族、村社是人们最基本的也是全部的生活空间，在各个空间内，人们倡导的做人、做事规则是统一的，是千百年来不曾改变的。民间的私塾学堂，通过让未成年人背诵、朗诵、抄写《四书》，将这些实践知识植根于幼小的心灵深处，影响着、决定着他们以后的思维方式、情感方式和行动方式。事实上，这是通过民间的力量所完成的、本该由国家和政党完成的意识形态教育。这倒不是因为国家或政治权力集团不重视或放弃了本该属于它自己的意识形态教育，而是家庭、家族和村社靠着千百年来不曾改变的家规、村规，足可以进行自治。

自近代以来的现代化过程，导致全球范围内的交往不断加速和扩展，各国之间的冲突与合作愈来愈频繁，文化、文明冲突日益加剧。于是，无论对先发国家还是后发国家而言，本国的核心价值观或意识形态受到冲击，如何识别、警惕、批判、借鉴和超越别一文明体的意识形态，无论对国内的还是对外的国家事务而言，都变得异常迫切而重要。正是在现代化的过程中，由于现代化自身的冲击、异域文明体的影响，导致意识形态教育变成了典型的政治问题，它直接相关于一个国家的文化安全和观念安全。因此，加强意识形态教育已成无需争论和论证的时代课题。

随着全球化和世界化进程的加快，也随着科学技术的飞速发展，传播手段的多样化，也为异质文化与观念的快速与多方传入提供了的条件。在这样的历史场域下，传统社会的民间式的意识形态教育就远远不能满足现代意识形态教育的要求。于是，人们便高度重视现代传播媒介在意识形态教育中的重要作用，广播电视、报章杂志、网络乃是三大媒体。现代媒体被称为第四种权力形式，它们不但支配着信息、知识，也支配着人们的意志。掌握了现代媒体也就掌握了进行意识形态教育在手段上的主动权。

意识形态教育在现代政治生活中已经越来越重要了。可是，无论在学术界还是在现代政策设计、制度安排和体制设置中，意识形态教育问题却没有受到足够的重视。基于实践上的需求和理论上的要求，我们必须从历史与现实两个维度上加强对意识形态教育问题的研究。在历史的维度上，我们试图研究自近代以来取得成功的国家的意识形态教育过程。这些国家之能够在现代化的过程中处于世界领先地位，在意识形态教育方面必有其成功的经验。在现实的维度上，我们试图在研究中外一些国家的意识形态教育的"得"与"失"的基础上，着力研究当代中国意识形态教育的现状与问题，在历史与现实相统一的原则之下，试图对未来的、一种相对为好的意识形态教育模式做一展望。

研究过往的意识形态教育，旨在于"得"与"失"两个方面有所启发。在这一视角之下，我们选择了英国、法国、德国、美国、日本和苏联的意识形态教育作为研究对象。其根据在于，英国作为老牌的资本主义国家，在现代化的历史进程中，率先进入了工业化社会；法国作为紧随其后的发展国家，与英国在意识形态建构及教育方面似有不同。而德国进入工业化社会的步伐要落后于英国和法国，然而德国却因为在第一次和第二次世界大战中扮演重要角色而受到诟病，从反面的、教训的意义上看待它的意识形态教育也不失为一种研究路径。而美国是需要研究的国家，它的意识形态教育比任何一个国家都受到高度重视，也是影响最大的一个。长期以来，美国试图把它的意识形态推广到世界的任何一个角落，把其他国家变成它的附属国，把其他的文明变成美国意识形态的附属品。这让人们去理性地思考意识形态教育的合理边界问题。苏联的意识形态教育对社会主义国家来说，最具借鉴意义。在人类历史上，总共有114个国家曾以社会主义名义出现在历史舞台上，而20世纪80年代末至90年代初，苏联的解体，导致社会主义国家在信仰和信念方面出现大面积危机。这使人们质疑：社会主义还能走多远。改革开放四十年来，中国特色社会主义的发展与完善，为坚信社会主义依旧是具有超强生命力的社会制度体系，提供了强有力的论证。但我们也必须清醒地认识到，当代中国的意识形态教育依旧问题多多。什么是当代中国的意识形态？社会主义核心价值观是不是就是当代中国的意识形态？能否总结出当代意识形态的核心内容？如何建构行之有效的进行正确、正当的意识形态教育的方法、路径与手段？对这些问题，亟须人们做出理论上的探讨和现实上的回答。

在当代生活世界中，意识形态具有多样化的特点，既有大众意识形态，即为民众所自发具有的观念体系，也有为理论家和思想家所构造的与国家意识形态有别的观念体系；还有宗教意识形态，它与民族心理、观念和信念密切结合在一起；政治意识形态，这是为国家所拥有的观念体系。作为国家的意识形态即政治意识形态乃是一观念体系，国家的职能是通过国体和政体在观念体系的指导下，将分散的民众动员起来，采取集体行动，以创造财富并公平分配财富。那么如何使得民众能够接受作为政治意识形态的观念体系呢？这便是意识形态教育和意识形态实践。教育的目的是使民众确证、确信、相信、信任、信仰这些观念，并成为民众进行思考和行动的观念基础。然而，如若促使民众相信和信仰的政治意识形态，不能从根本上解决民众的身体之善、外在之善和灵魂之善，不能使民众在整体上的生活变好，或使其感觉生活快乐，那么这些令民众相信和信仰的观念体系就是靠不住的承诺，从而产生意识形态幻相，进一步产生虚无主义思潮。于是，对意识形态的伦理反思与批判就从意识形态教育的合法性和合理性转向了对意识形态实践之有效性和正当性的考察。

在伦理学的视阈中，对意识形态实践之有效性和正当性的考察可有两种致思路向，一个是强的伦理问题，一个是弱的伦理问题。

强的意识形态实践的伦理问题所描述的乃是这样一种情形，促使民众信任和信仰的政治意识形态，并未变成普遍的社会实践，进言之，只是使政治意识形态成为民众的信仰对象和行动基础，而未能成为国家政治活动和公共管理活动的观念基础，或者是，在相当长的历史段落里，国家治理和公共管理并未给民众带来其所承诺的价值体系，甚至朝向与民众意志相背离的方向滑落过去。在此种情形之下，即便不去刻意地制造历史虚无主义，也会出现实质意义上的缺少正当性和价值性的治理和管理。如果说从国家治理和社会管理的后果尚不能断定政治意识形态之实践的合理性，进而给定它们的伦理判断，那么道德哲学的分析范式就会澄明这种性质。这便是动机、善良意志、一般意志问题，其原理已由前述给出。我们在这里试图分析和论证的乃是动机与教育发生背离的原始发生过程。

除去战争和军阀割据这种极端情形，就社会处于基本的有序状态下时，政治意识形态的贯彻和实践，不会出现明显的背离，但不排除某个或某些既得利益集团将意识形态的宣传和教育仅作形式之用，而实质上却将政治权力和公共权力用作私人利益的积累，或将政治权力用于满足自己之单纯支配欲望的满足。

弱的意识形态实践的伦理问题，描述的是拥有善良意志，也全力以赴、殚精竭虑地兑现诺言，实践意识形态所指向的终极之善，但由于恶劣的国内外环境或不可抗拒的自然灾害，导致未能兑现政治意识形态所许下的诺言。事实证明，作为意识形态中的核心价值及其理念，只是一种应然的、美好的、完满的理想，当将这种理想变成具体的治理和管理实践时，各种矛盾和冲突纷纷产生出来，导致美好力量无法完全实现，实质上，核心价值、核心理念原本就是不可能完全实现的理想类型。

B. 政策设计与制度安排中的伦理问题

如果说意识形态在国家治理和社会管理中，乃是一组以某种核心价值观为引领的观念体系，且是完满的、美好的理想类型，那么这个观念体系不会自动完成其自身，而是通过政治家及其权力集团设计出来的政策和制定出来的制度实现的。更为复杂的是，这些理念和价值也并不是由政治家及其权力集团直接实现的，而是要将政治权力进行合理分割和正当使用，通过逐层分解的公共职权而细分为不同的领域和不同的层次，通过庞大的公务员管理队伍实现的。正如马克斯·韦伯所说，没有一个拥有敬业精神甚至是新教伦理精神的公共管理队伍，一个正当且有效率的国家治理和社会管理是绝对不可能的。

当我们从伦理性和伦理基础两个维度对政治权力进行了一般道德哲学意义上的辩护与批判之后，更加复杂的工作是要对政治行动和公共管理过程中的复杂性、冲突性进行分析和论证，借以见出公共管理活动在合法性和合理性上的复杂性、变动性和冲突性。

第三章 政治哲学把握当代中国问题的方式：一种类型学的考察

在何种意义上当代中国问题是政治性的，确定这些问题的政治性质有何意义，构成了政治哲学把握当代中国问题的前提。既是政治哲学的把握方式，那就必须保持反思、批判和建构的学术品质。从类型学上梳理当代中国具有政治性质的问题，构成了这种把握方式的事实前提，在理论前提和事实基础之上，将学科精神贯彻到对政治性问题的研究中，要求我们对问题要从整体性和具体性上加以分析和论证。最后，在解决问题的道路上，要析分出基础性、根本性和全局性问题的类型来。在致思方式上，我们力图实现系统论奠基和生成论奠基的统一、分析与规范的结合。在终极目的上，借助对政治之"是其所是的东西"的揭示，指明社会主义作为一种观念（信仰）、一套制度和一种行动，如何才能最大化地实现终极之善：财富的积累与公平分配；社会自治力的提升；每个人都有意愿和机会过整体性的好生活。

先行描画出政治哲学及其把握政治事实的方式，是进行分析和论证的奠基性工作，以此为前提，对当代中国具有政治性的问题进行勘定和界定，从类型上指明这些问题的基础性、根本性和全局性，继而指明一种可行的解决方案，构成了一个由理论到问题、再到实践的内在运行逻辑。

第三章 政治哲学把握当代中国问题的方式：一种类型学的考察

第一节 何谓政治哲学把握政治事实的方式？

严格说来，这不是一个前提性的也不是诉求性的提问方式，而是一个中间型的提问。面对何谓政治哲学把握当代中国问题的方式这一疑问句，至少有一个前端和末端疑问等待我们回答，这就是，何谓政治？人类为何需要政治？末端的疑问是，当下的政治事实是怎样的，如果存在缺陷，如何改进，其路径是怎样的？何谓政治哲学把握当代中国问题的方式正是对这些疑问的哲学把握形式。

如果说，政治的语义学分析和词源学考察，作为一种学术中的常识，已被人们共同接受，那么关于什么是政治的，什么是政治性的社会事实，什么才是好的政治，人们就见智见仁了。如若直面人的存在及人的本质自身，那么可以作出两个先天性的承诺：存在论承诺和实践论承诺。关于政治的存在论承诺乃指，由人的存在状态及其存在本质所决定，人天生就是一种政治性的存在。然而对这承诺的陈述极易使人想起亚里士多德的命题：人是政治性的存在物，即人是最适合过集体生活的。如若把这个命题扩展开来，似乎可以得出这样的结论，适合于过集体生活的动物却并不止于人类，还有很多中高等动物，那是否可以说，它们同样是政治性的存在物呢？显然，它们之间并不具有直接的对等关系，事实是，只有人类才是政治性的、适合过集体生活的动物。然而，细究下来，政治性和集体生活之间并不能直接过渡，它们之间并非相互推理关系，如若使二者在人这里都能够找到得以成立的根据，那就要分别加以论证。

首先，区分两种意义上的政治是必要的，也是可能的。所谓两种意义上的政治，一是存在论的，一是实践论的。所谓关于政治的存在论证明，是从人的存在状态及其展开方式来完成的一种论证。人始终是一不足、匮乏的存在物，因而是未完成的、价值性的存在物，不但如此，人能感受到这种不足和匮乏，继而感觉到人在存在状态上具有因我性、向我性和为我性，他自发而自觉地完成着自我意义上的逻辑进阶：存在论上的不足、匮乏—感受性上的因我、向我、为我—认识论上的我的源初性、终极性；他通过直观和想象觉察他，其他人与我具有相似甚或相同的存在论、认识论和价值论性质。这种相似甚或相同的存在状态和存在性质成为了每个人既重视自己又尊重他人的初始根据，也是每个人确立平等和追求平等的坚实理由。从这里开始，康德给出了人为什么平等、特别是人格平等的道德哲学基础论证，同时也是政治哲学基础的论证。视每个有理性存在者都自在而自为地是目的，而不仅仅是手段，其本身就是一个道德哲学和政治哲学命题。"如若有一种东西，它的定在自在地具有绝对价值，它作为目的能自在地成为一确定规律的根据。在这样东西身上，只有在这样东西身上，才能找到定言命令的根据。我认为：人，一般说来，每个有理性的东西，都自在地作为目的而实存着，他不单纯是这个或那个意志所随意使用的工具。在他的一切行为中，不论对于自己还是对其他有理性的东西，任何时候都必须被当做目的。"[①] 由每个自在地就是目的的人构成的共同体可成为目的王国："目的王国中的一切，或者有价值，或者有尊严。一个有价值的东西能被其他东西所代替，这是等价；与此相反，超越于一切价值之上，没有等价物可代替，才是尊严。和人们的普遍爱好以及需要有关的东西，具有市场价值；不以需要为前提，而与某种情趣相适应，满足我们趣味的无目的的活动的东西，具有欣赏价值，只有那种构成事物作为自在目的而存在的条件的东西，就不但具有相对价值，而且具有尊严。"[②] 用哲学把握世界的方式将这个目的王国预先呈现出来，继而形成价值共识，这就是最为原始性的政治观。基于这种分析和论证，我们在这里对政治给出一个基于人的存在状态之上的目的论界定：政治是相关于每个人之根本利益的事情。只要有人类社会存在，只要有人存在，只要人们愿意生活下去并试图过

---

① [德]康德：《道德形而上学原理》，苗力田译，上海人民出版社1986年版，第80页。
② [德]康德：《道德形而上学原理》，苗力田译，上海人民出版社1986年版，第87页。

第三章 政治哲学把握当代中国问题的方式：一种类型学的考察

上整体性的好生活，就永远存在着人是目的而不仅仅是手段的问题，它构成了人是政治性的存在的第一要义。

从这一定义中还可以内在地引出政治的第二要义，即人是集体性的、社会性的存在物。马克思曾在两处引证亚里士多德"政治动物"这一命题，并做了自己的阐释："人是名副其实的政治动物，不仅是一种合群的动物，而且是只有在社会中才能独立的动物。"① 马克思在《资本论》第一卷第十一章中指出："人即使不像亚里士多德所说的那样，天生是政治动物，无论如何也天生是社会动物。"并在该脚注（13）中写道："确切地说，亚里士多德所下的定义是：人天生是城市的市民。"② 从马克思的论述中我们可以说，政治除了具有目的论意义上的含义之外，还有存在论意义上的意思，即人必须过集体生活。

然而，既然人是政治性的存在物，那人类就该用政治的方式来解决人是目的而不仅仅是手段的问题，但人类社会却并不总是政治社会，相反人们经常用非政治的方式解决人的存在问题。看来我们必须从存在论之外的路径来理解政治，这便是实践论的路径。如果说目的论意义上的政治着重的是目的之善，存在论意义上的政治着眼的集体性或公共性，那么实践论意义上的政治强调的则是手段之善。实践论意义上的政治是：政治是相关于每个人之根本利益的所有方面。将这一定义扩展开来，便可细化为如何通过国家治理和社会管理最大化地实现目的之善。这便是政治是相关于每个人之根本利益的所有方面的问题。所谓关乎人的根本利益的所有方面，乃是指政治观念、政治制度和政治行动，而观念与制度与行动之间具有自上而下的运行逻辑。如此一来，政治便在目的论、存在论和实践论三个向度上生成和展开。然而，从前两者却不能直接导致第三者，即是说，人类并不始终用政治的方式解决人的存在及其展开问题。何以至此？从政治之目的

---

① 《马克思恩格斯文集》第8卷，人民出版社2009年版，第6页。
② 《马克思恩格斯文集》第5卷，人民出版社2009年版，第379页。

论的含义中我们可以指明政治所追求的终极之善，这就是财富的积累与合理分配；社会自治力的提升；每个人都愿意也能够过上整体性的好生活。而这三个终极之善恰恰是每个有理性存在者所追求的，一个社会的合理和进步程度就要视其实现这三种善之程度而定，而要最大限度地实现这三种善，整个社会就要把自由、平等、正义确立为社会的首要价值，并将这些价值生成为一种原则，贯彻到国家治理和社会管理中。基于这样的分析和论证，人类并不始终用政治的方式解决人的生存和发展问题，就在于它不能始终把自由、平等和正义确立为社会的首要价值并最大限度地实现这些价值。原因是多方面的，其复杂性远远超出了人类的理性能力（理论理性、创制理性和实践理性）本身。我们试着从主客体两个方面寻找这些原因中的根本原因。从客体方面着眼，或从自然规律方面着眼，当人更多地依赖于身外的自然和自身的自然的时候，由这些自然原因造成的人与人之间的差别在相当长的历史时期是无法消除的。这些自然包括天然的生存环境，如水草丰美、矿产丰富、土地肥沃、植被茂盛等等，这些天然的优势给依靠这些优势而生存和生活的民族或国家带来了比生存于贫瘠土地之上的民族更多的优越性，因身体和智力方面的优势而导致某个人或某些在家庭、家族、村社、部落、部落联盟中处于优势地位，进一步地拥有了支配权。当这些个人和人群反复运用其优势地位时，就会造成社会状态上的高低贵贱之分和贫富差距。"奴隶、农奴、雇佣工人都得到一定量的食物，使他们能够作为奴隶、农奴和雇佣工人来生存。靠贡赋生活的征服者，靠税收生活的官吏，靠地租生活的土地所有者，靠施舍生活的僧侣，靠十一税生活的教士，都得到一份社会产品，而决定这一份产品的规律不同于决定奴隶等等的那一份产品的规律。"①马克思恩格斯在《共产党宣言》中说，直到社会主义乃至共产主义制度建立之前的人类历史，都是充满阶级斗争的历史，只要有阶级、阶级斗争存在，就绝不可能是充满自由、民主、平等和正义的社会，

---

① 《马克思恩格斯文集》第 8 卷，人民出版社 2009 年版，第 11 页。

第三章 政治哲学把握当代中国问题的方式：一种类型学的考察

国家治理和社会管理就绝不可能是政治的方式，而是以政治权力为基础的充满压迫和剥削的阶级统治。

从主体方面着眼，当统治阶级依旧认为他们的统治具有天然的合理性，而被统治者即便具有改变被统治地位的意愿和行动，但依旧没有足够的力量彻底改变这种被剥削和压迫的状况的场域下，就绝不可能发展出政治治理国家和管理社会的方式来。

起始于西方近代的资产阶级革命运动，基于日益发展起来的市民社会，使得自中世纪以来始终处于社会最底层的市民阶层（后来的资产阶级）逐渐形成了通过政治革命夺取政权的意愿，最终壮大为能够推翻封建势力的新兴资产阶级，继而建立起资本主义价值和观念体系，自由、民主、平等、幸福成为了这种价值体系中的最高观念。正是在这种观念指导下，新兴资产阶级开始努力用政治的方式进行国家治理和社会管理。第一，确立每个人的基本权利为制定宪法和部门法的基本原则；第二，构建起了庞大的生产、分配、交换和消费体系，造成了每个人对社会的依赖性以及社会对个人的依赖性；第三，构建了为实现个人利益的政治观念、制度和行动。某种意义上可以说，起始于西方近代的现代化运动为政治性地进行国家治理和社会管理开辟了道路。然而，在经历了几百年的运行之后，资本主义制度愈益暴露出它自身无法克服的矛盾，如两极分化日益严重；少数人甚至个别人的意志支配整个国家的意志；资本的逻辑代替政治的逻辑，一种个人利己主义、集团利己主义和国家利己主义的行为准则支配着公共政策和政治制度，并用一个国家的利益替代整个人类的政治。在全球化、世界化已成不可阻挡之势之际，政治式地治理全球的衰减，以及构建人类命运共同体的价值诉求，都强烈地要求用政治的方式进行全球治理和国家治理。而在推进政治式地治理和管理现代社会的过程中，中国道路、中国经验、中国模式或许表现出更为先进的性质。

第二节 类型学意义上的中国问题①

政治哲学把握当代中国问题的方式，在于它不同于其他学科的原则、目的与方法。所谓原则乃是建构性原则和范导原则，前者是从个别到一般的道路，追求的是正确，这是科学问题；后者是从一般到个别的路径，追求的是正当，这是价值问题。"一般判断力是把特殊思考为包含在普遍之下的能力。如果普遍的东西（规则、原则、规律）被给予了，那么把特殊归摄于它们之下的那个判断力（即使它作为先天的判断力先天地指定了惟有依此才能归摄到那个普遍之下的那些条件）就是规定性的。但如果只有特殊被给予了，判断力必须为此寻求

---

① 在极不完整的意义上，我们把本有和分有政治性质的问题梳理成如下一些发明：1. 财富的快速积累与公平分配问题；2. 市场不足与市场过度问题；3. 市场社会主义与权力寻租问题；4. 个人意志与公共意志问题；公共理性与实用理性问题；5. 官僚主义的根深蒂固与经济权力和传播权力的问题；6. 政治过度与政治不足的问题；7. 被代表与主动诉求的问题；8. 一元主义核心价值体系与多元主义实践价值的问题；9. 国家工具主义与国家本质主义之间的矛盾；10. 确证主义与内敛之道文化之间的矛盾关系；11. 政治哲学政治是其所是之间的关系；12. 国家与市场之间的关系问题；13. 一元主义话语体系、话语权垄断与多元主义意志表达之间的矛盾关系；14. 个人利益思维与公共理性思维之间的矛盾关系；15. 好的理念与劣的体制之间的关系问题；16. 权力资本化及其边际成本问题；17. 从权力社会到政治社会的可能性及其限度问题；18. 传统文化的优与劣的问题；19. 正确的政治观和权力观如何可能的问题；20. 核心价值与共同价值问题；21. 国家治理现代化过程中的道德基础建构问题；22. 未来核心素养中的知识与德性问题；23. 国家治理中的善良意志、实践法则与实践理性问题；24. 自由与正当性基础的追问之间的关系问题；25. 人格与人格性的关系问题；26. 公正的旁观者、正确的言说者与正当的行动者之间的关系问题；27. 社会管理中的自治力问题；28. 流动的社会与固定的身份、地位、机会之间的矛盾关系问题；29. 黄色文明、红色文化、蓝色文化与绿色文明之间的关系问题；30. 意识形态话语权的国家性与世界性问题；31. 逆全球化与世界性之价值诉求之间的矛盾关系；32. 政治表达与表达政治的合理性边界问题；33. 公共权力分割与运行之中的手段之善与目的之善的关系问题；34. 边陲管理与中轴管理中的权力滥用问题；35. 权力集团的自觉与一般民众的觉醒之间的关系问题；36. 作为第四种权力形式的现代媒体的社会作用问题；37. 全球化进程中文化安全问题；38. 平等的多样化与复杂性问题；39. 城市化与公共空间分配中的正义问题；40. 现代生物技术开发与运用中的伦理问题。在此，我们无意就这些问题逐一加以分析和论证，而是将这些问题整合成一个基础性、根本性和全局性问题的逻辑序列，在整体性意识和复杂性思维的高度上做哲学意义上的探讨，出于表象上的具体问题而又止于抽象上的具体，是这种探讨所欲达到的目的。

第三章 政治哲学把握当代中国问题的方式：一种类型学的考察

普遍，那么这种判断力就只是反思性的。"① 这一原则对于政治哲学把握当代中国问题、确立问题的政治性质极为重要。所谓目的乃是就寻找政治"是其所是的东西"和正当而合理的手段之善而言；所谓方法乃指它的反思性、批判性和建构性而言，简约说来便是为我们的主张和结论提供充足的理由和根据。

一 确立当代中国问题之政治性质的根据与原则

当代中国语境下政治哲学的产生、政治哲学把握政治事实之方式的运用，均奠基于目的论、存在论和实践论之三重意义上的政治事实的形成。"人类始终只提出自己能够解决的任务，因为只要仔细考察就可以发现，任务本身，只有在解决它的物质条件已经存在或者至少是在生成过程中的时候，才会产生。"② 关于"中国问题与当代中国哲学"，我在 10 年前做过初步研究。③ 现在试图从政治哲学视角于更高层次上分析和论证这些问题的政治性质，倒别有一番新意。

一个整体肖像是：当代中国的问题表现为被压缩了的问题丛。前现代、现代和后现代问题在同一个时空坐标上并存着，而在这些并存的问题中，又呈现为层次上的分别，即基础性、根本性和全局性问题。而根本性问题就是政治性的问题，它向上提升便是文化—观念问题，向下沉积便是资本—财富问题，于是，在当代中国问题丛中，有些本身就是政治性的问题，如政治权力的合理分割和正当运用问题，而有些虽不是政治性的但却分有了政治性质，如财富的创造与分配问题，意识形态的重建与话语权争夺问题。而无论是本有还是分有政治

---

① ［德］康德：《判断力批判》，邓晓芒译，人民出版社 2002 年版，第 13—14 页。
② 《马克思恩格斯文集》第 2 卷，人民出版社 2009 年版，第 591—592 页。
③ 晏辉：《中国问题与中国当代哲学》，《山东社会科学》2008 年第 2 期；《哲学问题与问题哲学——一种可能的哲学观》，《学术研究》2003 年第 10 期。在这两篇专题论文中，我对当代中国问题的理解、分析和论证还是极为初步的，只是在问题哲学的指引下，对问题做了类型学意义上的分析，而对问题本身的发生和展开其自身的内在逻辑尚未深入发掘。在此，我们要对问题作更加细致的分类和描述，并把具体问题整合成整体性的问题，借以见出现代性之中国形态的整体肖像。

性质，它们都必须相关于人的存在及其展开，即相关于每个人的根本利益及其实现。

二 类型学意义上的中国问题

在严格的科学研究的意义上，从哲学思维和实践智慧的双重逻辑变奏视角，在积极地提出问题、正确地解决问题之动机基础上，依据基础性、根本性和全局性三个层次梳理和思考问题，具有政治性质的当代中国问题便呈现出一个丰富多彩的画面。

（一）基础性问题。这些问题虽不直接具有政治性质，但却分有政治性质。因为它们相关于每一个人的物质生活、公共交往的物质基础。

1. 财富的快速积累与公平分配问题。一如上述，衡量一个制度是否合理，评价一种国家治理和社会管理是否有效，视其能否创造社会财富而定，一个贫穷落后的国家无论如何不能算是好国家。然而，能够创造财富的社会却也未必是好社会，如若这些财富未能在每个人中合理分配，而是集中在少数人群手中，两极分化乃是财富分配不公的集中表现。马克思在《1844年经济学手稿》以及在《共产党宣言》中集中论述了财富在资本家方面的积累，贫穷在雇佣工人那里的积累。社会主义制度在其建立、发展和完善过程中，在特定阶段和特殊领域，也会出现财富分配不公的情形，其原因是复杂的，有的是由于天赋地位的差异造成的，而有些则是因为权力分割不合理、权力运用不正当造成的。如果社会主义市场经济不能生发出公平分配社会财富的内在力量来，那么它就不能很好地体现社会主义制度的优越性。

2. 市场不足与市场过度问题。自人类诞生之日起，就在殚精竭虑地寻找能够快速积累财富的经济组织方式，狩猎与采集、农业与牧业，都是人类能够找到的创造物质和精神生活资料的经济组织方式。自14世纪起，人类找到了迄今为止被认为是相对有效率的经济组织方式，即市场经济。时至今日，市场经济已经世界化、全球化，世界

第三章 政治哲学把握当代中国问题的方式：一种类型学的考察

市场的形成为生产、分配、交换和消费的世界化提供了基础。全球化意义上的市场经济如同一列飞驰的战车，无论你是全方面拒斥还是全身心拥抱，它都依照自己的运行逻辑而飞奔向前。然而市场经济作为一种资源分配和配置方式确实存在着一个适度问题，过度与不足都会资源浪费和低效运行。在我国马克思主义理论研究领域，近年来有两种极为不同的主张，一些人认为社会主义市场开放不足，另一些人则认为开放过度。如果不是就各自主张者的个人先见、成见而陷入毫无意义的争论、论战，而是直面市场状况本身，那么就必须引入经济哲学和政治哲学的致思范式和论证方式，其自身的复杂性远远超出论战双方的意见、情绪和立场本身的边界。首先，必须确立主体，即双重意义上的主体，生产主体和价值主体。在马克思笔下，在劳动资本化、资本私有化的逻辑体系中，生产主体和价值主体是分离的。依照双重意义上的主体，那么所谓市场不足和市场过度是对谁而言呢？其次，必须确立过度与不足的内容，即是关于什么的过度与不足。以市场不足为例，所谓开放不足指的是国家给出的政策、制度和体制或不利于或阻碍着某些个人或人群利用市场谋得最大化利益。而提出此种诉求的人群通常是那些或拥有货币资本或有权力资本的人，其所追求的是利用市场而使自己利益最大化。在这一过程中，私有化和私有制乃是必须引起人们高度重视的现象。以市场过度为例，这是试图进入市场却由于各种原因而无法进入市场的人群，面对预先进入市场甚至左右市场的人群获得了为不能进入市场的人群更多的资源和收益的社会事实而发出的感叹，透出的是无奈和吁求。因先赋地位的差异而始终不能进入市场、更不能从市场获益的人群，无论从经济哲学还是政治哲学角度论证，都该引起高度重视。因为一个好生活乃是以降低丛林法则而提升道德和伦理法则的社会，它以追求每个人接近的生活状态和生活质量为目的，对所有的社会成员而言，有增长而无发展的状态不是一个好的状态。

3. 社会主义市场经济与权力寻租问题。所谓权力寻租乃指运用自己所掌握的政治权力和行政职权借助政策、制度从生产和交换中获取不合理收益的行为。事实上，权力寻租行为并不是从市场经济建立和发展之后才出现的。只要有政治权力和行政职权存在，用权力谋得私利的行为就会存在。那为何在市场经济条件下，权力寻租问题变得突出和不能容忍了呢？无论从个人发展还是社会进步角度看，以市场经济为基础、以普遍交换和广泛交往为途径、以追求个人的快乐、幸福为终极目的的现代化运动都是值得选择的社会结构和运行方式。在某种意义上，市场经济的建立和发展阻止了权力被滥用的可能性，因为在西方从生活底层日益发展起来而成为社会核心力量的资产者，自行建立了一套权力逻辑和资本逻辑相对分离的制度体系，这就使得市场的运行和权力的运用都必须在被法律合理界定了边界内进行。倘若市场经济的建立与发展起初就是在政治权力和行政职权的支配下进行，就会自行地为权力和资本的相互交换提供了政策和制度上的基础。于是，社会主义市场经济与权力寻租问题就更加根深蒂固、更加尖锐。当民众的意志和媒体的力量上不足以阻止权力资本化时，拥有和行使政治权力与行政职权的集团就必须养成和运用离职的德性和道德的德性，只有这种来自主体自身的内在自律的力量才能从根本上防止权力寻租行为。

（二）**根本性问题**。

这些问题具有显明的政治性质，对这些问题的解决程度直接决定着经济问题和文化问题的解决程度。从根本性问题的内部构成看，可分为客体性问题和主体性问题，前者表现为作为人之意志对象化的政策、制度和体制；后者表现为政治精英集团和一般民众的意志及其表达。在如下的论证中，我们试图把主客体问题有机地结合在一起加以分析。

1. 个人意志与公共意志问题。个人意志与公共意志之关系乃是人类产生和存续过程中的永恒性问题，其区别不在于各个历史阶段上的程度和强度上的不同，而是解决方式的差异。所谓个人意志乃是指个体的思与行始终以自己的需要、欲望、动机、快乐为出发点和归宿这一倾向而言，是起于心意以内的由己性，体现的是个体的

第三章 政治哲学把握当代中国问题的方式：一种类型学的考察

向我性、为我性和利我性，是强烈的生理、心理和精神倾向，具有无需论证的合理性，因为它是自然的，一切自然的东西都有其存在和表达的合理性。公共意志是人们在普遍交换、公共交往、集体行动中为着他者或公共利益而应具备的动机和自治力。而就公共意志的原始发生看，可有自发与自觉两种类型，前者是在反复交往的熟人社会由前辈、父辈或贤人、智者给定的他者意识和公共意识。谓其是自发的乃由于接受者并无机会追问这个他者意识和公共意识的合理依据，事实上，这是一种不真实的公共意志，因为它并未经历过个人意志与公共意志之间的矛盾、冲突与纠结的过程。在现代性语境下，市场经济的发轫、发展，从存在论、认识论和价值论三个层次激发了每个人的自我感受、自我意识和自我需要，基于个人意识之日渐强烈之上的个人意志也快速地张扬起来。在时间逻辑序列中，公共意识的养成和公共意志的生成要远远落后于个人意志，因为前者是自然性的，后者是社会性的。尽管社会主义市场经济的建立与发展已有40多年，但任性的、狂妄的、毫无他者和公共意识的偏执行为，似乎普遍存在。没有成熟的公共意志，普遍的交换、广泛的交往、集体的行动就无从进行。

2. 公共理性与实用理性问题。公共意识和公共意志的理性形式便是公共理性。"政治社会，以及事实上每个合理和理性的行为体，不管是个人、国家，或者社团，甚至某种政治社会的联盟，都有明确表达其计划，将其目标置于优先秩序之中，以及相应地作出决策的方式。政治社会这样做的方式就是它的理性。它做这些的能力也是它的理性，虽然是在不同的意义上，它是一种知识和道德权力，扎根于人类成员的能力之中。公共理性是民主社会的特征：它是公民，是那些分享平等公民权地位的人的理性。其理性的目标是公共的善：正义的政治概念所要求的基本制度结构，以及它们所服务的目的和目标。因此，公共理性在三个方面是公共的：作为公民的理性，它是公众的理性；它的目标是公共的善和基本正义问题；它的性质和内容是公共的，因为它是由社会的政治正义概念所赋予的理想和原则，并且对于那种以此为基础的观点持开放态度。"① 公共理性的内涵是极其丰富的，作为理论理性，它表现为基本的道德理性知识，并运用这些知识对人们观念和行动的正确性与正当性进行判断；在创制理性的意义上，可以相互提出有效性要求；在实践理性意义上，在处理与自己的欲望有关的事情时具有自治力。当一个仅仅具有熟人社会的道德常识而无公共意识和理性的人，进入一个无人称的陌生人交往的社会领域时，一种旁若无人式的想法和行为就会出现，其所具有的仅仅是实用理性和技术理性，不去追问其想法和做法的正当性基础。

  3. 官僚主义的根深蒂固与经济权力和传播权力的问题。官僚主义是国家治理和社会管理中的一个顽疾，依照韦伯的观点，任何一种治理模型（传统文化型、个人魅力型和法理型）都会存在官僚主义。可把官僚主义区分为本质主义和技术主义的两种，前者表现为一种制度和体制，这种体制保证了权力、地位、身份这些稀缺性资源出于社会结构的核心地位，一旦拥有这些支配性力量便可获得为其他人群所无法得到的优先性和优益性；后者变现为一种行为方式：打官腔、形式主义作风、拖沓、受贿等等。制度、体制和行为之间具有密切的关联性。封建社会是典型的官僚制度和体制，因为其官僚主义作风较之其他体制下的官僚主义更甚。当一种新型的社会制度替代封建制度之后，繁殖于封建制度之下的官僚主义并不立刻被改造过来，甚至有愈演愈烈的倾向。因为在封建状态下，一般民众分居在牧区、山区、农区和水域之间，其间互不往来，城市只在很小的范围内起着支配性作用，这就造成了边陲式的国家治理和地方式的村社管理。这就使得本质的和技术的官僚主义只限定在较小的范围和较弱的程度上。当人们或通过政治动员或通过经济变革将人们完全束缚在政策、制度和体制上的时候，生产资料和生活资料就会通过政策和制度加以调整和分配，这就大大加强了政治权力和行政职权的支配性作用，于是一种中

---

① 罗尔斯：《公共理性的观念》，载［美］詹姆斯·博曼主编，陈家刚等译，中央编译出版社2006年版，第68—69页。

第三章 政治哲学把握当代中国问题的方式：一种类型学的考察

轴式的国家治理和社会管理就会产生，在此种语境下，本质的、技术的官僚主义就会大行其道，政治权力和行政职权分割与运行上的滥用和渎职是官僚主义的极端形式。如何在社会主义制度之内铲除官僚主义这一顽疾，无疑是建设和完善社会主义政治制度和体制的重要任务。

4. 政治过度与政治不足的问题。这是一个如何使政治权力和其他社会权力如经济权力、社会权力和媒体权力等保持相对清晰的边界的问题，历史事实证明，在国家治理和社会管理上，专制主义和无政府主义是最没有效率和秩序的管理模式。在政治统合经济和文化的社会结构模型中，权力的运行逻辑替代了经济的效率与公平原则、文化的自由与个性原则，一切都要依照政治的标准进行操作，其结果是共同的贫穷和落后。在现代性语境下，一如经济和社会日益向所有人开放那样，政治也必须成为最大的公共资源从而向每个人开放，并不是说每个人都有同等份额的政治权力和行政职权，而是每个人都要被平等地对待，获得来自政治的惠泽。一个相对为好的社会乃是一个政治为每个人供给最大化公共价值的社会。与政治过度相对的是政治不足，即政治集团放弃了对经济和文化进行适度整合的责任，而任其"发展"，一个良序社会乃是一个政治、经济和文化既相对分离又相互支撑、各自相对独立地发挥功能的社会，而政治作为国家治理和社会管理的核心力量，必须从整体性上保证社会有序进行。如果任由资本的逻辑和观念逻辑的随意"发展"势必造成各个利益集团之间的矛盾、纷争、冲突，政治的力量就在于消解破坏社会秩序的因素，使各个利益集团达到均衡。超越政治过度与不足的良序状态乃是政治适度。

5. 权力资本化及其边际成本问题。与经济权力、社会权力和文化权力相比，政治权力具有广泛性、深入性、权威性和弥散性四个特征，① 惟其政治权力是依靠政治上层建筑和思想上层建筑而发挥效力

---

① 这是英国思想家迈克尔·曼在《社会权力的来源》一书中谈到政治权力时提出的观点。参见［英］迈克尔·曼《社会权力的来源》，刘北成等译，上海人民出版社2002年版，第10页。

的，所有具有强制性和合法性。作为一种权威性的支配性力量，政治权力乃是一种可能性：能够排除各种抗拒以贯彻其意志而不问其正当性基础为何的可能性。在任何一种历史场域下，权力都有超出其合理边界而获得额外收益的可能性，这倒不是因权力本身具有如此之大的魔力，而是由于拥有和行使政治权力的人具有利用权力获取私利的动机，虽然这不是普遍的现象。由于人的自治力是有限度的自律力量，如若社会结构、政治制度和体制提供了可使权力资本化的环境和条件，那么公共权力私人化、私有化就会成为客观事实。受历史条件限制，权力资本化的广度和程度是不同的。在互不往来、千百年来被固定在特定生活空间的传统社会，由自然条件决定，同时也由超强的地方自治能力所决定，社会的基层单位和组织对国家权力的依赖是有限的，耕地、山林、牧场、鱼塘、海域是固定的，政治权力无法直接控制这些"不动产"，而可供攫取的"剩余产品"也屈指可数，以此可以断定说，在封建社会，权力被滥用的程度和广度是有限的，这是由"边陲管理"所致。当人们通过建立和发展市场经济，构建了由生产、分配、交换和消费四个环节组成的现代逻辑体系，创制了流动的现代性，一切资源都要通过市场来进行配置，这就从根本上解构了传统社会的生产、交往和生活解构。尤其是自上而下的经济改革运动，极大地强化了原本就极具支配性的政治权力的控制力量，一种全面的"中轴管理"替代了传统社会的"边陲管理"。于是，整个社会开始朝着向下的方式流动，即社会成员日益被分化为精英人群（政治精英、经济精英、科技精英和社会精英）和普通人群（弱势人群和边缘人群）。所谓权力资本化指的是权力可以兑换成资本、知识和社会资本，反之，经济、科技和社会精英也可通过权力获得他们所意愿的收益。权力资本化除了造成极度不公平、不平等的社会后果之外，更为可怕的是它大大降低了政治整合社会的力量，它将政治"是其所是的东西"置于等价交换的逻辑之上，无法真正体现和实现政治的终极目的：财富的快速积累并合理分配、社会自治能力的提升、每个人既有意愿又有可能过一种整体性的好生活。

（三）全局性问题

所谓全局性问题乃指，无论是经济形态还是政治形态的问题，都是由人造成的，因而也必须由人来解决。而人是否拥有解决这些问题的德性与智慧就成为了关乎全局的事情，故称之为全局性问题。

1. 人格与人格性

人格与人格性问题是康德在晚年的伦理学著作《道德形而上学》中提出的，在国内关于康德道德哲学和伦理学思想的研究中，人们并未给予足够的重视。在此，我们无意去梳理康德关于人格与人格性理论的形成过程及其理论要旨，只想将这一思想借鉴过来用以论证我们在解决属于我们自己的政治性问题时该具备何种人格和人格性。"人格是其行为能够归责的主体。因此，道德上的人格性不是别的，就是一个理性存在者在道德法则之下的自由（但是，心理学的人格性只是意识到其自身在其存在的不同状态中的同一性的那种能力）。由此得出，一个人格仅仅服从自己（要么单独地、要么至少与其他人格同时）给自己立的法则。"① 从这段晦涩的论述中，我们能够领悟到的思想要旨是，人格与人格性是一体两面的事情，人格为实体，人格性为性质。人格性是逻辑上在先的潜能、倾向、状态；人格作为一个主体、一个行动者，既是人格性的承担者，又是它的实现者。一如人类的基因那样，附着在人的生物体之上，没有这个生物体作为承担者，基因便无着落处，而生物体朝向何处发展却取决于基因结构和基因序列。人格性决定了人之为人的基本路向，第一，人是一个有理性存在者，拥有理论理性、创制理性和实践理性；第二，依凭理论和创制理性，人类创设了一个集质料与形式于一体的目的王国及其实践法则，目的王国中的成员既是法则的制定者又是守法者；第三，人的自由就在于遵从自己制定的法则而行事。康

---

① ［德］康德：《道德形而上学》，《康德著作全集》第6卷，张荣、李秋零译，中国人民大学出版社2007年版，第231页。

德的道德哲学既是一种观念又是一种信念，前者决定了人格与人格性是可能的，决定了我们能做什么的边界；后者决定了形成和养成人格从而实现人格性又是必要的，决定了我们应当做什么的界限。依照这种初步论证，在现代性语境下，由于我们的人格及人格性是极不完善的，所以才造成诸种形态的具有政治性质的问题，同时我们又潜藏着能够解决这些问题的人格性，或许我们永远走在解决问题的路上。不断制造问题，又不断地认识问题、感悟问题，最后殚精竭虑地解决问题，这便是人的宿命。

2. 何谓正确的政治观和权力观？政治观和权力观构成政治哲学中的观念论，它们决定着政治制度和体制的设置原则、约束机制和评价机制。如若用一种已经陈旧的、落后的政治观和权力观支撑现代政治行动，那便无法实现政治的终极之善。我们试图从本质主义和技术主义两个角度来定义政治。Ⅰ. 政治是人们获取政治权力和行政职权的技艺，作为技术，乃指对媒体的运用；作为艺术，乃指引导群众舆论、进行政治动员以求民众信任与支持的方法和策略。Ⅱ. 政治是相关于每个公民之根本利益的所有方面。将这一界定拆分开来便是目的之善和手段之善两个方面，目的之善回答的是政治存续的价值根据，那就是令每个人的根本利益得到保障和充分实现，包括生命权、财产权和自由权，即身体之善、外在之善和灵魂之善，并使每个人过一种整体性的好生活。手段之善所表达的是为着最大化地实现目的之善必须具备的主客观条件，即作为主体性德性的政治伦理和作为客体性的制度体系。当好的目的和正确的手段有机结合在一起的时候，政治"是其所是的东西"就被标划出来了。然而，在人们的日常意识和日常行为中，关于政治的观念却往往是技术主义的定义，即把获取权力的技艺视为智慧的象征、能力的证明；把获取权力视为目的，而从不对权力的正当性基础做深刻的反思、反问和追问。在交换普遍化、交往广泛化，自由、民主、平等、文明、法治已成为社会核心价值体系的当代社会，技术主义的政治观和权力观已被证明是落后的观念，如果依旧以这种落后的观念支撑制定政策、制度的理念基础，那一定不是一个良序社会所应有的政治事实。① 只有正确的政治观和权力观，合理的政治表达和表达政治才有可能。

3. 政治表达与表达政治的合理性边界问题。黑格尔在《法哲学原理》的"法的本质"部分说，法的本质是意志。政治的核心也同样是意志，包括与财产、地位、身份、机会的意志和来自自身的意愿、动机、目的的意志两个方面。在现代性语境下，政治意志表达和表达政治意志愈益成为政治的核心问题。那么，怎样的表达才是合理的呢？② 虽然政治是相关于每个人之根本利益的事情，但人们对政治可能毫不关心、冷漠至极，或极度热情，甚至表现出政治狂热，显然这都是不可取的态度。即便关注政治事实，也未必有正确的态度和正当的行动。正当而合理地进行政治表达和表达政治是需要理论理性和实践理性做支撑的。所谓政治表达是指表达者将自己的有关根本利益的立场、观点借助自媒体或公共媒介进行表示，如若不是毫无根由地无理表示，每个人都有先天的理由表达自己的政治意愿。表达政治乃指个体或组织借助公共媒介对政治事实进行判断、推理并告知于他者而言，其言说的对象必须相关于每个人之根本利益的诸方面，即政治观念、制度、体制和行动。在政治表达和表达政治的具体过程中，必须严格区分动机与方式问题，如若动机是善良，是指向公共善的，即便使用了非理性的方式，那我们也不认为其表达是恶的，而是主张他必须改进表达方式；反之，如若其动机是破坏社会秩序、颠覆政治是其所是的价值逻辑，那么此种表达从本质上是恶的，即便其使用的表达手段和方式是合理的。能够形成最为基本的道德理性知识并正确运用这些知识进行政治表达和表达政治，乃是人的发展和社会进步的重要标志。

在社会转型中，我们遇到了问题，遭遇了困境，这都是正常的社

---

① 关于政治观念的详细分析和论证，参见晏辉《论政治观念》，《南京社会科学》2011年第6期。

② 关于合理表达政治意志的方式问题，我在"在冷漠与激情之外：合理表达政治意志的第三种方式"一文中作了初步讨论，参见《河南社会科学》2016年第8期。

会现象，政治哲学的理论旨趣就在于用类型学的方法梳理这些问题，用反思和批判的态度呈现这些问题的原始发生及其展开方式，用发展的眼光设计解决问题的道路。

第三节 政治哲学视阈中的观念论、方法论与实践论

虽然我们以"类型学视阈中的中国问题"为题材，讨论当代中国具有政治性质的问题，但这只是一种政治哲学视阈中的方法论诉求，一如前述，这是一种"中间型"的追问方式，前提性的和后果性的追问方式才是我们的起点和终点。当成因已被见出、类型已被给出，接续的任务便是如何中国道路与中国方案问题。这是一种比附性的说法，道为体，路为用；道为一，路为多。在社会主义制度的阈限内，建设一个好的、良序的社会，其道是唯一的，这就是社会主义的终极价值逻辑：财富增长并合理分配、社会自治力整体性的提升、每个人意愿并能够过上整体性的好生活。为着这一终极之善，方式和方法即路可以多样化，而实现终极之善的关键要素则是观念、方法和实践，这就是政治哲学视阈中的观念论、方法论和实践论问题。

一 政治哲学中的观念论

观念的革命是最艰难的，但其影响却是深刻而久远的。中国特色社会主义建设和完善的伟大变革起始于观念的变革，也根据于变革之后的观念；而被改变了的社会结构及其运行方式又反身要求着观念的变革。在政治哲学视阈中，有关政治性问题的观念主要是政治观和权力观，这两种观念的解构与重构具有先行于他者的意义。

而就谁的政治观和权力观的变革而言，可有三种主体，理论家、政治家和民众。在这三种主体之间，理论家的政治观和权力观的变革具有先行标划的性质，它以两种方式展开这种变革，一种是学术型的，从中外历史上特别是别国的思想资源中寻找他们所主张的权力观

第三章　政治哲学把握当代中国问题的方式：一种类型学的考察

和政治观，并以学术的形式借助现代传媒传播出去。以学术形态出现的新的政治观和权力观究竟能产生多大效力，则基本上不取决于供给者本身，而取决于接受者即政治家和民众的理解程度。另一种是诉求型的，即直接提出自己的政治观和权力观，并借助已然和实然的思想资源对自己的主张和理论做辩护和论证。这是一种直接提出观点的方式，前者是间接提出观点的方式。理论家的观点具有理想性、完满性、自足性，所以总是显得很美好，很鼓舞人，但却因为难以实现而陷入空想，在人类历史上尚未出现一个理论家的完美的理论主张能够被完全采纳并实现的事例。

而一般民众的政治观和权力观是最不容易变革的观念形式，他们对理论家和政治家的观念的认知、理解、把握、实行是极其有限的，也是极为缓慢的。依照政治哲学的平等原则和终极之善原则，政治是相关于每个人之根本利益的事情，那么，每个人都有提出自己政治诉求的权利，且每个人的意愿、利益、幸福乃是政治所追求的目的之善。但民众所提出的政治诉求往往极具个体性或个别性，很少基于公共理性而提出公共价值诉求来。于是，一般民众的政治主张和权力观念尽管具体但却由于缺少公共性质而不能普遍化。

最具现实性和实践性的政治观和权力观是政治家的。所谓政治家乃指能够领悟政治的真理，并通过政治动员将分散的民众在共同的政治意志的支配下，采取集体行动以实现政治之目的之善的先知、先觉、先行者。个人魅力型政治领袖乃是通过独特的个人气质、用个人的政治信仰和信念动员广大的受剥削和受压迫者摆脱被奴役地位从而当家作主的政治精英；法理型的政治家乃是以某个政治领袖为核心组成的政治精英集团，其理智的德性和道德德性构成了他们完成政治使命的伦理基础。在理论家、民众以及政治家的政治和权力观念中，政治家的观念要把理论家观念的理想性和民众观念的现实性整合起来，形成自己现实性的观念，通过政策、制度、体制和行动体现和实现出来；他们是自知、自觉的伦理理念的领悟者和实现者。黑格尔说："国家是伦理理念的现实——是作为显示出来的、自知的实体性意志的伦理精神,这种伦理精神思考自身和知道自身,并完成一切它所知道的,而且只是完成它所知道的。"[1] 政治家及其公共管理者不但知晓伦理理念,领悟伦理精神,且实现他所知道的一切。如果说领悟了伦理理念并意愿实现伦理理念乃是政治家的道德德性所要求的,那么如何找到实现伦理理念的方法和道路则是理智的德性所要求的。

二 政治哲学中的方法论

合理解决当代中国诸多政治性问题,除了重建正确的政治观和权力观之外,还必须形成正确的思维方式和实践智慧,这便是政治哲学中的方法论问题。而就正确的思维方式而言,可有事实性思维和价值性思维两种,事实性思维决定于我们的能力,即我们能够做什么。如若把财富、社会自治和好生活作为政治的目的之善,那么正确的事实性思维就表现为如何找到实现这一目的之善的道路与方式。市场经济被认为是迄今为止人类能够找到的相对有效率的经济组织方式,但市场经济也有它无法克服的内在矛盾,比如,第一,如果完全根据市场原则进行资源配置和财富非配,那么就会出现用利己主义、实用主义价值原则支配政策、制度和行动,在人与人的关系上造成用物的关系替代人的关系;在人与自然的关系上,为着所谓的利益最大化而过度开发自然,从而付出破坏自然的沉重代价,使代内公正和代际公正失去观念基础和社会基础。第二,用资本的逻辑替代政治的逻辑,会导致国际政治秩序失序,一种个人利己主义、集团利己主义和国家利己主义支配国家事务和国际关系的单边主义、国家优先主义行为就会大行其道。用政治的方式处理国际事务和国内利益关系业已成为政治社会的重要标志。

在合理解决政治性问题的方式和方法上,政策的调整、制度的完善和体制的变革乃是一个持续的过程,所以必须树立不断自我创新、自我更新的观念。其根源在于,政治之目的之善的实现,不是靠意

---

[1] [德] 黑格尔:《法哲学原理》,范扬、张企泰译,商务印书馆1979年版,第253页。

第三章 政治哲学把握当代中国问题的方式：一种类型学的考察

见、情绪、常识，更不是靠政治运动，而是依靠体现公平与效率、正义与平等、自由与幸福原则的制度体系来完成的，而制度体系的制定是必须以理论理性、创制理性和实践理性为基础的。由于人的理性是有限的，而社会结构、关系和行动是不断变动的，因此人类不可能制定一劳永逸的制度体系，而必须不断通过制度变迁使制度体系更能体现和实现人类之根本的价值原则。长期以来，我们更着眼于、着力于价值目标的设计，而忽视道路和方式的设计。在某种意义上可以说，制度的设计和完善也是一种生产力。

观念已经树立、方法已经选定为解决各种类型的政治性问题、实现政治的终极目的奠定了基础，但依旧不能保证能够达到目的，最为关键的乃是行动，即实践。

三　政治哲学中的实践论

一如我们在讨论政治观念时所指出的，与政治行动相关的人群有理论家、政治家和一般民众，每个人群只有各就其位、各司其职、各负其责，一个良序社会才能出现。首先，理论家要创设一套有利于良序社会的理论体系和价值主张，要有完整的理论理性和实践理性。理论理性保证了他的理论是可信的、可检验的，是自洽而自足的逻辑体系；实践理性保证了他对他所生活于其中的生活世界是感同身受的，他的理论是来源于生活世界而又高于生活世界，最后回归到生活世界。理论家必须有强烈而深刻的现实关照意识和情感，有强烈的责任感、使命感，用他的理论助力政治之终极目的的实现。

其次，政治家以及政治精英集团作为政治权力和行政职权的拥有者和行使者，是引领社会改革和发展的核心力量，他们的道德人格，他们的哲学思维与实践智慧是实现社会进步的伦理基础。如要实现政治"是其所是"的价值逻辑，政治家和精英集团必须采取如下行动，第一，做一个公正的旁观者。这里的旁观者不是政治行动的局外人，而是严格区分个人的观念和动机与政治的"真理"之间的边界。其所追求的目的乃是所有与政治有关的民众的心声，其所践行的实践法则乃是所有人都认为是能够实现政治目的的法则。他是政治"真理"的传达者和实现者，政治是其个人意志的代言人和工具。第二，要成为正确的言说者，他能够理性地把历史的声音和民众的心声表达出来，通过政治动员以使民众采取集体行动，充分实现政治的"真理"。第三，要成为正当的行动者。他既是正确的言说者，更是政治目标的实现者。用康德在《道德形而上学原理》中的观点说便是，他作为目的王国中的一个成员，既是立法者又是守法者。

其三，作为目的王国中的一般成员，作为社会中的一般民众，在从事与政治有关的行动时，实现如下两点极为重要。第一，对待政治事实的态度，冷漠与激情都不是对待政治事实的正确态度，理性地关注和参与政治行动才是可取的行为。第二，在表达政治和进行政治表达时，必须充分且公开运用理性。表达政治是表达者对政治事实进行评价，政治表达是表达者倾诉或陈述自己的根本利益诉求。一种正确的表达方式乃是用公共理性表达公共价值，而不是意见、情绪、个人意志的非理性表达。一个良序社会乃是这样一种状态，公共组织给予每个人充分表达其政治意志的权利和机会，而每个人作为理性存在者亦能出于意愿且理性地表达公共意志。

总之，政治哲学把握当代中国问题的方式乃是问题、类型、道路三个核心要素的统一。如果政治哲学内涵着道德哲学的价值诉求，那么解决政治性问题的关键乃是美德和规范的统一、德性与德行的结合。德性为体，德行（规范）为用，体用结合方为型。"型"就是政治哲学把握当代中国问题的整体性描述。

第四章　从权力社会到政治社会：
可能性及其限度

　　任何社会都存在着政治权力，但未必都是权力社会，只有把权力确立为社会最核心的力量时，才可能成为权力社会。权力社会也并不意味着是最无正义原则的社会形态，只有把权力视为和作为权力拥有者获取最大化利益、实施没有限度的支配行为的工具时，才是最没有正义原则的社会，才是典型的权力社会。没有限度和限制的权力，会把政治视为权力的工具，借助在他们看来是正确和正当的意识形态贯彻权力者自身的意志，国家意志只是他们假借的工具和名义。而在一个以公共善为目的的社会，政治权力被置于政治的框架内，借助正义而有效的政治观念、制度和体制来合理地分割权力、正当地使用权力。由权力社会向政治社会转型须具备三个严格条件，即政治精英的自觉、一般民众的觉醒、传播媒介的发达。这种转型并非是三个要素的机械并置，简单相加，而是相互嵌入，以媒体为中介、以观念为引领、以制度作范导、以体制作保障，在政党与公民之间构成一个良性的双向互逆结构。然而这种转型的可能性及其限度在哪里？值得深入分析。问题域的确定与界定确立了本书研究的对象；范畴群和话语体系的构造为这种研究提供了分析工具；政治社会的先行描画为终极之善的实现提供了理论模型。

第一节 勘定与界定：问题域与范畴群的先行标划

依据康德哲学的建构原则和范导原则，就权力社会向政治社会之结构性变迁的真实性和有效性进行前提批判，无疑是必须先行解决的问题。人类只能提出他能够和应当解决的问题①，前者构成科学问题，它决定着我们能够做什么；后者是构成价值问题，它决定我们应当做什么。科学问题要么是逻各斯本身，要么是分有逻各斯；价值问题作为善本身或朝向善的行动，乃是遵循和分有逻各斯而完成的事情。依照"是"与"应当"的原则，从权力社会向政治社会的结构性变迁，既是拥有可能性和倾向性的事情，又是朝向善的事情。而朝向善作为观念、作为追求，又是先行于倾向性与可能性的，只因有了向善的观念和追求，才可能有去发现倾向性和可能性的行动。善构成了行动的理由，倾向性与可能性构成了行动的条件。向往政治社会就是向善的倾向性和可能性。

在问题的阈限内，由权力社会向政治社会的结构性变迁，乃是人类社会演进中的基础性、根本性和全局性问题。政治权力作为一种绝对的支配性力量，在任何社会都是基础性、根本性和全局性问题，为着呈现权力社会与政治社会及其相对清晰的边界，必须给予关键词以优先确定和界定，对论题的合法性与合理性地位给予优先考察。

权力无疑是最为核心的范畴，必须优先加以确定和界定。只要有人类和人类社会存在，权力就必然存在。权力起源于差别，个体之间、群体之间、个体与群体之间存在着差别，这是必须承认和面

---

① "人类始终只提出自己能够解决的任务，因为只要仔细考察就可以发现，任务本身，只有在解决它的物质条件已经存在或者至少是在生成过程中的时候，才会产生。"《马克思恩格斯文集》第2卷，人民出版社2009年版，第591—592页。

第四章　从权力社会到政治社会：可能性及其限度

对的事实；而就差别的类型而言，可能有主体意义上的和客体意义上的两种。主体意义上的差别表现为品质与能力上的差别；客体意义上的差别表现为主体在社会地位以及掌握财富多寡上的差别。但差别只构成形成权力的必要条件，亦即有差别存在的地方未必就有权力现象。差别意味着个体之间、群体之间存在着优劣之别、强弱之分。若在存有差别的主体之间不存在利益关系，不存在交往意义上的交换与交流，进言之，若处于优势地位者并不利用其优势地位作用于处在劣势地位的人或人群，就不构成权力现象。那么，是何种源始性力量使得优势者和劣势者之间发生交互作用呢？追问到极处，便是由人的本性和社会的本质使然。任一个体都是非自足、非完满的，其自身之需要的多样性与其能力的有限性之间的矛盾，永远都是挥之不去的困境，独赖其自身永远都不会破解这一困境。只有依靠自身的努力，依赖与其他人的合作，才能使他生活下去，并可能过上整体性的好生活。依赖性是产生权力现象的根源，个体或组织的主体性资源、其所占有的社会权威资源，是权力得以产生的来源，合作是权力得以产生的条件。

权力与合作相关，但并非所有的合作都会造成权力。力量或影响力相近或相当的两个行动者，为着解决各自的需要与能力之间的矛盾，需要合作。一个有效的合作会产生合作剩余，除了满足各自的需要之外仍有剩余，无论是可物化的还是可体验的剩余，对合作双方而言都是有益的。这两个力量相当的行动者之间的相互作用、相互嵌入，就不构成权力。那么，为什么优势者与劣势者之间的相互作用和相互嵌入就一定构成权力呢？若一个行动者依靠其德性、知识，总之，依靠其令人称羡的品质影响他者，或令他者生活得以改善，或令其快乐，或令其人格完善，这样的支配行为就不构成权力。虽然宽泛地说，凡有支配事实在，就可能有权力现象出现，但就学科和日常理解来说，权力乃是与社会地位和外在力量有关的支配行为。界定权力的一个关键要素是支配者的意志，以及这种意志的性质和目的。"在最一般的意义上，权力是通过支配人们的环境以追逐和达到目标的能力。"① 迈克尔·曼把人类社会生活中所有符合上述定义的社会事实,统称为社会权力,在迈克尔·曼看来,我们完全可以以社会学的学科视野来定义和分析权力现象,把全部支配行为称为社会权力,因为这些支配性行为均出于同一个原因,即人类本性和社会本质。"人类无休止地、有目的地并且是有理性地为增进他们对生活中美好事物的享用而争斗,为此,他们有能力选择和追求适当手段,它们是权力的来源。"②

每个人都有追求其美好生活的天然权利,他们需要身体之善、外在之善和灵魂之善。然而这些善并不自在、自足地存在,需要人们去生产或创造。然而,个体的能力又是有限的,他们必须进行合作,为着那个合作剩余,人们或自发或自觉地团结起来,采取集体的行动,以组织的形式去创造那些可分享、共享的善。组织是若干个体进行有效合作的规范化形式,为着那个合作剩余,组织就必须对组织成员进行合理分工,以使人们各就其位、各司其职、各负其责。正是这种依存性情形导致支配性力量得以产生,支配性力量源自组织的协调、管理、整合之需要,而拥有协调、管理和整合组织与力量的某个人或某些人就居于组织的支配地位。决策者和管理者地位的生成是导致权力现象的直接原因,这些决策和管理者无论是通过民主讨论产生,还是通过击败诸多对手而自行产生,都不会改变决策与管理者这一支配地位,正是这一支配地位使他获得了监督和控制其他成员的力量,他会充分运用物质化和非物质化的手段来控制整个组织,并努力地阻止其他成员"分享"这种因优势地位而产生的支配力量。为着实现组织的目标,控制组织成员的思考与行动,支配者会精心设置制度、体制,并充分运用这些手段贯彻自己的意志。处于弱势或不利地位的人可能抗拒来自支配者的意志,但却可能因为如下两种情形而放弃这种抗拒,一是,可能缺少确立替换机构以实现其目标的机会;二是,即

---

① [英]迈克尔·曼:《社会权力的来源》,第8页。
② [英]迈克尔·曼:《社会权力的来源》,第5—6页。

第四章　从权力社会到政治社会：可能性及其限度

便采取最为极端的抵抗行动也不能使当下的境况改善。"在上的少数能够保持在下群众的服从，只要他们的控制按照两者运作于其中的社会群体的法律和准则是制度化的。制度化对于实现例行化的集团目标是必不可少的，因此，个体性权力，即社会的分层也就成了社会生活的一个制度化特征。"[①] 根据迈克尔·曼的论证，我们可以根据广泛性、深入性、权威性和弥散性把社会权力划分为四种类型，它们既是权力的来源，也是权力的类型：意识形态权力、经济权力、军事权力和政治权力。我们没有这样的意愿，像迈克尔·曼那样，从史前到现代，借用大量史料来论证、检验他的四种权力来源的正确性，以确证其权利理论的可信性。而我们的论题是，是否存在着这样一种社会权力现象，权力拥有者将其可资利用的权力变成了表达和贯彻其个人意志的，并占有公共价值的手段，如若存在这样的事实，如何分析、判断，又如何将政治权力改造成创造公共善并公正地分配公共善的力量，其可能性和必要性的限度在哪里。

在上述四种权力类型中，唯有政治权力有可能被滥用，成为权力拥有者单方贯彻其意志、谋取私利的有力工具，这是由人的本性和政治权力的本质决定的。首先，政治权力所依靠的力量是垄断的、强制的、不可逆的，这就是政治上层建筑和思想上层建筑。权力拥有者可能拥有被公认的个体美德，但这种美德只有借助强大的外在力量才能变成政治智慧，变成追求平等、正义和自由这三大社会价值的政治行动。思想上层建筑作为一个复杂的观念体系，包括观念、观点、话语、解释，其所指向的是人们的思想和意志，它要依照意识形态的逻辑整合、统摄被支配者各自不同的立场、态度、观念、思想与意志，以使他们按照它设计好的思想逻辑运行。思想上层建筑作为引领、控制意志的精神力量，绝不能游离出政治权力所能控制的边界；作为精神力量，思想上层建筑要创造知识和意义，制造规范和话语，决定仪式、惯例和习性。在政治权力所及的

[①] ［英］迈克尔·曼：《社会权力的来源》，第9页。

人群中，政治精英会培养或选定能够领会其政治意图、贯彻其政治意志的精神生产者，为其生产和创造知识与意义，虽偶有论证，以证明其知识和意义是正确的、正当的，但终极目的似乎并不止于建构知识和意义，关于知识与意义的合理性与合法性证明，只是用来支配世界的一个步骤和手段。被建构的知识不是严格意义上的自然科学和社会科学意义上的知识，而是实践知识，是与人的思想和行动有关的知识，除了用这些实践知识规约人们的思想与行动之外，还要进行创设和解释。所谓创设指的是，政治精英指给人们的"社会范型"，并真诚地承诺给民众，其所给出的社会范型是实现社会进步和人的发展的最好的理想类型。生活于这个社会范型中的人们会觉得生活得到了极大改善，是值得过的整体上的好生活。知识的创设和意义的生产具有极大的政治意义，而制造规范和话语又是创造知识和生产意义的扩展形式，与政治权力直接相关的规范有政治话语、法律体系和道德规范三种形式。法律体系更倾向于理性，其所追求的乃是人与社会"应是的东西"，是理性化的结果。政治话语和道德规范的制造可能介于情感与理性之间，是具有领袖气质的政治精英对人与社会"应是所是的东西"的直接领悟，在政治话语、法律体系和道德规范的构造之后出现的则是仪式、惯例、习性，当这些精神的要素被整合在一个统一的框架时，一种政治领袖所期望的场域就形成了，它是一个"看似有理性结构"。当这个"看似有理性结构"被构造出来逐渐成为一个不容置疑的因而是合理的社会存在时，它就会成为一种强大的社会力量，抵御和排除各种异己的力量，借以保持它的主导、主动地位。

  政治权力所依据的另一种社会力量便是政治上层建筑，它们是思想上层建筑的物化形式，是国家意志的直接体现。如果说思想上层建筑是面向人的思想与意志的，那么政治上层建筑则是直接面向人的行动的。由于意识形态是垄断的、独占的社会力量，由它所保障的政治权力也是垄断的、独占的，且是强制的，它只能掌握在权力集团手中，不会向所有人开放，正是在这个意义上，我们才把政治权力定义为：能够排除各种抗拒以贯彻其意志，而不问其正当性基础为何的可能性。政治权力的垄断性和强制性使它获得了广泛性和深入性这两个根本特征。"广泛性权力涉及把分布在辽阔领土上的大量人民组织起来从事最低限度稳定合作的能力。无论所涉及地区和人数大小多少，深入性权力都涉及紧密组织和指挥高水平动员或使参加者承担义务的能力。社会的主要结构结合了广泛性和深入性权力，因此有助于人类在广泛和深入的合作中实现他们的目标——不论这目标可能是什么。"① 我们还可以在更加广泛的意义上讨论政治权力的广泛性和深入性。其一，没有任何权力能像政治权力那样，与每个社会成员有关，它不但相关于所有人，且涉及每个人的根本权利与义务。生命权、财产权、自由权是被宪法明晰、明确规定和确定了的。其二，其所产生的效力是广泛而持续的。其三，政治权力并不仅限于它的意识形态化，即演变为意识形态权力，还必然演变为经济权力、社会权力和军事权力。

　　正由于政治权力依靠垄断而强大的意识形态而拥有的能够排除各种抗拒以贯彻意志的功能，才有这样一种可能性，使其意志偏离民众意志，偏离其承诺给人们的诺言，使其成为权力拥有者获取私人利益的工具。当政治权力偏离了政治要求于权力的"应是其所是"时，政治权力就背离了历史的声音和人民的心声。当这种背离成为一种普遍且持续的语境或场域时，一种典型的权力社会就会出现。

第二节　界定和确定权力社会的历史根据与道德立场

　　界定和确定权力社会既是一个社会哲学问题，又是一个道德哲学问题，前者所意欲解决的问题是，是否存在一个权力社会，其判别标

---

① ［英］迈克尔·曼：《社会权力的来源》，第10页。

准和依据是什么；后者所意欲解决的是，权力社会的正当性基础为何，如何奠定这一基础。

只要有人类社会存在，只要人们愿意生活下去并意欲过上一种整体性的好生活，权力现象就必然存在，尤其是政治权力。因为一个正义的国家治理和有效的社会管理是实现社会进步和人的发展的基本途径和方式。另一个事实是，几乎在任何一个社会结构类型中，政治权力都有被滥用的可能性，但如果滥用权力的程度与广度已完全超出了社会正常运转所需要的最低限度，就会使社会失去秩序，我们就把这样一个以权力为轴心且把权力作为获取最大化个人利益的手段的社会称之为权力社会。判别一个社会是否是权力社会，应以如下几个关键要素为准。

一 动机偏离问题

在权力被滥用的诸多要素中，动机偏离是最为初始性的元素。占有与表达是人们满足需要、实现欲望的基本方式和路径，就可占有的对象而言，有有形的，可计算的，有无形的，不可计算的。可计算的也可能是垄断的，也可能是竞争的。表达的是意志，可有有人称的和无人称的两种，前者表现为弱的意志支配，并不追求操控；有形的支配是强的意志支配和支配意志，以达至操控意志的目的。在强的意义上可以说，任何一个社会都是权力社会，因为作为一种支配性力量，乃是人们进行正义国家治理和有效社会管理的关键要素；在弱的意义上说，权力社会特指权力被广泛而持续滥用的那种社会状态。

每一个人依靠其自身的主体性资源所进行的占有和表达是十分有限的，因为他会受到他者之意志的抗拒和反向的操控。通过政治权力而实现的占有与表达却是足够强大而持续的，就可能性而言，其所占有的对象可以是有形的、可计算的物质和精神产品，依照德国经济学家戈森的观点，随着同类物品的供给，人对该物品的需求会下降。然而，由于政治权力的激发作用，权力拥有者却对物质产品、精神产品及其符号化形式即货币表现出了毫无边界的占有欲。事实上，他们对占有多少已经少有兴趣，而对占有本身迷恋至极，这是病理学意义上的占有。另一种可占有的对象则是嵌入在人们的活动结构和关系结构中的地位和身份，这些地位和身份作为稀缺性资源，乃是一种权威性资源，具有显明的优先性和优益性，它们可以为权力拥有者带来为其他社会资源无法带来的优先与优益。其垄断性表现在，这种优先与优益一旦掌握在某个人或某个集团手中，其他任何成员就不再有任何机会获得它们，这就更强化了它们的优先性和优益性，因而就更加令人羡慕和向往。何以至此？利用嵌入在人们活动结构与关系结构的身份和地位所实施的支配行为，惟其是支配他者的意志，才令支配者得到心理和精神上的满足，支配人的意志比占有财富更加令人着迷。因为，令人快乐的程度与令人快乐之事情的困难性程度有关，难得之事比易得之事更令人快乐、满足。

权力表达或表达权力乃是相关于人的意志的事情，而意志又相关于人的思考与行动。支配意志比支配物更加复杂也更加困难，因为他会受到被支配者的抗拒或抵抗。联结支配者个人意志与民众意志（公共意志）的中介是国家意志，作为支配者的个人或集团经常以国家意志的名义支配、实现公共意志，也会以誓言的形式立下决心实现公共意志的诺言。然而事实证明，这经常是一个靠不住的承诺，是无必然性的"形式"逻辑。国家意志是一个虚拟概念，它是非人格化的工具体系，它不会思考，也不会判断，它只是一种名义，是权力支配者意欲取得合法性地位所借以成立的形式条件；国家意志没有情感、理性与意志，不会对其对错、是否正当进行反思、悔过。国家意志必须借助权力者个人或权力集团的意志而实现其自身。倘若去掉国家意志这个形式条件，那么，权力集团的意志与公共意志之间的关系就具有了实质上的权利和义务的关系。于是，权力集团的人格就成为了实现公共意志的理性、情感和行动基础。细分下来，这个基础集中表现为四个关键要素：政治观与权力观、认知方式、情感结构和自治力，亦即亚里士多德意义上的理智的德性和道德的德性。在权力者个人或权力集团的意志与公共意志之间就可能有三种关系状态：出于、合乎和反乎。康德在《道德形而上学原理》第一章中就一个行为是否是出于、合乎或反乎责任的复杂性问题，作了集中讨论，"我且不谈那些认为是和责任相抵触的行为，这些行为从某一角度来看可能是有用的，但由于它们和责任相对立，所以也就不发生它们是否出于责任的问题。我也把那些真正合乎责任的行为排除在外，人们对这些行为并无直接的爱好，而是被另外的爱好驱使来做这些事情的。因为很容易分辨出来人们做这些合乎责任的事情是出于责任，还是出于其他利意图。最困难的事情是分辨那些合乎责任，而人们又有直接爱好去实行的行为。"① 在康德看来，属于道德命题的陈述应该有三项："道德的第一个命题是：只有出于责任的行为才具有道德价值。第二个命题是：一个出于责任的行为，其道德价值不取决于它所要实现的意图，而取决于它所被规定的准则。第三个命题，作为以上两个命题的结论，我将这样表达：责任就是由于尊重规律而产生的行为必要性。"② 而在最初始的环节中，权力拥有者在使用权力中把谁的利益作为优势动机，对政治行为和行政行为起着决定方向的作用。在康德给出的行动与责任的三种形态中，惟有出于责任的行为才具有道德价值，权力拥有者只有把公共意志和公共善作为初始动机时，才能保证其行动具有正当性基础。

然而，能够抵御来自内心对权力的强烈欲望、抵抗因权力的优先性和优益性而带来的诱惑乃是极为困难的事情。若权力拥有者既无对先天实践法则的敬畏感，又无来自内心的自治力和耻感，就很容易将令自己生活得以改善和令自己愉快的欲望作为初始动机，动机偏离是导致权力社会持续存在的最为原始的要素。既无知止，又无行止，更无外在监督和归责、追责的机制，极具广度和力度的权力滥用就不可避免。不排除任何社会条件下，某个或某些权力拥有

---

① ［德］康德：《道德形而上学原理》，苗力田译，上海人民出版社1986年版，第46页。
② ［德］康德：《道德形而上学原理》，苗力田译，第49—50页。

者缺失耻感和罪感,对政治权力和行政职权毫无责任感,但若是权力者集团集体性地缺失罪感和耻感,那么集体性地滥用职权就不可阻挡,其结果便是既得利益集团的形成,这就是权力资本化及其后果问题。

二 权力资本化及其伦理后果

在社会资源构成中,政治权力和行政职权是最具垄断性和强制性的一种,依据权力"是其所是"的逻辑,权力是最不该资本化的稀缺性资源,然而它却是最有可能被资本化的资源,这倒不是由于权力最适合市场化,而是市场化是违背了权力的真理的,作为"是其所是的东西",政治权力和行政职权的真理就是最大化地创造"公共善",合理分配"公共善",实现公共意志。

政治权力作为具有强制性和排他性的支配性力量,乃是一个自上而下的体系,政治权力和行政职权的拥有者会因权力的公共性或共同性而形成相似甚至相同的权力观,形成相同的认知、情感和行动方式。由于权力是与来自内心的冲动（占有的欲望）和外部的诱惑（资源与机会）密切相关的,因而最容易解构人的心灵结构,并建构畸形的心灵结构,形成最具职业特点的思维和习性。权力会把潜存于人的心灵深处的占有欲和表达欲激发到前所未有的地步,使权力拥有者处在"贪得无厌"、"欲壑难填"的地步而浑然不觉、不能自拔。权力会造成特定的场域和习性,而这个特殊的场域和习性一经形成,便又反身嵌入到权力拥有者的认知、情感与行动之中。因而,权力拥有者若欲将最具权威性的权力资本化,那么与权力相关的利益相关者就会或主动或被动地加入到权力资本化的逻辑中,形成广泛而持续的权力寻租。权力寻租作为权力资本化的直接表现,可有强与弱两种情形,强的权力寻租表现为"显失公正",具有最低限度的理性推理能力和正义感、平等观的人,均可对"显失公正"作出正确的价值判断。而在"显失公正"中,又有互惠的和单方的情形,尽管是不对等的,但互惠双方都是权力资本化的受益者。弱的权力寻租是通过合法的形式实现的"不公正",确切地说是通过政策或制度的形式实现的对财富、地位、身份和知识的过度占有,由于权力资本化可以使多重利益相关者受益,因而使得原本有着相对清晰边界的政治、经济、社会和科技领域被关联起来,形成利益联盟。利益联盟具有自我防御、自我修复能力,它防止了其他利益者进入这个利益联盟的可能性,使得自己的优势地位固定下来;它也阻止了利益联盟中的"背叛行为",无论是良心发现,还是外部的制裁,背叛行为都会使利益相关者付出沉重代价。虽然罪感和耻感在人的心灵深处都有安身立命之所,而强大的场域、习性具有强大的嵌入作用,致使罪感和耻感变弱,除非"背叛者"置任何外部代价于不顾,而只是为了还原自己的"良知"、"良心",通常情况下是不会与"盟友"为敌的。更为重要的原因在于,通过权力资本化而获得的财富、地位、身份,以及精神上的满足,会使人的道德感变弱,康德笔下的善良意志、实践理性和实践法则变得模糊不清、麻木不仁。

简约地说,动机偏离和权力资本化是造成权力社会的两个关键因素,前者属于任性范畴,后者属于制度概念。在人类发展的任何一种形态里,具有产生权力社会的人性根源和社会基础,因此,权力社会这一社会事实,原则上不是有无问题,而是一个程度问题。区别仅在于,有些权力拥有者殚精竭虑地获取权力,其初始动机可能是通过支配人和占有物而满足因支配而产生的愉悦;而有些权力拥有者则可能更为贪婪,既贪图物质的享受,又获取精神上的满足,或许,通过政治权力和行政职权而实施支配性行为所造成的心理和精神上的满足,更令人向往和着迷。我们的任务在于,何种社会结构和历史场域适合权力资本化,继而造成权力社会持续存在。

在传统的农业社会,并非不存在权力社会现象,只是由于客观原因,其广度和程度受到极大限制。其根由在于,农业社会的生存基础是土地,而土地是固定的;生活基础是农产品及其生产这些产品所需要的工具系统,而其文化基础则是天地人三者合一的自然观和以熟人关系为基础的伦理观。每人分得一块土地,四季劳作、终

第四章　从权力社会到政治社会：可能性及其限度

生不离，家庭、家族和村社之高度的自组治能力，以及人们对土地的天然依赖关系，使得国家管理不可能是大规模的组织化管理，而只能是松散式的边陲管理。如此，个人、家庭、家族、村社和地方官吏对国家权力的依赖是有限度的。于是，在地缘性存在和边陲化管理的历史场域下，权力拥有者即使有动机偏离的心理倾向，却因缺少权力资本化的社会基础而不可能产生普遍而持续的权力资本化后果。

市场经济或市场社会是迄今为止被人类发现的相对有效率的经济组织方式，它从根本上打破了农业社会那种自给自足的经济组织方式，建立起了庞大的生产体系和消费体系，甚至造成了"庞大的商品堆积"。① 它从根本上斩断了生产与消费之间的直接对应关系，使得生产与消费越来越具有了社会的性质，"人们对自然界的狭隘关系决定着他们之间的狭隘关系，而他们之间的狭隘关系又决定着他们对自然界的狭隘关系，这正是因为自然界几乎还没有被历史的进程所改变。"② 在自然经济状态下，每个人只为自己生产，劳动具有双重意义，劳动本身具有伦理性质，爱劳动是美德；劳动又具有手段之善，劳作是为了获得劳动果实。自己是自己产品的生产者，又是自己产品的享用者。相反，在市场经济社会，人们只有首先为他人生产才能最后为自己生产。大量以土地为生的劳动者纷纷离开土地而涌入城市，充当城市的廉价劳动力；财富被快速地创造出来、积累起来，边陲管理逐渐地变成了组织化管理。以上四个条件，为可能出现的权力资本化提供了社会基础。市场化或市场社会具有双重作用，既可以分解或削弱权力的支配力量，扩展其他的权力形式，如经济权力、知识权力、社会权力等等，通过提高社会自治能力而降低人们对政治权力和行政

---

① "资本主义生产方式占统治地位的社会财富，表现为'庞大的商品堆积'，单个的商品表现为这种财富的元素形式。因此，我们的研究就从分析商品开始。"（《资本论》第一卷，2018年版，第47页）

② 《马克思恩格斯文集》第1卷，人民出版社2009年版，第534页注①。

职权的绝对依赖，构建大社会小政府的结构模型；但也可能强化政治权力的支配作用，尤其是在市场经济初建时期，市场尚不完善，社会自治力较弱的状态下，生产资料和生活资料的配置与分配，通常都要通过政治和经济制度与政策的支配性力量完成的，出现大政府小社会的情形，从而形成不同于边陲管理的中轴管理。资本原始积累的实现既可以是自下而上的，也可以是自上而下的。马克思在《资本论》第一卷的第二十四章"所谓原始积累"中，深刻而详尽地论述和论证了资本原始积累的历史逻辑和价值逻辑。所谓原始，既可指最初的资本，也可指最初资本积累的"原始性"，即野蛮性。"大家知道，在真正的历史上，征服、奴役、劫掠、杀戮，总之，暴力起着巨大的作用。但是在温和的政治经济学中，从来就是田园诗占统治地位。正义和'劳动'自古以来就是唯一的致富手段。事实上，原始积累的方法决不是田园诗式的东西。"[①] 马克思精炼而准确地描述了自下而上的资本原始积累的过程："资本主义社会的经济结构是从封建社会的经济结构中产生的。后者的解体使前者的要素得到解放。直接生产者，劳动者，只有当他不再束缚于土地，不再隶属或从属于他人的时候，才能支配自身。其次，他要成为劳动力的自由出卖者，能把他的商品带到任何可以找到市场的地方去，他就必须摆脱行会的控制，摆脱行会关于学徒和帮工的制度以及关于劳动的约束性规定。因此，使生产者转化为雇佣工人的历史运动，一方面表现为生产者从农奴地位和行会束缚下解放出来；对于我们的资产阶级历史学家来说，只有这一方面是存在的。但是另一方面，被解放的人只有在他们被剥夺了一切生产资料和封建制度给予他们的一切生存保障之后，才能成为他们自身的出卖者。而对他们的这种剥夺的历史是用血和火的文字载入人类编年史的。"[②] 从马克思的这段描述和

---

① 《资本论》第一卷，第821页。
② 《资本论》第一卷，第822页。

论述中可以看出，欧洲资本主义社会的建立充满着暴力、掠夺，是用血与火的文字写就的历史，但它同时也确立起来的依照市场规律而进行生产、分配、交换和消费的资本运行逻辑，如若追求财富的积累和分配，就必须保持资本逻辑与权力逻辑之间的相对清晰的边界。

而自上而下的运行路径，起初就是依靠基于政治权力和行政职权之上的经济政策和制度而发展起来的。市场经济的此种原始发生方式具有显明的二重性，从积极方面看，可以阻止因资本与劳动的分离而出现马克思所描述的私有制，形成充满矛盾和冲突的无产阶级与资产阶级的对立，矫正由劳动与资本的分离而造成的严重的两极分化。从消极方面看，从市场经济的原始发生开始，政治权力和行政职权通过经济政策和制度决定着生产资料的配置和生活资料的分配。这就极有可能造成权力、资本、知识之间的通存通兑关系，亦即造成权力资本化。当权力逻辑和资本逻辑被并置在一起并相互嵌入时，一切有悖于人类共同价值追求的社会后果就出现。

事实上，市场社会中的权力资本化并非历史之必然，也并非市场经济使然。无论是自然经济、商品经济、市场经济、知识经济、生态经济，还是循环经济，都是人类找到的能够创造财富、分配财富，追求好生活的诸种经济组织方式。因此，权力资本化的根源绝不在社会结构及其运行方式本身，而在于拥有和行使政治权力和行政职权的人群是否拥有正确的权力观、政治观和完整的德性，以及普通民众是否具有普通的道德理性知识和德性。

三 从权力社会到政治社会：可能性及其限度

首先必须确定的是，无论是在野蛮社会还是在文明社会；也无论是在专制社会还是在民主社会，政治权力和行政职权始终是存在的。无政府状态被认为是最没有秩序的状态，在此种状态下，人们的共同价值目标根本无法实现。以此观之，政治社会并不是一个与权力社会完全不同的社会形态，而是在正确的政治观和权力观指导下，通过能够最大化实现财富、文明、民主、平等和自由的制度体系实现三种终极之善的社会。① 政治社会是一个良序社会，一个良序社会是被大多数人认为相对为好的社会，为此，良序社会就必须具有如下特征：作为最具支配性力量的政治权力和行政职权不再是权力拥有者谋得私利的工具，而是为了创造最大的"公共善"，包括财富、机会和秩序；通过政策设计和制度安排，创设一种既坚持平等原则又尊重差别事实的制度环境，不只是追求形式正义，更追求实质正义，亦即每个人都拥有接近的分配财富和享用公共善的能力体系，建构可行能力概念。它是一个有利于培养社会自治力的社会，每个公民通过各种民间力量实施社会的自我管理，每个公民既是有理性且无偏见的旁观者，又是追寻正当性基础的行动者，是一个有利于提升每个人之心智力量，且意愿和能够过上整体性的好生活的社会安排，有利于建构相互承担责

---

① 就"政治社会"这一术语而言，我们能够用到的思想资源主要有三个，洛克在《政府论》（下卷）的第七、八、九章分别用"论政治的或公民的社会"、"论政治社会的起源"、"论政治社会和政府的目的"标题，论述了政治社会的起源、功能和目的。英国思想家威廉·葛德文在《政治正义论》第一卷的第二章中以"政治社会的历史"为标题，梳理了政治社会的主要阶段和形态："只要概括地回忆一下政治社会的历史，就会有力地说明政治制度的影响的程度。"（［英］威廉·葛德文：《政治正义论》，何慕李译，商务印书馆1979年版，第6页）。美国人类学家摩尔根对文明社会及其存在的问题作了较为详细的描述："自从进入文明社会以来，财富的增长是如此巨大，它的形式是如此繁多，它的用途是如此广泛，为了所有者的利益对它的管理又是如此巧妙，以致这种财富对人民说来变成了一种无法控制的力量。人类的智慧在自己的创造物前面感到迷惘而不知所措了。但是，总有一天，人类的理智一定会强健到能够支配财富，一定会规定国家对它所保护的财产的关系，以及所有者的权利的范围。社会的利益高于个人的利益，必须使这两者处于一种公正而和谐的关系之中。只要进步仍将是未来的规律，像它对于过去那样，那么单纯追求财富就不是人类的最终的命运了。自从文明社会开始以来所经过的时间，只不过是人类已经经历过的生存时间的一小部分，只是人类将要经历的生存时间的一小部分。社会的瓦解，即将成为以财富为唯一的最终目的的那个历程的终结，因为这一历程包含着自我消灭的因素。政治上的民主、社会中的博爱、权利的平等和普及的教育，将揭开社会的下一个更高的阶段，经验、理智和知识正在不断向这个阶段努力。这将是古代氏族的自由、平等和博爱的复活，但却是在更高级形式上的复活。"（［美］路易斯·亨利·摩尔根：《古代社会》（上），商务印书馆1977年版，第 i 页；（下），第556页）。摩尔根虽然没有直接使用政治社会这一术语，而是用了"文明社会"这一概念，但从内涵上，摩尔根认为文明是政治社会的根本标志，只是摩尔根偏向于论证建构政治社会或文明社会所需要的主体性资源和客体性的条件。

第四章 从权力社会到政治社会：可能性及其限度

任的契约观念："没有人能够自立为皇帝或国王，人民提升某一个人使之高于自己，就是要让他依据正确的理性来统治和治理人民，把他所有的给予每一个人，保护善良的人，惩罚邪恶的人，并使正义施行于每一个人。但是如果他妨碍或扰乱了人民建立他所要确立的秩序，也就是违反了人民选择他的契约，那么人民就可以正义而理性地解除服从他的义务。因为是他首先违背了将他们联系在一起的信仰。"[1]

每个人以及由个人组成的群体，似乎从不缺少建构美好社会的愿望与信念，但却每每不能实现。任何一种社会类型都是相对为好的一种，政治社会就是一个相对为好的社会，由权力社会过渡到政治社会乃是一个艰难而细致的过程，我们虽然不能表象化地描述这个社会，但可以把关键要素先行标划出来，然后"表象化"各要素之间的内在逻辑。我们将采取倒置的论证方式，先从结果入手，经由关键要素的设定，再回到现实的具体过程。

从结果看，政治社会应该是一个相对平衡的社会结构，权力均衡既是良序社会的结果，又是它的前提。所谓权力平衡不是指每个人都有等份的政治权力和行政职权，社会是一个既有分工又有协作的集合体。每个人在理智的德性和道德的德性上有很大差别，只有让既有智慧又有德性的人从事国家治理和社会管理，而绝大多数人从事物质和精神产品的生产、分配、交换和消费，社会才是和谐的。为着使每个人各就其位、各司其职、各负其责，每个人都能够找到最适合他的本性且有益于他人和社会的位置，就必须使各个人之间、各个群体之间保持相对平衡，这就是正义。政治精英集团可以借助政治上层建筑和思想上层建筑，排除各种抗拒以贯彻其意志，但必须追问其正当性基础。只有给其他社会成员怀疑、质疑、批判和建构其正当性基础的权利与机会，才能形成相互间的制约关系，达至相对平衡。只有在相对平衡的场域下，才能通过反复进行的博弈确立权力运行的合理边界。

---

[1] [英]迈克尔·莱斯诺夫：《社会契约论》，刘训练等译，江苏人民出版社 2006 年版，第 13 页。

另一种平衡则是权力部门之间的制约关系，畸轻畸重式的权力结构，极易造成权力分割与操作超出合理边界。如果说权力平衡和社会结构平衡只是政治社会的后果形态，或称场域、语境，那么它完全是由政策设计和制度安排造成的。

合理的政策设计和制度安排是政治社会得以建立的根本保证。政策与制度是相关于人与物的关系以及人与人的关系的规范化形式，包括原则与规范；而体制则是把原则和规范所完成的具体设置。如果说政策与制度是无人称的，面向所有人或某些人、某个人群的，那么体制则是把政策和制度运用到具体的人或物的详细规定。政策设计和制度安排固然有不完善的可能性，但通常会体现正义和平等原则，因为形式公正是很容易被设定出来的，但当把具有普遍性的政策和制度运用到具体的人或物时，差别、矛盾、冲突就显现出来了。从形式到质料，从普遍性经由特殊性再到个别性，其间充满着各种可能性，为权力的过度使用提供了可能性空间。一个好的规范体系应该是一个自足的约束体系，其主体部分应该是激励财富的创造和公平的分配，推动有机团结从而提升社会自治力，利于每个人过一种整体性的好生活，可称之为积极自由，即作为的义务，其命令式是，当且仅当，只有如此这般地行动才是出于义务的。规范体系的另一部分则是防范的、矫正的、惩罚的，可称之为消极自由，即不作为的义务，其命令式是，禁止如此这般地行动，否则必须接受道德谴责和法律制裁。

观念的建构与完善是政治社会得以产生和持存的理念基础。权力平衡、社会结构合理决定于体现正义与平等原则的政策和制度，而政策和制度又是观念的符号化形式，有何种形态的观念就会有何种形态的政策和制度。观念、理念是关于人和事物能够是什么、应当是什么的根本看法，可分为科学与价值的观念，科学的观念决定于事物自身的客观因果性系列，是主观上和客观上都有充分根据的视其为真；价值的观念是对终极之善与手段之善的先行设定，是可能但不必然的事物自身的原因性系列，是主观上有充分根据而客观上不必然的视其为真，即信念，信念基于真理而又不止于真理。政治社会之不同于权力

第四章 从权力社会到政治社会：可能性及其限度

社会的根本之点，不在于是否运用政治权力和行政职权进行国家治理和社会管理，而在于使权力朝向公共善还是朝向私人利益。

当我们把作为环境的权力平衡、作为保障的制度、作为初始性力量的观念统合在一起，建构出一个有其内在运行逻辑的系统时，"政治社会"之原始发生的整体图像就显现出来。政治社会是以现代精神体系①为观念基础，以体现正义与平等原则的制度为保障，以追求最大的"公共善"②为终极目的的国家治理和社会管理模式。现代政治观和权力观是政治社会的核心观念，一个自由的、民主的、平等的社会一定不是一个充满任性和放任的社会，相反，一定是一个可以相互提出有效性要求并殚精竭虑地兑现这些要求的社会；不是要"去政治化"，而是要把政治和权力变成真正能够最大化创造公共善并公平分配公共善的合理力量；去掉的不是政治和权力本身，而是去掉使政治和权力私有化、资本化的观念、体制和行动。政治不足和政治过度都不利于创造和分配公共善。实现权力社会向政治社会的转变，必须实现政治观和权力观的革命，即还原政治与权力"是其所是的东西"。实现政治观的革命就是要实现由技术主义定义向本质主义定义的转变，如果把政治定义为"获得、攫取政治权力的技艺"，便是技术主义的定义方式，其本意是获取权力就是目的，至于用政治权力达到什么目的，并不在其预设之中，由于缺少反思和批判，常常会把政治权力变成实现权力拥有者之支配和占有目的的手段。如若把政治定义为"相关于每个人之根本利益的所有方面"，便是本质主义的定义方式，生存权、财产权和自由权是被宪法合法界定了根本权利，是集身体、财富与意志于一身的，它构成了政治的是其所是；所有方面是指政治观念、政治制度和政治行动，权利为体，政治为用，体用结合方为

---

① 关于现代精神体系问题，参见晏辉《法律文化与现代伦理精神》，《社会科学辑刊》2015年第2期。

② "公共善"可分为手段之善和目的之善，观念、制度、行动构成手段之善，其目的在于创造终极之善，即：快速积累财富并公平分配财富；使社会管理趋向自组织；每个人都有机会、愿望和能力过一种整体上的好生活。

型，这个型便是"政治社会"。视公民之根本利益为政治之首要价值或终极之善，乃是政治社会之根本的观念，且只有这种观念已变成思想家、政治家和所有民众之共同观念或价值共识时，一个现实的政治社会才能被建构起来。而在具体的国家治理和社会管理实践中，政治家及其公共管理者能否把现代政治观作为制度和行动的观念基础，成为至关重要的方面。政治家及其公共管理者的理智的德性和道德的德性是实现政治社会的道德基础。

理智的德性决定了政治家及其公共管理者具备有在政治社会进行合理治理和管理的科学理论与理性知识，对国家和政治的是其所是形成了健全的理性知识。黑格尔说："国家是伦理理念的现实——是作为显示出来的、自知的实体性意志的伦理精神，这种伦理精神思考自身和知道自身，并完成一切它所知道的，而且只是完成它所知道的。"① 在政治社会，政治家及其公共管理者不但知晓伦理理念，领悟伦理精神，且实现他所知道的一切。道德的德性决定了政治家及其公共管理者在政治社会通过政治权力和行政职权为创造最大的公共善所需要的德性，它由三个关键要素组成：善良意志、实践法则和实践理性。将创造和分配公共善作为进行国家治理和社会管理的根本目的，并将这个目的变成政治行动的直接动机；将实现公平、正义、平等、民主的法则作为政治行动的约束性根据；在处理与自己的欲望有关的公共事务中，永远将公共利益置于首要的、优先的地位。当政治家及其公共管理者拥有了理智的德性和道德的德性，在具体的治理和管理实践中，公共善就呈现为历史的声音和民众的声音，历史的声音体现的是历史的逻辑，它决定了我们能做什么，政治社会就是我们能做的事情；民众的心声体现的是价值逻辑，民众之合理的愿望和诉求就是最大的价值逻辑。

在政治社会，不只是政治家及其公共管理者要具备整体的德性，一般民众也必须具备现代道德理性知识。在与政治事实相关的道德理

---

① ［德］黑格尔：《法哲学原理》，范扬、张企泰译，商务印书馆1979年版，第253页。

第四章 从权力社会到政治社会：可能性及其限度

性知识方面，民众可能会有三种情形，即冷漠、激情和理性。政治冷漠和政治狂热是政治社会的最大敌人，冷漠是无动于衷，狂热是任性妄为。而理性才是政治社会所有民众应有的精神，这就是积极向上的政治态度和合理合法的政治表达。但即便是在政治社会也不能保证每个公民都能拥有理性精神，由不同政见、态度和情感组成的多样化的政治生态，是我们必须正视和重视的社会事实。由持不同立场、态度和政见的个体意志构成的社会文化现象叫"公共舆论"。"无论哪个时代，公共舆论总是一支巨大的力量，尤其在我们时代是如此，因为主观自由这一原则已获得了这种重要性和意义。现时应使有效的东西，不再是通过权力，也很少是通过习惯和风尚，而确是通过判断和理由，才成为有效的。"① 但在公共舆论中，真理与谬误是混杂在一起的，发现其中的真理并将真理变成伟大的社会实践，则是伟大人物的事情。"公共舆论中有一切种类的错误和真理，找出其中的真理乃是伟大人物的事。谁道出了他那个时代的意志，把它告诉他那个时代并使之实现，他就是那个时代的伟大人物。他所做的是时代的内心东西和本质，并使时代现实化。谁在这里和那里听到了公共舆论而不懂得去藐视它，这种人决做不出伟大的事业来。"②

基于上述分析和论证，政治社会的构成就被简约地规定为三个要素的相互嵌入并由此形成一个充满活力的社会运动：政治家及其公共管理者的自觉、民众的觉醒、现代媒体的发达。借助现代传播媒介，政治家及其公共管理者把国家的伦理理念和伦理精神嵌入到民众的意志之中；通过多样式的媒介，民众把各自的政治意志传达到国家的意志之中，接受公共意志的检验。只有在国家与民众的良性互动中，一种充分且公开运用理性以追求公共善、表达公共意志的政治社会才有可能。或许具有中国特色的社会主义伟大实践是建构政治社会的最好方式。

---

① ［德］黑格尔：《法哲学原理》，范扬、张企泰译，商务印书馆1979年版，第332页。
② ［德］黑格尔：《法哲学原理》，范扬、张企泰译，商务印书馆1979年版，第334页。

第五章　三种历史场域下的意志自由与道德责任

人何以要对自己的行为负责、何以能够负责，构成了德性伦理的问题与难题，无论是亚里士多德的品质论还是康德的能力论，其所面对的是同一个问题，即德性—正当行为如何可能的问题，区别只是前者把它归结为自制、自治，后者将其规定为意志自由。我们的意图是在已有的理论和思想的基础上，将何以要负责和何以能够负责问题安置到具体的场域中加以分析和论证，这是道德哲学从形而上学走向实践哲学的根本道路，也是将德性论与规范论联通起来的根本方式。所谓三种场域乃指前现代、现代与后现代三种社会结构及其运行方式，它们分别决定着实现意志自由的可能性空间。研究三种历史场域下的意志自由与道德责任的目的乃在于指明具有有限理性能力的行动者，能够对自己的行为担负道德责任的主体根据和客体条件。

人何以要对自己的行为负责的根据来源于人被规定为过集体生活这一点，既是如此，其对自己而言的利己行为通常有利益相关者和规范体系存在，尽管康德把责任规定为出于对先天实践法则的尊重而产生的行为必然性，但他对人履行责任的根据的论证却是在他的目的王国里。假如履行责任的必要性已经先行解决，那么接续的问题则是人何以能够对其行为负责，即康德所说的绝对命令如何可能的问题。亚里士多德用自制、节制予以分析和论证，康德用意志自由予以回答。政治伦理学和政治哲学须以德性论为基础，而德性论必须以道德哲学为前提。

第五章　三种历史场域下的意志自由与道德责任

第一节　有关意志的道德哲学原理

意志的主体是具有人格结构的现实的人，而人格是由信、知、情、意四个要素组成的有机体，其中意是联结信、知、情与行动的关键要素。对人之意志的研究，心理学的规定与解释是最基础的，或是最基本的，《当代西方心理学新词典》认为，意志是人自觉地确定目的并支配行动去克服困难以实现预定目的的心理过程。意志是人类特有的心理现象，也是人的意识能动性的表现。其主要特征：（1）明确的目的性，即意志行动总是自觉确定和执行目的行动。（2）与克服困难直接相联系，即只有克服各种困难才能实现预定的目的。（3）直接支配人的行动，即意志主要是为完成一定的目的任务而组织起来的行动。它对行动的调节既可表现为发动和进行某些动作或行为，也可表现为制止和消除某些动作或行为，前者是作为的意志，后者是不作为的意志。当代神经心理学、神经生理学乃至脑科学为人类研究意志现象提供了科学依据。关于意志的一般哲学原理无疑要充分了解、理解和充分运用这些科学理论，但意志本质上并不仅仅是一个科学的、可数据化、可模型化的过程或品质，毋宁说，意志乃是一个动机、意愿、意向、意向性的过程，且是一个可以对其正当性进行哲学分析的过程和品质。

对意志的哲学规定可有能力与品质两种范式。作为一种能力，意志是在动机推动下，克制内心冲动、抵御外部诱惑、克服各种困难以把预先设定好的意愿贯彻下去所需要的心理能量，这种心理能量的释放过程就是一个由三个关键环节组成的目的性的行动，行动的质性特征就是品质，可用顽强、坚韧、执着、勇敢、自律等赞美性的词句加以称颂。品质是行动的外部特征，且是令行动得以成功的特征，行动为体，特征为用，体用结合方为型，这个型就是意志。作为一种能力和品质，意志贯穿于人的行动的各个环节之中，无论这种行动是观念的还是实践的。观念的活动类似于康德的思辨理性活动，这种活动虽不使世界发生任何变化，只使观念发生变化，但它同样需要意志。意志在思辨理性活动中的作用主要表现为集中所有的精力完成理性向知性提出的要求，这个要求表现为范畴的建制和理论的建构，这便是建构性原则。① 意志在纯粹理性批判的作用表现为向外与向内两个方面，前者表现为划界，后者表现为建构，所谓划界，纯粹思辨理性只指向与人的动机、正当性无关的自然界，为着为"自然立法"，必须先行划定界限，其一，由于思辨理性只是欲求自然规律，而不是欲求自由规律，只适用因果律而不适用道德律，因此，在思辨理性那里，自由只是一种绝对意义的自由，"有了这种能力，先验的自由现在也就被确立了，而且这里所谓的自由是指绝对意义下的自由。"② 在思辨理性范围内，与意志密切相关的自由乃是一种在认识上认其可能而在实践中并不必然的一种信念，因为思辨理性所处理的主题乃是因果性关系起支配作用的"物自体"，而追问物自体之无制约者的意愿乃是超出理性限度的"僭越"，人们只能研究物自体呈现给人们的表象，至于物自体本身我们却知之甚少，甚至一无所知。在有限理性的范围内，意志的作用就被严格限制在通过知性创设范畴，用范畴对通过先天直观形式即空间与时间得来的感性、表象，进行特征抽提，起于个别，中经特殊而达于普遍，从而形成逻辑学和自然哲学。在思辨理性和理论哲学中，有关意志的一般哲学原理带有先验逻辑的明显特征，由于意志并不指向人的实践，所以这里的意志几乎不涉及正当性、道德性问题。依照康德给我们指出的致思路向，必须到人的实践中，到人的行动中寻找真正的有关意志的一般哲学原理。

在某种意义上可以说，康德的《道德形而上学原理》（或译《道德形而上学奠基》）就是一部关于意志的哲学教科书。在此我们无意

---

① 康德在《判断力批判》的第一版"前言"和"导论"中，在"知性"与"理性"的分别中，在"认识能力、愉快和不愉快的情感和欲求能力"的比较中，简约地论述了思辨理性的使命："人们可以把出自先天原则的认识能力称为纯粹理性，而把一般而言对纯粹理性的可能性和界限的研究称为纯粹理性批判……因此，真正说来是知性，就它包含着先天的建构性原则而言，拥有自己的领域，确切说是在认识能力中拥有，它应当通过一般地如此称谓的纯粹理性批判而针对其余一切追随者来确保他自己独占的财产。"（《康德著作全集》第5卷，李秋零译，中国人民大学出版社2007年版，第176—177页）

② ［德］康德：《实践理性批判》，关文运译，广西师范大学出版社2002年版，第1页。

去阐述、评述康德的意志哲学理论，而只想运用这些理论构建起一个有关意志的道德哲学原理。

依照先前的分析与论证，可把意志分成目的论和能力论两个部分，而从整体性上把握意志，目的论和能力论原本就是一体的，是同一种能力的不同运行方式，确立目的本身就是一种能力，实现目的更是一种能力，是目的论能力的扩展形式。我们试图在实践或行动概念下系统地研究意志现象。

首先，关于"一般意志"与"特殊意志"问题。① 康德在《道德形而上学原理》的前言中，以"著名的沃尔夫"为批评对象，将普遍实践哲学和道德哲学相混同起来以及由此造成的混乱，指出："正因为这是普遍实践哲学，所以它所考察的不是一种特殊的意志，不是一种不须一切经验的动因、一种完全由先天原则来决定，被称之为纯粹意志的意志。它所考察的是一般意愿，以及在这种一般意愿下属于它的全部行为和条件。这样看来，它和道德形而上学的区别，正如普通逻辑和先验哲学的区别一样。在这里，前者所阐明的是一般思想的活动和规则，后者阐明的则是纯粹思想的特殊活动和规则。所以道德形而上学所研究的，应该是可能纯粹的意志的观念和原则，不是人的一般意愿的行为和条件，这些东西大都来自心理学。"② 康德极为认真地区分特殊意志或纯粹意志和一般意志的关系，目的在于寻找一种无制约者，初始性的、终极性的力量，借助这种力量每一个有理性存在者都能够尽职尽责，做他应该做的事情。康德从未否认过一般意志的存在，甚至极其重视这个一般意志，因为若没有一般意志的强大作用，又如何彰显纯粹意志的重要和高贵呢！如果不对一般意志进行哲学分析和论证，便无法推论出特殊意志的必要性与可能性，不能为着道德哲学的理论需要而否认一般意志的合理性和必要性。

区分一般意志和特殊意志的理据在于一个行动者的行动的性质而言，

---

① 关于"一般意志"与"特殊意志"的一般性论证，前已述及，在此试图将这种论证运用于意志自由是何以可能的这一根本性问题上来。
② ［德］康德：《道德形而上学原理》，苗力田译，第39页。

即合法性和合理性问题，而我们首先必须在事实的意义上研究意志的复杂结构及其运行方式，而不是对意志的正当性进行规定。如果把意志视为一个最高的概念，而不仅限于指称行动者的意愿、动机、意志力、支配能力，那么就必须以行动概念为核心词讨论意志的复杂结构及其运行方式。一如马克思所说，人怎样行动人就怎样，行动成就了人是什么和不是什么的根据与判据。行动由三个环节构成，即前提、过程和结果，而意志恰恰贯穿于这三个环节中。在前提中，意志表现为对动机和意愿的确定。意愿和目的相对应，意愿是起于心意以内的由己性，这种由己性表现为生活状况和内心体验。令自己的生活状态变好，令自己感到快乐和幸福。这种由内到外的倾向性就是动机或意愿，而动机和意愿的强度与广度随他的需求程度和外部环境的可能性而定。然而，人并不像机械论者所坚持的那样，只是一部高度精密的机器，而是具有基本理性判断力和反思能力的有理性存在者。于是在动机和意愿的确定和确证上，行动者会凭借想象力将行动的后果先行标划出来，借以确证动机和意愿的正当性和可能性。如果整个行动及其结果原则上不涉及他者，即不存在主体间的正当性问题，那么这样的动机、意愿、行动就是一个分析命题，其所遵守的乃是技术规则。在规则的指引和约束下，行动过程和行动结果仅对行动者有效，于是在仅向行动者有效的行动中，意志就以下列程序展开其自身。首先，在动机与意愿的确定上，行动者会根据对自己的重要性和紧迫性而对动机进行价值排序。意志的作用就在于确定动机和意愿的现实性，而不去幻想那些毫无可能性的意愿。其次，在行动过程中，意志的作用在于克制内心的冲动、抵御外部的诱惑、排除各种困难，以把初始性的意愿贯彻下去。最后，在行动结果上，意志的作用在于自我评价、总结经验、吸取教训，以利再战。

其次，每个行动者仅向自己而言并不涉及他者利益的意志行动总是少量的，事实上，每个存有的行动者的利己行动都常常涉及他者的利益，即存在利益相关性。在一个行动存在利益相关性时，通常存在三种情形："在这里，我且不谈那些被认为是和责任相抵触的行为，这些行为从某一角度看来可能是有用的，但由于它们和责任相对立，所以也就不发生它们是否出于责任的问题。我也把那真正合乎责任的行为排除在外，人们对这些行为并无直接的爱好，而是被另外的爱好所驱使来做这些事情。因为很容易分辨出来人们做这些合乎责任的事情是出于责任，还是出于其他利己意图。最困难的事情是分辨那些合乎责任，而人们又有直接爱好去实行的行为。"① 在此，我们无意沿着康德的思考逻辑讨论一个行动反乎、合乎、出于责任的复杂情形，只想呈现在存在利益相关性时，行动者如何在一般意志与特殊意志、实用理性与实践理性、利己与利他之间做出抉择。当我们直面这种选择本身时，其内在复杂性重复了一般意志在展开其自身时出现的情形。尽管就行动的结果来看，可能会存在着单一和重叠利益后果，单一利益后果是不可得兼的那种情形，要么是损人利己，要么是利他而少有利己；重叠利益后果是合乎责任的情形，但揭示出行动者在冲突的语境下如何做出正确选择时具有怎样的复杂情形和内心体验，似乎更加重要。

  首先，在前提中，即在选择什么样的动机作为行动的动力时，意志的作用表现在确定何种意图或意愿作为行动的初始性元素。无论是出于、反乎还是合乎责任，多种动机共存于同一个行动者的选择集中，是共同的情形。假定行动者是一个拥有基本理性能力，能作善恶判断的行动者，那么他对行动赖以出发的动因和行动可能产生的后果是有先行判断力的。康德严格区分了定言命令和假言命令两种情形，而无论哪种情形，都会在行动者之内发生善良意志、实践理性、实践法则和自我反思四个要素的相互作用的过程。在学理的意义上，一个行动者在面对正当与否、应当与否的语境下，如何做出正确选择，确实需要用一个范畴群加以描述和解释，对此，康德给出了一个极具启发性的论述："在自然界中每一物件都是按照规律起作用。唯独有理性的东西有能力按照对规律的观念，也就是按照原则而行动，或者说，具有意志。既然使规律见之于行动必然需要理性，所以意志也就是实践理性。如果理性完全无遗地规定了意志，那么，有理性东西那些被认作是客观必然的行为，同时也就是主观必然的。也就是说，意志是这样的一种能力，它只选择那种，理性在不受爱好影响的条件下，认为实

---

① ［德］康德：《道德形而上学原理》，苗力田译，第46页。

践上是必然的东西，也就是认为善良的东西。如若理性不能完全无遗地决定意志；如若意志还为主观条件，为与客观不相一致的某些动机所左右；总而言之，如若意志还不能自在地与理性完全符合，象在人身上所表现的那样，那么这些被认为是客观必然的行动，就是主观偶然的了。对客观规律来说，这样的意志的规定就是必要性。这也就是说，客观规律对一个尚不是彻底善良的意志的关系，被看作是一个有理性的东西的意志被一些理性的根据所决定，而这意志按其本性，并不必然地接受它们。"① 在存在利益相关性的语境下，行动者的正当行动乃是一个多种要素相互嵌入、相互作用的结果。先天实践法则构成了评判行为正当与否的根据与标准；将他者的利益（质料）和实践法则（形式）作为行动的初始性意愿，构成善良意志；克制内心冲动、抵御外部诱惑、克服各种苦难，以把善良意志贯彻下去的能力，是实践理性；对行动后果进行评价构成了反思性能力。

其次，在过程中，意志与理性以相互嵌入的方式支撑着行动。过程是联结动机与结果的桥梁，无论这个桥梁是长还是短，一切想象中的困难和复杂性都现实化了。为克服这些想象到的、不曾想象到的困难，必须实现意志的坚守和理性的坚持。在行动前曾确立下来的善良意志或善良动机，无论是出于形式的还是出于质料的善意、意愿、意向，在行动过程中，都必须汇集成坚定的信念，一种非坚持下去不可的心理能量。如果说始自善良意志的坚定信念乃是一种非分析、非反思的情感性力量，那么基于分析和论证之上的实践理性，则是一种理智，它把类似于信念论的先天实践法则落实到遵循技术规范和道德规范的行动中。善良意志必须通过正确的道路实现；一如类似于信念论的先天法则通过理性得以实现那样。而无论是信念论还是理智论，无论是善良动机的后续呈现，还是未来结果的预先表象，在康德看来，都是意志自由的充分体现。人何以能够做到始终依照实践法则而行动？康德用他的"两个世界"理论予以充分论证。康德在《道德形而上学原理》的第三章的"定言命令"部分和《实践理性批判》的"纯粹实践

---

① ［德］康德：《道德形而上学原理》，苗力田译，第63页。

第五章 三种历史场域下的意志自由与道德责任

理性基本原理演证"部分做了极为精彩的论述①。根据康德的两个世界理论,似乎会得出独断论的结论,即每一个有理性者,凭借其善良意志和实践理性完全可以做其应为之事。然而,事实上,不但人的动机并不总是善良的,人的实践理性也并不总是周全的,一个可接受的结论是,人是有限理性存在者,人是有限度的正确者和正当者。惟其如此,人才有了反思的能力和愧疚、自责的体验。

其三,在行动的结果上,有理性存在者会有反思的行为和愧疚、

---

① 康德道德哲学中的"自由意志"理论或许是他整个伦理学的理论基石,也是整个理论体系的轴心。"自由概念的实在性既然被实践理性的一个必然法则所证明,所以它就成了纯粹的甚至思辨的理论体系的整个建筑的拱心石,而且其他一切概念(神的概念和不朽的概念)当做理念原来在思辨理性中没有依据的,到了现在也都附着在这个概念上,而借它稳定起来,并得到客观实在性。"([德]康德:《实践理性批判》,关文运译,广西师范大学出版社2002年版,第1—2页)那么,人的自由意志如何成为可实践的能力呢?"现在我们知道,在我们把自己想成自由的时候,就是把自身置于知性世界中,作为一个成员,并且认识到了意志的自律性,连同它的结论——道德;在我们把自己想成是受约束的时候,就把自身置于感性世界中,同时又是知性世界的一个成员。"([德]康德:《道德形而上学原理》,苗力田译,第108页)那么,借着知性世界和感性世界,人的自由意志是如何可能的呢?"有理性的东西认为自己,作为理智,是知性世界的成员,而只有他属于这一世界的作用因的时候,他才把自己的因果性称为意志。在另一方面,他也意识到自己是感性世界的一部分,他的行动在这里只不过是感性世界的因果性的现象。但我们并不清楚,这些以我们所不知道的原因为根据的行为是如何可能的;或者可以认为这些行动是由另一些现象所规定的,例如,欲望和爱好等属于感觉世界的东西。作为知性世界的一个成员,我的行动和纯粹意志的自律原则完全一致,而作为感觉世界的一个部分,我又必须认为自己的行动是和欲望、爱好等自然规律完全符合的,是和自然的他律性相符合的。我作为知性世界成员的活动,以道德的最高原则为依据,我作为感觉世界成员的活动以幸福原则为依据。既然知性世界是感觉世界的依据,从而也是它的规律的根据,所以,知性世界必须被认为是对完全属于知性世界的我的意志具有直接立法作用。所以,我认为自己作为理智,是知性世界的规律的主体、是意志自律性的主体。总而言之,在必须承认自己是一个属于感觉世界的东西时,我认为自己是理性的主体,在理性在自由观念中包含着知性世界的规律。所以,我必须把知性世界的规律看做是对我的命令,把按照这种原则而行动,看做是自己的责任。"([德]康德:《道德形而上学原理》,苗力田译,第108—109页)康德在《实践理性批判》中再一次论述到了"两个世界"理论,借以再次论证自由意志的客观性和现实性:"一般有理性的存在者在感性世界的存在乃是指他们在受经验制约着的法则下的存在而言,这种存在在理性看来就是他律。反之,同样存在者在超感性世界的存在乃是指他们合乎不依任何经验条件的那个法则的存在而言,因而属于纯粹理性的自律。而且那些单靠认识就可使事物存在的法则既然有实践力量,所以超感性的存在就不外乎是受纯粹实践理性的自律所控制的一种存在。但是这个自律法则就是道德法则,因而道德法则就是一个超感性存在和一个纯粹悟性世界的基本法则;这个世界的副本必然存在于感性世界之中,但是并不因此损害了这个世界的法则。我们可以称前一个世界为原型世界,我们只能在理性中加以认识,至于后一个世界,我们可以称它为模型世界,因为它包含着可以作为意志动机的第一个世界的观念之可能结果。因为事实上道德法则就把我们置于一个理想领域中(在那里,纯粹理性如果赋有充足的自然力量,就会产生最高的善),并且决定我们的意志给予感性世界以一种形式,使它仿佛成了理性存在者所组成的一个全体。"([德]康德:《实践理性批判》,关文运译,广西师范大学出版社2002年版,第31—32页)我们将康德有关意志自由的精彩论述抄录于此,目的在于,康德为特殊意志和公共意志的生成和践行提供了道德哲学基础论证,这对我们研究作为公共意志的政治意志同样有效。

183

自责的体验。在不存在利益相关者的情形之下，行动者的反思与遗憾仅对行动者有效，反思的目的在于总结经验、吸取教训以利再战；遗憾的意义在于未能产生令自己生活得以改善和令自己快乐的体验。而在存在利益相关者的情形下，反思的意义在于就自身行动的正当性问题进行技术路线的后思与反观；愧疚与自责的作用在于两点，一是技术主义的，即有善良动机，但却因为手段和环境的"欠缺"而未能产生所意愿的好结果；一是意志上的矫正，即未能抵制外部的诱惑和抵御内心的冲动。后思或反思的实质是，后思技术的欠缺乃是实践理性的张力；愧疚自己的"不当"乃是意志力的彰显。

当我们把一个有理性者的思与行在前提、过程与结果的意义上分解开来，以便呈现其内在的运行逻辑，其旨趣在于检验和证明"有关意志的道德哲学原理"的正确性与有效性，那么接续的工作则是在科学的意义上呈现有关意志的类型，并在类型学意义上实现由一般意志到特殊意志、再到公共意志的过渡。

第二节　前现代性场域下的意志自由与道德责任

如果以生产、交往和生活方式为划分依据和分类标准，那么可把起始于 15 世纪末成型于 18 世纪下半叶、发展于 20 世纪的现代社会称之为现代性；而把 15 世纪之前的社会称之为前现代性；把 20 世纪 70 年代之后的社会称之为后现代性。① 这是一个相对的分型标准和结

---

① 在极为严格的意义上，现代化、现代社会和现代性是有区别的，现代社会和现代性均奠基于现代化之上。所谓现代化是指由有特定内涵的动力、环境和手段组成的一个社会结构及其运行过程，欲望的神圣激发构成了动力，市场的发现和广泛运用构成了环境，科学技术的迅猛发展构成的手段，当动力、环境和手段被并置在一起从而形成一个整体运动时，现代化运动就被发动起来了。由现代化运动所推动的现代社会的形成，为各种观念、理论和思想的生成提供了社会基础。现代社会表现在生产方式上，就是现代生产逻辑的生成，即由生产、分配、交换和消费四个要素组成的统一体，而现代生产逻辑一经生成便沿着属于其自身的运行轨迹飞奔下去，不是人们控制生产和消费，而是它们控制人。在社会结构上，创制出了以婚姻和家庭为主要形式的共同体，以普遍交换和广泛交往为核心的市民社会，以司法和意识形态为核心的国家。现代性描述的是现代社会的种种特征，如思维方式上的主体主义、存在方式上的原子主义、价值取向上的功利主义、约束方式上的普遍主义等。关于现代性、现代社会和现代化的更为细致的分析和论证将在"现代性场域下的意志自由和道德责任"部分展开。

第五章 三种历史场域下的意志自由与道德责任

果,因为每个民族和国家在实现现代化的过程所采取的道路和方式存在差别。

作为一个整体性概念,前现代社会所描述的乃是这样一个场景:在生产方式上,是以家庭为基本单位的农业生产和手工业生产,家庭具有双重功能,即人口生产和生活资料生产的基地,由于是自给自足的自然经济,在家庭内部便完成了马克思笔下的生产、分配和消费,普遍的交换关系尚未出现。除了家庭成员的朝夕相处,还有家族和村社成员之间的日常往来,但本质上依旧不是交换关系,而是基于血缘和地缘关系之上的日常交往,其情感基础是浓浓的血亲之情、邻里之情。而这种情感无论怎样深厚、交往如何频繁,本质上都是空间并列式的交往,既没有基于平等地位之上的等价交换关系,也没有分工协作而形成的利益分割关系。至于邻里之间基于个性和生活习惯上的差异性,以及由此可能导致的邻里之间的矛盾与冲突,人们会通过有形的礼物和无形的致歉加以调和。人们所遵守的规则体系乃是千百年来不曾变化的家规、族规和村规,这些规范具有普遍有效性,且具有自发的权威性。这些规范提供给人们的可能性空间极为有效,并非人们具有极其高尚的品德,而是违约成本过高,当一个人失去熟人之间的认同感和归属感的时候,其所失去的将是一切交往和过问,背负随时随地的道德谴责,此所谓"人言可畏"。

这种历史场域决定了个体意志的原始发生及其运行逻辑。(1)康德意义上的特殊意志与一般意志之间的矛盾尚未开显出来,滕尼斯意义上的选择意志和相同意志之间的冲突也没有产生的基础。由于不存在因分工与协作而产生的利益分割,也不存在个人利益与公共利益之间的冲突,人们只要按照千百年来不曾变化的"普遍原理"和"差序伦理"思考和行事,便可"相安无事"了。康德所设置的特殊意志与一般意志之间的冲突,只有在个人利益与他者利益和公共利益相互矛盾与冲突的语境下才是必要的和可能的,依照理知或意会世界控制感性、快乐世界的必要性与可能性只有在将一般意志置于特殊意志之上的语境下,才会出现。每个个体并非先天拥有意志自由,也并非先天具有用理智世界支配感性世界的能力，而是在具体的历史场域下，基于现实的生产、交往和生活需要之上才使这些能力由潜质变成了现实的力量。（2）机械团结与有机团结的解释模式及其有效性。这是涂尔干在《家庭社会学导论》中提出的一对概念，机械团结描述的是在宗教信仰、道德情感、个人意志高度一致的场域下的社会整合形式，同质意志的广泛存在使异质意志既无可能也无必要。人们的地位及其角色期待（角色伦理）是被规定的，而不是自己选择的，人们履行道德责任的方式也同时是被规定的，并无选择的可能性。在差序伦理的背后是"普遍原理"，即《大学》右经一章所设置的三纲八目。无论处在何种地位、拥有何种角色，其"为仁由己"的道路是一致的：大学之道，在明明德，在亲民，在止于至善。知止而后有定；定而后能静；静而后能安；安而后能虑；虑而后能得。物有本末，事有终始。知所先后，则近道矣。古之欲明明德于天下者，先治其国；欲治其国者，先齐其家；欲齐其家者，先修其身；欲修其身者，先正其心；欲正其心者，先诚其意；欲诚其意者，先致其知；致知在格物。物格而后知至；知至而后意诚；意诚而后心正；心正而后身修；身修而后家齐；家齐而后国治；国治而后天下平。自天子以至于庶人，壹是皆以修身为本。其本乱而未治者否矣。其所厚者薄，而其所薄者厚，未之有也！每一个体，无论处于何种地位、拥有何种角色，都有正心、诚意、格物、致知的使命，修身为本，行善为用。在德性和规范的层次和复杂性程度上，尚无康德笔下那种困境、矛盾与冲突；道德体验和道德体验都是日常意识和日常语言层面的；道德规范乃是那些便于记忆、随意言说、耳熟能详的道德箴言和话语体系，它们俨然成为了无需思考其正确性、无需追问其合理性的道德常识。（3）在伦理范型上也只有基于血缘和地缘关系之上的日常生活伦理，作为非日常生活的经济伦理和政治伦理尚未生发出来，即便是属于日常生活但却是基于公共交往之上的公民伦理也同样显得陌生。美德伦理和规范伦理以压缩的形式集中于人们的家庭、家族和村社这一十分狭小的空间内，这极易造成一种假象，认为在个人的德性结构中，在

第五章　三种历史场域下的意志自由与道德责任

中国传统的伦理思想中,有着为其他民族和国家所不具有的丰富资源。事实上,这种基于假象之上而得出的结论是十分肤浅的,极易造成误导。儒家伦理和中国人传统的德性结构是极具地方性和地域性的,它们本质上是角色伦理或境遇伦理,其所积淀起来的只是耻感,而耻感是有场域基础的,即在他者在场的时候,行动者所顾及和恐惧的是他者的谴责与批判,当行动者处在无人称监督境遇下,其耻感便荡然无存。相反,康德的意志自由论和基督教的罪感伦理则是基于行动者的自省、自觉、自治之上的,无论处于有人称或无人称场域下,行动者都要遵内心法则而行动。正因如此,康德才在《实践理性批判》的结尾处的"结论"中说道:"有两种东西,我们愈经常愈反复地加以思索,它们就愈给人心灌输时时在翻新、有加无已的赞叹和敬畏:头上的星空和内心的道德法则。"① 头上的星空构成了纯粹理性的研究对象,即机械规律;内心的道德法则构成了实践理性的把握对象,即自由规律。这虽然与儒家的命题"我欲仁,而斯仁至矣,而由他乎哉?"极为相似,但在现实的道德实践中,中国人绝大多数境况下都是境遇式、耻感型的伦理实践。

只有在现代性场域下,亚里士多德的"自制"、涂尔干的"有机团结"和康德"意志自由"问题才会作为真正的问题而出现,它标志着人类开始进入道德的世界,而前现代社会本质上是伦理世界,因为在此种场域下,真正的道德感知、判断、推理和选择还未培养起来。人的德性结构与社会场域具有相互嵌入的关系,人类构造了怎样的社会结构及其运行逻辑,被构造出来的社会结构就把自己反身嵌入到人的德性结构中:"自然界和人的同一性也表现在:人们对自然界的狭隘的关系决定着他们之间的狭隘的关系,而他们之间的狭隘的关系又决定着他们对自然界的狭隘的关系,这正是因为自然界几乎还没有被历史的进程所改变。"②

---

① ［德］康德:《实践理性批判》,关文运译,广西师范大学出版社2002年版,第158页。
② 《马克思恩格斯文集》第1卷,人民出版社2009年版,第534页注①。

◈ 追寻政治的"是其所是"

第三节　现代性场域下的意志自由与道德责任

　　自然界真正被历史的进程所改变发生于 15 世纪末。在讨论一个问题之前，似乎首先必须对核心词给以优先显现，之后要么论证概念的合理与合法、明晰与自恰；要么搜寻若干表象证明核心词的确证性与可靠性。这恰是现代性的一种重要标志：把纷繁复杂的表象世界统摄到我的概念和话语系统中，借以见出事物之间的逻辑，其实这种逻辑是否真的就是事物的逻辑，还是概念和话语之间的逻辑，尚需进一步考察，这也是康德所一再坚持的，我们虽无法说清那个物自体，但我们却可以把表象中的事情说得清楚，而且物自体只有借助经验而以表象呈现出来才能获得从主体而来的被给予性，用海德格尔的话说，这是一个使世界图像化的时代。现代化、现代性、现代主义、后现代、后现代性、后现代主义等概念的创设，便是人们使世界图像化的诸种努力。

　　然而现代与现代性、后现代与后现代性不只是一个概念。现代、后现代是与古代、近代相关联的概念，它表明的是一个不同于古代和近代社会的一种新型的社会形态。而在西方，现代与近代通常被当成一个概念，用来特指与欧洲中世纪完全不同的社会结构类型，而后现代与现代似乎有明显的界限，尽管哈贝马斯把后现代看成是现代的延续形式，因此，现代与后现代更具有时间性特征。当然把不同社会历史形态区别开来的不只时间上的前后顺序，更在于社会性状上的差异。如果不是把现代仅仅看作一个把现代与古代和中世纪区别开来的时间概念，而是视为一个内涵极为丰富的范畴，那就应当从内部挖掘现代概念的深刻意义。从一般结构角度看上去，现代至少包括三个方面的意义：现代之所以可能的根据；基于这种根据的展开和延续所造成的后果；于这种根据之前和之后的观念。与这三个方面对应的概念便是现代化、现代性和现代主义，它们构成一个形象的倒立的三角形，其中：现代化是这个倒立三角形的顶角，现代性和现代主义则是底角。这是一个完整的图像：从原始发生看，现代化具有优先性，没有一个始自近代的现代化运动，现代性和现代主义都无从发生；现代

第五章　三种历史场域下的意志自由与道德责任

性和现代主义本质上是作为现代化的过程和结果出现的；而现代性和现代主义一经发生便又作为一个相对独立的力量推动着（有时制约着）现代化的展开方式和延续形式。时下关于现代性问题的讨论，其兴趣主要集中于对作为现代化之性状的现代性、作为现代化之观念形态的现代主义的讨论上，而对造成现代性和现代主义之根据的现代化的研究却明显不足，这是目前现代性之研究的一个重要误区，没有对市场的、科学技术的和日常生活的深入研究，关于现代性的绝大部分说明都是不彻底的，一个不彻底的说明就必然引发概念的争论和缺乏主题的讨论。这是目前哲学研究的一个致命弱点：对历史学、文化学、人类学、经济学和社会学的相关研究成果研究不够，剩余下来的就只有概念的争论和无主题的讨论了。因此，关于现代性的研究必须采取生成论的奠基方式，亦即以现代性是何以可能、如何可能和怎样可能的追问方式去厘定现代性问题。

当这种社会性状上的差异性特征与古代、近现代、后现代概念结合在一起的时候，便有了古代性、现代性（近代性）和后现代性概念。与现代和后现代更具有时间性相比，现代性和后现代性概念更具有社会内容特征，这种特征是通过社会生产方式、交往方式、生活方式和精神结构等表现出来的。"现代性一词指涉各种经济的、政治的、社会的以及文化的转型。正如马克思、韦伯及其他思想家所阐述的那样，现代性是一个历史断代术语，指涉紧随'中世纪'或封建时代而来的那个时代。"在马克思和韦伯等人看来，"现代性与传统社会相对立，它具有革新、新奇和不断变动的特点。从笛卡儿起，贯穿着整个启蒙运动及其后继者，所有关于现代性的理论话语都推崇理性，视为真理之所在和系统性知识之基础。人们深信理性有能力发现适当的理论与实践规范，依据这些规范，思想体系和行动体系就会建立，社会就会得以重建。"① 这样一来，现代与现代性、后现代与后现代性便有了某种通释性，在当代西方有关后现代与后现代性的论述中，

---

① ［美］斯蒂文·贝斯特、道格拉斯·凯尔纳：《后现代理论》，中央编译局1999年版，第2—3页。

◆❖ 追寻政治的"是其所是"

这些概念经常是混同使用的。

与现代与现代性、后现代与后现代性这些概念相对应的是现代主义和后现代主义概念,现代主义这一概念在当代学术论著中并无市场,甚至可以说人们很少使用这一概念,我想主要原因可能在于,人们更关注于当下的生活世界,而对近代或现代化运动中形成了怎样的社会结构和思想理论体系似乎少有兴趣,更主要的原因可能还在于,现代主义所指称的社会特征和思想体系均已成了意义不再增加的历史文本。相反,在当代各生活领域,后现代主义概念则被广泛使用,绘画、音乐、建筑、文学、历史、哲学诸领域,后现代主义或后现代是最时髦的概念:"后现代话语甚至已经渗透到了大众文化当中,涌现出了许多讨论各种不同主题的文章,这些主题包括:后现代总统制、后现代爱情、后现代管理、后现代神学、后现代心灵、后现代电视节目等等。"①

一 现代性场域的先行标划

现代性作为一个描述性概念,其所指称的是现代社会的种种特征,而这些特征是附着于现代生产逻辑、交往逻辑和生活逻辑之上的。时至今日,我们对现代性及其后果的了解和理解还是不够深入而全面的。

1. 现代生产逻辑与理论理性、创制理性。人类始终孜孜以求于一种能够快速创造财富并享用财富的经济组织方式,市场经济就是人们能够找到的这种方式。市场万能论给人一种坚定的信念,市场可以解决一切,因为它可以运用它那只看不见的手自行组织生产和消费,事实证明,这是一种靠不住的承诺。但市场经济确实造成了财富的快速积累,也把人们的欲望激发到了前所未有的地步。市场经济绝非单一的资源配置方式,毋宁说它是一套复杂的社会设置,现代生产逻辑就是这个复杂设置中的经济基础。现代生产逻辑由四个要素组成:生

---

① [美] 斯蒂文·贝斯特、道格拉斯·凯尔纳:《后现代理论》,第36页。

产、分配、交换和消费。在这逻辑序列中,生产为起点、消费为重点,而在马克思看来,生产就是消费,消费就是生产。它彻底打破了生产与消费之间的直接对等关系,之所以称自然经济为初始性的经济组织方式,理由就在于生产制约着消费,消费决定着生产,其间的直接对等关系,将生产者和消费者变成了同一个人或同一个人群。而在现代生产逻辑中,生产者和消费者是分离的,只有为他人生产才能最后为自己生产,它造成了全面的需求体系和全面的依赖关系。表面看来,人们都原子主义化了,但却被密切地关联在一起了。

之所以通过市场完成生产逻辑,就在于通过市场可以获取合作剩余,当收益大于成本时,生产者和交换者才有积极性。而要实现获利的目的,生产者和交换者就必须运用理论理性和创制理性,进行理论创新和科技、制度创新,这就促使人们在自然经济之外的市场经济中,培养出并充分地运用理性能力。但这种理性是受生产的客观逻辑制约的,并无康德意义上的意志自由问题,也无显明的道德责任问题,如果存有道德责任问题,也是发生在人与自然关系的生态伦理、人与人之间的商业伦理上。现代生产逻辑之于意志自由和道德责任的意义不仅仅在于激发了人们的生产动力和消费欲望,也极大地推进了人类理性的发展。表现在理论理性上就是各门科学的建立和发展,包括用于探索天人之道的自然科学、探寻人伦之道的社会科学、探寻心性之道的人文科学。这极大地推进了人类分析和论证能力的提升,有利于人去进行正确地思考和正当地行动。

2. 现代交往逻辑与实践理性。市场经济的神奇功效突出地表现在社会交往的建构上,一是非日常交往,二是日常交往。而要使普遍化的社会交往得以有效进行,就必须实现基于实践理性之上的"有机团结"。涂尔干深入分析和论证了现代社会与前现代社会在社会构成方式及其运行方式上的本质差异,建立在精细社会分工基础上的领域化和专业化使得每个人都成为社会有机体中的一个部分,他们之间相互分工又相互协作和依赖,而这种相互依赖本质上是通过每个人的努力而建立起来的自致地位,而不是前现代社会的天赋地位。然而,这个相互依存和相互依赖的"有机团结"是如何建构起来的呢？对此，涂尔干似乎未给出令人信服的论证。交往的普遍化得益于生产与消费逻辑的普遍化，而这又得益于市场的建立与发展。市场造成了生产与消费的分离，劳动产品并不直接进入消费领域，而是进入分配环节，而一旦确立了产品的归属，便作为私有财产进入了交换即流通领域，通过交换，人们实现了互通有无。于是，无论是分配还是交换，都需要依照实践理性原理建立起普遍有效的法则，以保障分配（平等原则）和交换（等价原则）能够持续地进行。

3. 现代生活逻辑需要技术理性。虽然如元伦理学家摩尔所说，善是不可定义的，但人们对善的理解并不存在困难。善的多样性使得人的生活也显得丰富多彩，然而在前现代社会，生产能力的有限性、科学技术的不发达、社会财富的匮乏，直接决定了善的单一性。现代生产—消费逻辑，造成了社会财富的快速积累，"资本主义生产方式占统治地位的社会财富，表现为'庞大的商品堆积'，单个的商品表现为这种财富的元素形式"[①]。"庞大的商品堆积"表现在生活上便是"物"的世界的生成，人被琳琅满目的消费品包围着，人被裹挟到生产—消费的逻辑体系之中，成为一个消费的机器，似乎不是人在消费物，而是物在消费人。然而，在被物包围的世界里人也可能迷失自己，在善的多样性中将善还原为或压缩为物质生活资料的占有和消费，从而忽略了外在之善和灵魂之善的积累和培养，从而使原本可以整体化的生活变成了单一性和简单化的物质生活。于是，如何将多种多样的善进行价值排序，过一种整体上的好生活，无疑是需要技术理性和实践智慧的，它同样需要意志自由和道德责任。

二 现代性场域下的意志自由与道德责任：深度发展与广度拓展

或许可以说，意志自由和道德责任始终是德性论的核心问题，但在生活哲学的意义上，它更多是现代性场域下的道德难题和困

[①] 马克思：《资本论》第一卷，人民出版社2018年版，第47页。

境。对此一问的分析和论证，我们的目的在于两点，一是要分析和论证，是何种活动、关系和结构要求着并生成着意志自由和道德责任；二是在建构中国形态的现代性过程中，如何生成意志自由和道德责任。

1. 意志自由是先天能力还是自致能力？对这个问题的分析和论证已在"有关意志的道德哲学原理"部分初步给出，在此我们试图将意志自由与历史场域结合起来加以讨论。康德在《道德形而上学奠基》第三章的第 1 和第 2 节中给出了有关意志自由的两个"命题"，一个是，"自由概念是解释意志自律的钥匙"；一个是"自由必须被预设为一切理性存在者的意志的属性"。康德反复强调，有些东西虽不能被经验所证实但却可以被预设所证明，意志自由便是这样一种东西。简约地说，康德在这两小节中所立论的有关意志自由的观点主要是如下三个方面，其一，把自由视为意志所固有的属性，不仅仅是一种信念，也是一种观念，即有理性存在者确实存在着作为天赋或潜质的"原因性"能力，"意志被认为是一种按照对一定规律的表象自身规定行为的能力，只有在有理性的东西中才能找到这种能力"①，即因其自身的努力而使"至善"成为可能的能力。其二，我有能力制定先天普遍法则，那我就同样有能力按照法则去行动，其所遵从的是自己的意志。其三，以上两点原是可以被实践所证明的："这种理性必须把自己看作它的原则的创制者，独立于外来的影响，因此它作为实践理性或者作为理性存在者的意志，必须把自己看作是自由的；也就是说，这样一种理性存在者的意志只有在自由的理念之下才能得到最终的归结；但我们本来就能够在实践方面使自由赋予一切理性存在者。"② 而我们的问题是，无论是作为信念论还是作为观念论，康德的意志自由所能实现的环境和条件即具体场域是怎样的。如若没有客观要求，或者说，没有制定普遍法则且要求人们按照普遍法则行事的

---

① ［德］康德：《道德形而上学原理》，苗力田译，上海人民出版社 1986 年版，第 79 页。
② ［德］康德：《道德形而上学奠基》，杨云飞译，邓晓芒校，人民出版社 2013 年版，第 92 页。

客观要求，意志自由和道德责任的客观必然性来自何处呢？如若每个有理性存在者均能够如康德所坚信的那样，依照对规律的表象自身规定自己的行为，那是否意味着建基于人们的行动、关系和结构之上的各种差别、矛盾和冲突都自行消解了呢？事实显然并非如此，为提供有说服力的证明，我们必须回归事实本身，将康德的"应然"转换为当下的"实然"。如果把康德意志自由和道德责任理论视为"思索"，那么意志自由和道德责任的实践则是"意愿"和"判断"。"从前述那些时间性思辨的角度来看，意愿和判断关注的都是不在场的事，这些事之所以不在场，要么因为它们'尚未是'，要么因为它们'不再是'；意愿和判断与思索活动正相反，思索活动处理的是经验中的不可见物，而且思索活动总是倾向于一般化，意愿和判断处理的往往是特殊物，就此而言，这二者与外观世界更接近。"① 在具体场域下，一个具体的有理性存在者借助"思索"、"意愿"和"判断"实现与体现意志自由和道德责任。

2. 实现意志自由和道德责任的经济基础与社会根源。现代生产—消费逻辑为使意志自由和道德责任成为必要和可能奠定了基础。"人的依赖关系（起初完全是自然发生的），是最初的社会形式，在这种形式下，人的生产能力只是在狭小的范围内和孤立的地点上发展着。以物的依赖性为基础的人的独立性，是第二大形式，在这种形式下，才形成普遍的社会物质变换，全面的关系、多方面的需求以及全面的能力的体系。"② 全面的依赖关系以社会的高度分工、社会领域高度分化为前提，高度的、精致的社会分工，造成了每个个体的专业化，从而也造成了人的片面化，这就是使得人们之间的普遍交换和全面联系成为可能，这也使人们之间的矛盾与冲突成为可能。然而，每个人必须与其他人交互在一起，每个人的意愿和利益才能实现。"每个个人的生产，依赖于其他一切人的生产；同样，他的产品转化为他本人的

---

① ［美］汉娜·阿伦特：《康德政治哲学讲稿》，曹明、苏婉儿译，上海人民出版社2013年版，第9页。
② 《马克思恩格斯文集》第8卷，人民出版社2009年版，第52页。

生活资料，也要依赖于其他一切人的消费。""毫不相干的个人之间的相互的和全面的依赖，构成他们的社会联系。"① 而每一个人作为生产者、交往者和享用者，又总是将康德所说的一般意志即追求快乐和幸福的意志置于行动之动机系列中的首要动机，将个体在本体论、认识论和价值论三个层面上置于优先地位②，于是一种原子主义的思维方式和利己主义的行动原则，会使个体的行为突破正当性的边界而伤害他人利益和公共利益。这就从根本上决定了现代性场域下的行动逻辑：动机是利己的，行动必须是利他的。这就为每个人以意志自由为基础、以履行道德责任手段实现个人利益同时也实现公共利益提出了必要性要求。"如果我们稍微更仔细地考察精神，那我们就发现精神的最初的和最简单的规定就是：精神是自我。自我完全是一个完全简单的东西、普遍的东西。当我们说自我时，我们想到的大致是一个个别的东西；但因为每个人都是自我，从而我们只是说出了某种完全普遍的东西。自我的普遍性使得它能够从一切事物、甚至从它的生命抽象出来。"③ 然而作为精神的自我却不是一个孤立的任性的自我，它必须在主体间被界定和规定。"在市民社会中，每个人都以自身为目的，其他一切在他看来都是虚无。但是，如果他不同别人发生关系，他就不能达到他的全部目的，因此，其他人便成为特殊人达到目的的手段。但是特殊目的通过同他人的关系就取得了普遍的形式，并且在满足他人福利的同时，满足自己。由于特殊性必须以普遍性为其条件，所以整个市民社会是中介的基地；在这一基地上，一切癖性、一切禀赋、一切有关出生和幸运的偶然性都自由地活跃着；又在这一基地上一切激情的巨浪，汹涌澎湃，它们仅仅受到向它们放射光芒的理性的节制。受到普遍性限制的特殊性是衡量一切特殊性是否促进它的福利

---

① 《马克思恩格斯文集》第 8 卷，人民出版社 2009 年版，第 50、51 页。
② 参见晏辉《论自我的哲学边界》，《天津社会科学》2015 年第 4 期。
③ ［德］黑格尔：《精神哲学》，杨祖陶译，人民出版社 2006 年版，第 14 页。

的唯一尺度。"① 交换的普遍化和交往的广泛性，使得人们打破了前现代社会的自然边界和社会领域，将不同地域、民族和国家中的人们在资本运行逻辑的框架内连接在一起，无论是主动还是被动进入，基于民族和国家范围内的生产—分配—交换和消费逻辑之上的"世界历史交往形式"正在形成，如何为正在崛起的市民社会，如何为普遍的交换和广泛的交往奠定伦理基础，从而使每一个社会成员"应得"或"得其所得"，就成为了与所有人相关的事情。康德的道德哲学和伦理学正是立于公共交往与公共生活这一社会基础之上的。

3. 现代性场域下实现意志自由和履行道德责任的复杂性。社会范型、规范类型和德性结构具有内在的一致性，怎样的社会结构及其运行方式决定了与这种方式相匹配的规范体系，而规范体系又决定着相应的道德人格类型，即德性范型。市场经济被视为是迄今为止人类能够找到的最有效率的经济组织方式，而这种组织方式却是一种悖论性的社会设置，它使每一个人变成原子，变成孤立的人，片面的人，然而它又造成了"形成普遍的社会物质变换，全面的关系、多方面的需求以及全面的能力的体系"，这又使得个体的片面性得到了最大限度的解决；它激发了每一个人的占有和表达欲望，而快速创造出来的财富又可以最大化地满足这些欲望，它使人的利己心变得更加强烈，从而使个体极易突破正当性边界，造成形式和质料双重意义上的不道德，然而通过普遍交换和广泛交往建立起来的普遍性（公共善和公共理性）又严格地限制着个体的利己之心和利己行为，从而使理性存在者通过其意志自由而履行道德责任。这便是在现代性场域下实现意志自由和履行道德责任的复杂性之内涵，同时这种复杂性还表现在有理性存在者在实现意志自由和履行道德责任的过程中。

在动机阶段，意志自由表现为对善良意志的确定和确立，所谓确定是在一般意志和特殊意志之间作出选择，这是一种对动机之善恶性

---

① ［德］黑格尔：《法哲学原理》，范扬、张企泰译，商务印书馆1979年版，第197—198页。

质的自我确定。而确定的依据乃是行动主体对善恶的基本判断，拥有最低限度的良知和良能，如若一个行为的动机只对行动者自身有效，并无利益相关者和相关规范存在，那么此时的动机就是单一的一般意志，而不涉及特殊意志，继而也不存在意志自由问题。当一个行动涉及利益相关者和相应的规范体系，无论这个利益相关者是有人称的还是无人称的，都将存在一般意志与特殊意志的相互关系问题，如若二者之间是矛盾的，不可兼得的，那么就会出现两种"意志自由"：用一般意志否定特殊意志，这便是康德所说的"反乎"责任那种情形；用特殊意志抑制一般意志，只是出于对法则的敬重而采取行动，便是康德所说的"出于"责任那种情形。

在行动过程中，如果行动者已将善良意志确立为行动的动力，那么在贯彻善良意志的过程中，他还要时时处处解决两个难题，一个是抵御外部的诱惑，一个是抗拒内心的冲动，我们把这种克服各种困难以把善良意志贯彻下去所需要的能力称之为"实践理性"。

在行动结束时，行动者要对行动结果进行善恶性质和善恶程度的甄别和评价，并在此基础上产生向行动者自身而言的内心体验：愉快、平静、自责。以此观之，意志自由和道德责任并非一个动机、过程和结果的单独实现，毋宁说，意志自由的实现乃是一个完整的行动过程，只有当信念、认知、情感和意志被有机统一起来，形成完整的道德人格时，一个意志自由和道德责任才是健康的、完整的、现实的。

事实上，现代性场域下意志自由和道德责任的复杂性还远不止于康德道德哲学意义上的"善良意志"的确立问题，还有更加广泛的意志自由问题。约翰·密尔在《论自由》的第一章"引论"的开头部分说道："这篇论文的主题不是所谓意志自由，不是这个与那被误称为哲学必然性的教义不幸相反的东西。这里所要讨论的乃是公民自由或称社会自由，也就是要探讨社会所能合法施用于个人的权力的性质和限度。"① 显然，康德把意志自由和道德责任问题限定在个体之

---

① ［英］约翰·密尔：《论自由》，许宝骙译，商务印书馆2017年版，第1页。

间的活动结构和利益结构中,至于组织、社会、国家施用于个人的权力的性质和限度问题,似乎只是到了晚年才被康德加以研究,这就是《道德形而上学》的"法权论"。由于这个论题超出了道德哲学研究的范围,属于政治哲学和政治伦理学的研究领域,故不再过多论述。

在严整的逻辑体系中,如果说"有关意志的道德哲学原理"属于普遍性问题,前现代、现代场域下的意志自由和道德责任属于特殊性问题,那么中国形态之现代性场域下的意志自由和道德责任则属于个别性问题。

第四节 中国形态之现代性场域下的意志自由与道德责任

关于意志自由与道德责任问题,一个极为重要的前提性问题乃是主体为何。尽管主客二分的思维方式不断受到质疑,但主体主义的思考方式还是有充分根据的,比如谁的意志自由、谁的道德责任,谁应该为其自主的行为担负责任。有理性存在者便是康德道德哲学的主体,所有的论证和结论都奠基于对个体主体的分析之上,毫无疑问,这是任何一个道德哲学所赖以成立的逻辑前提。但单个个体的意志自由和道德责任问题却是在特定场域下进行和完成的,进而言之,若要使康德的意志自由和道德责任普遍化,那就必须以无名契约为前提。即是说,每个有理性存在者都是一个公正的旁观者,即我坚信我自己能够依照由我制定的实践法则而行动,我也相信,与我相似甚或相同的他者也会同我一样,因为他者也是有理性存在者。然而,这样的坚信和承诺是靠不住的。不但在同一个场域下的不同人在实现意志自由和道德责任上是不同的,甚至是相反的,即便是同样建构现代性的不同民族和国家,在意志自由和道德责任上也是多样化的。基于以上分析和论证,我们如何运用已有的理论和方法分析和论证中国形态之现代性场域下的意志自由和道德责任呢?为使这种论证更加集中而深入,我们预先规定两点,第一,意志自由和道德责任的主体是单个的人，至于约翰·密尔意义上的自由不在我们的讨论范围之内；第二，对中国形态之场域下的意志自由和道德责任问题的论证，不带有民族的、国家意义上的成见乃至偏见。主要观点如下。

一 关于道德理性知识问题

一如前述，意志自由表现在动机、过程和结果上，都以一定的道德理性知识为前提。康德在《道德形而上学原理》的第一章，曾用了"从普通的道德理性知识过渡到哲学的道德理性知识"这样的标题。一个没有哲学的道德理性知识的人却拥有普通的道德理性知识，这个"普通的"的定语既可指人人都拥有之意，也可指最基本的、最普遍的道德理性知识，类似于道德常识。当代中国在生产方式、交往方式和生活方式上乃是一个重叠式结构；在文化类型上是传统文化、革命文化和市场文化的相互交织；在问题类型上是前现代、现代和后现代问题的并置；在道德判断和道德选择上是情先理后、情理并重。这些特征表现在道德理性知识上就呈现为传统的、革命的道德知识明显强于基于现代性之上的理性知识。在一定程度上，与现代性相匹配的道德理性知识还是极为匮乏的。其表现之一就是缺少共识形态的道德观，如公平观、正义观、权力观、政治观等等。在意识上，缺乏公共善和公共理性观念，而私有的观念倒是根深蒂固。因此在动机层面，在确立一般意志和特殊意志时，其所运用的理性知识常常是功利主义的考量和计算，而不是责任的归属以及责任感的养成。

二 意志力的磨炼与运用

意志自由除了具有康德所说的"善良意志"和"实践理性"之外，还有意志力一词。可在相对清晰的意义上描述意志力：能够排除各种冲动和诱惑以把善良意志贯彻下去所需要的心理能量，一是表现为坚定的信念，坚信自己能够抗拒冲动、抵御诱惑；一是表现为自治和自制，即《大学》右经一章所论述的一个根本、四个途径，即"自天子以至于庶人，壹是皆以修身为本"。而修身又表现为四个途径：正其心、诚其意、格物、致知。而要实现这四个途径就必须在心灵结构实现五个飞跃：知止而后有定；定而后能静；静而后能安；安而后能虑；虑而后能得。而意志力的磨练是在特定场域下形成的。在以家庭、家族和村社为基本交往空间的熟人社会，人们似乎无需把意志力磨炼得极为坚定和坚强，其原因在于两点，第一，康德所描述的"反乎"责任的情形是较少出现的，因为高昂的道德代价会使人们望而生畏。这是一种典型的境遇伦理，当外在道德监督和评价不存在的时候，道德自律的信念就被解构了。第二，在传统社会自给自足的自然经济导致了人们之间并没有现代性场域下的那种经济依赖性，因此难以出现激烈的、持续的利益冲突，这就难以磨炼出坚定的意志力、顽强的意志品质。

建立和完善社会主义市场经济，在私人领域之外逐渐构建出了市民社会和政治领域，而这两个领域里的权利与义务的关系，远比私人领域复杂得多，矛盾和冲突也激烈得多，这就需要超强的意志力和顽强的意志品质，在个人利益与他人利益、个人利益与公共利益相互冲突时，建构道德主体的"原因性"："意志是有生命的存在者就其理性存在者而言的一种原因性，而自由就会是这种原因性当它能独立外来的规定它的原因而其作用的属性。"[①] 即是说，充满利益交割的领域，有理性存在者能够依照自己的判断和意愿，出于内心对法则的尊重而正当地行动，较少迫于外在道德舆论的压力而被动地合乎责任。如果把这个意志自由和道德责任"原理"运用于经济、社会和政治领域，便有了政治人、经济人和公共人的意志自由和道德责任问题，而这些问题将由政治伦理学和政治哲学、经济伦理学和经济哲学以及公民伦理加以分析和论证。相关于这些方面的具体内容，将在以后的研究中给出，在此主要是预先给出了一个问题域以及基本的思考范式。

---

① ［德］康德：《道德形而上学奠基》，杨云飞译，邓晓芒校，人民出版社2013年版，第89页。

第六章　从相同意志到公共意志的内在逻辑及其复杂性

意志不仅仅是一个心理学范畴，更是伦理学和政治学中的核心概念。如果从事实的角度看待意志，当指行动者的动机、意愿、意向。在指向上，意志可有主体性的存在和客体性的存在。主体性的意志便是行动者的动机和意愿；客体性的意志便是行动者所意欲的过程和对象，前者是意向的，后者是意向性的。主体性的意志仅仅指意愿某事，至于这个某事是否是清晰的、明确的，是不明显的，而客体性的意志乃是对象性的，不仅仅是某种意愿，更是这种意愿所指向的对象。无论是作为伦理学的意志还是作为政治哲学的意志，首先都是心理学的概念，因为如果没有动机、意愿、意向这些心理要素，一种可实践的心理行动和现实行动就绝不可能发生。作为伦理学概念的意志，乃是指意愿、意向和动机的正当性性质和正当性程度，要么是形式的正当性，即符合先天实践法则的程度，要么是质料的，即令他人和行动者愉快或生活得以改善的程度。而作为政治哲学范畴的意志，则首先是心理学的，其次是伦理学的，第三是面向政治事实的心理行动和现实行动。政治伦理学或政治哲学意义上的意志乃是面向政治事实的相同意志和公共意志，亦可称之为政治意志。面向政治事实的相同意志，描述的是每个公民都或自觉或不自觉地关注政治事实，但它们仅具有相似性或相同性，只是表明人们关注的是同一个对象；而公共意志则是对公共善的预设和信念，作为对象，公共意志就是公共善，作为主体性的意志就是公共理性。在以机械团结为主要交往方式的历史场域下，很难形成基于公共理性之上的公共意志；只有在以有机团结为主要交往方式的历史场域下，公共意志才有可能形成并得到充分运用。揭示政治意志的内部构成与外部结构及其生成逻辑无疑是政治哲学的重要任务。

从相同意志到公共意志的内在逻辑问题乃是两个方面内容的判断：事实判断与价值判断。在政治哲学的视阈内，价值判断具有优先性，其所指称的是，实现从相同意志到公共意志的飞跃乃是一种好的逻辑进路，谓其是好的乃在于如下两点，其一，实现从相同意志到公共意志的飞跃有利于行动者自由自觉能力的提升，更有利于行动者基于自由自觉意志之上的责任归属；其二，有利于社会自治能力的提升，每个人都积极且有效地参与国家治理和社会管理往往优于少数人支配国家和社会之状况。以此观之，实现从相同意志到公共意志的飞跃乃是一个好社会的政治诉求。然而，作为一种善，一种手段和目的意义上的善，公共意志可以促进个人的发展与社会的进步，那这种飞跃如何可能呢？于是，关于公共意志的哲学沉思，是要解决从相同意志到公共意志飞跃的必要性问题，它构成了这种飞跃的价值基础；解决如何实现这种飞跃的问题，它构成了这种飞跃的可能性问题。在公共意志这一主题之下，我们必须预先给出关于意志的道德哲学原理，继而在具体的历史场域下呈现从个体意志到相同意志，再到公共意志飞跃的客观逻辑，最后给出现代性语境下当代中国之公共意志生成的内在逻辑及其所需的条件与环境。

第一节 有关意志的道德哲学原理

意志的主体是具有人格结构的现实的人，而人格是由信、知、情、意四个要素组成的有机体，其中意是联结信、知、情与行动的关键要素。对人之意志的研究，心理学的规定与解释是最基础的，或是最基本的，《当代西方心理学新词典》认为，意志是人自觉地确定目的，并支配行动去克服困难以实现预定目的的心理过程。意志是人类特有的心理现象，也是人的意识能动性的表现。其主要特征：一是明确的目的性，即意志行动总是自觉确定和执行目的行动。二是与克服困难直接相联

第六章　从相同意志到公共意志的内在逻辑及其复杂性

系，即只有克服各种困难才能实现预定的目的。三是直接支配人的行动，即意志主要是为完成一定的目的任务而组织起来的行动。它对行动的调节既可表现为发动和进行某些动作或行为，也可表现为制止和消除某些动作或行为，前者是作为的意志，后者是不作为的意志。当代神经心理学、神经生理学乃至脑科学为人类研究意志现象提供了科学依据。关于意志的一般哲学原理无疑要充分了解、理解和充分运用这些科学理论，但意志本质上并不仅仅是一个科学的、可数据化、可模型化的过程或品质，毋宁说，意志乃是一个动机、意愿、意向、意向性的过程，且是一个可以对其正当性进行哲学分析的过程和品质。

对意志的哲学规定可有能力与品质两种范式。① 作为一种能力，意志是在动机推动下，克制内心冲动、抵御外部诱惑、克服各种困难以把预先设定好的意愿贯彻下去所需要的心理能量，这种心理能量的释放过程就是一个由三个关键环节组成的目的性的行动，行动的质性特征就是品质，可用顽强、坚韧、执着、勇敢、自律等赞美性的词句加以称颂。品质是行动的外部特征，且是令行动得以成功的特征，行动为体，特征为用，体用结合方为型，这个型就是意志。作为一种能力和品质，意志贯穿于人的行动的各个环节之中，无论这种行动是观念的还是实践的。观念的活动类似于康德的思辨理性活动，这种活动虽不使世界发生任何变化，只使观念发生变化，但它同样需要意志。意志在思辨理性活动中的作用主要表现为集中所有的精力完成理性向知性提出的要求，这个要求表现为范畴的建制和理论的建构，这便是建构性原则。② 意志在纯粹理性批判的作用表现为向外与向内两个方

---

① 关于意志作为能力与品质，前已述及，在此将其用于分析和论证公共意志如何生成的。
② 康德在《判断力批判》的第一版"前言"和"导论"中，在"知性"与"理性"的分别中，在"认识能力、愉快和不愉快的情感和欲求能力"的比较中，简约地论述了思辨理性的使命："人们可以把出自先天原则的认识能力称为纯粹理性，而把一般而言对纯粹理性的可能性和界限的研究称为纯粹理性批判……因此，真正说来是知性，就它包含着先天的建构性原则而言，拥有自己的领域，确切说是在认识能力中拥有，它应当通过一般地如此称谓的纯粹理性批判而针对其余一切追随者来确保他自己独占的财产。"(《康德著作全集》第5卷，李秋零译，中国人民大学出版社2007年版，第176—177页）

面，前者表现为划界，后者表现为建构。所谓划界，是纯粹思辨理性只指向与人的动机、正当性无关的自然界，为着为"自然立法"，必须先行划定界限，其一，由于思辨理性只是欲求自然规律，而不是欲求自由规律，只适用因果律而不适用道德律，因此，在思辨理性那里，自由只是一种绝对意义下的自由，"有了这种能力，先验的自由现在也就被确立了，而且这里所谓的自由是指绝对意义下的自由"①。在思辨理性范围内，与意志密切相关的自由乃是一种在认识上认其可能而在实践中并不必然的一种信念，因为思辨理性所处理的主题乃是因果性关系起支配作用的"物自体"，而追问物自体之无制约者的意愿乃是超出理性限度的"僭越"，人们只能研究物自体呈现给人们的表象，至于物自体本身我们却知之甚少，甚至一无所知。在有限理性的范围内，意志的作用就被严格限制在，通过知性创设范畴，用范畴对通过先天直观形式即空间与时间得来的感性、表象，进行特征抽提，起于个别，中经特殊而达于普遍，从而形成逻辑学和自然哲学。在思辨理性中，在理论哲学中，有关意志的一般哲学原理带有先验逻辑的明显特征，由于意志并不指向人的实践，所以这里的意志几乎不涉及正当性、道德性问题。依照康德给我们指出的致思路向，必须到人的实践中，到人的行动中寻找真正的有关意志的一般哲学原理。

在某种意义上可以说，康德的《道德形而上学原理》（或译《道德形而上学奠基》）就是一部关于意志的哲学教科书。在此我们无意去阐述、评述康德的意志哲学理论，而只想运用这些理论构建起一个有关意志的道德哲学原理。

依照先前的分析与论证，可把意志分成目的论和能力论两个部分，而从整体性上把握意志，目的论和能力论原本就是一体的，是同一种能力的不同运行方式，确立目的本身就是一种能力，实现目的更是一种能力，是目的论能力的扩展形式。我们试图在实践或行动概念

---

① [德] 康德：《实践理性批判》，关文运译，广西师范大学出版社2002年版，第1页。

第六章 从相同意志到公共意志的内在逻辑及其复杂性

下系统地研究意志现象。

首先,关于"一般意志"与"特殊意志"问题。康德在《道德形而上学原理》的前言中,以"著名的沃尔夫"为批评对象,针对将普遍实践哲学和道德哲学相混同起来以及由此造成的混乱,指出:"正因为这是普遍实践哲学,所以它所考察的不是一种特殊的意志,不是一种不须一切经验的动因、一种完全由先天原则来决定,被称之为纯粹意志的意志。它所考察的是一般意愿,以及在这种一般意愿下属于它的全部行为和条件。这样看来,它和道德形而上学的区别,正如普通逻辑和先验哲学的区别一样。在这里,前者所阐明的是一般思想的活动和规则,后者阐明的则是纯粹思想的特殊活动和规则。所以道德形而上学所研究的,应该是可能纯粹的意志的观念和原则,不是人的一般意愿的行为和条件,这些东西大都来自心理学。"① 康德极为认真地区分特殊意志或纯粹意志和一般意志的关系,目的在于寻找一种无制约的、初始性的、终极性的力量,借助这种力量每一个有理性存在者都能够尽职尽责,做他应该做的事情。康德从未否认过一般意志的存在,甚至极其重视这个一般意志,因为若没有一般意志的强大作用,又如何彰显纯粹意志的重要和高贵呢!如果不对一般意志进行哲学分析和论证,便无法推论出特殊意志的必要性与可能性,不能为着道德哲学的理论需要而否认一般意志的合理性和必要性。

区分一般意志和特殊意志的理据在于一个行动者的行动性质,即合法性和合理性问题,而我们首先必须在事实的意义上研究意志的复杂结构及其运行方式,而不是对意志的正当性进行规定。如果把意志视为一个最高的概念,而不仅限于指称行动者的意愿、动机、意志力、支配能力,那么就必须以行动概念为核心词讨论意志的复杂结构及其运行方式。一如马克思所说,人怎样行动人就怎样,行动成就了人是什么和不是什么的根据与判据。行动由三个环节构成,

---

① [德]康德:《道德形而上学原理》,苗力田译,上海人民出版社1986年版,第39页。

即前提、过程和结果，而意志恰恰贯穿于这三个环节中。在前提中，意志表现为对动机和意愿的确定。意愿和目的相对应，意愿是起于心意以内的由己性，这种由己性表现为生活状况和内心体验。令自己的生活状态变好，令自己感到快乐和幸福。这种由内到外的倾向性就是动机或意愿，而动机和意愿的强度与广度随他的需求程度和外部环境的可能性而定。然而，人并不像机械论者所坚持的那样，只是一部高度精密的机器，而是具有基本理性判断力和反思能力的有理性存在者。于是在动机和意愿的确定和确证上，行动者会凭借想象力将行动的后果先行标划出来，借以确证动机和意愿的正当性和可能性。如果整个行动及其结果原则上不涉及他者，即不存在主体间的正当性问题，那么这样的动机、意愿、行动就是一个分析命题，其所遵守的乃是技术规则。在规则的指引和约束下，行动过程和行动结果仅对行动者有效，于是在仅向行动者有效的行动中，意志就以下列程序展开其自身。首先，在动机与意愿的确定上，行动者会根据对自己的重要性和紧迫性而对动机进行价值排序。意志的作用就在于确定动机和意愿的现实性，而不去幻想那些毫无可能性的意愿。其次，在行动过程中，意志的作用在于克制内心的冲动、抵御外部的诱惑、排除各种困难，以把初始性的意愿贯彻下去。最后，在行动结果上，意志的作用在于自我评价、总结经验、吸取教训，以利再战。

其次，每个行动者仅向自己而言且不涉及他者利益的意志行动总是少量的，事实上，每个人行动者的利己行动都常常涉及他者的利益，即存在利益相关性。在一个行动存在利益相关性时，通常存在三种情形："在这里，我且不谈那些被认为是和责任相抵触的行为，这些行为从某一角度看来可能是有用的，但由于它们和责任相对立，所以也就不发生它们是否出于责任的问题。我也把那真正合乎责任的行为排除在外，人们对这些行为并无直接的爱好，而是被另外的爱好所驱使来做这些事情。因为很容易分辨出来人们做这些合乎责任的事情是出于责任，还是出于其他利己意图。最困难的事情是分辨那些合乎责任，而人们又有直

第六章　从相同意志到公共意志的内在逻辑及其复杂性

接爱好去实行的行为。"① 在此，我们无意沿着康德的思考逻辑讨论一个行动反乎、合乎、出于责任的复杂情形，只想呈现出在存在利益相关性时，行动者如何在一般意志与特殊意志、实用理性与实践理性、利己与利他之间做出抉择。当我们直面这种选择本身时，其内在复杂性重复了一般意志在展开其自身时出现的情形。尽管就行动的结果来看，可能会存在着单一和重叠利益后果，单一利益后果是不可兼得的那种情形，要么是损人利己，要么是利他而少有利己；重叠利益后果是合乎责任那种情形，但揭示出行动者在冲突的语境下如何做出正确选择时具有怎样的复杂情形和内心体验，似乎更加重要。

首先，在前提中，即在选择什么样的动机作为行动的动力时，意志的作用表现在确定何种意图或意愿作为行动的初始性元素。无论是出于、反乎还是合乎责任，多种动机共存于同一个行动者的选择集中，是共同的情形。假定行动者是一个拥有基本理性能力，能作善恶判断的行动者，那么他对行动赖以出发的动因和行动可能产生的后果是有先行判断力的。康德严格区分了定言命令和假言命令两种情形，而无论哪种情形，都会在行动者之内发生善良意志、实践理性、实践法则和自我反思四个要素的相互作用的过程。在学理的意义上，一个行动者在面对正当与否、应当与否的语境下，如何做出正确选择，确实需要用一个范畴群加以描述和解释，对此，康德给出了一个极具启发性的论述："在自然界中每一物件都是按照规律起作用。唯独有理性的东西有能力按照对规律的观念，也就是按照原则而行动，或者说，具有意志。既然使规律见之于行动必然需要理性，所以意志也就是实践理性。如果理性完全无遗地规定了意志，那么，有理性东西那些被认作是客观必然的行为，同时也就是主观必然的。也就是说，意志是这样的一种能力，它只选择那种，理性在不受爱好影响的条件下，认为实践上是必然的东西，也就是认为善良的东西。如若理性不能完全无遗地决定意志；如若意志还为主观条件，为与客观不相一致

---

① ［德］康德：《道德形而上学原理》，苗力田译，上海人民出版社1986年版，第46页。

的某些动机所左右；总而言之，如若意志还不能自在地与理性完全符合，象在人身上所表现的那样，那么这些被认为是客观必然的行动，就是主观偶然的了。对客观规律来说，这样的意志的规定就是必要性。这也就是说，客观规律对一个尚不是彻底善良的意志的关系，被看作是一个有理性的东西的意志被一些理性的根据所决定，而这意志按其本性，并不必然地接受它们。"① 在存在利益相关性的语境下，行动者的正当行动乃是一个多种要素相互嵌入、相互作用的结果。先天实践法则构成了评判行为正当与否的根据与标准；将他者的利益（质料）和实践法则（形式）作为行动的初始性意愿，构成善良意志；克制内心冲动、抵御外部诱惑、克服各种苦难，以把善良意志贯彻下去的能力，是实践理性；对行动后果进行评价构成了反思性能力。

其次，在过程中，意志与理性以相互嵌入的方式支撑着行动。过程是联结动机与结果的桥梁，无论这个桥梁是长还是短，一切想象中的困难和复杂性都是现实化了。为着克服这些想象到的、不曾想象到的困难，必须实现意志的坚守和理性的坚持。在行动前曾确立下来的善良意志或善良动机，无论是出于形式的还是出于质料的善意，意愿，意向，在行动过程中，都必须汇集成坚定的信念，一种非坚持下去不可的心理能量。如果说始自善良意志的坚定信念乃是一种非分析、非反思的情感性力量，那么基于分析和论证之上的实践理性，则是一种理智，它把类似于信念论的先天实践法则落实到遵循技术规范和道德规范的行动中。善良意志必须通过正确的道路实现；一如类似于信念论的先天法则通过理性得以实现那样。而无论是信念论还是理智论，无论是善良动机的后续呈现，还是未来结果的预先表象，在康德看来，都是意志自由的充分体现。人何以能够做到始终依照实践法则而行动？康德用他的"两个世界"理论予以充分论证。康德在《道德形而上学原理》的第三章的"定言命令"部分和《实践理性批

---

① ［德］康德：《道德形而上学原理》，苗力田译，上海人民出版社1986年版，第63页。

第六章　从相同意志到公共意志的内在逻辑及其复杂性

判》的"纯粹实践理性基本原理演证"部分做了极为精彩的论述①，然而，根据康德的两个世界理论，似乎会得出独断论的结论，即每一个有理性者，凭借其善良意志和实践理性完全可以做其应为之事。然

---

① 康德道德哲学中的"自由意志"理论或许是他整个伦理学的理论基石，也是整个理论体系的轴心。"自由概念的实在性既然被实践理性的一个必然法则所证明，所以它就成了纯粹的甚至思辨的理论体系的整个建筑的拱心石，而且其他一切概念（神的概念和不朽的概念）当做理念原来在思辨理性中没有依据的，到了现在也都附着在这个概念上，而借它稳定起来，并得到客观实在性。"（［德］康德：《实践理性批判》，关文运译，广西师范大学出版社 2002 年版，第 1—2 页）那么，人的自由意志如何成为可实践的能力呢？"现在我们知道，在我们把自己想成自由的时候，就是把自身置于知性世界中，作为一个成员，并且认识到了意志的自律性，连同它的结论——道德；在我们把自己想成是受约束的时候，就把自身置于感性世界中，同时又是知性世界的一个成员。"（［德］康德：《道德形而上学原理》，苗力田译，上海人民出版社 1986 年版，第 108 页）那么，借着知性世界和感性世界，人的自由意志是如何可能的呢？"有理性的东西认为自己，作为理智，是知性世界的成员，而只有他属于这一世界的作用因的时候，他才把自己的因果性称为意志。在另一方面，他也意识到自己是感性世界的一部分，他的行动在这里只不过是感性世界的因果性的现象。但我们并不清楚，这些以我们所不知道的原因为根据的行为是如何可能的；或者可以认为这些行动是由另一些现象所规定的，例如，欲望和爱好等属于感觉世界的东西。作为知性世界的一个成员，我的行动和纯粹意志的自律原则完全一致，而作为感觉世界的一个部分，我又必须认为自己的行动是和欲望、爱好等自然规律完全符合的，是和自然的他律性相符合的。我作为知性世界成员的活动，以道德的最高原则为依据，我作为感觉世界成员的活动以幸福原则为依据。既然知性世界是感觉世界的依据，从而也是它的规律的根据，所以，知性世界必须被认为是对完全属于知性世界的我的意志具有直接立法作用。所以，我认为自己作为理智，是知性世界的规律的主体、是意志自律性的主体。总而言之，在必须承认自己是一个属于感觉世界的东西时，我认为自己是理性的主体，在理性在自由观念中包含着知性世界的规律。所以，我必须把知性世界的规律看做是对我的命令，把按照这种原则而行动，看做是自己的责任。"（［德］康德：《道德形而上学原理》，苗力田译，上海人民出版社 1986 年版，第 108—109 页）康德在《实践理性批判》中再一次论述到了"两个世界"理论，借以再次论证自由意志的客观性和现实性："一般有理性的存在者在感性世界的存在乃是指他们在受经验制约着的法则下的存在而言，这种存在在理性看来就是他律。反之，同样存在者在超感性世界的存在乃是指他们合乎不依任何经验条件的那个法则的存在而言，因而属于纯粹理性的自律。而且那些单靠认识就可使事物存在的法则既然有实践力量，所以超感性的存在就不外乎是受纯粹实践理性的自律所控制的一种存在。但是这个自律法则就是道德法则，因而道德法则就是一个超感性存在和一个纯粹悟性世界的基本法则；这个世界的副本必然存在于感性世界之中，但是并不因此损害了这个世界的法则。我们可以称前一个世界为原型世界，这个世界，我们只能在理性中加以认识，至于后一个世界，我们可以称它为模型世界，因为它包含着可以作为意志动机的第一个世界的观念之可能结果。因为事实上道德法则就把我们置于一个理想领域中（在那里，纯粹理性如果赋有充足的自然力量，就会产生最高的善），并且决定我们的意志给予感性世界以一种形式，使它仿佛成了理性存在者所组成的一个全体。"（［德］康德：《实践理性批判》，关文运译，广西师范大学出版社 2002 年版，第 31—32 页）我们将康德有关意志自由的精彩论述抄录于此，目的在于，康德为特殊意志和公共意志的生成和践行提供了道德哲学基础论证，这对我们研究作为公共意志的政治意志同样有效。

而，事实上，不但人的动机并不总是善良的，人的实践理性能力也并不总是周全的，一个可接受的结论是，人是有限理性存在者，人是有限度的正确的思考者和正当的行动者。惟其如此，人才有了反思的能力和愧疚、自责的体验。

其三，在行动的结果上，有理性存在者会有反思的行为和愧疚、自责的体验。在不存在利益相关者的情形之下，行动者的反思与遗憾仅向行动者有效，反思的目的在于总结经验、吸取教训以利再战；遗憾的意义在于未能产生令自己生活得以改善和令自己快乐的体验。而在存在利益相关者的情形下，反思的意义在于就自身行动的正当性问题进行技术路线的后思与反观；愧疚与自责的作用在于两点，一是技术主义的，即有善良动机，但却因为手段和环境的"欠缺"而未能产生所意愿的好结果；一是意志上的矫正，即未能抵制外部的诱惑和抵御内心的冲动。后思或反思的实质是，后思技术的欠缺乃是实践理性的张力；愧疚自己的"不当"乃是意志力的彰显。

当我们把一个有理性者的思与行在前提、过程与结果的意义上分解开来，以便呈现其内在的运行逻辑，其旨趣在于检验和证明"有关意志的道德哲学原理"的正确性与有效性，那么接续的工作则是在科学的意义上呈现有关意志的类型，并在类型学意义上实现由一般意志到特殊意志、再到政治意志的过渡。

第二节 从有关意志的类型学到政治意志

创制一个有关意志的类型学原理，旨在发现意志在不同行为中发挥作用的内在机制。而意志无论在何种行为中发挥作用，都遵循着同一个原则，即意向和意向性。意向是行动者起始于需要、中介于目的和动机而产生的心理倾向性。从指向上看，这种倾向性可有由外向内的占有和由内向外的表达两种。如果这种占有和表达仅仅是一种来自行动者内部结构的倾向，而不指向具体的对象，那么这种倾向性就是意向。每一个体在意向上的差异就在于多少和强弱之间的差别，其根

第六章　从相同意志到公共意志的内在逻辑及其复杂性

源是复杂的，或许既有生物根据，也有社会根源和精神基础。为何某些人对权力和金钱有着超乎寻常的兴趣，甚至是病理学意义上的"着迷"，而另一些人则无动于衷，表面看似是一个与意志没有密切关系的问题，恰恰相反，需要、欲望、意向较强、超强的人，也许成为秩序的创制者，也许是秩序的破坏者，所以他们更需要意志。

作为起于心意以内由己性的意向所呈现的仅仅是一种倾向，并不指向具体的对象，如这种倾向指向了某个或某些具体的对象，那么这种意向就是意向性的。而被指向的对象既可以是既成的，也可能是尚未出现的，只是一种"理想模型"。而无论是哪一种对象，行动者在意向和意向性的促发下，通常会采取具体行动，而行动的价值逻辑便是通过占有对象、支配对象而实现占有和表达的目的。无论是一般意志还是特殊意志，本质上都是意向和意向性的，作为动机就是意志，作为实现动机的力量就是意志力。

在意向和意向性这个普遍本质的基础上，我们可以对意志的诸类型作出一般性的规定，借以推导出作为公共意志的政治意志来。首先，一如"有关意志的道德哲学原理"所指明的，可依照主体自我正当性和主体间正当性而把意志分为一般意志和特殊意志。而一般意志乃是那种朝向行动者的动机和意志力，为着使行动者自身（或令自己生活得以改善，或令自己愉快）而采取的行动，如果说这种朝向自身的行动也有责任的话，那么这只是一种非典型的道德行动，其善良意志和正当性是自我确证的，而不是主体间完成的。在实践哲学所论及的范围内，一般意志所指向的行动通常只在极小的范围内存在，而在绝大多数场域下，一个行动都是在主体间完成的，其善良意志和正当性是在主体间被确定和确证的，这就是康德笔下的特殊意志。其次，特殊意志乃是指那种其行动存在明确利益相关者（无论是有人称的还是无人称的）因而需要正当性基础证明的动机和意志力。只有存在利益相关者的时候，其意志和行动才与道德相关，在康德看来，只有出于责任的行为才具有道德价值。那么，如何确认和确证一个意志和行动是具有道德价值的呢？康德给出了一个质料性的和形式的根据，质料的根据便是目的论，即人人都是目的而不仅仅是手段；形式的根据乃是那个预先确立起来的先天实践法则：你要按照你意愿别人对待你的方式对待别人。① 从康德对目的的众多性、形式的单一性和意志的普遍性之内在逻辑关系的证明中，我们总结出了有关意志的差异性、相似性、相同性、共同性和公共性问题。

每一个体在一般意志上的差异性是我们讨论任何一种共同意志和公共意志的逻辑前提，也是我们在行动上所归之于它的结果，换言之，任何一种公共意志如若不是为着每个人的个人意志的最大化，那么这种公共意志也就毫无意义。起于心意以内的由己性决定了个体行动的自我性、向我性和为我性，一如康德所言说的那样，每一个有理性的存在者自在地就是目的。这个结论应该说具有人性基础，即每个人都在存在论、认识论和价值论上视自身为目的，由此决定，在一般意志的支配下，每个人也总是自然而然地将自己的优势目的确立为具体行动的动机，每个人各有各的目的和动机，这便是康德所说的"目的的众多性"，即一般意志上的差异性。然而这种差异性并未导致在对各自动机和行动之认知和理解上的障碍，人们通过想象、移情、同情和解释的方式达成"共识"，这便是基于差异性之上的相似性。这种相似性通过意向和意向性表现和表达出来，如每个人都有相似的为我性和向我性动机；每个人都有相似的内心体验，快乐、幸福的，平淡、无奇的，沮丧、痛苦的。如若没有了这些相似性，那么人与人之间的沟通和交流也就不可能，基于差异性之上共同性和公共性也就更

---

① "1. 一种表现为普遍性的形式、道德命令的公式，在这方面，就成为这样的：所选择的准则，应该是具有普遍自然规律那样效力的准则；2. 一种作为目的的质料，这一公式这样说，有理性的东西，其本性就是目的，并且是自在目的，它对任何准则所起的作用，就是对单纯相对的、随意目的的限制条件；3. 通过以上的公式，对全部准则作完整的规定，这就是：全部准则，通过立法而和可能的目的王国相一致，如象对一个自然王国那样。这一进程也正像意志诸范畴的进程一样，形式的单一性，意志的普遍性，质料的众多性，客体，也就是目的的众多性，及其体系的整体或全体性，在作道德的评价时，最好是以严格的步骤循序渐进，先以定言命令的形式作为基础，你的行动所依从的准则，其自身同时就能够成为普遍规律。"（［德］康德：《道德形而上学原理》，苗力田译，上海人民出版社1986年版，第89—90页）

第六章 从相同意志到公共意志的内在逻辑及其复杂性

不会发生。然而,每个个体在一般意志上的相似性、相同性却不能作为判断一个行为是否正当的道德基础,其理由已由康德在《实践理性批判》中的"定理一"和"定理二"给出。"一切实践原理,凡把欲望官能的对象(实质)假定为意志的动机,都是依靠经验,而不能提供实践法则的。"① 为什么基于欲望而对能够带来快乐的对象的占有不能作为实践法则的基础呢?或为什么依靠经验不能供给实践法则呢?康德论证道:"一个原则如果只是依据在人对快乐或痛苦的感受性这样一种主观条件上(这种感受性永远只能在经验上被认识,并且对于一切有理性的存在者也不能同样有效),那么对于具有这种感受性的主体来说,它诚然可以作为他的准则,不过甚至于对于这个主体自己来说,它也不能成为法则(因为它缺少了那必须被先天认识到的客观必然性)。既然如此,这样一个原则永远不能供给实践法则了。"② 那么,自爱原则或个人幸福原则能否充当普遍有效的实践法则呢?康德的回答是否定的:"'事物存在'表象给人的快乐,就其成为人对这个事物的欲望的动机的一个原则而言,乃是依据在主体的感受性上面,因为它是依靠于一个对象的现实存在的。因而它乃是属于感觉,而不属于悟性——悟性是表示表象对客体的概念关系,而不表示表象与主体的感觉关系。所以只有在主体从对象的现实存在所期待的那种愉快感觉决定其欲望官能的范围以内,这种快乐才可以促进实践。一个有理性的存在者能意识到终身不断享有的人生乐趣,就是所谓幸福;把幸福立为选择的最高动机的那个原理,正是自爱原理。"③ 无论是能够带来快乐的对象,还是这个快乐本身均不能构成"实践法则"。

以此观之,由意志的差异性到相似性和相同性,均不能推导出共同意志或公共意志来。问题的实质在于,尽管意志的相似性和相同性与意志的共同性和公共性都冠以意志这个"词根",但它们却不是同

---

① [德] 康德著:《实践理性批判》,关文运译,广西师范大学出版社2002年版,第6页。
② [德] 康德著:《实践理性批判》,关文运译,广西师范大学出版社2002年版,第6页。
③ [德] 康德著:《实践理性批判》,关文运译,广西师范大学出版社2002年版,第7页。

一系列的范畴，前者相关于欲望的对象、对象带来的快乐，可从经验得来；而后者则超越了经验的个别性而达于意志的普遍性，进言之，意志的共同性或公共性乃是概念的，或信念的。"约束性的根据既不能在人类本性中寻找，也不能在他所处的世界环境中寻找，而是完全要先天地在纯粹理性的概念中去寻找。同时，任何其他单纯以经验原则为依据的规范虽然有一定的普遍意义，然而它即使有极小一部分甚至一个念头是出于经验的话也是一个实践规则，永远不能称之为道德规律。"① 简言之，构成意志之共同性或公共性基础的乃是两个维度上的"存在"：客体性与主体性的存在。而就客体性的存在而言也有两种，其一，每一个有理性的存在者，他们都是目的王国中的一个成员，都自在地是目的；其二，公共性的存在，这种存在不能分解成等份的形式，即每人分得相同的份额，政治作为一种特殊的社会事实，就是这种公共性的存在。就主体性的存在而言，便是基于"概念"之上的共同的信念和原则观念。如若把康德的特殊意志置于一个具体的场域之下，那么共同意志或公共意志就超越了日常生活和经济活动中的法则意义上的公共性，而指向政治和精神领域里的公共性意志。②

在此，我们将集中讨论，政治何以成为最大的公共性存在，政治意志何以是最为典型的公共意志。对这两个疑问的回答决定了我们对政治之"真理"的揭示，政治的"真理"就是政治的"是其所是"。而对于政治之"是其所是"的论证，本质上是规范论的，尽管这种规范是建基于分析论之上的。我们可以从技术主义和本质主义两个视角揭示政治的"是其所是"。在技术主义的视野之下，政治被定义为获取政治权力和行政职权的技艺，它着眼于如何获得政治权力这种最大的支配性力量。技术主义的定义方式绝不仅仅是学理上的论证方式，它同时也是人们的政治思维和行动方式。如果不是抱着过分激烈

---

① ［德］康德：《道德形而上学原理》，苗力田译，上海人民出版社1986年版，第37页。
② 关于公共性的类型及其内在逻辑关系的研究，参见晏辉《公共性的原始发生》，《教学与研究》2007年第4期；《现代性语境下公共性问题的哲学批判》，《哲学研究》2011年第8期；《精神公共性危机及其重建》，《苏州大学学报》2013年第2期。

第六章 从相同意志到公共意志的内在逻辑及其复杂性

的态度去看待这种思维和行动，那么站在公正的立场上可以说，以何种技艺获取政治权力和行政权力构成了行动上在先的事情，因为即便是秉公执法、一心为公的政治家也必须通过技艺预先拥有这种支配性力量，如若没有这种支配性力量，即便拥有政治家的美德和一心为公的鸿鹄之志也无从实践。似乎没有哪个权力集团会自动放弃这种支配性力量，哪怕是这个权力集团在自知的条件下将这种支配性力量变成谋得私人利益的手段，事实上，如何通过各种技艺获取政治权力都是极为复杂的过程。然而在政治哲学的视阈内，这种只问如何获取而不追问终极之善的思维和行动显然并不是政治的"是其所是"，于是以预设政治之终极之善为目标的本质主义的定义方式就变得极为重要，对政治是最大的公共性存在的揭示、对政治意志是最为典型的公共意志的规定都从政治的"是其所是"始出。

政治是相关于每个人之根本利益的所有方面。毫无疑问，这个规定显然是规范性的，因为在已然和实然的场域下，政治从未完全实现每个人的根本利益，人类或许永远都不可能完全实现每个人的根本利益，但如同康德所坚信的那样，虽然从未出现过完满、完美的德性类型，但人类从未放弃过对完美德性的追寻，人类也从未放弃对一种好的政治的追寻。政治的"是其所是"就在于它的三个目的之善：建构一种能够创造财富并平等地分配财富的经济组织方式；使国家和社会按照公共意志而不是依照个人意志运行，使社会具有最大限度的自治力；使每个人过上整体性的好生活。简言之，一个好的政治就是要最大化地发挥它的经济功能、社会功能和哲学人类学功能。

既然政治是相关于每一个人的根本利益的社会存在或社会事实，那么它就必然是具有最大公共性的存在，这可以从以下几个方面得到论证。首先，政治权力和行政职权是权威性的支配性的力量。权力是人类社会中最为普遍的现象，但权力却绝不是终极目的，即便是把权力当作终极目标加以追求，其终极目的依旧是为了占有和表达。"人类是在无休无止地、有目的地并且是有理性地为增进他们对生活中美好事物的享用而斗争，为此，他们有能力选择和追求适当手段。或者，至少他们这样做足以提供体现人类生活特征的活力，并赋予它其他类别所缺少的历史。它们是权力的来源。"① 权力本质上是一种支配能力，"在最一般的意义上，权力是通过支配人们的环境以追逐达到目标的能力。"② 在这个定义之下，迈克尔·曼把社会权力分成意识形态的、经济的、军事的和政治的四种，继而从广泛性、深入性、权威性和弥散性四个方面对各种权力做了比较分析。在权力的四种类型中，政治权力充分体现了迈克尔·曼所给出的四个特性。虽然权力广泛存在于人类活动和人类生活中的各个领域，但只有政治权力才相关于每个人的根本利益，也只有政治权力所依据的力量才最具强制性、权威性、合法性，即思想上层建筑和政治上层建筑。政治权力原本是为着公共目的而将分散的个体和集团整合起来，通过分工与协作，创造出最大的公共价值，然后依据共同给出的分配原则，分享公共价值。事实证明，只有采取的集体行动，才会产生最大化的"合作剩余"。一个好的政治就是创造足够丰富的公共价值并平等地分配公共价值。然而，政治权力具有双重性格，作为具有权威性的支配性力量，它可以排除各种抗拒以贯彻其意志，而不问其正当性基础为何；也可以排除各种抗拒以贯彻其意志，但必问其正当性基础为何。前者无需给出正当性基础证明，后者努力给出正当性基础的证明来。惟其如此，政治作为最具公共性的存在，必然蕴含着公共意志问题。其次，政治意志何以成为典型的公共意志？其实，政治作为最具公共性的存在，政治"是其所是的东西"本身就已经蕴含着公共意志问题，只是这种蕴含需要一种理论的论证和呈现。自在的公共性需要通过自为的过程予以呈现和实现，这种呈现和实现是借助公共理性、通过公共意志而完成的。政治意志作为典型的公共意志不是既定的、给定的，而是生成的。进言之，作为公共意志的政治意志，并不是先天具有的，而是在反复进行的政治实践中养成并在政治实践中实现出来

---

① [英] 迈克尔·曼：《社会权力的来源》（第一卷），刘北成、李少军译，上海人民出版社 2002 年版，第 5—6 页。
② [英] 迈克尔·曼：《社会权力的来源》（第一卷），刘北成、李少军译，第 8 页。

第六章 从相同意志到公共意志的内在逻辑及其复杂性

的。一如亚里士多德所指明的那样,人们并不先天具有德性,只拥有具有德性的潜质,这就是德性并不出于自然,但也不反乎自然。如果说政治意志是对"政治是其所是的东西"的信念、意识和情感,以及在这种信念和情感的支配下为实现政治的"是其所是"所采取的行动,那么政治这种典型的公共意志就具有了双重性格,一个是作为目的之善而存在的公共意志,一个是为着实现这个目的之善而必需的公共意志,这极其类似于黑格尔所论述的作为存在本身的概念和对于这个存在的意识即概念之间的关系。对于作为目的之善的公共意志已经先行标划出来,现在的任务是要通过系统论奠基的方式呈现作为手段之善的公共意志的内部构成和外部结构,它们共同构成了实现政治"是其所是的东西"的条件。如若仅有具有客观性的政治意志而没有具有主观性的政治意志存在,那么客观性就是抽象的;如若没有具有客观性的政治意志的存在,而仅有具有主观性的政治意志,那么这种主观性就必定是任性的,只有把主观性与客观性有机结合起来,政治意志才是现实的,现实性是消灭了客观性的抽象性和消解了主观性的任意性而产生出来的生命力。政治意志作为有生命力的存在是如何构成的呢?

作为手段之善的政治意志具有外部结构和内部构成两个方面,前者是客体性的存在,后者是主体性的存在。作为客体性存在的政治意志就是规范体系,作为主体性存在的政治意志就是政治人格,它们共同构成了"政治是相关于每个人之根本利益的所有方面"。作为外部结构的规范体系乃是政治意志的对象化过程及其结果,类似于康德道德哲学中的"先天实践法则",这个法则的初始形态乃是人们先天具有的一个好社会和好政治的观念和概念,这个观念或概念可能先天地潜存于人的心灵深处。人们借助理性和知性将这个概念以绝对命令的形式设定出来、表达出来。有关政治的规范体系虽然是政治公共意志的对象化结果,但它们的使命却是朝向人们的政治行动的,其功能是规约和判断,它规定了人们在实现政治意志和表达政治意志时应当做什么,它以具体的道德命令形式表达出来,这就是康德在《实践理性批判》中于"善恶概念的自由范畴表"里给出的"质"的形式：被禁止的、被要求的和被鼓励的。如果将有关政治意志的规范体系转换为政治哲学意义上的范畴就是政治制度和政治体制。对政治制度和政治体制进行合理性证明就是对它们的"真理性"和"普遍有效性"进行证明。一组最能体现和实现"政治是其所是的东西"的制度和体制才是最真实的，最合理的，反之，如若一组制度和体制只是有利于某个人或某些人，那么这个制度和体制就是有缺陷的，可称为制度性缺陷，一个有制度性缺陷的制度和体制会造成持续的权力资本化后果，这个后果就是不但不能创造最大化的公共善，还可能把已有的和现有公共善加以私有化和破坏，即把必须分享和共享的公共善私有化，解构社会秩序系统，破坏政治生态。在某种意义上，在实现政治意志的过程中，政治制度和体制的设计、矫正、修正和完善乃是时间逻辑上在先的事情。

然而，由制度和体制是由人制定的、又是由人来实现的这一点所决定，是否形成和拥有健全的政治人格乃是在实现政治意志的过程中行动逻辑上在先的事情。可以说，政治人格是实现政治意志之最源初性的、也是最核心的力量。政治人格是一般人格在政治实践中的具体表现，它由信、知、情、意四个要素构成，四个要素之间乃是相互嵌入的关系。

信，就是政治信仰和政治信念，它们是对"政治是其所是的东西"的坚定不移的确信和坚守，人类从未丢弃过多美好生活的向往，也从未放弃过一个好政治的追求。如果说政治信仰或政治信念是一个好社会和好政治的精神基础，那么这个信仰和信念必须是普遍的，只是政治家和公共管理者的信仰和信念具有先行的引领作用。在现代性语境下，这个共同的政治信念可以体现如下：良序社会是一个被广泛认为相对为好的社会，谓其是良好的，须具备如下一些特征：作为最具支配性力量的权力不再是权力拥有者为自己谋利的工具，而是为了创造最大的公共善，包括财富、机会和秩序；在政治结构中，每个人都有平等的权利和义务，人们相信，每个人都会像尊重

第六章　从相同意志到公共意志的内在逻辑及其复杂性

自己的尊严和权利那样尊重他人的权利；通过政策设计和体制安排，创设一种既坚持绝对平等原则又坚持相对差别原则的制度环境；不只是追求形式平等，更要实现实质平等，亦即使每个人有接近的或同等分享财富和机会的能力体系，建构一个可行能力概念；它是一个有利于培养社会自治力的社会，每一个公民通过各种民间的力量实施社会的自我管理，每个公民既是一个有理性且无偏见的观察者，又是能够追问、追寻正当性基础的行动者；是一个有利于处在不利地位的人也能共享社会发展和人类进步成果的社会安排。总之，平等的理念、原则、制度、体制等等，共同构成良序社会的基础；而这种良序社会一经被建构起来，又强化了的平等的观念、完善了平等的制度。这种平等的观念可能是一种天赋观念，植根于每一个人的心灵深处，每个人都是天生的平等派，"没有人能够自立为皇帝或国王，人民提升某一个人使之高于自己，就是要让他依据正确的理性来统治和管理人民，把他所有的给予每一个人，保护善良的，惩罚邪恶的人，并使正义施行于每一个人。但是如果他妨碍或搅乱了人民建立他所要确立的秩序，也就是违反了人民选择他的契约，那么人民就可以正义而理性地解除服从他的义务。因为是他首先违背了将他们联系在一起的信仰。"[①]

如果说政治信仰、信念体现的是强烈的心理倾向性，是一种承诺、确信和坚守，那么政治意志上的"知"则是一种公共理性，是一种理论理性、创制理性和实践理性。在秩序良好的社会中，公共的正义观念提供一种相互承认的观点，从这种观点出发，公民们能够相互判断他们在政治制度中拥有什么政治权利，或者反对什么政治权利。"[②] 人人都相信，正义观念具有普遍有效性；在正义观念指导下，社会的制度结构能够体现和实现正义原则；人们依照正义感与理解、

---

① [英]迈克尔·莱斯诺夫等：《社会契约论》，刘训练等译，江苏人民出版社2006年12月第2版，第13页。
② [美]约翰·罗尔斯：《作为公平的正义》，姚大志译，上海三联书店2002年版，第14—15页。

认同正义原则，并在自己的位置上做每个人符合义务和职责的事情，当这样三个要素都具备并充分发挥作用时，每个人都能够清晰地知道自己在政治制度中拥有怎样的政治权利和政治义务。但在实际的政治生活中，仅有这些信仰、信念和情感还是不够的，还必须具有把正义原则落在实处的能力体系，这就是公共理性。

公共理性是政治社会得以生成和存续的能力基础。"政治社会，以及事实上每个合理和理性的行为体，不管是个人、家庭，或者社团，甚至某种政治社会的结盟，都有明确表达其计划，将其目标置于优先秩序之中，以及相应地作出决策的方式。政治社会这样做的方式就是它的理性。它做这些事情的能力也是它的理性，虽然是在不同的意义上：它是一种知识和道德权力，扎根于人类成员的能力之中。"① 进言之，无论是人格体，还是非人格体，在制定实施其行动计划时，都需要理性。当这种理性指向目的时，它就是价值理性；当它指向手段与技术时，它就是实用理性。但却未必是公共理性，公共理性是为着公共善且实现公共善的能力体系。"公共理性在三个方面是公共的：作为公民的理性，它是公众的理性；它的目标是共同的善和基本正义问题；它的性质和内容是公共的，因为它是由社会的政治正义概念所赋予的力量和原则，并且对于那种以此为基础的观点持开放态度。"② 作为客体性的存在，公共理性就是可分享的公共价值，可共享的公共秩序；作为主体性的存在，公共理性就是每个人拥有的进行正当性判断的能力，是对实践法则的认同和践行。在非常细致的意义上，公共理性表现为理论理性、创制理性和实践理性。理论理性表现为康德意义上的理性、知性和感性之间的逻辑关系，理性提出要求和原则，这就是政治意志概念之下的平等、正义和自由追求、建构性原则和范导性原则，从每个人自在的权利出发建构出一个普遍有效的原则来；知

---

① ［美］罗尔斯：《公共理性的观念》，参见《协商民主：论理性与政治》，詹姆斯·博曼、威廉·雷吉主编，陈家刚等译，中央编译出版社2006年版，第68页。
② ［美］罗尔斯：《公共理性的观念》，参见《协商民主：论理性与政治》，詹姆斯·博曼、威廉·雷吉主编，陈家刚等译，中央编译出版社2006年版，第68—69页。

第六章　从相同意志到公共意志的内在逻辑及其复杂性

性提供范畴和话语，将来自感性的政治感受经特征抽提形成理论体系。这个理论体系又进一步地表现思想家的政治哲学和每个人拥有的有关政治意志的"知识"，并用这些知识进行政治意志的表达。创制理性表现为政治制度和体制的创设、修正、矫正和完善。实践理性就是每个人在处理与自己的政治权利有关的事情时所具有的判断力和意志力，做到希望别人对待自己的政治权利那样对待别人的政治权利。

政治意志意义上的"情"表现为政治情感和政治情绪。无论是情绪还是情感都是与价值有关的体验和态度。情感是深沉、类型化和评价性的体验和态度，而情绪则是偶然的、短暂的、非评价性的体验和态度。政治意志意义上的情感和情绪就是人们对政治事实的体验和态度，由于政治是相关于每个人之根本利益的事情，因此无论是争取和实现自己的政治权利，还是表达自己对政治的态度和立场，都必须以情感的形式完成，规避政治意志表达上的情绪化，即冷漠和激情。[1]政治情感集中表现为有关政治意志的理智感和道德感，前者是对政治"是其所是的东西"的认知与把握，后者是相关于政治意志的正义感和同情心。

政治意志意义上的"意"表现为康德意义上的"善良意志"和"实践理性"。"在自然界中每一物件都是按照规律而起作用。唯独有理性的东西有能力依照对规律的观念，也就是按照原则而行动，或者说，具有意志。既然使规律见之于行动必然需要理性，所以意志也就是实践理性。"[2] 在道德哲学上康德把"善良意志"视为"自在的善"："善良意志，并不因为它促成的事物而善，并不因为它期望的事物而善，也不因它善于达到预定的目标而善，而仅是由于意愿而善，它是自在的善。并且，就它自身来看，它自为地就是无比高贵。"[3] 康德何以给作为动机的善良意志以如此之高的地位呢？这从

---

[1] 关于政治表达的理智问题，参见晏辉《在冷漠与激情之外——论政治表达的第三种方式》，《河南社会科学》2016 年第 8 期。
[2] ［德］康德：《道德形而上学原理》，苗力田译，上海人民出版社 1986 年版，第 63 页。
[3] ［德］康德：《道德形而上学原理》，苗力田译，上海人民出版社 1986 年版，第 43 页。

政治行动完全可以看得出来。政治行动在现代生活中的作用,已由它的核心地位得到证明,惟其如此,政治行动中的动机(意志、善良意志)就成为核心要素中的关键因素。最为突出的问题是政治行动中的动机偏离问题,拥有和行使政治权力和行政职权的政治家和公共管理者始终面临着康德笔下的一般意志和特殊意志之间的矛盾与冲突问题。在拥有和行使公共权力的人群那里,动机偏离有强与弱两种,所谓强的动机偏离乃是指,完全把权力作为占有和表达个人之利己动机的手段,在结果的意义上就是没有限度的占有,在过程的意义上就是对他人意志的随意支配,或许在表面上重视和言说"政治的是其所是",但在实际上则完全是置个人利益和感受于公共善之善,政治上的虚假人格乃是政治伦理学中最"坏"的要素。弱的动机偏离乃是将个人积累政治资本的动机与创造公共价值相结合的那种情况。除了政治家和公共管理者的动机偏离之外,一般公民在进行政治表达时,也同样存在着动机偏离问题,即不是出于正义而是出于发泄、愤怒、仇恨而评价政治事实,或进行政治行为。

除了"善良意志"这一含义之外,政治人格中的"意"还有康德道德哲学中的实践理性,即在进行政治行动和意志表达时,能够排除来自自我的欲望、抵御外部的诱惑,在理智感和同情心的保障下,将平等和正义原则贯彻下去的能力。康德之所以如此重视善良意志在行动中的作用,就在于它是一个正当性行动的最为初始性的力量,它从最初的源泉上决定了行动的性质和发展方向。

当我们从系统论奠基的意义上构造出了政治意志的内部构成和外部结构,理清了政治之目的之善和手段之善的逻辑关系之后,就该即刻转入对政治意志之"原始发生"的分析和论证上来,一如前述,政治意志本质上是生成的,而不是既成的。系统论奠基是理论探讨的旨趣,生成论奠基是实践需要的诉求。缺少历史感和现实感的政治哲学一定是空洞的,只有回到政治意志之生成的历史和现实的逻辑中,政治意志的研究才会是历史的和现实的。

第三节　政治意志作为公共意志的生成逻辑

无论是作为意向还是作为意向性，政治意志作为公共意志必须是相关于公共善的善良意志和实践理性，而政治动机和政治理性又必须与政治行动关联起来，成为政治行动的一个初始性力量和过程中的支配性力量。于是对作为公共意志的政治意志之生成逻辑的分析就必须坚持整体性原则和复杂性思维。① 当我们在学理的意义上直面政治意志自身之后，在发生学的意义上，就必须直面政治意志之生成逻辑自身，即回到生成政治意志和运用政治意志的历史场域和社会语境之中。

我们无意回到真正的历史过程中梳理政治意志的生成史，这个工作无疑是重要的，而更加重要的则是发掘政治意志生成逻辑的内在机制，我们试图充分运用涂尔干的"机械团结"和"有机团结"这两个范畴，以"现代性"为分析坐标，呈现政治意志的生成逻辑。

"机械团结"和"有机团结"这两个概念是由涂尔干在《家庭社会学导论》中提出的，是用来描述传统社会与现代社会的人们之相互结合的方式的范畴。理解两种团结之区别的最为根本的要素乃是理性，如若人们的联结方式是依靠宗教、自然情感、传统习俗、禁忌规范等元素而实现的，那么这种结合方式便是机械团结；若人们是依靠理性知识和理性能力通过判断、推理而完成的结合，便是有机团结。黑格尔在《法哲学原理》中曾分析和论证了人们在家庭、市民社会和国家中的理性化程度，认为，在家庭中，人们的理性是最不发达的，只有在公共生活如在市民社会和国家里，人们的理性才能培养和发展起来，运用起来。充分且公开运用理性于公共事务是社会进步和人的发展的重要标志。机械团结所揭示的乃是这样一种社会历史事

---

① 这种复杂性并不仅限于政治意志作为公共意志的发生逻辑，还充分地体现在整个社会的结构性变迁，从权力社会向政治社会的过渡的复杂性和艰难性。关于权力社会、政治社会、建构政治社会的可能性及其限度的研究，我将在"从权力社会到政治社会：可能性及其限度"的专题论文中给出更为细致的论证。

实，相互交往的人们，只是根据过往的价值标准进行判断和选择，或根据自然情感或自然情感的变换形式即社会情感行事，它既不对过往规范体系的正确性做反思的、批判性的考察，也不对人们做出某种选择的正当性基础进行追问，其知与行似乎都是自然而然的。这种情形只有在千百年来不曾变化的生产方式、交往方式和生活方式的场域下才是可能的。机械团结揭示出，相互交往的人们既缺少理论理性，也缺少创制理性，更缺少实践理性。如果说人们有实践智慧，那也仅限于人们的日常意识和日常生活。当然，在机械团结的语境下，人们也并非全然没有理性，但这种理性绝不是涂尔干和黑格尔笔下的社会理性，更不是康德笔下的纯粹实践理性，而是用以处理日常人伦关系的实用理性。这极有可能导致相互交往的人们在"关系文化"上极为发达，而在"规则文化"上极为弱化。如若人们把这种"关系文化"迁移到当下的公共生活中，那必然妨碍公共理性的培育和对公共价值的追求。更为严重的是，在机械团结之下，相互交往的人们严重缺失公共理性能力和公共善观念。

在以家庭、家族和村社为基本的生产、生活和交往空间的场域下，家国同构的社会结构状态决定了"齐家、治国、平天下"的贯通逻辑，政治权力和行政职权被垄断在权力集团手中，这个集团要么是家族式的，要么是利益集团式的。普天之下莫非王土，率土之滨莫非王臣，这是一种权力强势和政治弱势的结构类型。人们对政治和权力的定义和理解也普遍地被限制在技术主义的和手段之善的意义上，公共善的概念和公共理性的能力几乎是无从谈起的。① 然而我们不能得出结论说，在以家国二元结构进行国家治理和社会管理时，因缺少公共意志和公共理性而断言这种社会类型就是完全不合理的。公共意志和公共理性之生成的社会场域是公共生活的形成，如若在国家与家庭、家族和村社之间缺少一个"公共领域"，那么这个家国同构貌似

---

① "人类始终只提出自己能够解决的任务，因为只要仔细考察就可以发现，任务本身，只有在解决它的物质条件已经存在或至少是在生成过程中的时候，才会产生。"《马克思恩格斯文集》第 2 卷，人民出版社 200 年版，第 591—592 页。

第六章 从相同意志到公共意志的内在逻辑及其复杂性

是直接的支配，实际上是断裂的。"边陲"式的国家治理和社会管理已经充分表明国家政治权力对家庭、家族和村社的支配是十分有限的，地方组织的自足和自治使得家庭、家族和村社成为一个极具自组织能力的单元。自给自足的自然经济极大地弱化了"基层组织"对国家权力的依赖性，而完备的家规、族规和村规又使得每一个"族员"的知与行远离了政治制度和政治体制的支配。在这里，涂尔干的"机械团结"反倒体现出了极高的有机成分。

机械团结的另一种形式是单一的"政治团结"，其所描述的是这样一种情形：政治领袖通过建立一种具有权威性的、一律化的、不可置疑的意识形态体系，将每一个人整合到这个体系中来，保持一律化的思考与行动。这是一种高度化的"社会团结"，但却是使每个人没有独立的政治思考、没有独立选择行动的机会的团结方式。这种高度的"政治团结"乃是一种极具风险的团结方式，它会由于政治冷漠和政治激情而导致集体无理性，外在的政治强制体系一旦崩塌，整个社会就会瞬间陷入混乱状态。从政治之是其所是的逻辑看，这种"政治团结"是包含诸多缺陷的团结方式，它使经济的效率与公平原则、政治的正义与平等原则、文化的自由与幸福原则无法得到充分的体现和实现。在此种场域下，表面上看，人们在政治领袖之个人意志的"引领"下采取了集体行动，然而这种集体行动并不是真正的政治行动，而是政治运动，集体行动的价值逻辑是国家意志名义下的个人意志，不要以为采取了与政治有关的集体行动就断言人们拥有了成熟和明晰的政治意志和公共理性。因为在此种场域下，真正的公共生活和公共领域并未建构起来。

与人对人的依赖不同，"以物的依赖性为基础的人的独立性，是第二大形态，在这种形态下，才形成普遍的社会物质交换，全面的关系，多方面的需求以及全面的能力体系。……以交换价值和货币为媒介的交换，诚然以生产者相互间的全面依赖为前提，但同时又以生产者的私人利益完全隔离和社会分工的为前提，而这种社会分工的统一和互相补充，仿佛是一种自然关系，存在于个人之外并且不以个人为转移。普遍的需求和供给相互产生的压力，使毫不相干的个人发生联系"①。市场社会是完全不同于家国同构的传统社会的结构类型，它在家庭与国家之间建构起了一个真正的"社会"，这就是黑格尔在《法哲学原理》中所论述的"市民社会"。市民社会从质料与形式上建构起了一个不同于传统社会的"目的"与"规则"，它使每一个人真正意识到了自己的存在，他要在存在论、认识论和价值论有机统一的意义上建构起一个"自我"，这便是市场社会的"目的论形态"；但若每个人不以他人为中介、以普遍性为根据来规定自己、限制自己，那么每个人就会成为一个没有"自我边界"的任性者，任性不是自由的朋友，而是自由的敌人。康德在《道德形而上学原理》中通过目的王国理论充分了每个有理性者之间的目的与手段的关系。黑格尔更是深刻地指出："具体的人作为特殊的人本身就是目的；作为各种需要的整体以及自然必然性与任性的混合体来说，他是市民社会的一个原则。但是特殊的人在本质上是同另一些这种特殊目的相关的，所以每一个特殊的人都是通过他人的中介，同时也无条件地通过普遍性的形式的中介，而肯定自己并得到满足。这一普遍性的形式是市民社会的另一个原则。"②市民社会是基于每个人的全面的需要通过生产、分配、交换和消费等诸多环节建构起来的生产和交往空间，在交换与交往中，特殊性和普遍性都活跃着："在市民社会中，每个人都以自身为目的，其他一切在他看来都是虚无。但是，如果他不同别人发生关系，他就不能达到他的全部目的，因此，其他人便成为特殊的人达到目的的手段。但是特殊目的通过同他人的关系就取得了普遍性的形式，并且在满足他人福利的同时，满足自己。由于特殊必然性以普遍性为其条件，所以整个市民社会是中介的基地；在这一基地上，一切癖性、一切秉赋、一切有关出生和幸运的偶然性都自由地活跃着；又在这一基地上一切激情的巨浪，汹涌澎湃，它们仅仅受到向

---

① 《马克思恩格斯文集》第1卷，人民出版社2009年版，第104页。
② [德]黑格尔：《法哲学原理》，范扬、张企泰译，商务印书馆1979年版，第197页。

第六章 从相同意志到公共意志的内在逻辑及其复杂性

它们放射光芒的理性的节制。受到普遍性限制的特殊性是衡量一切特殊性是否促进它的福利的唯一尺度。"[①] 市民社会为人们的普遍交往提供了社会空间，也为人们形成公共理性和公共意志提供了经济基础和社会条件。基于公共理性和公共意志之上的经济形态的公共性（公共价值和普遍规则）是形成政治形态和精神形态公共性的"基地"，但它也仅仅是"基地"而已，人们不会从经济形态的公共性直接"推论出"和"建构出"政治形态的公共性，相反，在不完备的市场社会中，人们极有可能表现出极端的任性，在存在论、认识论和价值论上把自己视为最有价值因而最值得存在的"存在者"，"其他一切在他看来都是虚无"。解构一个"机械团结"未必即刻建构一个"有机团结"。建基于经济形态公共性之上的公共意志和公共理性尚不是高级的公共意志，因为特殊性目的既是一切经济行为的出发点，也是归宿，一切都是为着个人的整体性需要的满足，利己性、向我性和为我性是实质性的，一般意志与特殊意志之矛盾的解决的最终根据依旧是功利性的，而不是政治性的，即人的真正的"是其所是的东西"。只有在国家这个最高的"共同体"中，人才真正实现了自由，才获得基于共同感或共通感之上的认同、尊重和归属。"国家是具体自由的现实；但具体自由在于，单个人的单一性及其特殊利益不但获得它们的完全发展，以及它们的权利获得明白承认（如在家庭和市民社会的领域中那样），而且一方面通过自身过渡到普遍物的利益，他方面它认识和希求普遍物，甚至承认普遍物作为它们自己实体性的精神，并把普遍物作为它们的最终目的而进行活动。其结果，普遍物既不能没有特殊利益、知识和意志而发生效力并底于完成，人也不仅作为私人和为了本身目的而生活，因为人没有不同时对普遍物和为普遍物而希求，没有不自觉地为达成这一普遍物的目的而活动。现代国家的原则具有这样一种惊人的力量和深度，即它使主观性的原则完美起来，

[①] ［德］黑格尔：《法哲学原理》，范扬、张企泰译，商务印书馆1979年版，第197—198页。

◈◈ 追寻政治的"是其所是"

成为独立的个人特殊性的极端，而同时又使它回复到实体性的统一，于是在主观性的原则本身中保存着这个统一。"① 只有也只有在特殊性与普遍性高度统一的政治共同体中，公共理性和公共意志才能是最发达的，公共价值也是最大化的，普遍物才是最高级的；也只有在高度发展了的政治共同体中，每个人才真正自觉到自己能做什么和应当做什么。"国家是伦理理念的现实——是作为显示出来的、自知的实体性意志的伦理精神，这种伦理精神思考自身和知道自身，并完成一切它所知道的，而且只是完成它所知道的……单个人的自我意识由于它具有政治情绪而在国家中，即在它自己的实质中，在它自己活动的目的和成果中，获得了自己的实体性的自由。"② 这是黑格尔在1821年描述给我们的有关国家、有关政治的完美图景，然而令人遗憾的是，至少到今天，这个完美图景并未完全出现，相反，现实的国家和现实的政治却表现出了种种的困境和危机。何以至此？

在理论上，人们并不是预先准备好了完整的政治人格，具有了健全的公共理性和政治意志，尔后在这健全的政治人格的支配下构建促使特殊目的和普遍物最大化的政治共同体；在实践中，市场社会虽然是培养和形成政治人格或政治意志的基地，但政治领域具有完全不同于经济领域里的游戏规则和运行规律，从经济公共性升迁到政治公共性，需要长期的、艰苦的观念重塑和意志博弈。

起始于亚当·斯密的"市场万能论"和"理性无限论"被反复进行社会实践证明为靠不住的承诺，有两种极端情形的持续存在使得这种承诺受到质疑，新制度经济学和人本主义经济学从经济学内部给予了适当的矫正和修正。一如经济活动中始终存在利己偏好那样，政治领域或政治活动中的利己动机和行为也普遍存在，在市场经济极不完备的场域下，政治上的利己动机和行为乃是必须正视和重视的客观事实。

---

① [德] 黑格尔：《法哲学原理》，范扬、张企泰译，商务印书馆1979年版，第260页。
② [德] 黑格尔：《法哲学原理》，范扬、张企泰译，商务印书馆1979年版，第253页。

第六章　从相同意志到公共意志的内在逻辑及其复杂性

在"边陲管理"模式中,权力、地位、身份无疑是国家治理和社会管理中的最具权威性的支配性力量,但由于非政治性的民间组织对政治权力的依赖性较低,依照权力和地位获取不合理利益的行为被自然而然地限制在较小的范围和较弱的程度上。当原初型的市场通过政治政策和制度被开辟出来,在国家与家庭之间建制了一个社会交往空间,也就同时建构了一个"中轴管理"模式。依照市民社会的运行逻辑,在经济、政治和文化之间必须保持虽相互嵌入但却相对独立的运行逻辑。然而,在由政策和制度所推动的自上而下的市场化过程中,政治权力和行政职权的支配性作用不是被缩小了而是被放大了,若不能对公权进行严格限制、对私权以最大保障,那么,政治权力和行政职权就极有可能越过合法性和合理性边界,而"贯彻"到经济和文化领域,产生持续的、广泛的"权力资本化"后果,政治权力的广泛性、深入性、权威性和弥散性就会充分地表达出来。于是,在有关权力的定义中,一种独断的、专断的定义就会出现:权力是能够排除各种抗拒以贯彻其意志,而不问其正当性基础为何的可能性。然而,在相对完备的市场社会中,在一定范围内,一定程度上,不问其正当性基础的权力运行方式乃是必要的,因为对于极端的利己观念和利己行为必须以国家意志(公共理性和政治意志)的名义予以批判和制裁;而在有关公民之根本利益的政治行动中,其正当性基础是必须要给予证明的,这就是有关政治性的"思"与"行"中的公共理性和政治意志。

在走向相对完备的市场社会中,权力拥有和行使者以及一般民众的"任性"被证明为是缺少正当性基础的,拥有最基本理性的每一个人开始对政治"任性"进行舆论上的批判和行动上的限制,这本身就是公共理性和政治意志生成的过程。在"机械团结"和"有机团结"相重叠的场域下,是否培养出能够推动"有机团结"的德性与智慧显得极为迫切。

◈❖ 追寻政治的"是其所是"

第四节　培养和践行政治意志（公共意志）的道路

从应当拥有政治意志的行动者来看，可有三种：拥有且行使政治权力和行政职权的政治家和公共管理者；以创造和传播知识、理论和思想为旨归的理论家和思想家；以创造物质生活资料和精神生活资料为业绩的劳动者。

一　如何做一个公正、理性、正当的决策—分配者？

作为决策—分配者，政治精英和各级官吏乃是政治权力和行政职权的占有者和使用者，这种权威性地位对实现政治"是其所是的东西"具有根本性的作用，因此他们是否具有德性、知识和理性乃是至关重要的事情。首先，他们必须具有坚定的政治信念，这种信念不是空洞的，而是现实的，那就是对政治"是其所是的东西"的确信和坚守。任何权力和职权都来自人民，也必须用于人民。信念决定方向，决定道路。如若起初就没有明确而坚定的信念，在具体的决策和管理中，就极有可能成为欲望和诱惑的俘虏。所谓坚定的政治信念，表现在终极目的上就是让每一个人的生活得以改善，使每一个人过上一种整体上的好生活。表现在手段上，就是寻找和建构能够最大化实现这个终极目的的政策与制度。有了追求和实现政治之目之善的坚定信念之后，就必须把这种信念落在具体的德性的修为、知识的积累和理性的训练之上。德性的修为是落实信念的根本途径，在实际的国家治理和社会管理中，在一个时段、某些领域、某些方面，我们似乎只停留于信念的建构、宣传和教化上，且把这种信念的教育、宣传都落实在了他者身上。这种严重的不对等、不对称使得信念的建构和实现变成了毫无内容的形式主义。基本理由在于，真正掌握权威性资源即权力和制度的人群才是实现政治信念的主体，如果他们仅仅是为了宣传、强调某种信念，而不去殚精竭虑地实现信念，那么信念就必然流于形式，这正是官僚政治和政治官僚的集中表现。第二，为着实现

第六章 从相同意志到公共意志的内在逻辑及其复杂性

信念，政治精英和各级官吏就必须强化品德修为。政治精英的德性具有双重结构，作为普通人，作为一般公民，他必须具有为一般公民具有的德性，如真诚、善良意志、正义、诚实、同情、友爱；除此之外，还必须具有为一般公民不具有的德性，如大度、宽容、自治力、理智感。德性之美是建构一个良序社会所必须具备的条件，但这个条件仅仅是必要的条件，没有德性之美就一定不会有一个良序社会，但有了它却未必就有良序社会。从德性之美到城邦之善需要诸多中间要素和环节，二者具有不同的运行逻辑。在与政治之目的之善和手段之善有关的德性之美与城邦之善之间，其内在逻辑关系究竟应该是怎样呢？

首先，政治精英和各级官吏的德性乃是实现政治之目的之善的伦理基础。"自天子以至于庶人，壹是皆以修身为本。其本乱而末治者否矣，其所厚者薄，其所薄者厚，未之有也！"[①] 在儒家那里，"明明德"、"亲民"、"止于至善"乃普遍有效性要求，但由于每个人的权力、地位、身份不同，"止于至善"的要求便也不同。"为人君，止于仁；为人臣，止于敬；为人子，止于孝；为人父，止于慈；与国人交，止于信。"[②] 为人君者，既可为一国之君，亦可为谦谦君子。为一国之君者，当止于仁。何谓仁？视每个人为人，为一国之君所止之处，便是让每个人得其所得，让其应得，让其生活幸福。当把这个当止之处立于心中之深处，心中始终装着人民，这便是正其心，"所谓修身在正其心者，身有所忿懥（1），则不得其正；有所恐惧，则不得其正；有所好乐，则不得其正；有所忧患，则不得其正。心不在焉，视而不见，听而不闻，食而不知其味。此谓修身在正其心"[③]。之所以说修养自身的品性要先端正自己的心思，是因为心有愤怒就不能够端正；心有恐惧就不能够端正；心有喜好就不能够端正；心有忧虑就不能够端正。心思不端正就像心不在自己身上一样：虽然在看，

---

① 朱熹：《四书章句集注》，中华书局2011年版，第5页。
② 朱熹：《四书章句集注》，中华书局2011年版，第6页。
③ 朱熹：《四书章句集注》，中华书局2011年版，第9页。

◇◈ 追寻政治的"是其所是"

但却像没有看见一样;虽然在听,但却像没有听见一样;虽然在吃东西,但却一点也不知道是什么滋味。所以说,要修养自身的品性必须要先端正自己的心思。为民之官、为国之君必须正其心,心不正则品不良。一国之发展在于创造更多的财富,平等分配这些财富;在于提升社会的自治力,形成良序社会;在于使每个人有尊严地生活着。这便是国之"是其所是的东西",把这个"是其所是的东西"立于心中,便是正心。政治权力和行政职权亦复如是,其是其所是的东西就是在正义、公平和平等原则支配下,完成或实现一国之"是其所是的东西",把这个是其所是的东西立于政治精英和各级官吏的心中,便是正心。反之,若把自己之私利或集团之利益置于心中,便是心不正。成为政治精英和各级官吏之正当动机的必须是这个"是其所是的东西",若把自己的占有和支配欲望视为、作为拥有和使用政治权力和行政职权的真实动机,便是动机偏离。一如康德所反复强调的那样,若没有善良意志,其他被称为品质的东西都可能被错误地使用。"在世界之中,一般地,甚至在世界之外,除了善良意志,不可能设想一个无条件善的东西。理解、明智、判断力等,或者那些精神上的才能、勇敢、果断、忍耐等,或者说那些性格上的素质,毫无疑问,从很多方面看是善的并且令人称羡。然而,它们也可能是极大的恶,非常有害,如果使用这些自然禀赋,其固有属性称为品质的意志不是善良的话。这个道理对幸运所致的东西同样适用。财富、权力、荣誉甚至健康和全部生活美好、境遇如意,也就是那名为幸福的东西,就使人自满,并由此经常使人傲慢,如若没有一个善良意志去正确指导它们对心灵的影响,使行动原则和普遍目的相符合的话。这样看来,善良意志甚至是值不值得幸福的不可缺少的条件。"[①] 善良意志是使权力拥有者和使用者做正当之事的初始性力量。

若把善良意志贯彻于整个行为之中,第一个环节就是"诚其意"。"所谓诚其意者,毋自欺也。如恶恶臭,如好好色,此之谓自谦。故

---

① [德]康德:《道德形而上学原理》,苗力田译,上海人民出版社1986年版,第42页。

第六章　从相同意志到公共意志的内在逻辑及其复杂性

君子必慎其独也！小人闲居为不善，无所不至，见君子而后厌然，掩其不善，而著其善。人之视己，如见其肺肝然，则何益矣。此谓诚于中，形于外。故君子必慎其独也。十目所视，十手所指，其严乎！富润屋，德润身，心广体胖。故君子必诚其意。"① 使意念真诚的意思是说，不要自己欺骗自己。要像厌恶腐臭的气味一样，要像喜爱美丽的女人一样，一切都发自内心。所以，品德高尚的人哪怕是在一个人独处的时候，也一定要谨慎。品德低下的人在私下里无恶不作，一见到品德高尚的人便躲躲闪闪，掩盖自己所做的坏事而自吹自擂。殊不知，别人看你自己，就像能看见你的心肺肝脏一样清楚，掩盖有什么用呢？这就叫做内心的真实一定会表现到外表上来。所以，品德高尚的人哪怕是在一个人独处的时候，也一定要谨慎。曾子说："十只眼睛看着，十只手指着，这难道不令人畏惧吗?!" 财富可以装饰房屋，品德却可以修养身心，使心胸宽广而身体舒泰安康。所以，品德高尚的人一定要使自己的意念真诚。要做到真诚，最重要，也是最考验人的一课便是"慎其独"，在一个人独处的时候也谨慎，简而言之，就是人前人后一个样。人前真诚，人后也真诚，一切都发自肺腑，发自内心，发自我全部的感官，就像手脚长在我自己身上一样自然自如，一样真实无欺，而不是谁外加于我的"思想改造"，外加于我的清规戒律。从反面来说，"若要人不知，除非己莫为"。自欺欺人，掩耳盗铃，总有东窗事发的一天。本来具有利己之心，却要表现出一心为公、一心为民的样子，极尽表演之能事，就既无正其心，更无诚其意。

　　正其心、诚其意是政治精英和各级官吏能够一心为公、真正为民的道德基础，它解决的是意愿和动机问题，而要真正做到应当做的事情，还必须遵循国家治理和社会管理的客观规律，这就是所谓的"格物"、"致知"。格身外之物，以求天道；格心中之私欲，以尽善性，天道不可违，人道不可逆。如何"格物"呢？就是学习知识、把握

---

① 朱熹撰《四书章句集注》，中华书局2011年版，第8页。

规律、运用理论。格就是推究，研究，揣摩，体会，"致知"就是在认识上形成知识体系、理论体系，在实践上就是正确运用。只知其所知而不知其所以知，便是一知半解；若能运用到实践中，并证明知识是正确的，便是一智全解。"格物"、"致知"解决的是能够一心为公、执政为民的问题，其实质是理性能力的培养与运用。

其次，理性是使政治精英和各级官吏能够一心为公和执政为民的意识基础。如果说在千百年来都不曾变化的传统社会中，国家治理和社会管理较少充分且公开运用理性，而是反复使用过往的治理模式，那么在充满流动性、变动性、多样性的当代社会，若想建构一个良序社会，通过科学而有效的国家治理与社会管理而最大化地实现政治之目的之善，是必须要充分运用理性的。理性精神是现代精神体系中的核心内容，由理论理性、创制理性和实践理性构成。

理论理性包括知识与理论两个部分，理论理性作为一种能力首先表现为对管理知识的学习，对科学理论的掌握和运用。而无论是知识的习得还是理论的掌握，其目的都是为着理解、掌握和运用国家治理与社会管理的客观逻辑，因为平等作为一种客观的关系结构和几何比例关系，乃是一种过程、一个事实，如要追求这个事实，就必须遵循治理和管理之必然性，领悟、拥有、运用逻各斯，知识与理论乃是实现有效管理、实现正义、公平与平等原则的理性基础。

创制理性乃是一种进行技术创新、规范创新、制度革新的实践能力。平等作为一种适当的几何比例关系不是通过意见、情感来实现的，而是依靠可以反复使用的游戏规则来实现，因此，决策—分配者就必须不断进行制度创新和规范完善。在社会主义市场经济建立之初，政策设计和制度安排倾向于激励性的安排，如何实现财富的快速积累，以摆脱长期处于贫穷落后的面貌是第一要务，因此协调性的、预防性的制度设计则明显不够健全。几十年后，先富与共富、激励与预防、进取与协调之间的矛盾和不平衡逐渐暴露出来，两极分化日渐严重，职权滥用逐渐增多，如果不对原有的激励政策、分配体制、管理模式进行适当的矫正、修复和完善，势必使社会主义改革开放归于

第六章 从相同意志到公共意志的内在逻辑及其复杂性

失败。决策—分配者就要时时处处根据活动结构和关系结构的变化，修复、完善已有的规范，创新、发现新的规范。当科学技术作为第一生产力被给定以后，或科学技术的内生变量已经给定的条件下，制度的完善与创新就会作为第二生产力而出现。

实践理性对决策—分配者而言，乃是最为重要的素养与素质。因为，在决定社会财富与资源的分配中，在实现平等的过程中，虽然说各种主体都会起作用，但决策—分配者则起着决定性的作用，因为他们是政治权力和行政职权的占有者和使用者，而权力又是最具支配性的力量，所有，决策—分配者是否具有实践理性、是否具有足够的实践理性对于实现社会平等而言，乃是最为要紧的元素。所谓实践理性乃是一个人在处理与自己的欲望有关的事项时所具备的能力体系，实践理性是保证一个做正当的事情以及正当地做事情的道德基础。实践理性所处理的对象是欲望与诱惑，欲望的根据在于人的需要、偏好，是促使一个人采取某个行动的动力。由需要跃迁到欲望，乃是一个客观的状态与指向的主观化或观念化的过程，欲望作为被把握在意识中的需要，乃是需要的表象，而需要一经表象化，其强度与广度就被大大扩展了。由于决策—分配者乃是掌握最具支配性力量即权力的人群，在某种意义上，他们对这种支配性力量就更加渴望。但如果这种借助权力而实施占有和表达的欲望超出了道德与法律的边界，欲望就会变成一切罪恶的渊薮。实践理性的作用就在于使权力拥有者在认知上判定欲望的合理性边界，在意志上，将不合法、不合理的欲望解决在萌芽之中。意念、欲念乃是一个行为得以发生的初始性要素。诱惑是外在之善对人的吸引力、诱惑力，而就外在之善的类型说，可有财富、权力、荣誉、名声、地位、身份，在可能性上，这些外在之善乃是令一个人生活得以改善的基础，令一个人快乐的条件。对每一个正常的人来说，外在之善都是一种吸引和诱惑。然而，这些基础和条件对于权力拥有者的吸引和诱惑更大，因为他们较之没有支配权力的人群更有机会去获取它们。那么，在欲望与诱惑的推动下，决策—分配者该如何拥有实践理性并充分运用实践理性呢？首先，在动机上。实践理性表现为善良意志，所谓善良意志就是将权利和职权的"真理"即提供公共善作为占有、使用和支配权力的动机，此所谓"正其心"，反之，如果将利己之心作为初始动机，就是动力偏离，此所谓心不正则品不良。贪婪乃罪恶之源，滥用职权生于贪婪、起于贪婪。自律必须从善良意志开始。只有将历史的声音、民众的心声置于动机之上，政治权力和行政职权才有可能沿着正确的、正当的轨道运转。第二，在过程。在过程中实践理性表现为"顽强的意志品质"，除了排除来自自身欲望的冲动之外，还要抵御不断出现的各种外在诱惑。除了善良意志和自治力之外，实践理性尚有另一个任命，这就是克服各种困难以把善良动机贯彻下去的要求。这种要求乃是理论理性和创制理性意义上的，因为当一个正义、公平和平等作为价值诉求以目标或目的确立下来之后，最为关键的乃是创造条件、创设环境实现这些目标。而实现这些公共善的过程中，会产生各种阻力，出现各种困难，解决困难仅有善良意愿是不够的，还必须有理论、知识、判断力、执行力作保障。第三，在后果上。平等作为一种客观的行动以及由行动造成的利益关系，乃是一个行动的后果。一个追求平等的行动固然要以善良动机和自治力作保证，但如果不能产生平等的结果，那么善良动机和自治力也就没有了价值。在后果的意义上，实践理性对决策—分配者的作用在于促使他们对行动后果进行正当与否的鉴定，并通过鉴定检验自己的认知、情感与意志。自信与反思是这种检验的两个直接成果，自信是正当意义上的体验，当决策—分配者在善良动机和自治力的保证下，将公共善作为终极目标加以追求时，若实现了这个目标，那么就会增强更好地"执政为民"的信心，会从艰辛的"执政为民"的过程和令民众满意的后果中证明自己、再现自己，在对象性关系中实现自己的社会价值，成为人们的好公仆。若未能产生人们所预期的公共善，执政者也会总结失败的教训，在正确理论和科学知识的保障之下，矫正和修复既定的规范，以期做得更好。此时具有的体验乃是遗憾而不是悔恨。反之，若以利己为动机、以违背道德与法律规范为手段，以占有和支配为结果，那么能否实现正义、公平、平等的问题就会成为完全幻想的问题了。面对道德谴责、法律的制裁，权力和职权的滥用者毫无愧疚之安、悔罪之意，那么指望这些决策—分配者实现平等就是彻底的幻想了。如果滥用职权者面对自己的犯罪、过错表示悔过、悔罪、自责、忏悔，那么这种所谓的事后悔过也无实质意义，因为它是实践理性失效或根本就没有实践理性的恶果，因为他们不再具有补救重大损失的机会了，"悔过自新"只具有舆论的意义，而没有道德意义。因为道德的作用恰恰是在动机和过程之中，而不是后果主义的。若权力和职权的滥用者被持续地任用，那只能证明这个社会已经到了不可救药的地步。

总之，决策—分配者的人格结构、德性构成、理性能力乃是决定能否实现平等的最大的主体性资源。只有这些主体性资源被培养和积累起来以后，决策—分配者才能成为公正的旁观者、正确的思考者和正当的行动者，而只有成为三者合一者，政策的设计、制度的供给才可能是合理的，国家治理和社会管理才可能是有效的。

二 如何做一个公正、理性、正当的辩护—批判者？

社会作为由若干个体依照各种规则、规范组织起来的共同体，并非仅有决策—分配者一个人群，尚有知识阶层和平民阶层。知识阶层作为一个具有知识、理论、人格与良知的人群，在实现社会主义平等过程中具有不可推卸的社会责任，其担负责任的方式明显不同于决策—分配者和劳动—享用者两个人群。在实现正义、平等的活动中，知识阶层的作用表现在如下几个方面，第一，有良知的中间人的角色。它身居决策—分配者和劳动—享用之间，起着上传下达、传下达上的作用。要把国家的信念、理念、意志传达到普通百姓中，变成人们的日常意识和日常行为，虽然国家并不代表和实现历史的声音和民众的心声，但国家总是在努力实现人民的意志。知识阶层还要把民众的心声以建议、提案、学术、思想的方式表达给决策—分配者。第二，是有知识和理论的群体。知识阶层在实现平等过程中的作用就是以理论的方式对平等与不平等的事实及其根源、成因、后果进行反思、批判与预设：对过往的事实进行反思、对当下的问题进行批判、对未来的状态进行预设。第三，较少受到权力和金钱的影响。而要完成这些使命，知识阶层就必须成为公正的旁观者、正确的思考者和正当的行动者。

知识阶层如何成为公正的旁观者呢？所谓旁观者就是平等与不平等事实的观察者，而要成为关于平等与不平等事实的公正的旁观者，知识阶层必须拥有两个先决条件，一个是视界问题，一个是理性问题。视界就是视野、角度，就是立场。平等与不平等作为一种价值事实根本不同于一般的事实，而是在事实基础上形成的相关于善恶、美丑、利弊的判断，同样是一个比例关系，处于优势地位的人会认为是公平的、平等的，而处在劣势地位的人则认为不平等。这就是视界问题。知识阶层可以站在两个当事人之外，以公正的旁观者的角色对各种比例关系进行判断。所谓公正指的是，知识阶层所给出的判断是有充分根据的，是可以证明的。改革开放40多年来，公正、正义、公平、平等问题日益凸显，政治哲学、伦理学、法学、教育学、社会学等等，从各自的学科视角进行讨论、争论，提出了各种各样的学术观点和理论模型，近几年每年一度的"平等状况调查"更是赢得了人们的普遍赞同和认同。由各个学科的平等观和平等理论而形成的"共识"，愈来愈影响着政策的设计和制度的安排，也引领着普通百姓的平等观念。理性就是知识阶层表达平等观的意识基础，既是说，知识阶层的平等感、平等理论是充分且公开运用理性的结果，是沉思后的成果，只有经过前提批判，经过充分论证、经得起实践检验的感受和观点才是可信的，也才有说服力，也才是公正的视界。而要保证知识阶层对平等与不平等事实的观察期视界是公正的、理性是充分的，就必须是一个正确的思考者。

如果说，视界和理性所保证的知识阶层对平等与否的观察是公正的，解决的是平等"何以可能"中的价值根据问题，那么正确的思考者所解决的则是"何以可能"中的事实依据问题。而价值根据与事实依据必须是统一的，而这种统一就是价值逻辑与事实逻辑的统

第六章　从相同意志到公共意志的内在逻辑及其复杂性

一。知识阶层把握平等问题的方式显明地有别于决策—分配者和劳动—享用者。决策—分配者在进行政策设计和制度安排时，必须以理论作支撑、以知识作基础，然而，决策—支配者却往往由于专心致志于具体政策的设计、制度的安排以及具体的国家治理和公共管理之中，即便有学习知识、掌握理论的意愿，也由于时间和精力的稀缺而疏于理论素养的提升。如果说在农业社会人们是依照千百年来不曾变化的常识与经验进行国家治理和社会管理的，那么在充满流动性、变动性、偶然性的现代社会，国家治理和社会管理必须以知识和理论为基础。而这种知识和理论只能由知识阶层来生产、创造和传播。而这种知识与理论的作用就在于对实现平等的政策、制度、体制、治理、管理进行论证、验证、矫正、修复和完善。而普通百姓在追求平等的过程中，则是具体的要求、个人的视界，他们除了具备最基本的理性知识之外，对平等的根据、发生、根源似乎没有知其所以然的意愿，既不想也不能形成知识与理论，而在现代社会，对平等的追问、追寻和实现仅有经验和常识是不够的，是需要丰富的知识作支持、正确的理论作指导的。

当完成了公正的旁观者、正确的思考者之后，知识阶层的使命在于将沉思之后形成的知识与理论运用到实现正义和平等的社会实践之中，借以检验知识的可靠性、理论的正确性，这就是正当的行动者问题。所谓正当就是知识阶层通过其知识和理论影响社会实践的方式与路径是可接受的，适当的。正当的方式表现为，其表达平等观念的类型是理论化的、理智化的。理论化的方式不同于意见和情绪的方式，意见和情绪不需要论证，不需要符合客观逻辑，而理论则不同，其所给出的平等理论，必须是经历过回溯的过程的，即经历由果溯因的过程，是实现了思维的逻辑与表述的逻辑的完整联结的，是实现了表述的逻辑与历史的逻辑相统一的。理智化的表达方式指的是，知识阶层是通过合法而合理的手段与途径表达其平等观的。在媒体已经高度发展的今天，知识阶层必须充分运用大众媒体的作用，努力将自己的知识与理论变成实际的平等观。

而知识阶层要真正成为公正的旁观者、正确的思考者和正当的行动者，就必须具有思想之自由、独立之人格。如果仅仅成为权威的辩护者，关于平等的真理就无法给出，因为他不能借助自己的理性、知性对感性进行正确地统合，以真理的形式呈现历史的声音、实现人民的心声。如果被权力与金钱所奴役、收编和收买，那就不会有独立人格，当一个人没有了正义感、平等感，没有了经得起检验的平等观，那他就不是真正意义上的知识阶层。中国特色社会主义改革与开放的伟大实践，需要着具有思想之自由、独立之人格的知识阶层，同时也锻造着知识阶层。

三　如何做一个公正、理性、正当的劳动—享用者？

依照日常意识和经验，追寻和要求平等的人群，通常是那些感到自己没有被平等对待、没有平等获得财富、机会、身份、地位的人群。边缘人群和弱势人群就是处在劣势地位的人群，他们有自己的平等感和平等观，他们依照自己的平等感和平等观念来对待权力、地位、身份和机会。在以家庭为基本生产单位的农业社会，劳动者既是生活资料的生产者，也是劳动的组织者，自然经济具有很强的自组织性。在此种场域下，对于大多数人来说，平等问题仅限于熟人社会的算数比例关系和几何比例关系。当生产资料和生活资料发生分离，精神生产与物质生产发生分离，生产的决策者和生活资料的创造者发生分离，就会导致政治权力和行政职权集中于决策者—分配者手中，而使劳动者阶层成为强烈要求平等的阶层。在阶级社会，严重的私有制导致严重的阶级对抗，要求平等的行动通常表现为社会革命，而在以公有制和集体所有制为主体，个体私营为重要组成部分的社会主义社会，作为生活资料生产者的劳动者阶层，究竟该如何最大限度地实现平等呢？最根本的道路乃是决策—分配者通通过建构和完善科学而合理的政策、制度、体制来实现，当罗尔斯所倡导的两个正义原则已经给出，一组相对为好的激励制度已经给出，那是否意味着，劳动者阶层所企盼的平等就一定能够实现呢？

第六章　从相同意志到公共意志的内在逻辑及其复杂性

若劳动者阶层无论如何努力都不能改变现有的生活状况，那造成不平等的根源也就不在劳动者阶层这里，而在于马克思所深刻揭露的社会根源，即劳动、资本和土地的严重分离，罪恶的渊薮在于私有制；当社会主义公有制给出了相对公平的政策和制度保障，给出了相对的机会平等，然而一些有足够劳动能力的人却由于懒惰而不能充分把握和运用平等的政策与机会，如果，决策—分配者依旧像对待付出艰辛劳动的劳动者阶层那样分配给懒惰者以同样的生活资料，那么就是有目共睹的"显失公正"。

那么，在建立和完善社会主义市场经济的过程中，劳动—享用者该如何成为一个公正、理性、正当的劳动—享用者者呢？第一，树立能力本位论的观念。能力才是一个人把握平等机会、创构财富并公平获取财富的基础。别人的错误不该成为自己犯同样错误的理由，自建立和完善社会主义市场经济过程中，权力滥用、渎职等行为固然存在，但如果劳动—享用者阶层不去打造自己的能力体系，而是模仿、运用不正当的牟利方式，只能使实现平等的愿望更加遥遥无期。第二，树立正确的政治观、权力观和平等观。平均主义只是一种极端的分配方式，是最低限度的平等，"应得"、"得其所得"、几何比例分配关系才是社会主义平等的根本要求。第三，学会用理智而不是冷漠与激情进行政治表达和表达政治。

在培养和践行作为公共意志的政治意志从而最大化实现政治之目的之善的道路上，成为一个有理性且无偏见的观察者、有理性且能正确的言说者、有理性且能正当的行动者，是每一个人的事情，因为政治作为最大的或最典型的公共性存在，就是相关于每个人之根本利益的社会观念、情感、意志和行动。

第七章　伦理辩护与批判：城市化及其伦理后果

迄今为止，市场经济是人类能够找到的最有效率的经济组织方式，它使原有的自给自足的自然经济变成了生产与享用完全分类的交换经济，在生产与享用之间植入了分配和交换两个环节。只有先为他人生产才能最后为自己生产。货币、资源、劳动力、文化等等都要通过市场被组织起来。其结果是整个资源集中在政治、经济、文化、便利极度集中的地方，即城市。城市化是现代化的过程本身，又是现代化的结果。这是大机器生产必然带来的后果。城市化在过程与结果上具有伦理二重性，在带来诸多价值的同时又造成了诸多代价，为城市化进行伦理辩护与批判，正是根据于城市化的伦理二重性。对城市化进行伦理辩护与批判，对于正在进行快速城市化的中国而言，更具有政治意义和社会意义。

就"城市化"这一题材而言，至少有"史"和"论"两个维度，"史"的维度在于再现城市化的历史过程；"论"的维度在于对城市化进行价值判断，简言之就是客观因果性陈述和意义妥当性陈述。我们的主旨在于基于城市化的内在客观逻辑而集中讨论它的价值逻辑。这种讨论之所以重要就在于只有明了其"正当性基础"才能明了该如何城市化，这对正在快速城市化的转型中国而言乃是最为迫切的理论课题和实践难题。

第七章　伦理辩护与批判：城市化及其伦理后果

第一节　市场化与城市化及其伦理辩护

在时间维度上，现代化就是近代化，萌芽于14、15世纪，发展于16、17世纪，而成熟于18世纪。"化"乃是一个通过观念和行动而使某事或某物具有某种属性的过程，具有某种属性的过程也就具有某种价值的过程。市场化就是根据供给—需求规律而使产品商品化的过程，商品化就是使产品通过交换行为而具有社会关系的过程。而要商品化就必须解决两个前提条件问题，一是大机器生产所需要的庞大的组织化问题，上百人甚至上千人要集中进行生产，进行有效率地分工与协作，以快速创造出更多的等待交换的产品来。马克思说："资本主义生产方式占统治地位的社会财富，表现为'庞大的商品堆积'，单个的商品表现为这种财富的元素形式。"[①] 二是生产出来的产品要通过交换，进到消费领域，就必须创设交易之所，而交易之所绝不可能设置在人口稀少的穷乡僻壤，而是人口集中、交通发达的地方。城与市并非具有原初的一致性，中国的城要早于市，即有城无市。城乃是政治和文化中心，但未必是经济中心，在农业社会，交换行为可能存在，但并没有市场。只是到了近代以后，随着交换经济发展为商品经济继而发展为市场经济，经济在政治和文化的推动下，快速发展起来，于是，城与市就密切地关联起来，出现了现代意义上的城市，城市也就必然地成为了政治、经济、文化和科技的中心。

推动和支撑现代化运动从而推动城市化进程的，有三个关键要素：欲望的神圣激发，它为现代化提供了动力；市场的建构与利用，它为现代化提供了社会环境；科技的发明创造与广泛运用，它为现代化提供了手段。当动力、环境与手段并置在一起，现代化这辆战车就被发动了。现代化表现为三种"化"的过程：在生产方式上表现为大工业化，日益取代了手工业和家庭农业。在组织方式上

---

① 《马克思恩格斯文集》第5卷，人民出版社2009年版，第47页。

表现为大企业化，高度的分工与协作使得成百上千的人被组织起来，形成现代化的管理模式，这种模式可能从根本上解构着传统的国家治理和社会管理模式。在消费方式上，由资本的运行逻辑所推动的全球化的消费运动将要形成，人们愈来愈成为消费者，而不是享用者和享受者。

  为人类的城市化及其后果进行伦理辩护，旨在揭示城市化在社会进步和人的发展中所做出的贡献。我们可以在目的之善意义上，把一个良序社会规定为三种价值的最大化：财富的积累与公平分配；社会自治能力的提高；每一个人基本上能够过上一种整体上的好生活。那么，现代化、市场化和城市化为实现这三种价值有积极的推动作用吗？回答是肯定的。首先，市场经济是人类迄今为止能够找到的创造财富和平等分配财富的相对有效的方式。在自然经济条件下，人创造财富的意愿和能力是极其有限的，根本原因在于，生产、分配、交换和消费之间的逻辑关系尚未出现，生产的规模、生活资料的积累是受人的自然需要的限制的，简单的生产方式与简单的生活方式是匹配的。生产方式决定着人们创造财富的能力和分配财富的方式。生产力作为人与自然关系，其程度与广度决定着生产关系的结构与方式；而作为人们之间利益关系之反映的生产关系的方式与结构又影响着生产力的水平，"人们对自然界的狭隘的关系决定着他们之间的狭隘的关系，而他们之间的狭隘的关系又决定着他们与自然界的狭隘的关系"①。在自然经济状态下，生产与需要之间是直接的对应关系，因此生产方式构成了需要的自然边界；而自然需要又构成了生产欲望和生产能力的主观边界。在此种场域下，如若不能找到打破生产与需要之间的直接对等关系，就既不能提高劳动能力和生产欲望，也不能打破自然需要的边界。

  打破自然边界和主观边界从而使生产能力和生产积极性的极大提高的要素在于社会分工的发展。"各民族之间的相互关系取决于每一

---

① 《马克思恩格斯文集》第1卷，人民出版社2009年版，第534页。

个民族的生产力、分工和内部交往的发展程度。然而不仅一个民族与其他民族的关系，而且这个民族本身的整个内部结构也取决于自己的生产以及自己内部和外部的交往的发展程度。"① 而决定人们创造财富的能力的关键要素则是社会分工的发展。"一个民族的生产力的发展水平，最明显地表现于该民族分工的发展程度。任何新的生产力，只要它不是迄今已知的生产力单纯的量的扩大，都会引起分工的进一步发展。"② 除去两性之间的自然分工之外，还有社会分工，而每一次较大的社会分工都引发了生产方式的革命。"一个民族内部的分工，首先引起工商业劳动同农业劳动的分离，从而也引起城乡的分离和城乡利益的对立。"③ 商业的出现从根本上打破了生产与需要之间的对等性，它把生产与需要分成两个世界，而它又把两个世界连接起来；而商业借以完成这种分离与连接的社会空间就是市场。市场又分为有形和无形两种形态，《说文》："市，买卖所之也。" 就是交换其产品的物理空间；依照何种游戏规则进行交换，这是无形市场，它构成了交换的价值逻辑。在交换经济、商品经济和市场经济之间存在着极大的差别，只有把资本、市场、收益三个要素整合为一个有机整体时，市场经济才会真正形成。

市场经济的本质就是使社会资源资本化，通过市场使各种社会资源进行优化组合，借以追求收益最大化。为着这一目的，它必须打破一切固化现象，使任何一种可进行市场配置的要素都流动起来，流动性、变动性和生成性是市场经济所造成的直接后果。然而，各种可流动的市场要素绝不会流向偏僻的山村、农村，而是集中于城市，因为城市才是集中创造财富、分配、交换和享用财富的最为有利的社会空间，因此，城市是市场经济造成的物质后果。那么，市场化和城市化对社会进步和人的发展意味着什么呢？第一，资本的运行逻辑打破了一切制度限制，冲破了一切文化障碍，将不同地区的人们变成了无人

---

① 《马克思恩格斯文集》第1卷，人民出版社2009年版，第520页。
② 《马克思恩格斯文集》第1卷，人民出版社2009年版，第520页。
③ 《马克思恩格斯文集》第1卷，人民出版社2009年版，第520页。

称、无身份的生产、分配、交换、消费者,从而推动了世界历史交往形式的形成;它形成了全面的依赖关系,全面的需求,全面的交往关系。第二,培育、锻造了人的理性能力,包括理论理性、创制理性和实践理性。理论理性使世界图像化、观念化。起始于14、15世纪的,发展于16、17世纪而成熟于18、19世纪的现代化运动,即市场化的过程,催生了现代理论体系的产生,物理学、生物学、化学、心理学、数学都有了长足的进步,而人文社会科学更是雨后春笋般大踏步地向前推进了,政治学、经济学、社会学、经济哲学、政治哲学和精神哲学逐渐被建构起来,以致于有人把这几个世纪称之为"建构的时代"。创制理性使科学技术、规范体系不断革新。在一个建构的时代,创新已经成为一个时代的精神,创制理性使得两个方面的创新成为可能,其一,财富的创造。如果说,自然经济还是基本上依靠自然的限制和自然需要的限度进行生产和消费的,那么市场经济语境下则是依照被构造出来的社会需要和创造出来的庞大的工具系统,创造愈来愈超出实际需要的"庞大的商品堆积"。其二,规范体系的创造。技术的创新,技术规范的革新,用来解决的是人与自然的关系,是生产力所要求于人们的事情,而行为规范的创新,则是生产关系和人际关系所要求于人们的事情。其三,实践理性所要求的是,在广泛交换和普遍交往的场域下,在金钱欲、权力欲和生殖欲得到全面激发的境况下,人们该如何正确认识和正当行动呢?这就是康德道德哲学所要解决的问题。必须在家庭伦理以外开显出政治伦理、经济伦理和公民伦理来!在自然经济条件下,人们的联结方式是"机械团结",在市场经济条件下,人们的交往方式是"有机团结"。第三,市场化和城市化使自由、民主、平等成为社会价值体系中的首要价值。自由是前提、民主是保证、平等是目的。市场化和城市化是人类在追寻自由、民主、平等,追求好生活过程中所能找寻到的相对为好的方式,但这种方式却是悖论式的,犹如一块银币的两面,创价与代价是并存的。

第二节　市场化与城市化的伦理后果：
　　　　世界语境与中国问题

　　从历史事实看，市场化要晚于城市化，一如马克思所说："古代的起点是城市及其狭小的领域，中世纪的起点则是乡村。"① 而市场化是如何使中世纪的乡村逐渐城市化的，马克思恩格斯在《德意志意识形态》、桑巴特在其三大卷的《现代资本主义》、布劳代尔在《菲利普二世时代的地中海和地中海世界》和《资本主义》中都不同程度地做了描述和叙述，这种研究方式可称为"历史的方式"，旨在还原真实的历史本身。如果从正当性角度看待城市化和市场化的问题，就要在历史事实基础上指明其价值历史，这便是市场化与城市化的伦理后果问题。

　　在普遍的世界历史交往已成事实的今天，全球化业已成为人们不得不承认、不得不应对的世界性问题。在世界语境之下，研究各国市场化和城市化的过程及其存在的问题，人们会发现，尽管城市化的时间节点不同，方式各异，程度有别，但却存在着共同的伦理问题。我们预先标划出这些普遍性的共同问题，旨在确定一个世界语境，以求在解决城市化、市场化之伦理问题的道路上相互借鉴，达到视界融合。首先，城乡二元对立问题。一如马克思所说，中世纪的起点是乡村，那么乡村在市场化、城市化的过程中受到了怎样的冲击呢？诚如我们曾经指出过的那样，流动性、变动性和风险性是市场化过程中的基本特征，但能够流动的是一定是可以离开土地的那些东西，而不是土地本身，人们无法把乡村的广袤土地移动到城市中去，除非把乡村变成城市。惟其如此，城市与乡村之间的流动是单向的，而不是双向的；即便是双向的流动也是极不对等的。其一，不变资本和可变资本从乡村流向城市。无论是通过《狩猎法》使山民离开大山涌入城市，

---

① 《马克思恩格斯文集》第 1 卷，人民出版社 2009 年版，第 522 页。

还是通过"圈地运动"使农民离开土地流入城市，其结果只有一个，那就是为城市提供了廉价的劳动力。而无论城市在市场化的过程如何举足轻重，却永远离不开农业，蔬菜和谷物都必须通过广袤无垠的农村来提供。于是，在城市的崛起和扩张过程中，未能在起始阶段就成为市民的山民和农民来说，如果能够享受到城市化过程中快速产生的价值，就必须以被边缘化的方式逐渐市民化，这就是始终突出的三农问题。而作为生产资料和生活资料存储和生产空间的农村，为城市提供着依靠城市自身而永远都无法获得的资源，自然资源和生活用品。石油、煤炭、矿石等等，通常都在城市以外的地区，而这些资源的开采，除去消耗大量的水资源，使水资源短缺之外，还会造成极大污染。在大城市和超大城市急剧扩张的过程中，会随着城市边缘的不断扩展而使大量农田工业化、商业化，使大批农民失去土地。这种资源流向城市、污染和垃圾流向农村的不对等的流动，是城乡二元对立的主要方面。其二，乡村文化的拔根问题。在各个国家之城市化过程中，以农业为支柱产业的国家，要比起初就以城市为中心的国家付出更沉重的代价。除了上面所指出的不变资本和可变资本的单向流动这种不平等事实之外，更为严重的是农业文化或农业文明的消失。从15世纪起，欧洲一些主要国家就已开始市场化和城市化了，荷兰、意大利、英国、法国、德国等等，这些国家作为先发国家，也同样遇到了城乡二元对立问题，但这些国家都较好地解决了这种对立，除了快速崛起的城市之外，还保留了农村田园诗般的风光。起源于农村庄园之上的骑士以及骑士精神与城市精神之间具有很强的契合。而在以农业为主要产业的典型农业大国，情形就完全不同的了。其次，城市空间正义问题。即便是超大城市，其空间也是有限的，而大量人口涌向城市，势必因争夺有限的城市空间而发生冲突，而解决冲突的方式却完全不是市场的方式，相反，通常是借助政治权力完成的。于是，城市空间的分配就极有可能依照权力的逻辑而不是根据创造价值即生产或劳动的逻辑来进行的。第三，商品化、物化与异化问题。在市场化、城市化的过程中，为何普遍存在着这样的问题：人们创造了大量

第七章 伦理辩护与批判：城市化及其伦理后果

的财富，却未能创造幸福本身？其深层原因在于，人变成了资本运行逻辑中的一个可配置性要素，人变成了生产与消费对象，商品拜物教、货币拜物教使人们成为生产与消费的客体。马克思恩格斯令人信服地指出了市场化与城市化的价值二重性："资产阶级在它的不到一百年的阶级统治中所创造的生产力，比过去一切时代创造的全部生产力还要多，还要大。"① 一方面是财富的快速积累，另一方面是全面的物化和异化："资产阶级在它已经取得了统治的地方把一切封建的、宗法的和田园诗般的关系都破坏了。它无情地斩断了把人们束缚于天然尊长的形形色色的封建羁绊，它使人和人之间除了赤裸裸的利害关系，除了冷酷无情的'现金交易'，就再也没有任何别的关系了。它把宗教虔诚、骑士热忱、小市民伤感这些情感的神圣激发，淹没在利己主义打算的冰水之中。它把人的尊严变成了交换价值，用一种没有良心的贸易自由代替了无数特许的和自力挣得的自由。资产阶级撕下了罩在家庭关系上的温情脉脉的面纱，把这种关系变成了纯粹的金钱关系。"② 简言之，市场化和城市化造成的伦理后果就普遍地表现为物质的过程、社会的过程和精神的过程。如果依照这样三个有着内在逻辑关系的价值判断，分析中国的市场化和城市化过程，情形又如何呢？

中国的市场化与城市化与先发国家有着极大的不同。从历史的逻辑起点看，中国在开启市场化和城市化之历史进程的准备上，表现出较为明显的"先天不足"。从实践主体看，真正推动市场化和城市化的中坚力量不是官吏，而是那些实业者阶层。在欧洲中世纪，生活在社会最底层的一个人群，他们为着生活不得不从事为古希腊伦理和基督教伦理所禁止的活动：买卖活动。商人改变了传统的社会结构，它把生产与消费分离开来，又把它们联结起来。它把生活资料的创造与享用分成了马克思所说的四个环节：生产、分配、交换与消费。在商

---

① 《马克思恩格斯文集》第 2 卷，人民出版社 2009 年版，第 36 页。
② 《马克思恩格斯文集》第 2 卷，人民出版社 2009 年版，第 33—34 页。

◈ 追寻政治的"是其所是"

人孜孜以求的商业活动中，企业家被培养起来，而企业家又逐渐促成了市民社会的形成，进而形成了市民精神，尽管这种形成过程是以悖论式的形式完成的："劳动力的买和卖是在流通领域和商品交换的界限以内进行的，这个领域确实是天赋人权的真正伊甸园。那里占统治地位的只是自由、平等、所有权和边沁。自由！因为商品例如劳动力的买者和卖者，只取决于自己的自由意志。他们是作为自由的、在法律上平等的人缔结契约的。契约是他们的意志借以得到共同的法律表现的最后结果。平等！因为他们彼此只是作为商品占有者发生关系，用等价物交换等价物。所有权！因为每个人都只支配自己的东西。边沁！因为双方都只顾自己。使他们连在一起并发生关系的唯一力量是他们的利己心，是他们的特殊利益，是他们的私人利益。正因为人人只顾自己，谁也不管谁，所以大家都是在事物的前定和谐下，或者说，在全能的神的保佑下，完成着互惠互利、共同有益、全体有利的事业。"[①] 从文化资源看，欧洲的市场化和城市化虽然始于15世纪，成熟于19世纪，但如果没有古希腊的自由精神、古罗马的法律精神、基督教的职业感和原罪感，那么这种"近代化"、"现代化"就很难发生。从社会结构看，一如马克思所说，古代的起点是城市，中世纪的起点是乡村。但从古希腊、古罗马开始，构建不同于家庭、家族和村社的公共生活的努力始终没有间断过，只有建构出一个完整的、完善的公共生活世界，支撑市场化和城市化的公共精神才能培养起来。而无论是从实践主体、文化资源看，还是从社会结构看，中国的市场化和城市化都缺少足够的历史前提。在不到40年的市场化和城市化过程中，我们以压缩的形式完成着西方先发国家几百年才逐渐完成的事业，其所造成的问题重叠显而易见。

第一，从权力资本到经济资本、知识资本和社会资本。资本、市场、城市是三位一体的相互嵌入的过程。西方先发国家在市场化和城市化过程中，经济资本起着核心的作用。生活在社会最底层的人，他

[①]《马克思恩格斯文集》第5卷，人民出版社2009年版，第204—205页。

第七章 伦理辩护与批判：城市化及其伦理后果

们拼搏进取、孜孜以求、殚精竭虑，积累了可进行资源配置的资源，即货币，而货币作为可以兑换一切的特殊商品，却无法改变封建专制的权力资本，封建主作为既得利益集团，极力固化其已有的支配地位。而作为经济活动的主体、市民阶层、新兴的资产阶级，若想摆脱自己在政治上的被动地位，就必须改变封建主的专制统治。为着为其进行的政治革命提供理论支持，它必然要把自由、民主和平等作为首要价值建构出来。正是在这种相互交织的过程中，权力资本、经济资本、知识资本和社会资本被置于相对独立的语境中，在某种意义上，它阻止了权力资本化的路径。市场化和城市化的过程正是各种社会资本相互或共同作用的结果。而中国的市场化和城市化的历史前提完全不同于当时欧洲的情形，首先，我们缺少那个类似于市民阶层的实业者，进而也就缺少自下而上的推动市场化和城市化的"民间力量"，而真正推动市场化的力量乃是政治权力和行政职权。如果说在计划体制下，我们是在政治的统合下实行"统、包、销"，那么，在建构市场经济的过程中，就应该根据市场规律进行资源配置，而我们的市场特别是成熟的市场根本就不存在，于是，政府就"责无旁贷"地承当起建构市场的重任，由政府来进行资源配置。而政府完成这一"重任"的路径就是政策设计和制度安排，而在这种设计与安排中，如何才能排除设计者的利己主义动机呢？当缺少足够的外在约束时，自律的力量是有限的。事实证明，在市场化和城市化的过程中，政治权力的设定、分割、设置，行政权力的运行往往缺少明晰的"产权界定"，导致的结果便是较为严重的"权力资本化"现象。其表现就是政治资本兑换成了经济资本、社会资本和知识资本，行政管理渗透到社会各领域的管理中，其后果是，当政治资本、经济资本、社会资本和知识资本相互嵌入、构成一个自足的利益链条时，就几乎阻止了弱势人群和边缘人群享受社会改革成果的机会。而在市场化初期在诸种资源配置中优先享受"优惠"的人群就会自动成为既得利益集团，他们会运用各种手段、动用各种力量，固化自己的优势，建构起足够坚实的"防御体系"，躲避法律的制裁和道德的批判。"权力资本化"

是造成严重两极分化的根本原因。

　　第二，智力、智慧与决策。既然中国的市场化和城市化主要是由政治权力和行政职权推动的，那么权力拥有者和使用者的德性与智慧就成为了决定能否科学决策从而实现平等、公正、正义、公平的关键要素。如果说德性决定了为谁进行市场化、城市化，那么智力和智慧就成为了决定能否进行科学决策的主体性资源。市场化和城市化过程中的国家治理、企业管理和社会管理都完全不同于传统农业社会的情形，需要丰富而专业的理论体系和知识结构，而这些理论和知识需要通过艰苦的学习过程得来。在近40年的改革进程中，市场化和城市化的设计者、操作者似乎既没有从容的时间和强烈的愿望进行学习，没有学习中国古代智者与贤者的管理智慧，更没有向西方人学习，学习他们关于现代管理的知识、理论与思想。剩余下来的就只有用简单的直观和过往的经验去建构和管理其复杂性和风险性远远超出设计者之主体性资源的现代社会。在城市化过程中，大量的违背天道与人道的决策和管理行为持续存在，由于过度使用权力，使得大量完全不符合基本价值原则的决策和管理无法受到限制、谴责和惩罚。在管理的理念上，缺乏整体性的和谐观念，人与自然、人与人、人与自己的和谐必须成为城市化所必须坚持的价值原则。

　　第三，文化的荒芜与传统的拔根。如果说城市化造成的城市与农村的二元结构还是一种自然空间的变迁、交往结构的转型，那么隐藏在这种二元结构背后的则是文化的荒漠和传统的拔根问题。所谓文化的荒漠特指在市场化和城市化过程中，我们严重缺失与城市化相匹配的城市文明。我们建造了一个又一个的现代化城市，甚至超大城市，却没有建构起一个厚重的、整体性的城市文化。所谓传统的拔根乃指在市场化和城市化过程中，建基于农业社会基础之上的传统在市场化和城市化过程中逐渐被解构和消解。其所造成的拔根后果是极其明显的。其一，本体安全的丧失。稳定性和持续性是个体生存与生活的基础，而稳定性和持续性的供给则靠着理性的和非理性的力量来完成。非理性的力量便是人的感情或情感，具体言之便是亲情、爱情、友

第七章 伦理辩护与批判：城市化及其伦理后果

情、乡情，这些情感要么是基于自然血缘关系之上，要么是基于自然地缘关系之上。这种自然情感就像聚合力极强的粘合剂，把具有血缘和地缘关系的人们连成极具亲和力的群体。它大大降低了人们之间的怀疑和猜疑，更是阻止了相互侵害的可能性，使得人们保持在高度的确信、信任、相信和认同之中。家庭和家族之前的相似性，使得每一个个体在不同的家庭中就能得到相似甚或相同的呵护、关爱、认同和尊重。这种自然情感和内心体验无需经过特殊的"培训"，只需在日常的时时处处的交往中获得，它已经变成了一种习性，通过无语的、无声的"言传身教"，后辈从先辈和前辈那里习得了自然情感和情感的使用方式，并像他的前辈那样传递给后辈。这就是"代代相传"。另一种非理性的力量则是千百年来不曾改变的风俗、习惯、惯例、巫术、禁忌、家法、村规。这些规范系统具有不可能质疑性，人们无需怀疑它的合理性和合法性。内在的情感、外在的强约束体系为相互交往的人们提供了持续基础，也为人们提供着安慰、认同，这些构成了除身体和财产安全之外的心理安全，可称之为"本体安全"。在市场化和城市化的过程中，家庭、家族和村社这种提供本体性安全的共同体逐渐被解构，大量村民从熟人社会置身于完全陌生人的世界，无论是身体、财产安全，还是情感、认同感、归属感都遇到了极大的困境。这个变动不居的陌生世界无法为他们提供类似于家庭、家族和村社那样的共同体所能提供的一切，其所给出的生存法则似乎类似于霍布斯的"丛林法则"和较为发展了的等价交换原则。马克思笔下的"天赋乐园"在涌入城市的人群中似乎若隐若现。一种无法名状的"乡愁"油然而生，它是对城市陌生环境的无奈，是对过往的"乡村生活"的留恋，逝去的不再拥有，企盼的尚未到来。其二，从自然情感到社会情感的艰难历程。社会情感是在家庭、家族和村社关系之外的社会交往中形成的心理倾向性，包括移情和同情两个方面。在没有血缘和地缘关系的公民之间如何建构起一个以公共理性和社会情感为基础的良序关系，无疑是在市场化和城市化过程中必须着力解决的问题。

◈ 追寻政治的"是其所是"

第三节　为一个良好的市场化和城市化
　　　　进行伦理基础奠基

我们诚然要向西方先发国家学习和借鉴，学习他们在国家管理和城市治理过程中形成的理念，借鉴他们在建设现代城市过程中发明的技术和操作。但我们却无法从根本上把他们的理念、技术和操作变成我们自己的。这需要我们在长期的实践中培养、积累和完善。

一　与市场化和城市化相匹配的城市文化体系如何被建构起来？

如上所述，市场化和城市化构成现代化或现代性的核心内容，因此，能否形成一个整体性的现代文化体系才是在市场化和城市化过程中所必须解决的基础性问题。首先，目的之善观念。财富的积累与公平分配、社会自治能力的提升、过一种整体性的好生活，无疑是目的之善，是任何一个国家和民族所欲实现的价值目标。然而在自然经济条件下，一如一切都是自然而然的那样，人们对目的之善也同样缺少设定和反思，而在现代性语境下，这恰恰是被优先加以规定的问题。从目的之善角度质疑市场化和城市化，我们可以这样来设问，市场化和城市化是为着谁的？哪个人群才是城市化的最大受益者。如果这个观念始终不能成为城市的设计者和管理者的清晰的观念，那么城市化就会偏离目的之善的轨道，而变成为极少数人进行资本积累以谋求私利的手段。德性的力量是有限度的，而内心的冲动和外在的诱惑却是巨大的。一如前述，城市化过程就是一个进行原始资本的积累、积累财富、争夺地位、抢占机会的天然契机，然而，无论从西方先发国家、特别是从中国近40年的城市化过程看，通过政策设计和制度安排而进行的城市化乃是基本的道路，这就无疑极大地加强了政治权力和行政职权的支配性作用。于是在城市化过程中，与城市密切相关的人就被分成两个大的人群：设计者和管理者、建设者。前者是通过权力而确定的，后者是通过劳动而确立的。于是，如若设计者和管理者

第七章 伦理辩护与批判：城市化及其伦理后果

没有或少有目的之善观念，那么城市化过程极有可能成为个别设计者积累政治资本以谋得更大政治权力的手段。最为危险的情形则是，个别设计者和管理者具有极强的利己主义动机，而经济资本、知识资本和社会资本又都逐渐集中于城市，这就为权力资本化提供了社会基础，设计者可以借着权力的支配性力量，将权力兑换成其他资本形式，从而形成利益联盟，构成既得利益集团。然而，这些设计者、将权力资本化的人群却又表现出一种为着目的之善的样子，这是造成在城市化过程中突出伦理问题的根源。在市场化和城市化过程中，传统文化中的劣根性元素不是被缩小了而是被放大了。解决目的之善的观念的根本道路在于，政治权力和行政职权的拥有者从灵魂深处转变传统的政治观和权力观，否则，根深蒂固的"官"的观念、"权"的观念，不能随着现代社会的建构而被彻底改造，那么市场化和城市化过程中的伦理后果则不过是古代官僚政治和政治官僚"以权谋私"的现代版本而已。

其次，手段之善观念。若城市化的设计者和管理者具有显明的目的之善观念，那这是否意味着，市场化和城市化就必然朝向目的之善演进呢？结论是否定的。即便是善良动机或善良意志，如若没有手段之善也不能有善的后果。当市场化和城市化之设计者和管理者排除了动机偏离之后，接续的事情便是正确地进行城市建设。而导致不能正确城市化的原因又可分为两种情形：无知、匮乏（不足）、过度。建构现代化社会、打造现代城市，既需要现代观念，更需要现代知识。这种知识并不预先存在于设计者和管理者的主体结构中，虽然并不排除个别的设计者和管理者具有专业知识，又具有管理才能，但通常条件下，则是专门从事城市建设与管理之研究的科研人员才会拥有专业理论和知识。现代社会的建构、现代城市的建设是极其复杂的事业，需要各种专门人才通力合作。而在实际的运行中，从城市的设计、实施到评估、问责等诸多环节，始终贯彻着权力的运行逻辑，由于权力具有排除各种抗拒以贯彻其意志、而不问其正当性基础为何的可能性，无知的设计者和管理者可以借着强制的权力将自己的个人意志贯彻到各个环节中，而不问这种设计和管理是否正确。这就是所谓的权力过度。而权力不足（匮乏）则是更大权力拥有者置各种不正确的设计和管理于罔闻，甚至袒护、包庇、纵容。在正确的意义上，在手段之善的观念上，市场化与城市化至少有如下问题需要深入研究和合理解决。第一，权力、资本、身份、地位和机会的固化问题。一如前述，中国的市场化和城市化是自上而下的社会过程，其路径依赖在于政策设计和制度安排。这就极大地放大了权力作用的广度、深度和力度，同时也开启了权力资本化的运行逻辑。其后果便是权力—资本—身份—地位—机会，强势人群与弱势人群和边缘人群的初始性建制，导致财富和机会快速积累到强势人群，并逐渐建构起一个"天幕"，使得在初始性的制度安排未能进入强势人群的弱势和边缘人群较长时间内无法通过自己的努力而改变自己的不利地位；相反，在初始性制度安排中凭借制度优势而使自己获益的人群便可借着制度持续地获益，以致出现较大范围和较大程度上的"不劳而获"。这突出地表现在空间分配中的正义问题，即城乡二元结构和城市空间的争夺。如何破解财富与机会的固化现象，修复和矫正不合理的政策设计和制度安排乃是根本的道路，而要完成这一点，就必须具有将目的之善和手段之善有机统一起来的既具有德性又具有智慧的设计者和管理者出现。

二 在何种意义上，市场化和城市化是政治性的？

若不是在技巧、智巧、算计、权术意义上理解政治，那么转型过程中的市场化和城市化乃是最具政治性的事业。我们可以为这一判断提供两个强有力的论证，第一，只要是关乎每个公民之根本利益（生存权、财产权和自由权）的就是典型的政治性事业；第二，与每个人的政治意志有关的事情就是政治性的。市场化和城市化不但改变了生产方式、交往方式和生活方式，更是改变了财富积累方式和分配方式，而这些方式涉及到每个人的生活是否得以改善，每个人的生活是否值得延续下去。大工业生产，集约化的工作方式，日益普及化的现代传播手段，使得每一个人可以随时了解、认知和理解与自己的根本

第七章　伦理辩护与批判：城市化及其伦理后果

利益有关的事情，人们逐渐培养起了我的意识，有了日益清晰的产权观念，积累了最基本的质疑和反思能力，生发出了表达政治的意愿，即政治意志。这是一个巨大的进步，当每个人的表达其政治意志的愿望汇集成一种强大的公共性力量时，先前那种权力过度和权力匮乏现象就会减弱，使得市场化和城市化在德性与智慧支配下进行。然而，这并非说，每个人有了表达其政治意志的意愿，就一定能够正确和正当表达其意志，它必须基于两个严格条件之上，其一，政治胸怀；其二，公共意志。在由市场化和城市化所推动的世界普遍交往逐渐形成，世界视野与中国问题逐渐交织在一起，于是，过往那种封闭式的国家治理和社会管理实难维持下去，在这种语境下，培养和运用政治胸怀已成历史的趋势，给每个人充分表达其政治意志的机会和权利，同时也给了让其担负其政治责任的约束性条件。否则，一种反复出现的埋怨、怨恨乃至仇恨就会汇集成一种非理性的政治力量，滞阻国家治理和社会管理沿着正确和正当的逻辑运行下去。而要使非理性的政治力量变成积极的力量，就必须完成由相似、相同的意志变成公共意志，而不是简单的共同意志。因为，追求个人利益最大化，追求使自己快乐与幸福的益处，就是共同意志，但却不是公共意志。公共意志的形态是公共价值；公共意志的精神基础是公共理性。从公共舆论中见出公共意志来，乃是公共理性的使命，对此，黑格尔不无深刻地指出："公共舆论中有一切种类的错误和真理，找出其中的真理乃是伟大任务的事情。谁道出了他那个时代的意志，把它告诉他那个时代并使之实现，他就是那个时代的伟大人物。他所做的是时代的内心东西和本质，他使时代现实化。谁在这里和那里听到了公共舆论而不懂得去藐视它，这种人决做不出伟大的事业来。"[①]

---

① ［德］黑格尔：《法哲学原理》，范扬、张企泰译，商务印书馆1979年版，第334页。

第八章 论劳动之伦理本体地位的消解与重建

劳动的伦理价值决定于劳动乃人类本质的对象化，劳动是人类根本的存在方式。借助于劳动人类创造了一个属人的世界。作为对象性的属人世界，它既证明又映现了人的本质力量；作为一个价值世界，它又为人的生活提供着各种各样的价值物。简约地说，人既在劳动过程中又在劳动产品中，更在享用劳动成果时感到欣慰和乐趣，因为劳动是使人成为人的核心过程，因此，劳动之伦理本体地位是无须证明的事实。作为现象本身，劳动之伦理本体地位的确证虽属先行给予的事情，但劳动产品的享用者甚至劳动者本身并不必然地承认或对待劳动之伦理本体地位的先行给予。根本原因在于，劳动不再是伦理事实，而是变成了经济事实或政治现象。劳动之伦理本体地位的隐匿与消失所带来的后果是严重的：劳动者边缘化；后果主义的经济观点；崇高的消失。

第一节 在事实与应当之间：确证劳动之伦理本体地位[①]的两种方式

事实逻辑与价值逻辑既是人们需要确证的事实，又是人们把握现

[①] "劳动之伦理本体地位"这一称谓所意欲表达的是劳动的善的意涵问题。劳动既有过程的善又有结果的善，作为过程的善体现的是人的本质力量，是人这个类的德性，其本身就是目的，劳动本身就具有乐趣；作为外在的善，劳动具有经济价值，体现的是工具价值。劳动作为过程之善和结果之善这种结构价值结构，本身就隐含着被分离的可能性，但劳动的伦理价值永远是基础性的，是人之成为人的根本。但劳动的这种伦理本体地位却并不时时处处地得到确认，既可以彰显于外，也可以遮蔽于内。当劳动的伦理本体地位被劳动的经济价值或工具价值所遮蔽的时候，人的生活便处于拔根或无根状态。

第八章 论劳动之伦理本体地位的消解与重建

实世界的两种方式,前者言说的是世界是否真的如此,后者表达的是世界应当怎样。以此方式思考劳动便有了现象学和伦理学两种学科视野:劳动的伦理本体地位是一种事实;劳动之伦理本体地位是一种应当。对自然界而言,事实的逻辑是指那些不因我们而成的事物,对于这些事物我们无力改变它;价值的逻辑是因我们而成的事物,这些事物对我们来说,是可实现的,可实践的。不因我们而成的事物表现为自然规律,因我们的实践而成的事物表现为道德规律。只有遵循道德规律而采取的行动才可以称得上是自足的、完满的行动,才可以是主体性的行为。照此推论,劳动无疑是自足的、完满的因而是主体性的行动,因而符合价值逻辑。即是说,劳动是以追求善为目的的活动。①但是,当我们把应当的视野考虑进去的时候,在劳动之伦理本体地位的确证上就被分化为两个价值问题:对整个人类而言,劳动意味着什么;对劳动者而言,劳动意味着什么。毫无疑问,对人类而言,劳动之伦理本体的确证是毋庸置疑的,劳动过程是人的本质力量的对象化,劳动产品作为外在的善为人们的生活提供物质的和精神的生活资料,善优先于应当,甚至可以说,正当还没有作为问题而出现。没有了劳动人类便没有了自身,人类是通过创造对象世界而创造人类自身的。对劳动者而言,尽管通过劳动追求外在的善是根本目的,也是无须确证的事实,然而劳动者并不必然地平等地享用自己的劳动产品,并在劳动过程中确证自己和反观自己,尤其是当劳动产品不归自己所有反而制约自己的时候,一种异化的社会关系就成为事实,因此,正当优先于善。于是考察劳动之伦理本体地位就有了现象学的视野和伦理学的立场,前者以直观事物自身的姿态呈现劳动的伦理意涵;后者则以对劳动者而言的正当性要求考察劳动之伦理本体地位的具体内涵。

现象学考察劳动之伦理本体地位具有逻辑上的优先性,只有于观念与实践上对劳动之伦理本体地位进行先行给予,正当性问题才会被

---

① 依照亚里士多德的观点,善主要有身体的善、外在的善和灵魂的善三种,劳动作为创制性的技艺活动,主要以追求外在的善为目的。

提出来，对劳动进行正当性确认才有根据和标准。现象学考察是这样一种致思类型，它暂时去掉了有关劳动的各种各样的繁茂芜杂的假象，直击劳动的伦理性或伦理价值本身，借以见出其伦理本体的真正意涵。

一 作为人类之伦理品质的劳动

在古希腊哲学中，德性这一范畴用来泛指人所具有不同于其他事物的优良品质，自苏格拉底以降，德性用来特指人类所特有的优良品质，理性是人类品质的重要元素之一。自制、节制、明智、正义、智慧等等，都与理性有关。亚里士多德把理性分成理论理性、创制理性和实践理性。劳动作为一种创制活动，充分运用了理论理性（科学）、创制理性（技艺与智慧）和实践理性（明智）。一如亚里士多德所言，人只是具有接受各种品质的潜质，而各种品质则是在反复的行动中获得的。人的理性也如此，并不先天具有各种理性，而是在反复进行的劳动中才获得了理性。人怎样行动，他自己就怎样；经常做好事，他才是好人，而不是他是好人才做好事。

劳动作为人类利用工具改造劳动对象以追求外在善（劳动产品）的活动，其过程便体现着它的伦理性，即类的品德、类的价值。（1）受动性与能动性。人的受动性决定于人是非自足性、非完满性、有限理性存在物这一点，人是依赖对象而依靠自身的存在物。于人而言的自然优先性决定了人是受动①的即被决定的存在物。然而人又是起于受动而不止于受动且达于能动的存在物。使人具有能动性的根据在于，人在反复进行的劳动中形成了意识并使意识臻于完善。意识的形成、完善与运用，使受动变成一种动力，他把解除受动变成劳动的目的，通过劳动过程和劳动产品解除受动、满足需要、获得快乐与幸福。（2）意识、自觉与自由。意识是自觉的基础，自觉是自由的前

---

① 说人是受动的存在物也就等于说人是需要着的存在物，表现为解除不足和匮乏而进行的从外到内的占有、为解决过量和释放而进行的由内到外的表达。

提。借助于意识，人把自己同自己的生命活动区别开来，人使自己的生命活动本身变成自己的意志和意识的对象，也正是由于这一点，人才是类存在物。"正因为人是类存在物，他才是有意识的存在物，也就是说，他自己的生活对他是对象。仅仅由于这一点，他的活动才是自由的活动。"① 所谓劳动中的自觉是指劳动者借助意识这种能力将劳动的结果在劳动之前于头脑中预先给予，② 并把它确立为目的与目标，以使他的劳动朝着这个目标进行。劳动中的自觉除了确立目的与目标之外，还得懂得对象世界的规律，合目的性必须立于合规律性之上，并懂得把它们有机地结合起来。起于心意以内的由己性通过合规律性而达于两种尺度的完美结合。这便是劳动中的自由。于是，在劳动中，一当意识、自觉和自由有机地结合起来构成一个连续的运动时，人的类的特性就被充分地表现和实现出来。劳动作为人的生命的主要呈现方式，体现了自由而自觉的特性。"一个种的全部特性、种的类特性就在于生命活动的性质，而人的类特性恰恰就是自由的自觉的活动。"③ 动物也进行生产，但它的生产是直接的，与它们的需要是直接同一的，因而是片面的生产。而人的生产是全面的，他只有生产整个对象世界才会生产其自身。动物是在直接的肉体需要的支配下生产，而人甚至不受肉体需要的支配也进行生产，并且只有不受这种需要的支配时才进行真正的生产，而且可以自由地对待自己的产品，既可以用于自己需要的满足，也可以用来满足他人的需要。而就整个生产或劳动的性质说，生产者充分运用他们的智慧、理智和明智，既自明自身之需要的规律，又能把握客体的规律，并在生产过程中将主客体的规律结合起来，实现合目的性与合规律性的统一。"动物只是按照它所属的那个种的尺度和需要来建造，而人却懂得按照任何一个

---

① 《马克思恩格斯全集》第42卷，人民出版社1979年版，第96页。
② "劳动过程结束时得到的结果，在这个过程开始时就已经在劳动者的表象中存在着，即已经观念地存在着。他不仅使自然物发生形式变化，同时他还在自然物中实现自己的目的，这个目的是他所知道的，是作为规律决定着他的活动的方式和方法的，他必须使他的意志服从这个目的。"马克思：《资本论》第一卷，人民出版社1975年版，第202页。
③ 《马克思恩格斯全集》第42卷，人民出版社1979年版，第96页。

种的尺度来进行生产，并且懂得怎样处处都把内在尺度运用到对象上去；因此，人也按照美的规律来建造。"① （3）对象化、对象性、反观、证明与肯定。人是一对象性存在物，而一切有生命存在物都是对象性存在物，即都得借助对象而使自己生存或生活下去。但人之外的其他一切生命存在物的对象性是既成的，是由对象世界预先给定的，它们只能通过改变自身以适应外界。而人的对象性则是生成的，是由人自己创造的。创造对象性关系的本体便是人的劳动，劳动作为一种生成性的活动，实质上是一对象化过程。对象化是人把自己的内在尺度运用到对象上去的过程。"外化"、"对象化"指的都是把合目的性与合规律性结合起来以追求价值世界的过程。而对象性则是对象化的一个直接后果，也是对象化的根本特征。由于人类在永不停息地进行劳动，并不断转换劳动的方式，因而人的对象化和对象性都是流动的。流动的对象化与对象性给人带来了什么呢？它所带来的是不断的反观与证明，反观与证明就是一种肯定。肯定是对一种价值关系的确证，流动的对象化和对象性所确证的是：劳动过程及其产品乃劳动者心智力量的对象化。人们对劳动者之心智力量的确证是双重的，一种是自我确证，另一种是他者确证。劳动者之心智力量的自我确证方式所描述的是，劳动者在面对自己的产品时反观、映现自己，从对产品的欣赏和享用中体会自己的本质力量，通过自我认同达到自我满足。"我的劳动是自由的生命表现，因此是生活的乐趣。我在劳动中肯定了自己的个人生命，从而也就肯定了我的个性的特点。劳动是我真正的、活动的财产。"② 但劳动从来就不是单个人的事情，而是类的事情。劳动者的产品并不总是归自己享用，而要离开劳动者而走向他者。在市场社会，劳动产品走向他者已经经常化和普遍化。这是一种社会化的劳动者之心智力量的确证方式，而且是一种真正的确证方式。关于这种确证方式的真正伦理意涵，马克思曾非常精辟地指出：

---

① 《马克思恩格斯全集》第42卷，人民出版社1979年版，第97页。
② 《马克思恩格斯全集》第42卷，人民出版社1979年版，第38页。

第八章　论劳动之伦理本体地位的消解与重建

"假定我们作为人进行生产。在这种情况下，我们每个人在自己的生产过程中就双重地肯定了自己和另一个人：（1）我在我的生产中物化了我的个性和我的个性的特点，因此我既在活动时享受了个人的生命表现，又在对产品的直观中由于认识到我的个性是物质的、可以直观地感知的因而是毫无疑问的权力而感受到个人的乐趣。（2）在你享受或使用我的产品时，我直接享受到的是：既意识到我的劳动满足了人的需要，从而物化了人的本质，又创造了与另一个人的本质的需要相符合的物品。（3）对你来说，我是你与类之间的中介人，你自己意识到和感觉到我是你自己本质的补充，是你自己不可分割的一部分，从而我认识到我自己被你的思想和你的爱所证实。（4）在我个人的生命表现中，我直接创造了你的生命表现，因而在我个人的活动中，我直接证实和实现了我的真正的本质，即我的人的本质，我的社会的本质。"① 于是，作为劳动之伦理本体地位的确证就在自我确证和他者确证中得以表现和实现。

劳动，作为人的本体性的活动，除了于过程中通过对象性关系呈现它的伦理价值之外，还在劳动结果即劳动产品中实现它的伦理性。劳动过程固然可以体现人的类特性，即自由自觉特性，这是劳动所蕴涵的高一级的伦理之美，但人毕竟是被自然所规定了的存在物，充满着不足和匮乏，蕴藏着释放与表达，因而是需要着的存在物。既是如此，人类就一刻也不能停止劳动，也不能停留于对劳动之过程的伦理之美的欣赏中，而要获得具有物质价值和精神价值的劳动产品，以满足人的物质需要和精神需要。以此来看，劳动作为人类不可逃避的事情，不仅仅是人类向自己提出的伦理要求，也是社会向每个人提出的伦理任务。借助劳动产品，劳动者通过满足他人需要来实现自己的目的。为自己而劳动是劳动者对自己的完全责任，同时也是对社会的完全责任，不劳动者不得食，一个不劳而获的人是要受到伦理谴责的。

---

① 《马克思恩格斯全集》第 42 卷，人民出版社 1979 年版，第 37 页。

二 劳动者之劳动地位的确证以及劳动产品分配的正当性

现象学考察的是劳动之伦理价值的原始发生问题，其间并不涉及劳动者之社会地位的确证以及劳动产品分配的正当性问题，这是伦理学的任务。人们为什么必须劳动同劳动者地位如何、产品如何分配，属于两个尽管密切联系但却不同的题材，前者是现象学的对象，后者是伦理学的任务。

无论劳动者地位如何，劳动产品如何分配，都不能从根本上取消劳动的必然性，因为没有了劳动，人类也就不复存在了。惟其如此，人们就必须重视劳动、尊重劳动、赞美劳动。但是，虽说伦理价值属于劳动的本体价值，而在具体的社会运行过程中，劳动的伦理价值可以得到承认，但有可能得不到确证。由于劳动本身就存在着劳动过程与劳动产品亦即伦理价值与经济价值相分离的可能性，只要社会结构以及社会运行方式为这种分离提供现实基础，这种分离就变成了现实。其后果是：劳动之伦理本体地位得到承认但却得不到确证，劳动者很少从劳动过程得到肯定，继而也对劳动失去了兴趣，因为劳动仅仅成为了谋生的手段。劳动之伦理本体地位的社会确证方式被颠覆为：不看谁劳动，也不管如何劳动，而只在乎你提供什么。有关劳动的功利主义伦理观代替了劳动本体论的伦理观。一种劳动过程无主体、劳动产品无来源的社会事实开始出现。并非真的无主体和无来源，而是这种主体和来源得不到真正的确认。作为劳动伦理本体地位之消解的原因同时也是其结果的事实是，劳动者无法得到与其劳动价值相匹配的社会回报，对这一事实的伦理确认，可以称为异化，也可以称为不公正。对这种异化或不公正事实的理论分析必须建立在对具体的社会结构及其运行方式的研究之上。当劳动之伦理本体地位的确证与劳动者获得回报的正当性问题同具体的社会结构及其运行方式结合在一起的时候，问题变得极为复杂性。遵照简约的原则，我们把劳动之伦理本体地位的确证与劳动者获得回报的正当性问题区分为强意义上的和弱意义上的两种状态。

第八章 论劳动之伦理本体地位的消解与重建

第二节 两种意义上的消解与不公正

　　强意义上的消解与不公正所指称的是完全异化状态下的状况，具体地说就由私有制和资本的"合谋"所导致的劳动的完全异化。依照普遍接受的观点，奴隶社会、封建社会和资本主义社会均属私有制社会。但奴隶社会和封建社会并没有造成完全的劳动异化，只有当劳动资料与劳动产品与劳动者发生分离，且劳动力作为生产中的一个要素进入市场并同其他生产要素参与资本运动的时候，一种典型意义上的消解与不公正才会产生。

　　这与人们构造社会关系的方式密切关联。在传统社会，人们是根据血缘、亲缘和地缘构造社会关系的，构造社会关系的方法属于整体主义。而在市场社会条件下，人们在物的依赖性基础上获得了独立性，在这种形态下，借助于资本的连续运动，"才形成普遍的社会物质交换，全面的关系，多方面的需求以及全面的能力体系"①。这与前资本主义相比似乎是一个进步，但原子主义和物质主义的思维方式和行为方式，以及私有制的决定性作用，造成了双重的代价，这就是强意义上的消解与不公正。

　　首先是劳动之伦理本体地位的消解。在私有制基础上，在资本的连续运动中，劳动被简化为生产活动，正是在这种转化过程中造成了伦理元素的丢失。生产与劳动有着极大的区别，劳动所包含的不仅仅是物的关系，尚有社会关系和精神关系在其中。对劳动者来说，劳动作为一种创造性的活动，决非仅仅物与物、人与物的结合，而是包含着劳动者的激情与热情："激情、热情是人强烈追求自己的对象的本质力量。"② 劳动并非仅仅是劳动者靠着自身的力量运用工具于劳动对象上去从而获得劳动产品的过程，而是包含心智力量于其中的，是

---

① 《马克思恩格斯全集》第46卷（上），人民出版社1979年版，第104页。
② 《马克思恩格斯全集》第46卷（上），人民出版社1979年版，第169页。

蕴涵激情与热情于其间的。生产是劳动,但劳动却不仅仅是生产。当劳动仅仅变成了资本运行逻辑中的一个要素或一个环节的时候,劳动就仅仅成为了生产。那么,资本是如何通过其自身的运行逻辑将劳动仅仅成为生产从而使劳动失去其伦理基础或伦理性质的呢?"资本是集体的产物,它只有通过社会许多成员的共同活动,而且归根到底只有通过社会全体成员的共同活动,才能被运用起来。因此,资本不是一种个人力量,而是一种社会力量。"① 资本是集体行动的逻辑。资本作为一种增殖运动,作为一套复杂的社会设置,借助商品与货币这种两种形式,通过生产、分配、交换和消费,把人的要素和物的要素都统一到自身的运行逻辑中来,资本颠覆了人与物之关系的本质:它把人的关系变成了物的关系,把物的关系变成了人的关系。它把劳动简单化:它只留下了劳动力,而把劳动者的心智力量、追求对象性存在的激情与热情,通过对象性关系反观和印证自己的本质力量的可能性,全部放逐到劳动过程以外,劳动的神圣感、崇高感被世俗化、简单化和物质化的生产所替代。工人通过劳动所创造的不是反观和引证自己之本质力量的对象性世界,而是一个异己的资本的世界。资本原本是人类找到的用来追求财富并企盼通过占有财富和享用财富获得幸福的一种社会形式,然而事实上,资本一经被创造出来就不再听从人的指令,反过来还制约人。"劳动所生产的对象,即劳动的产品,作为一种异己的力量,作为不依赖于生产者的力量,同劳动相对立。"②"工人创造的商品越多,他就越变成廉价的商品。物的世界的增殖同人的世界的贬值成正比。劳动不仅生产商品,它还生产作为商品的劳动自身和工人,而且是按它一般生产商品的比例生产的。"③ 资本作为一种无主体、非人格化的力量,在不断地吸引着劳动者,从而也控制着劳动者。不是劳动者想不想劳动,而是资本让不让你劳动。"工人生产资本,资本生产工人,因而工人生产自身,而且人作为工人、

---

① 《马克思恩格斯选集》第一卷,人民出版社1972年版,第266页。
② 《马克思恩格斯全集》第42卷,人民出版社1979年版,第91页。
③ 《马克思恩格斯全集》第42卷,人民出版社1979年版,第90页。

第八章 论劳动之伦理本体地位的消解与重建

作为商品就是这整个运动的产物。人只不过是工人，并且作为工人，他只具有对他是异己的资本所需要的那些人的特性。但是因为资本和工人彼此是异己的，从而处于漠不关心的、外部的和偶然的相互关系中，所以，这种异己性也必然现实地表现出来。因此，资本一旦想到——不管是必然地还是任意地——不再对工人存在，工人自己对自己说来便不再存在：他没有工作，因而也没有工资，并且因为他不是作为人，而是作为工人存在，所以他就会被人埋葬，会饿死，等等。工人只有当他对自己作为资本存在的时候，才作为工人存在；而他只有当某种资本对他存在的时候，才作为资本存在。资本的存在就是他的存在、他的生活，正象资本的存在以一种对他漠不关心的方式来规定的他的生活的内容一样。"① 于是，在资本运行逻辑之上，由于物的关系的普遍化使得劳动这种人类的本体活动在四个方面失去了它的伦理性，或者说使劳动失去了伦理基础。其一，劳动者与劳动过程相分离。劳动者无法从劳动过程中得到乐趣，"劳动对工人说来是外在的东西，也就是说，不属于他的本质的东西；因此，他在自己的劳动中不是肯定自己，而是否定自己，不是感到幸福，而是感到不幸，不是自由地发挥自己的体力和智力，而是使自己的肉体受折磨、精神遭摧残"②。其二，劳动者与劳动产品的分离。劳动产品原本是劳动者之本质力量对象化的一个价值结果，如今这个已经不归自己，而且这种对抗已经发展到这种地步，劳动者生产的越多，自己失去的就越多。"劳动为富人生产了奇迹般的东西，但是为工人生产了赤贫。劳动创造了宫殿，但是给工人创造了贫民窟。劳动创造了美，但是使工人变成了畸形。劳动用机器代替了手工劳动，但是使一般工人回到野蛮的劳动，并使另一部分工人变成机器。劳动生产了智慧，但是给工人生产了愚钝和痴呆。"③ 其三，在劳动中形成了人与人之间的异化关系。马克思曾在《詹姆斯·穆勒〈政治经济学原理〉一书摘要》

---

① 《马克思恩格斯全集》第42卷，人民出版社1979年版，第104—105页。
② 《马克思恩格斯全集》第42卷，人民出版社1979年版，第93页。
③ 《马克思恩格斯全集》第42卷，人民出版社1979年版，第93页。

中说道，假定我们作为人进行生产，就会在我的产品中、在他人享用我的产品时、我在与他人的印证关系中、我在我的社会本质中证实和反观自己，并在这种印证和反观中再现自己、实现自己，从而感到快乐。但在物化的资本逻辑中、在异化的社会关系中，这一切都没能实现。其四，由于我不能从我的产品中，也不能从他者那里得到肯定、认同，我作为劳动者变成了一个孤独的原子，我无法从类本质、我的社会本质那里得到肯定和认同。对社会而言，是资本这种外在的力量强迫我劳动；对我自己而言，为了获得生存资料，我要强迫自己去劳动，因为没有了劳动这个手段我便不能生存，更不用说生活了。劳动的伦理意涵原本是作为内在的目的推动着劳动者的，而在对抗的社会关系下，它们却变成了外在的目的，我必须使我的意志服从这个目的。"这个目的是他所知道的，是作为规律决定着他的活动的方式和方法的，他必须使他的意志服从这个目的。但是这种服从不是孤立的行为。除了从事劳动的那些器官紧张之外，在整个劳动时间内还需要有作为注意力表现出来的有目的的意志，而且，劳动的内容及其方式和方法越是不能吸引劳动者，劳动者越是不能把劳动当作他自己的体力和智力的活动来享受，就越需要这种意志。"①

其次是社会财富分配的不公正。资本主义在它不到一百年的时间里所创造的生产力比以往时代的总和还要多。以此观之，毫无疑问，工业社会远比前工业社会进步得多。无论从生产工具的先进性程度，还是从分工与合作的密切程度来看，市场社会无疑是相对有效率的社会结构和运行类型。然而，财富的总量并不就是社会的发展和人的进步，有增长而无发展的社会事实也是有目共睹的。长期以来，作为帝国主义的经济学往往只关注财富的积累，而不过问财富的分配；着眼于经济的增长而无视人的生存状态。一种无价值立场的经济学应该受到批判。马克思曾严厉批评他那个时代的所谓国民经济学家："国民经济学不知道有失业的工人，不知道有处于劳

---

① 马克思：《资本论》第一卷，人民出版社1975年版，第202页。

动关系之外的劳动人。小偷、骗子、乞丐，失业的、快饿死的、贫穷的和犯罪的劳动人，他们都是些在国民经济学看来并不存在……他们是一些在国民经济学领域之外游荡的幽灵。因此，在国民经济学看来，工人的需要不过是维持工人在劳动期间的生活的需要，而且只限于保持工人后代不致死绝的程度。"[1] 在完全对抗的社会关系下，劳动者根本得不到与他的劳动相对等的分享劳动成果的机会。正是私有制和资本的社会化使得劳动失去了它的伦理基础和伦理价值，这是强意义上的消解与不公正。

除强意义上的消解与不公正之外，还有弱意义状态下的劳动之伦理基础和伦理元素的丢失问题。已如前述，私有制与资本的"合谋"造成了全面的对抗关系，在此种关系状态下，劳动之伦理基础被消解掉。那么，在以公有制为主体、以市场经济为主要经济组织方式的社会结构状态下，劳动的伦理本体地位是否还能保持呢？这是一个需要进行事实确认和作出正当性评价的问题。首先，公有制从根本上解决了劳动产品与劳动者相分离的状况。尽管在公有制前提下仍存在某些分配不公的现象，如农民问题。改革开放三十年，广大农民或主动或被动地参与了城市化和现代化建设，但却没有像城市居民那样充分享受到改革开放的成果。农民所改变的只是谋生的手段与方式，却没有改变农民的身份。公民在农民那里是一个极不充分的范畴，大量资金主要用于城市建设，财富也主要集中在城市。一个正在完善着的市场尽管原则上向所有公民开放，但对农民而言那只是一种形式上的机会均等，而无实质内容。在生产岗位上，真正的体力劳动尤其是技术含量较低的劳动逐渐边缘化，而通过占有资本、运行资本以追求收益最大化的活动逐渐成为社会运转的轴心。就整个社会舆论环境而言，尊重劳动、赞美劳动的氛围尚不浓厚。但公有制还是从根本上有别于私有制，政府通过公共政策和制度安排，通过建立和完善社会保障体系以追求最基本的公正。当然，解决社会财富分配的正当性只是劳动之

---

[1] 《马克思恩格斯全集》第42卷，人民出版社1979年版，第105页。

伦理本体问题的一个方面，而且是物质的方面，更为重要的是劳动之伦理本体地位的确证以及劳动之对象性价值的实现。这是劳动之伦理基础或伦理性的精神方面，公有制基础上的资本运行逻辑使这一精神方面成为了问题。

资本作为一种增殖运动，它以生产（一般）为起点，以分配和交换（特殊）为中介，以消费（个别）为终点，目的是增殖。作为资本之命运的增殖是在生产领域产生而在流通领域实现的，而资本必须表现为商品和货币，然而却又不能停留在商品与货币之上，而是必须不断转换它们：G－W－G′。资本既是商品和货币同时又不能是商品和货币，资本是一种流动。当资本停留于商品而不再流动时，就表现为经济危机；当资本停留于货币而不能流动时，就表现为金融危机。商品拜物教实质上是由资本的魔力导致的。资本如何把人的关系变成物的关系又如何把物的关系变成人的关系，这从下面的事实中即可以看出来。正是在人与物之关系的颠倒中，劳动之伦理本体地位丧失了。

"资本主义[①]生产方式占统治地位的社会的财富，表现为'庞大的商品堆积'，单个的商品表现为这种财富的元素形式。"[②] 劳动及其产品采取商品这种形式，必然产生如下情况，其一，交换关系使得蕴藏在劳动及其产品中的社会元素和精神元素被隐匿或丢失。商品原本就是产品，是人通过劳动获得的创造物，而在资本主义生产方式占统治地位的社会里，产品必须采取商品形式，也就是通过交换才能实现它的使用价值。使用价值是能够满足人们具体需要的有用性，不排除商品也具有审美价值或精神价值，但蕴涵在劳动及其产品中的劳动者的本质力量、心智力量、尊严、反观、印证是不能作为使用价值进行

---

① 关于"资本主义"至少有三种书写方式：（1）作为经济形态；（2）作为政治形态；（3）作为思想形态。作为经济形态的资本主义所描述的是由资本的运行逻辑所构成的社会结构，其基本内涵应该是：资本如何使劳动及其产品变成了商品；作为商品两个属性的具体劳动（私人劳动）和抽象劳动（社会劳动）如何决定着使用价值和价值；劳动一旦采取商品形式如何被还原为物的要素，一切社会关系和精神关系如何被简化为物的关系。

② 马克思：《资本论》第一卷，人民出版社1975年版，第47页。

交换的,因为它们只对劳动者有效而对购买者无效。其二,劳动被还原为可计算、可比较的物的要素。作为具体劳动,其物的要素表现为使用价值;作为抽象劳动,其物的要素表现为劳动时间。而尊严、反观、印证、因对象性关系而产生的快乐是不能计算的,不可比较的,也无须计算和比较。其三,更为重要的还在于,作为充当一般等价物的货币,乃是一把无情的尺子,这把尺子既作为根据又作为标准,它把原本不能公度的劳动及其产品变成了可公度的对象,它把多样性变成了统一性。其四,等价交换原则,使得劳动产品的购买者和享用者无法形成感恩之情,因为那是我用等价的货币换来的。基于上述事实,一系列相关的社会现象也就产生了:以"出卖"劳动力为谋生手段的劳动者大军既得不到应有的尊重,也得不到相应的机会与财富。除了些许可怜、同情之外并无真诚的感恩。相反,作为社会主流价值观和行为方式的则是:通过占有资本和运用资本仅在流通领域实现增殖。拿钱去直接赚钱,在古希腊和中世纪是不道德的,是受到谴责的,而今却变成了被鼓励的事情。劳动之伦理本体地位的消解同现代社会的无意义感一起,造成了问题社会。

第三节 让劳动回归伦理世界

私有制与资本运行逻辑的"合谋"造成了强意义上的劳动之伦理本体地位的隐匿;公有制基础上的资本运行逻辑造成了弱意义上的劳动之伦理性与伦理基础的消解。对我们而言,如何在公有制基础上让劳动回归伦理世界,乃是理论中的困境和实践中的难题。

理论的逻辑要植根于历史的逻辑,但又不同于历史的逻辑。关于劳动之伦理本体的理论逻辑既是植根于历史的逻辑又是超越于历史的逻辑的。进言之,劳动伦理学既是实然理论又是应然理论。作为现代经济学奠基者和贡献者的大卫·李嘉图、亚当·斯密和马克思,其各自的经济理论可能各有特色,但在劳动价值论上却是一致的,那就是强调劳动在价值中的基础性和根本性作用。尤其是马克思把劳动提高到了伦理本体论的高度，正是在这一点上，无论从立意上，还是对终极价值的追寻上，马克思都远远地站在了李嘉图和斯密之上。马克思曾在《詹姆斯·穆勒〈政治经济学原理〉一书摘要》、《1844年经济学——哲学手稿》、《哥达纲领批判》、《共产党宣言》、《1857—1858年经济学手稿》、《资本论》中，分别论证了劳动与人的本质的关系、劳动与社会的关系、劳动与资本的关系、劳动与价值的关系。然而。依照我的理解，在马克思关于劳动的历史逻辑与价值逻辑之间似乎存在着一种紧张关系，这集中表现在，在提到劳动的伦理本体地位及劳动伦理价值的实现时，马克思多半用到的是祈使句：假如我们作为人来存在[①]，假如劳动不再仅仅作为谋生的手段。而在《1857—1858年经济学手稿》和《资本论》，这种祈使句式的论证方式发生了微妙的变化，马克思试图站在历史的逻辑之上看待劳动的价值逻辑，比如在《资本论》中，与早期著作相比，马克思对劳动的分析，理性的、冷静的科学的论证多了，伦理的、道德的呼求少了。于是，人们对马克思关于劳动之伦理性与伦理基础问题的论证逻辑，似乎有了两种倾向性的结论：早期马克思伦理动机胜于科学分析；晚年马克思科学分析代替伦理情怀。我以为，马克思从未放弃过对美好理想的追求，包括让劳动回归伦理世界，但马克思也从来没有不顾历史逻辑的客观要求而把理想自动地当成现实。马克思是伦理动机与科学分析相结合的光辉典范。

问题不在于，马克思在劳动之伦理本体地位问题上的伦理动机与科学分析孰轻孰重，而在于，在劳动之伦理本体地位问题上，是否存在价值逻辑与历史逻辑的内在张力问题。我以为，马克思当年殚精竭虑所试图解决的伦理本体地位问题是否是一个真问题、基础性和根本性问题。毫无疑问，劳动本体这个真问题、基础性和根本性问题，以扩展的现代性或后续的现代性的方式向我们走来，我们必须以科学的观点、人性的立场正视它、接受它、研究它、解决它。

[①]《马克思恩格斯全集》第42卷，第37页。

第八章　论劳动之伦理本体地位的消解与重建

在理论上，我们必须考虑的问题是，马克思在《詹姆斯·穆勒〈政治经济学原理〉一书摘要》中所讲的，"假如我们作为人来存在"才能充分实现劳动的伦理性，我们可以把"假如我们作为人来存在"看做是实现劳动伦理性的伦理基础。那么这个基础在哪里呢？如何实现它呢？我们试图站在人类社会实践的基础上回答这些理论问题。

理论上的困境实际上是实践难题的思想形态。关于劳动之伦理本体地位的历史实践难题，实际上是私有制、资本与如何显现劳动之伦理价值之间的悖论。关于公有制与私有制的严格边界，也不是亘古不变的。人们对这种边界的认识与判断也有一个变化的过程。资本主义条件下的私有制是完全的私有制，资本的运行逻辑是建立在生产资料完全私人占有基础上的；而社会主义条件下的资本是在公有制基础上运行的。然而此种公有制已经不是纯粹的或计划经济条件下的公有制。资本本身就已经是市场化的产物，没有成熟的市场便不可能有资本的运动，市场是一个向资源私人占有者开放的社会空间。正是在市场这个特有的社会空间内，资源占有者已经被隐去了身份，直接表演的是商品与货币，而资本正是通过不断变换商品和货币而实现其自身的。于是，资本便具有了隐去劳动者和劳动性质的功能，它只把物的关系保留了下来，让商品与货币在市场这个大舞台上跳舞，而商品的卖者和买者充其量不过是一些伴奏者，劳动者及其劳动充其量也不过是一些背景，他们是可有可无的元素。这就是为什么在资本的运行逻辑中，劳动之伦理本体地位得以丧失的最后秘密。如何解决资本与劳动之伦理本体地位丧失之间的悖论呢？显然，仅有公有制一项是不够的，因为公有制只是从根本上解决了极端化的异化劳动问题，却不能解决劳动者在其生产过程中和劳动产品中看到自己的本质力量，得不到来自他者的认同与感恩。

解决悖论的根本道路有两条：一是现实的，这是政治的方式；一是历史的，这是社会的方式。作为政治方式的现实道路，指的是要通过公共政策和制度的方式重新确立劳动价值论。什么是决定商品价格的根本要素很值得研究，如果根据技术含量和供需关系而不是根据马克思所说的一般人类劳动来决定价格，那就无法体现劳动者的劳动地位以及劳动的重要性。不能完全根据市场的力量去决定劳动者的社会地位以及劳动的重要性，国家通过政策与制度的方式给劳动者以应得，同时要完善社会保障体系。中国的农民或主动或被动地参与了改革开放事业，却较少地分享到改革开放的成果。他们能够改变的只是劳动的环境和条件，却没有改变身份，他们无法通过政治的方式进行意志表达。于是，其劳动过程与劳动成果无法通过对象化和对象性的形式得到反观、认同和确证。只有让农民从根本上摆脱农民的身份，而以劳动者的身份并有足够的政治条件进行意志表达的时候，劳动的伦理价值才能得到真正的体现和实现。

　　政治解决让劳动回归伦理世界的道路只是结果上的，它无法强制所有享用劳动果实（财富）的人都有感恩之心，像马克思所说的那样，（1）在你享受或使用我的产品时，我直接享受到的是：既意识到我的劳动满足了人的需要，从而物化了人的本质，又创造了与另一个人的本质的需要相符合的物品。（2）对你来说，我是你与类之间的中介人，你自己意识到和感觉到我是你自己本质的补充，是你自己不可分割的一部分，从而我认识到我自己被你的思想和你的爱所证实。解决这个问题的根本道路不是政治的、经济的而是社会历史的方式。对此，马克思曾深刻地指出："设想有一个自由人联合体，他们用公共的生产资料进行劳动，并且自觉地把许多个人劳动力当作一个社会劳动力来使用。这个联合体的总产品是社会的产品。这些产品的一部分重新用作生产资料。这一部分依旧是社会的。而另一部分则作为生活资料由联合体成员消费。因此，这一部分要在他们之间进行分配。这种分配的方式会随着社会生产机体本身的特殊方式和随着生产者的相应的历史发展程度而改变。"① 在自由联合体中，劳动时间将起着关键作用，即是说，劳动过程将优先于劳动结果。"仅仅为了同

---

① 马克思：《资本论》第一卷，人民出版社1975年版，第95页。

第八章　论劳动之伦理本体地位的消解与重建

商品生产进行对比，我们假定，每个生产者在生活资料中得到的份额是由他的劳动时间决定的。这样，劳动时间就会起双重作用。劳动时间的社会的有计划的分配，调节着各种劳动职能同各种需要的适当的比例。另一方面，劳动时间又是计量生产者个人在共同劳动中所占份额的尺度，因而也是计量生产者个人在共同产品的个人消费部分中所占份额的尺度。在那里，人们同他们的劳动和劳动产品的社会关系，无论在生产上还是在分配上，都是简单明了的。"①

在自由联合体中，劳动、劳动过程的伦理意义直接表现为劳动时间的人类学意义。劳动意义的回归以及剩余时间的合理使用，从根本上说来，取决于对造成劳动异化和剩余时间滥用的前提的彻底改造。在私有制和交换价值为主要形态的商品社会里，劳动首先是私人劳动，而要使他的个别的、特殊的私人劳动对他来说具有意义，成为他获得必要的生活资料的基础，就必须使他的私人劳动一般化，亦即商品化和货币化；必须首先造成对自己来说是异己的物的依赖性，才能使自己作为劳动者和消费者而存在。这是一个矛盾：单个人的劳动就是他用来直接购买产品即购买自己特殊活动的货币；但这是一种只能用来购买这种特定产品的特殊货币。为了直接成为一般货币，单个人的劳动必须一开始就不是特殊劳动，而是一般劳动，也就是说，必须一开始就成为一般生产的环节。在这种前提下，"不是交换最先赋予劳动以一般性质，而是劳动预先具有的共同性决定着对产品的分享。"② 马克思把两种不同前提下的交换过程作了比较："在以单个人的独立生产为出发点的第一种情况下，——不管这些独立生产通过自己的互相联系而在事后怎样确立和发生形态变化，——媒介作用来自商品交换，交换价值，货币，它们是同一关系的表现。在第二种情况下，作为生产的基础的共同性是前提。单个人的劳动一开始就成为社会劳动。因此，不管他所

---

① 马克思：《资本论》第一卷，人民出版社 1975 年版，第 95—96 页。
② 马克思：《资本论》第一卷，人民出版社 1975 年版，第 118—119 页。

创造的或协助创造的产品的特殊物质形式如何，他用自己的劳动所购买的不是一定的饿特殊商品，而共同生产中的一定份额。因此，他不需要去交换特殊产品。他的产品不是交换价值。这种产品无须先变成一种特殊形式，才对个人具有一般性质。在这里，交换价值中必然产生的分工不再存在了，代之而建立起来的是某种以单个人参与共同消费为结果的劳动组织。"①

如果用不着以商品、货币和交换价值为媒介就可实现交换，那就得取消造成资本之基本矛盾的前提：私人劳动与社会劳动的对立以及造成这种矛盾的原因——私有制。要想使单个人的劳动同时也使他的产品直接变成货币，成为已经实现的交换价值，那就等于把它直接规定为一般劳动，这就恰好否定了使劳动必须成为货币和交换价值并依赖于私人交换的那些条件。使单个人的劳动直接成为货币的要求，只有在这种要求不再能够提出来的条件下，才能得到满足。因为以交换价值为基础的劳动的前提恰好是：不论是单个人的劳动还是他的产品，都不具有直接的一般性；他的产品只有通过物的媒介作用，通过与它不同的货币，才能获得这种形式。即是说，只有当社会统一组织、分配和使用个体的劳动，而每个人不再亲自以货币和交换价值为媒介去实现自己的目的的时候，人的全面需要和全面发展才有可能，劳动和社会时间也才会真正显现它的人学价值。"如果共同生产已成为前提，时间的规定当然仍然有重要意义。社会为生产小麦、牲畜等等所需要的时间越少，它所赢得的从事其他生产，物质的或精神的生产的时间就越多。正象单个人的情况一样，社会发展、社会享用和社会活动的全面性，都取决于时间的节省。一切节约归根到底都是时间的节约。正象单个人必须正确地分配自己的时间，才能以适当的比例获得知识或满足对他的活动所提出的各种要求，社会必须合理地分配自己的时间，才能实现符合社会全部需要的生产。因此，时间的节约，以及劳动时间在不同的生产部门之间的有计划的分配，在共同生

---

① 《马克思恩格斯全集》第46卷（上），人民出版社1979年版，第119页。

产的基础上仍然是首要的经济规律。这甚至在更加高得多的程度上成为规律。"①

那么，具备怎样的社会历史条件才能使劳动真正回归伦理世界呢？"只有当社会生活过程即物质生产过程的形态，作为自由结合的人的产物，处于人的有意识有计划的控制之下的时候，它才会把自己的神秘的纱幕揭掉。但是，这需要有一定的社会物质基础或一系列物质生存条件，而这些条件本身又是长期的、痛苦的历史发展的自然产物。"②

---

① 《马克思恩格斯全集》第46卷（上），人民出版社1979年版，第120页。
② 马克思：《资本论》第一卷，人民出版社1975年版，第97页。

第九章　政治传播的哲学基础论证

政治传播在政治哲学研究中似乎属于末端问题，但却是直接面向生活的问题。对政治传播进行哲学基础论证，乃是政治哲学题中应有之义。而这种哲学基础论证内在地含有四个维度：本体论问题维度，是对政治传播之何以可能的根据的追问；认识论维度，即如何认识权力、政治和政治传播；价值论问题，它着眼于政治传播的效用，更执着于为政治传播进行正当性基础建基；实践论维度，探寻不同历史场域下的政治传播。与对政治传播的本体、认知、价值和实践相对应，对政治传播的哲学沉思就相应地分殊为形而上学、意识哲学、价值哲学和实践哲学。由于政治传播是在政党、政府与公民之间的相互构造中完成的，所以关于政治传播之哲学基础的论证，就分殊为传播主体与传播客体之交互关系的哲学基础论证，它们共同贯穿着真理与价值的双重逻辑。

政治传播作为现代传播中的一种的形态，除了具备与其他社会传播形态所具有的结构与方式之外，尚有属于其自身的规定性，这就是它是政治权力的社会表达形式。人们完全可以在传播的途径、内容、手段和方式等诸多方面讨论它与其他传播形式的异同，但哲学把握政治传播的方式却根本不同于传播学、社会学和政治学，它要在"真"与"值"两个维度上给予政治传播以正确性和正当性证明。

第九章 政治传播的哲学基础论证

第一节 政治传播的本体论基础

对"始基"或"初始根据"的设定与承诺，构成了关于本体的沉思，而这个被设定和承诺下来的始基或初始根据就是本体。本体不能被证实但可以被证明；预先承认、承诺，之后再证明。本体是依自身而自存的东西，而他物则是依本体而存在的东西，他物乃是这个本体的显现及其展开，万物依它而存，源出于它又复归于它。这个因其自身而持存的东西通常不是靠直观而把捉的，相反，必须通过设定与承诺来完成，完成这种设定和承诺被称为建基或奠基。为一件事情或一个行为建基，旨在规划或标划出该事物或行为得以持存与展开的初始根据。建基的方式有两种，即系统论奠基和生成论奠基。为一个系统找到一个赖以存续的始基，系统各要素由始基始出，而又复归于它。生成论奠基则是呈现始基始及其他要素的原始发生，将这种发生过程呈现于表象中，再现该事物"是其所是的东西"。如何将这个本体论模型用于政治传播之本体的建基呢？既然本体是始基、初始根据，那么政治传播的初始根据便是那个使政治传播得以可能的初始根据，它有两个根据，一个是事实根据，它回答的是政治传播是如何可能的问题；另一个是价值根据，其所回答的是，何种样式的政治传播才是正当的。在这两个根据中，可能性具有优先地位，人们只能做他可能做的事情，能够做什么是应当做什么的前提。在政治传播中，"能够"的问题决定于两个要素，意愿与能力。当意愿和能力被规定以后，另一个问题便紧跟而来，这就是"应当"问题。所谓"应当"就是行动涉及到正当性基础的问题，人们不会提出超出其能力界限的责任要求，但人们能够做到的事情却也未必是应当的做的事情。

政治传播在"能力"与"意愿"的意义上，具有典型性，这是由政治传播的性质决定的。这种性质是由其真身规定的，是在于其他传播形式的比较中见出的。从传播主体看，政治传播的主体是政党或政府；从传播客体看，其所指向的对象是广大民众；从传播的手段看，其所使用的是具有权威性的媒介，如电视、报纸杂志、网络；从传播的内容看，是政党或政府给出的观念、政策、制度；从传播的目的看，是影响、引导和支配民众的观念、情感和行动。政治传播具有广泛性和持续性。由这种表层结构来分析政治传播的价值与意义并不是我们的目的，因为物质主义、技术主义的分析模式无法揭示政治传播的真理与价值，让我们回到能力、意愿、意志问题上来，即回复到政治传播的本体上来。首先，政治的真理、政党的意志问题。一个赖以出发的事实是，政党或政府是非人格化的组织，它没有理智、情感和意志，更没有自责和愧疚，因为它没有生命，它们不是自在自为的存在物，当我们追问国家与政治"是其所是的东西"究竟为何时，国家的初心和许多问题便被澄明出来，对此，黑格尔指出："国家是伦理理念的现实——是作为显现出来的、自知的实体性意志的伦理精神，这种伦理精神思考自身和知道自身，并完成一切它所知道的，而且只是完成它所知道的。"① 在黑格尔那里，国家作为伦理精神的现实，作为实现了的伦理精神，乃是一个自在而自为的价值体。那么这个价值体作为国家"是其所是的东西"到底具有怎样的结构呢？或许有一种共同的信念，作为对这个价值体的承认、确认和追寻，潜存于每一个人的心灵之中，然而事实上，自由国家产生以来，人们对国家"是其所是的东西"的规定与承诺又是如此地不同，潜存于每个人的心灵深处的理念和信念只是一种可能的信念，而当每一个体处在不同的社会地位和利益关系中，其现实的观念就往往与潜存于心灵深处的观念不同。问题的关键在于，在现实的语境下，如何把国家变成促使每个人"自由而全面发展"的价值体。只有当这种信念变成一种价值共识，成为时代精神的时候，黑格尔笔下的这个"伦理精神"、"伦理理念的现实"才有意义。当人们把这个"伦理精神"、"伦理理念的现实"设定出来、表达出来，由谁知晓它、实现它呢？黑格尔说，这是一种自知的、思考自身和知道自身，而且完成一切它

---

① ［德］黑格尔：《法哲学原理》，范扬、张企泰译，商务印书馆 1979 年版，第 253 页。

所知道的东西。显然，黑格尔是把国家人格化了，把国家变成了思考者和行动者。黑格尔无非借着人格化的国家美化普鲁士政府，试图在"凡是现实的都是合理的"这一命题，从哲学上谄媚普鲁士政府，换成直接阿谀奉承的语言便是：普鲁士就是那个自知的、思考自身、知道自身，完成一切它所知道的，而且只是完成它所知道的"伦理精神"、"伦理理念的现实"。然而，事实上，普鲁士能否知道且能否实现那个"伦理精神"乃是一个或然的事情。如果换成祈使句，倒是可以这样理解黑格尔的真实意图，普鲁士必须思考、知晓和实现国家之伦理精神。隐藏在这种祈使句背后的则是一种深深的忧虑：权力拥有者并不必然如此。而我们的意图恰在于分析这种或然关系的人性根据和社会基础，它们共同构成了政治传播的本体。

一　关于动机或意愿问题

将朝向有利于自己的动机置于自己行动的初始性位置，是不需要自治、自制的，更不需要理性规定、知性的论证实践理性的坚持，而只需要感觉和情感就够了，余下的就是技术问题。当行动者所从事的行动本质上是朝向他者、但却可能对自己有利时，就会出现利己与利他动机的矛盾与冲突。最为极端的情形有两种，完全利己的、完全利他的；最为常见的是混合形态，只是程度不同。政治事实所涉及的事项是极其复杂的，政治传播只是政治行动中的一个环节、一个方面，但却具备其他形态之政治行动所具有的本质规定。若政治权力和行政职权的拥有者，始终把权力视为谋取个人利益的手段，即所谓动机偏离，就会把政治传播视作贯彻其个人意志的手段。动机或意愿作为政治传播的本体、初始性力量，其性质直接决定着政治传播的目的与效用。如果权力拥有者不能如曾子所论证的心灵的运行逻辑，那么政治传播就很难朝向"公共善"。

二　关于物质力量问题

如果动机或意愿构成了政治传播的人性本体论，那么权力作为一种支配性力量则构成了它的物质本体论。政治传播本质上是一种支配性行为，其所运用的物质力量乃是"国家"这部机器，就像霍布斯把国家描绘成海中怪物那样，国家作为一种非人格化的系统，其本身并无善恶之分，究竟是向善还是趋恶，则取决于运用这个系统的特定"人群"的动机与意愿。无论是善的动机还是恶的意愿，均不能改变国家的性质，国家构成政治行动中的物质方面。如果说政治传播是拥有政治权力和行政职权的人群将某种意志传达给分散的公众，目的在于支配被支配者的意志，那么，其所运用的物质力量一定是国家这部机器，具体地说就是思想上层建筑和政治上层建筑，前者是国家力量的精神形态，后者是物质形态。这两种力量均有权威性、合法性、强制性和不可回溯性。正是这种强大的国家力量，才将政治传播中的支配者与被支配者置于不对等的地位；正是这种不对等地位才有可能造成单方意志的身体限制和精神操控。

三 政治传播的复杂性问题

在某种意义上可以说，人类社会是一个自组织系统，但这种自组织性却是通过国家治理者和社会管理者的意志来完成的。秩序是国家这部机器正常运转的价值基础，而任何一种破坏性力量都可能使这部机器损坏而停止运转，为着这一点，就会使每一个人以国家意志为普遍化要求，以约束个体的价值诉求。然而，每一个体又是最不关心公共意志的，只是从自己的角度向自己有利的方向提出价值诉求。而这些个体价值诉求又常常是矛盾的、冲突的，如果任其自行满足，就可能使公共意志丧失，这就需要政治家或政治精英集团将国家意志贯彻到每一个体那里，将个体的价值诉求整合成为合理性、合法性的诉求。自从人类诞生之日起，政治传播既已出现，只是在家庭、家族、部落、部落联盟这个狭小的交往空间内，政治传播是以直接的、面对面的方式进行的，传播者通常是政治领袖，他们具有超凡的领袖气质和高超的传播技艺，通过晓之以理、动之以情、导之以行，动员全体社会成员共同行动，其集体行动的价值逻辑在于那个被确信的、相信的"公共善"。这种当下的身临其境式的政治传播具有巨大的精神作用和鼓舞力量。在此种语境之下,政治传播是与共同的集体行动异同进行的,一种专门为着贯彻国家意志的政治传播似乎是多余的。政治传播的必要性程度是随着异质意志的生成和不断增加而不断提高的。在一个政治一律化的历史场域下,除去战争、战乱这两种特殊状态,政治传播通常不会遇到情感上的抵制、意志上的抗拒和行动上的对抗。相反,在理性多元化的场域下,政治传播的必要性和迫切性就会增加,由于政治传播者的意愿与意志与被支配者的意愿常常是不同的,甚至是相反的,政治传播者即使掌握政治上层建筑和思想上层建筑这两种强大的支配性力量,却也不能毫无缘由地坚持下去,它可以用强大的支配性力量,使接受政治传播的人群"失语",但却不能去掉他们内心的抗拒。这种复杂性要求我们必须从主体、客体、手段和内容四个向度上理解政治传播中作为本体的意志与力量的交互关系。

某种传播之所以是政治的、或政治性的,乃是由传播的主体及其目的决定的。政治传播的主体乃是拥有政治权力的政党或政府,且是最高的权力机关。但政党或政府作为非人格化的组织,因其没有理性、情感和意志,因此真正的政治传播主体乃是拥有政治权力的政治精英集团,但这个集团绝不会以集团的名义而是以政党或政府的名义传达意志的。那么,就是什么才是真正的政治传播的意志呢?这实际上是传播内容问题。并非政党或政府通过政治传播所传达出的所有内容都是民众所能、所愿意了解和理解的,民众急欲了解的是与自己的职业和生活密切关联的方针政策、制度体制,而这些政策与体制又常常不是政治传播的主要内容,它们通常是通过各级行政机关而传达和贯彻下去的,它们不构成政治传播的核心内容。虽然这些政策和制度要通过人民代表大会制度加以讨论、审议和确定,但政治集团绝不会借助大众传播让每个人了解和理解这些政策和制度。严格说来,政策和制度并不向所有人开放,而这些恰是每个人都急欲知晓的事情,那么政治传播的内容实际上到底是什么?应该是什么?政治集团借着国家的名义所贯彻的意志,究竟是集团的意志还是黑格尔笔下的伦理精神？政治集团究竟该如何分别在政治传播中的意志？如何做到集团意志与历史的声音、人民的心声的有机统一？如何阻止用集团意志替代公共意志？当"意志"与"力量"作为政治传播的本体被揭示出来，接续的工作便是深入分析和研究人们对权力、政治和政治传播的认知，它们共同构成了政治传播的认识论前提。

第二节 政治传播的认识论前提

政治传播本质上是一种支配行为，其目的在于贯彻意志。但对权力、政治和政治传播的认知总是先行于政治传播而发生，甚至可以说，有怎样的权力观、政治观就会有怎样的政治传播方式。构成政治传播之认识论基础的，不止是对政治传播这种支配性行为本身的认识，而是对权力、政治、支配这些现象的认识。如果仅限于对政治传播认识本身的研究，那只是知识论意义上的传播认识论，是技术主义的、实用主义的。可以肯定，关于对政治传播的事实认识构成了价值认识的基础，但在日常意识和日常生活的意义上，普通人的事实认识只是一种感性认识，人们既无意愿也无能力将对政治传播的感性认识提升为理性认识，形成逻辑化、体系化的知识结构。相反，对一般人而言，对政治传播的认识主要是价值认识，但这种价值认识也只是一般性的价值判断，只是自己对政治及政治传播之好恶态度的直接表达，它们缺少沉思与反思，更缺少对这种价值判断的合理性批判。在一个秩序良好的政治社会，若使政治传播发挥正确而积极的作用，从而使政治之"是其所是的东西"呈现其自身，就必须形成理性化的、经得起检验的事实和价值认识。我们无论是作为政治传播的旁观者、言说者，还是行动者，正确的事实认识和正当的价值认识都是十分重要的。于是，在主体的意义上，关于对政治传播的认识就被自动分解为旁观者、言说者和行动者的认识。

每一个与政治传播有关的人，都会成为旁观者、言说者和行动者，然而每个人却不会因为承担的角色不同，而有不同的认识，以致出现差别、矛盾与冲突。角色虽不同，但主体是一个，他会保持认识上的自我同一性。从主客体关系视角把握政治传播，因贯彻其意志而生成的传播行为乃一交互主体关系，或主体间性关系。传播活动的发动者构成主体，被传播活动所指向的对象构成客体。拥有且行使政治权力的集团将国家意志传达给分散的公众，这个集团就成为了发动者、承担者、受益—责任者，它构成了实际上的主体，而被国家意志所及的公众就成为了客体。但民众并不始终是被动的接受者，他会因为理性能力的发展而成为有立场、态度和判断力的旁观者、言说者和行动者，根据自己的意愿对政治传播进行选择，或认同而接受，或反对而拒斥；或中立而无意思表示。在这个意义上，公众成了主体，而政治集团则成了客体。从良序社会着眼，一个合法而合理的政治传播必须是一个双向互逆结构，政治集团既是政治传播的主体，又是被反思、修正和矫正的客体；公众既是被国家意志所支配的对象，又是接受和认同国家意志的主体。关于对政治传播之内部结构的认知，构成了学科意义上的把握传播的认识论，但更为要紧的则是研究作为政治传播之主体与客体的政治集团和公众的权力观与政治观。

一 政治集团的权力观与政治观

一如上述，关于政治传播的认识可有事实认识和价值认识两种，权力观和政治观就是典型的价值认识。在与价值认识相关的意义上，权力观也主要集中在对用权力做什么的认识上，而不是权力是什么，尽管关于权力是什么也内在包含着对权力之目的的规定。拥有且行使权力的个人或集团虽已拥有且行使了权力，但却未必理解是什么，其所感兴趣的主要是用权力达到什么目的。关于权力是什么的认识构成事实性认识，关于权力为着什么的认识构成价值性认识，只有价值性的认识才构成"观"，因此，政治集团的"权力观"才是决定他们如何运用权力、用权力达到什么目的的观念基础。

政治集团的权力观不仅决定着政治权力和行政职权的分割与运行，同时也决定着政治传播的目的与方式。我们试图以如下两种定义方式，检验政治集团的权力观。一是权力是能够排除各种抗拒以贯彻其意志，而不问其正当性基础为何的可能性；二是权力是能够排除各种抗拒以贯彻其意志，而必问其正当性基础为何的可能性。在这两种定义方式中，不变的是权力的性质，即在任何一种场域之下，权力都是一种能够排除抗拒以贯彻其意志的支配性力量和支配性行为；变化的是对支配性行为之正当性基础的追问。政治集团是把权力视为贯彻个人意志、谋取个人利益的支配性力量，还是看作实现民众意志、促进社会进步的支配性力量，具有本质的区别。

从可能性上看，权力拥有者具有何种性质的权力观便具有何种样式的权力使用方式，同时也就具有怎样的政治观。权力是政治的核心，政治是权力的外部结构和运行方式。如果从客观因果性视角定义政治，那么，政治就是有关每个公民之根本利益的所有方面，是因政治权力和行政职权的运行而在权力主体和"行政相对人"之间形成的支配与被支配的关系。对政治的认识构成了关于政治目的的认识，一如权力观那样，政治观直接支配着权力集团的政治行动和行政行为，把政治视为与公民之根本利益息息相关的事业，还是看作通过支配公民的意志而贯彻个人意志的工具体系，在决定政治目的上具有本质的不同。由此决定，若视为前者，权力集团就会殚精竭虑地去进行科学论证和伦理决策，为公民提供最大化的公共善，此时，政治的运行方式可称为"艺术"，即国家治理、社会管理的艺术；反之，若以后者为政治的目的，那么无论是获得权力还是使用权力，攫取权力者都会使用潜在规则，以保证自己的地位、身份与利益，此时，政治的运行方式可称为"权术"。"艺术"与"权术"的区别不仅表现在目的上，也表现在手段上。

二 公民的权力观与政治观

在某种领域和某种程度上，公民的权力观和政治观是在权力集团的权力、政治观念及其行为的影响下形成的。由于公民都是被政治权力和行政职权所支配的对象，若公民无任何可能他们直观到的政治事实，就会形成"常识"意义上的权力观和政治观。而这种"常识"形态的权力、政治观一旦形成就会成为一种根深蒂固的"先见"。如若这种"先见"成为每一个人的认识，成为一种"共识"，就会作为一种无比强大的"潜意识"支配着后来的政治行动和政治行为，继而形成畸形的权力和政治态度与视界："嫉妒"与"炫耀"。当不能拥有权力，继而不能依凭权力光宗耀祖、鸡犬升天时，就会形成羡慕、嫉妒、仇恨的心理体验，为着抚慰这种极度的不平衡心理，便会学习、模仿和践行有权者的"权术"。而一旦拥有了权力就会轻车熟路地运用起似乎无师自通的权术来，像他曾痛恨的有权的人那样，开始属于他自己的"光宗耀祖"、"权行天下"的心路历程。变换的是权力的拥有者而不是权力的使用方式；改变的是权力为哪个人或哪个人群某得私利，而不是如何最大化地创造"公共善"。此种场域一经形成，就会成为一种异己的力量和为一种积重难返的社会惯性，吞噬着任何一种视权力与政治为提供公共善的观念与行动。由于视权力与政治为获得地位、身份和利益的工具的观念已经成为"常识"，而常识是最难以矫正和修正的。如若将权力视为个人私有物的观念已成为一种共识，那么一种秩序良好的社会就根本不可能。只有当人们对这种权力私有化的观念和行为进行彻底地反思与批判时，并把这种反思与批判的成果变成实现正义的政策设计和制度安排时，建构秩序良好的社会的契机才会出现。在政治哲学的意义上，对政治、政治传播之正当性基础的预设与奠基构成了政治传播的价值论根据。

第三节 政治传播的价值论根据

对政治传播进行价值哲学沉思，可有效用主义和基础主义两种范式，前者只是着眼于政治传播的效用，而不问其正当性基础为何；基础主义则要为政治传播进行正当性基础建基。对政治传播之正当性基础的追问，可分解为对"目的之善"与"手段之善"两种追问方式。"目的之善"决定于权力与政治之"是其所是的东西"，政治传播之

"是其所是的东西"是建基于前者之上的。政治传播作为政治行动或政治行为的末端形态，不像制定政策和制度那样，对"行政相对人"的支配是直接的，由于这些政策和制度的制定通常是在每一个公民无需知晓的情形下制定、颁布并实施的，无需全面征得每个人的同意。但这种支配是无法直接支配每个人的主观意志的，它们决定和影响的是令每个人的生活是否得到改善的生活资料、获取社会资源的机会，而不是人们的政治观念、态度与行动。反之，民意对政治行动和行为的作用，本质上并不取决于民众的意愿和行动，而是取决于权力集团的意愿、胸怀和其所制定的制度的宽容程度。当我们设定了权力与政治之"是其所是的东西"之后，政治传播之"是其所是的东西"也就一同被设定了。

一 对政治传播之"目的之善"的价值哲学批判

对政治传播之正当性基础的追问分殊为对目的之善与手段之善的规定，而前者又先行于后者而发生。这不仅由于目的之善决定着手段之善，更在于对目的之善的规定也经常充满歧义。只有站在公正的旁观者的立场才能揭示政治传播的真理，即"是其所是的东西"。所谓公正的旁观者的立场，就是黑格尔意义上的对伦理精神的领悟，用把握在意识中的伦理精神判断政治传播的正当性基础。

国家治理可有和平与战乱两种语境，而战乱包括战争与内乱两种情形。严格说来，在战争与内乱情境下，国家治理与政治传播具有完全特殊的形态。不同人群根本无法顾及所谓"国家之伦理理念的现实"、"国家的伦理精神"的，其根本任务在于夺得政权，获得政治上层建筑与思想上层建筑。或许人们真的自知那个"伦理精神"，但人们无法理性地、理智地追问和实现这种"伦理精神"。而在夺得政权的过程中，争夺者也会进行政治传播，把他们领会了的、通过极具个人魅力的话语"告知"给与他们一同夺得政权的人们，把这个伦理精神变成他们采取集体行动的价值逻辑。但这并不是真正意义上的政治传播，其一，政治传播的根本目的是如何获得政权；其二，被政治领袖描绘的好社会只是一种"理想模型";其三,每一个参加夺得政权的人们,没有任何意愿和能力质疑这个"理想类型"的合法性与合理性,因为它仅仅是一种信仰和信念。但为着夺得政权,政治领袖给出的"理想类型"必须与每一个参加夺得政权的人的真实目的相符合,这个目的主要有两个,即政治的独立,摆脱压迫;经济上的独立,即摆脱剥削。只有预先满足每一个参与者的要求,夺得政权的集体行动才能发生。这就在每一个人不自觉、非理性状态下,由政治领袖单方面地知晓并实现了国家的伦理精神。而在和平年代即社会处在相对有序状态下,政治传播虽不像在夺得政权时那样迫切,但同样重要,只是传播的方式有些不同。

而不论是在特殊状态还是在平稳状态下,人们对政治传播的目的似乎是自明的,一如人们对政治权力的目的是自明的那样。于是,我们在价值哲学的视阈中就可以把政治传播的目的之善规定为:或通过面对面的形式、或通过媒介的途径,将"国家意志"、"伦理理念的现实"、"伦理精神"、历史的声音与人民的心声传递给分散的公众的过程。通过人而为了人就是政治传播的"目的之善"。在"目的之善"这个总体概念之下,便有三个概念相互关联,即个人意志、国家意志、公共意志。其中,个人意志无疑是我们讨论"目的之善"的逻辑起点,"通过人而为了"这一命题可以直接转换成"出于每一个人的意志而又不止于某个人的意志,而是指向每一个人的意志"。进一步地说,个人的意志是每一个人进行思考和行动的初始根据,但却不能说,他的个人意志就是评判他的思考是否正确、行为是否正当的根据,相反,评判的根据乃是他者的意志。于是,如果用普遍性来要求个人意志,就必然或必须求得一个出于每个人的意志而又不止于每个人的意志的公共意志。公共意志是对个人意志进行合理性批判之后取得的一个成果。而直接表述公共意志的概念便是"国家意志",国家意志是公共意志的政治形式。公共意志与国家意志的区别仅是形式上的,而不是实质上。公共意志是一种没有物质依托的信念、观念或精神;而国家意志则是有物质依托的信念、精神。这个精神就是"通过人而为了人"。惟其公共意志、国家意志具有普遍性，是每个人的意志的精神表达，所以它们就成为一种"名义"，一种"根据"、一种"理由"。这个"名义"可以被个人意志假借，建构起"以人民的名义"、"以国家意志的名义"的词句和话语。然而，这却极易造成迷惑人的假象，似乎只要以"人民的名义"、"国家意志的理由"，无论做什么、怎么做都是合理的。人民和国家乃是一个虚拟的概念而不是实体，它们之所以经常被人们假借，无非为某个人或某些人贯彻自己的意志寻找充分的理由。倘若一个观念和行动就在实现人民的理由、国家的意志，那就不需要假借"人民的名义"和"国家的意志"了。以此来看，公共意志才是权力、政治、政治传播的"是其所是的东西"，个人意志是公共意志的初始形态，国家意志是公共意志的政治形式。只有公共意志才是没有物质依托的存在，仅仅是一种信念、观念和精神，而只有观念和精神才能普遍化，才能成为可普遍化的实践法则。

二　是出于、合乎还是反乎公共意志？

当我们给出了"目的之善"的具体规定之后，接续的任务便是要具体分析在政治传播中个人意志与公共意志之间的复杂关系。它们之间的关系约有三种：出于、合乎、反乎。而在三种关系类型中，出于与反乎相对而言较为容易判断，而合乎是最不好判断的一种。

在政治传播的具体实践中，完全出于公共意志、人民的心声的行动似乎是较少的。因为，进行政治传播的主体无法把自己的个人或集团意志完全排除在传播活动之外，甚至说，只有预先实现了个人或集团的支配行动，实现公共意志的意愿才能随后而出。或许人们从历史传记中，或从现实经历中，坚决地认为，政治家或领袖就是这样地置公共意志或人民的心声于绝对地位的人群，但人们确实无法深入到他们的内心世界，探求其真实的动机。

完全不顾及公共意志、人民的心声，而只是一味地贯彻传播者的个人意志，便是反乎公共意志的情形。然而任何一种专制与独裁之能够持续,也必有它的根据,若是脱离开了历史语境,而直观专制与独裁自身,自然是忍受不得的。若是这种"反乎"导致社会失去最基本的秩序,使得"臣民"民不聊生、生灵涂炭、民怨沸腾,"民不畏死,奈何以死惧之",这样的专制与独裁便是没有了任何价值可言了。反之,若是"反乎"使社会正常运转,臣民毫无反对意见,反有领袖崇拜之情感,那这种"反乎"就有存续的理由,只是这种理由不够充分。但由一个人或一个集团完全操控"公共意志",使每一个人的理论理性与实践理性毫无进步,则这种治理模式是不可长久的。

肇始于 15 世纪而发展于 18 世纪下半叶,完善于 20 世纪乃至 21 世纪的现代化运动,使得个人的理论理性和实践理性有了长足的发展,自我意识的提升,使得人们对与自己的根本利益密切相关的政治现象有了自己的认识和判断,形成了具有一定程度的质疑能力和推理能力。意志多元化事实的存在,使得政治传播具有了新的传播方式。在政治传播之"目的之善"的意义上,传播者必须顾及接受者的意愿和意志,采取一种弱的传播方式,即充分顾及民众的能够接受和愿意接受这一事实。在传播的动机上,必须将历史的声音和人民的心声,即公共意志,置于政治传播的首要位置。但由于民众尚没有合理而成熟的政治观和权力观,没有形成公共意志,人们更多地是从自己的私人利益出发,甚至是仅仅从私人利益出发去看待和对待政治传播。于是,在民众具有自我意识而公共理性又不成熟的场域下,政治传播在坚持目的之善的前提下,培育公民的公共理性、提升公民的公共意志,乃是政治传播的使命之一。为着这一目的,政治传播者就必须把以国家意志名义表现出的集团意志与公共意志有机地结合起来,这便是"合乎"这种情形:合于公共意志而又有效地贯彻集团意志,因为集团意志乃是被领会和贯彻了的国家意志,是国家伦理理念的现实化。

三 对政治传播之"手段之善"的合理性论证

当作为"目的之善"的公共意志被把握在意识之中,以观念和信念的形式贯穿在政治传播之中，一个更为复杂的问题便接踵而来，这就是政治传播的"手段之善"问题。在政治传播的设计上，如若将"目的之善"置于次要地位，而首要或唯一考虑的是政治集团的意志，那政治传播一定是不合理的，无论采取何种传播方式，都不会产生合理的后果；当然，如果"目的之善"被置于首要地位，也未必产生好的后果，因为手段不合理。

"手段之善"主要表现在话语体系和路径依赖两个方面。话语体系是由具有足够理论能力和专业知识的人群创制出来，用以表述、陈述集团意志、国家意志和公共意志的范畴群和语言体系。这些范畴和语言既不同于纯粹的学术话语，又不同于人们在日常生活中反复使用的通俗语言。然而，为着政治传播的有效性，政治传播所使用的话语必须拥有学术意义上的严肃、严谨和严密，具有自洽性、逻辑性和系统性；同时还要容易被民众理解和接受，具有可读性、可理解性。在创制政治传播之话语体系的过程中，如果仅仅执着于语言的形式，追求形式上的对仗和排比，似乎便于认知和背诵，而不去考虑语言的实际效用，那么就会出现政治传播中的形式主义倾向。实践证明，在全球化或世界化已经成为不争的事实的语境下，政治传播就不仅具有国家意义，更有人类意义，如何把人类共同的价值开显出来，传播到世界的每一个角落，已经成为了每一个国家的政治任务。因此，政治传播已经不是有无问题，而是有效与无效的问题。如果我们把如何制定仅具有形式美而不顾及内容的话语体系作为政治传播的根本任务，那么即便政治传播的目的之善是明了的，人们也会因为厌恶形式主义而使"目的之善"徒有其名。话语体系的创制是一个科学问题，而不仅仅是一个政治情感甚至政治情绪问题，民众对政治传播之"目的之善"的领悟和接受，本质上一个理性化的过程。晓之以理、动之以情、导之以行是政治传播的三个环节，而情感固然是其中重要的一环，但却不是最为重要的甚至是唯一的一环。在极端情绪化情境接受下来的观念很难持久下去，进言之，运动式的、口号式的话语体系不利于政治传播之"目的之善"的实现。

路径依赖表现为政治传播的途径问题。选择何种传播途径决定于社会结构及其运行方式。在一个相对固定化的社会结构中,在一个传播手段十分单一的情形下,政治传播的途径仅限于非政治化的民间传播方式,日常的伦理教化便是政治传播的主要形式,这在家国同构的语境下就更加如此。在政治权力被多个利益集团相互争夺的场域下,政治传播主要表现为直接的、面对面的"动员",并辅之以各种形式的文字传播。在市场化的语境下,当流动性和变动性已成常态的情形之下,随着传播手段的快速发展,传播方式也逐渐多样化,主要有广播电视、报纸杂志和网络。由于政治传播具有权威性和强制性,使得权威媒体成为了政治传播的主要工具系统。但无论哪种工具系统,政治传播的有效性依旧决定于"目的之善"的设定和科学话语体系的创制。

然而一如我们所揭示的政治与权力之"是其所是的东西"那样,政治传播并不是终极目的,其目的是通过科学的话语、合理的手段、正确的方式,将公共善开显出来、表达出来,告知于每一个试图过上整体性的好生活的人们。因此,在现实的政治传播活动中,必须把合理的国家治理和社会管理考虑进来,构建立体的政治传播系统。

第四节 政治传播的实践论建构

政治传播的实践论建构乃是把本体论基础、认识论前提、价值论根据有机统一于行动中的过程,对前三项的规定是分析论的,属于系统论奠基,体现的是康德式的建构性原则;对后一项的规定是规范论的,属于生成论奠基,体现的是康德式的范导性原则。基于现实的主客观条件,指明一种应当意义上的政治传播乃是研究政治传播的实践诉求。

一 意志事实

意志事实构成了政治传播之实践论建构中的主体性要素。如果不能深入分析意志事实的实际状况，一种应然的政治传播就不可能真实。我们可以把与政治、权力、政治传播有关的意志分成一般意志和特殊意志，一般意志是将政治权力和政治传播指向自身的动机，着眼于政治权力于我有利的方面，特殊意志是将政治权力和政治传播指向公共善的动机。而在一般意志支配下，人们对政治权力和政治传播又会有意识不足和意识过度两种情形。意识不足表现为对政治和政治传播既缺少感受性，更缺少理性判断，政治无意识或政治潜意识会严重影响政治传播的实践效力，它使一个伦理精神或伦理理念的现实无法进到人们的心灵深处，成为人们自觉的政治元素。茫然的甚至冷漠的政治态度是一个应然的政治传播所面临的最大障碍，因为它极有可能造成国家治理和社会管理上的"机械团结"而不是有机团结。意识过度指的是对权力和政治有浓厚的兴趣，甚至出现病理学意义上的迷恋，然而这种迷恋却不是对公共善的执着，而是对于己有利的身份、地位、声望、收益向往，是对因支配过程而产生的快乐的迷恋。如若政治意志上的意识不足和意识过度在人们中间处于主导形态，那只能证明人们还处在深重的权力社会而不是处在政治社会。"政治社会"在霍布斯、洛克和卢梭那里都是一个极为重要的概念和观念，在罗尔斯看来，政治社会就是一个秩序良好的社会，而维系这个良序社会的核心力量就是公共理性，作为被人们追求的对象，公共理性就是公共善，作为这种追求本身，公共理性就是理论理性和实践理性，前者是对公共善的预设，后者是对公共善的实践。作为指向公共善的特殊意志，绝非先天地存在在人们的意识中，而是在反复进行的生产、交往和生活实践中逐渐培养起来的。只有每个人都意识到自己的合法权益，更意识到只有在公共理性的约束下获取和实现合法权益才是正当的，一种普遍的指向公共善的特殊的政治意志才会形成。政治精英的政治意志和政治意识无疑是指向公共善的，但倘若民众几乎不具备指向公共善的意志和意识，那么一种秩序良好的社会也无从建构起来，这就从根本上决定了政治传播的必要性、迫切性和复杂性。

二 公正的旁观者、正确的思考者和正当的行动者

我们假设，政治传播是在正确的、正当的意义上进行的，那个被传播的内容即历史的声音、人民的心声也是自明的，那么如何才能实现这一切呢？政治传播作为通过人而为了人的事情，涉及到三种主体：政治家、思想家和民众。在一个有效的政治传播的意义上，三种主体必须成为公正的旁观者、正确的思考者和正当的行动者。在一定程度上，政治家和思想家较之民众更能自觉到政治与权力的真理，自明政治传播的真实目的，因而更容易成为公正的旁观者和正当的行动者。所谓公正的旁观者乃是指有理性且无偏见的观察者，对政治现象而言，他不是一个简单的看者，而是一个进行思考、进行正确思考的看者，他能够运用自己逐渐积累起来的政治意识和理性知识，对感受到的政治现象进行正确与正当与否的判断。正确的思考者乃是指，能够对权力、政治、政治传播的"目的之善"与"手段之善"进行沉思的人，能够自明特殊的和普遍的政治意志的合理边界。正如黑格尔所说："公共舆论中有一切种类的错误和真理，找出其中的真理乃是伟大人物的事情。谁道出了他那个时代的意志，把它告诉他那个时代并使之实现，他就是那个时代的伟大人物。他所做的是时代的内心东西和本质，他使时代现实化。谁在这里和那里听到了公共舆论而不懂得去藐视它，这种人决做不出伟大的事业来。"① 一个符合历史声音和人民心声的政治传播者，就是把时代的意志，把时代内心的东西和本质，传递给民众。只有先知、先觉、先行者才会说出历史的普遍性，才会悟到时代的内心东西和本质，也只有他们才能成为先进价值观的倡导者和践行者。于是在政治传播的意义上，不同人群就会分别成为先进价值观的引领者、同行者和后进者。

三 倡导者与践行者

一如上述，政治传播不仅在传播内容、传播目的和传播方式上不

---

① ［德］黑格尔：《法哲学原理》，范扬、张企泰译，商务印书馆1979年版，第334页。

同于其他的传播类型,更在于政治传播的特殊性质,即政治性、强制性和合法性。政治性体现的是政治传播的目的性,即共同的政治价值观;强制性体现的是它的单一性的支配性力量,它所依靠的是强大的政治上层建筑和思想上层建筑,因而无需征得民众的同意;合法性体现的是政治传播的正当性基础。而就政治传播的内容而言,绝不是一般的价值观,而是相关于生产、交往和生活实践中的基础性、核心性和全局性问题的价值观。毫无疑问,这些核心价值观是每一个公民都有义务知晓、信守和践行的观念。但在实现核心价值的道路上,拥有和使用政治权力和行政职权的人群的思与行乃是最为重要的,权力与政治的运行逻辑所要求于他们的是,既是核心价值的倡导者、言说者,也必定是践行者。

如果在倡导者与践行者之间存在严重分离,那么政治传播一定会流于形式,而无任何积极意义,形式主义的政治传播会造成双重负面效应,第一,无论是引领者、同行者,还是后进者,都会把政治传播视为进行政治"寻租"的方式。但真诚与真理远离了政治传播,那么政治传播也就必定徒有其表了。第二,最为严重的是,政治信仰、信念与信任的消解。国家治理者和社会管理者之严重的官僚主义和形式主义会导致整个社会的失信,政治传播的实效乃是政治失信的后果形式。

由此决定,一个合理而有效的政治传播,其根本力量在于传播者之核心能力的培养。在培养的道路上,最为要紧的是如何培养从知止到行止的能力体系。依照儒家理论中的心灵哲学,必须完成六个核心词的生成与过渡:知、定、静、安、虑、得;"知止而后有定,定而后能静,静而后能安,安而后能虑,虑而后能得。"① 而这六个核心词的生成与过渡实质上又是一个根本的途径问题:修身为本;修身又展现为四个途径,正其心、诚其意、格物、致知。只有实现了这些密切关联的各个环节,从知止到行止的过渡才能完成。在政治传播中,

---

① (宋)朱熹撰:《四书章句集注》,中华书局2011年版,第4页。

所谓正其心便是把传播核心价值视为政治传播的真实动机,而不是视作积累政治资本的途径;所谓诚其意就是坚持真理、真诚原则,把自己都怀疑的所谓核心价值传递给公众,可能造成全面的不信任;所谓格物,就是推究政治传播的客观逻辑,革除内心之私欲;所谓致知,就是明了政治传播的必要性与可能性,领悟政治传播的人性基础,前者体现的是智力,后者体现的是智慧。

在全球化或世界化的过程中,政治传播已经不是可有可无的问题,而是有效与无效问题。只有优先实现合理而有效的内部传播,才能把相关于整个人类的价值与价值观传播到世界中去。创造和生成社会主义核心价值和核心价值观,并合理而有效地传播到世界各个角落,正是社会主义的建设者对整个世界的贡献。

第十章 危机管理中的政治力量和人格魅力

"公共危机"既是一个事实表述又是一个价值判断,惟其是公共性的,才有可能造成社会价值体系解构、社会秩序崩溃;也因此之故,对公共危机的沉思和管理就不能是个别主义的、后果主义的方式,而必须是整体主义的、过程和动机主义的。公共危机具有典型的整体性、复杂性和冲突性,而最能把握这些特质的致思方式恰恰是哲学性或哲学式的。不是以情绪和意见的方式,而是以理论理性的方式呈现公共危机与危机管理中的"道"或"逻各斯",才能澄明其所是与应是。因为,"道"或"逻各斯"既是被理性所抓住的那个东西,又是理性把握那个东西的过程。首先,哲学为这种把握提供了由知性创制的"先验逻辑",然而只有将这个"先验逻辑"与感性经验(公共危机与危机管理)有机地结合起来,才能摆脱"知性无感性则空、感性无知性则罔"的困境。其次,当"先天综合判断"被确立起来,一种哲学式地把握公共危机和公共管理的模式就被清晰地标划出来,公共危机体现为存在论、认识论和价值论的三者统一;在预防、控制和消除公共危机的道路上,必须实现理论理性、创制理性和实践理性的三者统一。基于此种设置,"公共危机的一般哲学批判"就分解为如下四个方面:一般哲学批判的逻辑预设;公共危机之原始发生的前提批判;如何以哲学的方式看待和对待公共危机;危机管理中的哲学态度与哲学行动。

公共危机作为一个描述性和规范性概念,其所表述的乃是一种人与自然、人与人、人与社会、人与自身之间的一种非正常状态,一种非价值甚至是一种反价值状态。在常识的意义上,公共危机通常被表述为:公共性危机,是在社会运行过程中,由于自然灾害、社会运行机制失灵而引发的,可能危及公共安全和正常秩序的突发事件。公共性危机不同于误解性危机、事故性危机、假冒性危机和灾害性危机,根本区别在于公共性的广度和程度,即其指向对象是特定区域的所有公民,每个人都是危机侵害的对象。公共性危机往往威胁所有公民的人身安全,容易引发社会恐慌,加剧破坏性。因此,处理好不期而遇的公共性危机,成为考验政府执政能力的重要指标,更是考验不同人群之信念、认知、情感与意志的重要根据。公共性危机的祸因主要有六种,分别是自然灾害(包括火灾、风暴、地震、洪水)、公共安全突发事故、恶性刑事案件、恐怖事件、公共卫生问题、自然环境恶化。公共性危机的实质是危及公共安全,破坏社会秩序和生存空间,侵犯人身安全和财产安全。社会在一定历史时期内无法根除这六种祸因,难免就会遭遇公共性危机。处理好公共性危机,对于构建和谐社会、提高社会幸福指数具有极其重要的意义。从这一定义、分类可以看出,公共卫生危机是六种公共性危机中最具普遍性和破坏性的一种。

第一节 哲学批判逻辑的先行标划

"哲学批判"作为一个德语意义上的"固定搭配",指的是对哲学所指向的对象进行确定和确证,对人类对这个对象之把握能力的程度与广度进行彻底的考察;"哲学批判"的"逻辑"是指哲学完成这种批判所应有的内在结构及其展开过程。康德在说明"纯粹理性批判"时指出:"我所谓批判,并不是批判各种书籍和学说,而是着眼于理性有可能不依赖任何经验去追求的一切知识,来批判一般理性能力,因而是判定一般形而上学是否可能,并确定其源泉、界限和范围——所有这些都是从原理出发的。"所谓"原理"可有狭义和广义之分,狭义的"原理"便是不依赖于后天的经验而先天具有的知识，即以必然性和严格的普遍性为可靠标准的知识；广义的"原理"乃是康德精心构造的有关纯粹理性批判的严密的逻辑体系。在此，我们无意去复述和评述康德的观念论和知识论，只是在相关于分析和论证公共危机时才会适度地加以运用。我们的意图在于，将康德的观念论和知识论改造成用于分析和论证公共危机问题所用的"哲学批判逻辑"。

一 存在论、认识论和价值论三者统一的元批判逻辑

毫无疑问，存在论、认识论和价值论是相关于人自身的哲学沉思方式和把握方式。存在构成认识与价值的逻辑前提，人的一切认识和行动都是为着人自身而存在的，人不但存在着，而且对人的存在本身进行追问，怎样的存在才是真实的、有意义的存在，而这种追问本身就成了自我认识，这是认识论的第一个要义。除此，人还时时处处感觉到有若干他者与我共在，包括作为与我相似甚至相同的他者，还包括与人这个类不同的其他生命者，即动物与植物，还有无限多的无生命物质。对他者的认识成为认识论的第二个要义。而人又不是一般的存在者，他不但存在着，而且以发问和追问的方式追寻一个有意义的存在，这个被追问和追寻的存在既是一种实体又是一种性质，作为实体，存在就是存在者；作为性质，存在就是意义。性质依附于实体之上，没有存在者，存在何以立足？没有性质，没有对性质的追问，那人的存在便与其他存在者无异，即只是自在地存在着。自在的存在者从不发生追问和意义的问题。人作为特殊的存在者，超拔于其他存在者的源初根据恰恰在于它是自在而自为的，而完成这一过程的根据就在于人是"批判的武器"和"武器的批判"的有机统一。惟其人是价值性的存在者，所以追问存在、追寻存在者的意义乃是必然的事情。而把存在论、认识论和价值论统一起来的基点就是人的"此在"。此在包含着一切可能，也蕴含着反价值、无价值和价值，因为此在并不总是有价值的、有意义的在之状态，因此将"此在"建造成有价值、有意义的在者，就成了人的宿命。那么，这个集存在者、

第十章　危机管理中的政治力量和人格魅力

认识与价值于一身的"此在"又是如何发生和展开的呢？

第一，存在者创造存在和展开存在的具体方式

人作为特殊的存在者是如何创造和展开他的存在的呢？亚里士多德和马克思均表达过这样的观点，人是怎样的是通过行动来证明的，一个公正的人是通过不断做公正的事来证明的；人是通过创造整个世界而创造人本身的。行动、活动、劳动，总之实践，是人创造自身的存在并展开这种存在的根本方式。关于实践这个概念有西方传统哲学和马克思主义哲学两种界定和使用方式，在西方哲学的观念中，从亚里士多德到康德，实践概念主要用来指称因人自身的行动而成的事情，因而是包含行动者的意愿和目的于其中的，是必然充满责任的行动，是一个典型的伦理学范畴。而在马克思主义哲学中，实践被扩展为由人的行动而成的主要事情，即生产实践、交往实践和科学实验。如果再行扩展，还包括生活实践。毫无疑问，生产方式、交往方式和生活方式构成了我们分析人的存在状态及其展开方式的基本领域或基本向度，其间的逻辑关系是，人类选择了何种生产方式也就同时选定了何种交往方式和生活方式，而交往和生活方式一经形成，又将自身反身嵌入到生产方式之中。那么，它们是如何展开"此在"的呢？

生产方式乃人类运用生产工具、通过劳动创造物质和精神财富的过程，如果仅仅从生产力和生产关系的有机统一即生产方式这一角度研究，分析和论证如何快速创造财富和分配财富的具体过程，那么毫无疑问，现代生产方式乃是最有效率的。"资产阶级在它的不到一百年的阶级统治中所创造的生产力，比过去一切时代创造的全部生产力还要多，还要大。自然力的征服，机器的采用，化学在工业和农业中的应用，轮船的行驶，铁路的通行，电报的使用，整个整个大陆的开垦，河川的通航，仿佛用法术从地下呼唤出来的大量人口——过去哪一个世纪料想到在社会劳动里蕴藏有这样的生产力呢？"所以能有如此之高的生产率，乃在于人们通过市场经济建构了一个强大的现代生产逻辑：生产—分配—交换—消费。生产者只有为消费者生产，才能为自己生产；每个人虽然有着明显和明确的利己动机，但只有预先满

足他人的需要，才能满足自己的需要的。现代生产方式作为一个复杂的社会设置，乃是一悖论式社会存在，一方面造成了"庞大的商品堆积"，另一方面又把人类置于充满危险和风险的境地。如同一块银币的两面，创价与代价共存，风险与机会同在。

　　首先，现代生产方式创造了一个由资本的运行逻辑所推动的以效率、自由、民主、平等为核心价值的社会运行模式。资本不仅仅是一个由个人、组织所占有的以追求利益最大化为目的的、在商品与货币之间跳舞的舞者，而是一种社会力量。资本把所有能够利用的社会资源都配置到自身的运行逻辑中，"做一个资本家，这就是说，他在生产中不仅占有一种纯粹个人的地位，而且占有一种社会地位。资本是集体的产物，它只有通过许多社会成员的共同活动，而且归根到底只有通过全体社会成员的共同活动，才能运动起来。因此，资本不是一种个人力量，而是一种是社会力量。"[①] 通过整合社会资源，使市场建构出来、运行起来，不但创造了丰富的物质和精神财富，还从根本上颠覆了前资本主义社会的人对人的依赖关系，将个人从传统的宗法关系中解放出来，成为独立的自由个体。"人的依赖关系（起初完全是自然发生的），是最初的社会形式，在这种形式下，人的生产能力只是在狭小的范围内和孤立的地点上发展着。以物的依赖性为基础的人的独立性，是第二大形式，在这种形式下，才形成普遍的社会物质变换、全面的关系、多方面的需要以及全面的能力的体系。建立在个人全面发展和他们共同的、社会的生产能力成为从属于他们的社会财富这一基础上的自由个性，是第三个阶段。第二个阶段为第三个阶段创造条件。"那么，以物的依赖性为基础的人的独立性何以优于人对人的依赖关系呢？马克思从向前的和向后的两个角度论证了物的依赖性的相对优越性。"毫无疑问，这种物的联系比单个人之间没有联系要好，或者比只是以自然血缘关系和统治从属关系为基础的地方性联系要好。"

---

① 《马克思恩格斯文集》第2卷，人民出版社2009年版，第46页。

第十章 危机管理中的政治力量和人格魅力

其次，现代生产方式生成了一个世界性的生产逻辑。如果有一种力量可以打破地域的限制、冲破民族文化的藩篱，将不同地区和国别的人们联系在一起，采取集体行动，以获得日益增加的生活资料，那么这个力量就是资本。资本似乎具有一种超乎寻常的自组织能力，它把自身分解成生产、分配、交换和消费四个环节，之后又把它们有机地统一起来，依照增值的目的快速地运行起来。那么，资本何以有打破地域限制、冲破文化藩篱而使自己拥有了世界运行逻辑的神奇力量呢？首先，它是最没有文化符码和民族象征的"一般存在者"，它是一般等价物，它象征着财富，也意味着享用，它给人一种亦真亦假的幻相：拥有了资本就拥有了一切。其次，它的另一个神奇的功效是，资本起于货币和产品而又不止于货币和产品，而是货币和产品之间的舞者，它不断转换角色，资本是流动的货币，只有如此，它才能增值。G–G'是资本的宿命。由资本的世界运行逻辑所导致的世界化、全球化，使原本地方性的知识变成世界性的知识，使地方性的难题变成了世界性的难题。

其三，现代生产方式建构起了一个世界性的消费体系。生产资料和生活资料之世界范围内的配置，使得人们的需求体系也具有全球化的性质。在现代生产逻辑体系中，如若把分配和交换两个环节隐去，剩余下来的就是生产和消费，而这两个要素的直接关联恰恰就是现代生产逻辑的"真理"：生产就是消费、消费就是生产。马克思在《政治经济学批判》《1857—1858年经济学手稿》中极为精彩地论述了生产与消费之间的逻辑关系。于是，由如下两点所决定，人的需要、需求被激发到欲望的高度，而欲望常常是不顾及合理边界的欲求。第一，货币的"能指"与"所指"功能，使货币拥有者置身于虚拟享用之境地；第二，资本的世界运行逻辑为这种虚拟享用创造了外部环境。

生产方式决定交往方式，资本的世界运行逻辑带来了世界历史交往。马克思在《德意志意识形态》中基于当时的劳动、资本、私有制发展程度，提出了资本的"扩张"必然带来世界贸易，而世界贸易又会生成世界历史交往。"普遍的社会物质变换、全面的关系、多方面的需要以及全面的能力的体系"都将在世界历史交往中生成和发展。交往的广泛性和持续性虽然在创价的意义上,为每个人、每个民族和国家之多方面的需求和全面的能力体系的生成与运用创造了条件,但也把地方性的风险变成了世界性的风险,生成了一个真正全球化的风险社会。因此,从代价角度看,危险与机会并存,创价与代价相伴。地方性的公共危机会演变成世界性的全球危机。

当现代生产方式和交往方式被有机地组合在一起,就从根本上决定了人们怎样生活的样式,这就是现代生活方式问题。对生活方式的研究可有现象学和道德哲学两种致思方式,现象学考察的是一种生活方式是如何发生的,又是如何延续和变化的;而道德哲学则要对生活方式的正当性基础进行追问,但这种追问必须充分运用现象的原则与方法,比如如何借鉴胡塞尔的意向、意向性和体验概念,如何运用舍勒的价值情感现象学的基本方法和观点。资本具有超强的解放作用,它把个体从先前的人对人的依赖关系中解放出来,使他成为一个可以根据自己的意愿和意志去依赖什么和不依赖什么的"原子",原子主义成为了个体的存在状态;资本还具有强大的解构作用,"资产阶级在它已经取得了统治的地方把一切封建的、宗法的和田园诗般的关系都破坏了。它无情地斩断了把人们束缚于天然尊长的形形色色的封建羁绊,它使人和人之间除了赤裸裸的厉害关系,除了冷酷无情的'现金交易',就再也没有任何别的联系了。它把宗教虔诚、骑士热忱、小市民伤感这些情感的神圣发作,淹没在利己主义打算的冰水之中。它把人的尊严变成了交换价值,用一种没有良心的贸易自由代替了无数特许的和自力挣得的自由。总而言之,它用公开的、无耻的、直接的、露骨的剥削代替了由宗教幻想和政治幻想掩盖着的剥削。"① 总括地说,"生产的不断变革,一切社会状况不停的动荡,永远的不安定和变动,这就是资产阶级时代不同于过去一切时代的地方。一切固定的僵化的

---

① 《马克思恩格斯文集》第2卷,人民出版社2009年版,第34页。

关系以及与之相适应的素被尊崇的观念和见解都被消除了，一切新形成的关系等不到固定下来就陈旧了。一切等级的和固定的东西都烟消云散了，一切神圣的东西都被亵渎了。人们终于不得不用冷静的眼光来看他们的生活地位、他们的相互关系"。被快速创造出来的商品等待着人们去消费，因为资本主义占统治地位的地方，社会财富表现为"庞大的商品堆积"。即便是精神产品也要同物质产品一样，首先变成商品，然后才能实现它的交换价值。这是一个被物包围的世界，琳琅满目的售卖设置，激发各种消费欲望的广告设计，随时随地地把人们置于想象的消费和享用中，乐不思蜀、不能自拔。人们创造了使人快乐和幸福的前提却没有创造幸福本身，有价值而无意义，有自由却孤独。更为重要的是，人们所用的食材已不限于人工制品，而是扩展到原本不能触碰的动物那里。

第二，观念论、知识论和价值论。如同人的存在及其展开过程表现出极为复杂的情形那样，基于存在之上的观念、知识和价值也表现出同样的情形。康德在《纯粹理性批判》中，通过对"先验感性论"的构造，解决纯粹数学知识如何可能的问题；通过对"先验分析论"的创制，回答纯粹自然科学知识如何可能的问题；通过对"先验辩证论"的预设，完成对形而上学作为自然倾向如何可能的论证。当观念变成了在主观上和客观上都有充分根据的那种"视其为真"时，就成为了知识。当观念和知识从理论理性（纯粹理性）转向面向人自身的研究时，通过实践理性和判断力而得来的就不仅仅是理念和知识，还有信念和价值论。以此观之，康德给出了一个形而上学意义上的观念、知识和信念的原始发生过程。我们的任务是将康德的研究方法和论证方式运用到对现代观念、知识和价值之原始发生的研究中。如果说，康德是在无场域条件下、从纯粹形而上学意义上研究观念、知识和价值的，那么我们则要研究现代性语境下的观念、知识和价值是如何生成的；前者研究的是普遍观念、知识和价值的原始发生，后者探讨的是特定的观念、知识和价值是如何发生的。

建构的观念与批判的观念。起始于15世纪下半叶、发展于16—

17世纪而成型了18世纪下半叶的现代化运动，确立起一个新型的社会结构及其运行方式。但现代化运动是一个漫长而复杂的社会运动过程，无法用精确的时间刻度来标划它。近40年来在国内学术界颇具诱惑力的一组概念，直接影响着甚至决定着人们对现代化、现代社会及现代性的把握方式，这就是前现代（性）、现代（性）及后现代（性），这种诱人的概念游戏甚至是颇具家族相似性的"语言哲学工作者"，使得一些研究者一时间成为了学术领军人物。时至今日，概念游戏退却了，历史逻辑突显了，人们逐渐认识到，真正的问题不是概念游戏，而是自然规律、历史逻辑和心性结构。从语言哲学向历史哲学的转向、从实体思维向关系思维和价值思维的变迁，标志着人们的认识和思考大大向前推进了，也体现了从建构的观念向批判的观念的跃迁，是带着建构的业绩向基于建构的目的而实施批判的高级形态的升华。

　　建构的观念和建构的行动沿着向上和向下两条路径扩展开来。向上的路表现为哲学体系的构造，故此有人把18—19世纪称之为构造体系的时代。以德国古典哲学为代表的精神哲学的构造始自康德而终于黑格尔；英法哲学家构造了政治哲学；英国思想家构造了经济哲学。三种哲学绝不是空穴来风、空中楼阁，而是基于存在论之上的观念论，三种哲学为如火如荼的现代化运动提供了文化、政治和经济理论支持。向下的路径表现为社会结构的重构及其展开，这就是经济、政治和文化的相对分离，从先前的领域合一转向领域分离：经济的核心价值原则是效率与公平；政治的核心价值原则是正义与平等；文化的价值原则是自由与幸福。而将构造的观念和构造的活动统领起来的则是理性无限和市场万能的观念。无论是"存在就是被感知"（贝克莱）和"经验之外无规律"（休谟）的经验论，还是理性之外无逻辑的唯理论，其实质都是"万物皆备于我"，即决定于人的主体性和主观性，区别只在于统一于经验还是统一于理性。理性的能力的提升、科学技术的扩展，极大促成了人类"自高自大"、"自吹自擂"的性格：给我理性，我将生成一切；给我市场，我将创造一切财富。

第十章　危机管理中的政治力量和人格魅力

一如现代化运动并非仅仅一个时代那样,至今它已经历了至少四个世纪,现代化的过程与后果,也在不同的世纪里逐渐显露出来。二战结束后的几十年间,现代化早期与中期那种凭借理性可以构造和解释一切、借助市场和技术可以任意地处置身外的自然和自身的自然、创造一切的观念和行动,造成了人们意想不到、也不想看到的后果:战争频发、饥饿依旧、贫富不均、两极分化、环境恶化、怪病丛生、焦虑日甚。面对诸种问题、难题和困境,一种反思和批判的观念与行动,同样地沿着向上和向下的路径展开。法兰克福学派、罗马俱乐部、现象学,均可视为这种反思和批判的哲学形态。

伴随着观念的构造和社会转型而来的则是原子主义观念和利己主义行动的产生。观念的革命和市场的建制,把人们从先前的人对人的依赖中解放出来,抛向只对物的依赖的"自由"而"独立"的状态;似乎每个人都在从存在论、认识论和价值论三种合一状态上完成着自我构造的过程:我是我的观念和行动的出发点和归宿;我感受到我在思考和行动,我体验着我内心世界,或快乐或不快、或幸运或不幸,没有任何人更能像我、成我、为我。观念上的自我中心论、行动上的自我利益论被逐渐地确立起来。社会实践证明,自由、民主从来都不是单一的观念和行动,实质上是人类在人与自然之间、人与人之间和人与自己之间完成的共生、共存,即共在。若"此在"仅仅成为个体对"此在"之意义的追问和追寻,那必定成为孤独的个体、悲情的个体,因为他失去了公共性,失去了主体间的确认、承认和关照,他失却了必然需要的认同感和归属感。如果自由与民主成为了利己主义得以成立的根据和理由,那么康德和黑格尔都会愤怒地说:任性是自由的最大敌人。

与观念论和知识论结伴同行的就是价值论。包括价值观念和价值存在两种类型,前者一如前述,价值存在指的是现代化以来人类创造出的价值世界。马克思在《共产党宣言》中所列举的资产阶级在它不到一百年里创造的生产力之诸种表现,几乎都是物质财富。而个体是一个集生物性、社会性和精神性需要于一身的存在者,因而需要多种价值物。然而，现代化运动本质上是由资本的运行逻辑所推动的现代生产运动，无论是科学技术的发明、创造与广泛运用，还是生产、分配、交换和消费之现代生产逻辑的建构，都是为着增殖，为着不断激发起来的各种欲望的满足；财富欲、权力欲、生殖欲成为了支撑现代化运动的轴心。对身外自然和人自身自然的过度开发，将人类带进了充满风险和危险的境地。人类的理性体系和精神结构也在现代生产逻辑的决定下，具备了鲜明的现代性特征。

二 理论理性、创制理性和实践理性三者合一的理性批判逻辑

与中国哲学不同，在中国传统哲学的范畴群中，"理性"、"理念"似乎难寻踪迹，而在西方哲学的概念史中，理性、理念、理智无疑是最为重要的范畴。范畴作为思维活动的基本单元，既是一种思考问题的角度，又是表达思考结果的元素。理性在西方哲学范畴发展史中，可能是持续时间最长、空间最广的概念。在康德那里，理性有广义和狭义之分，但区分并不严格。广义的理性乃是人心"依据先天原理进行判断的能力"，是包括人的全部认识能力（认识能力、情感能力和欲求能力）的先天原理在内的一切先天要素的源泉。狭义的理性是和知性和感性并列但却高于后两者的特殊能力，是最高层次的思维能力。它向理论理性和实践理性以及判断力提出要求，这个要求从目的论看就是正确的知识和正当的行动，以及把二者结合起来的判断力，方法论上的建构性原则和范导性原则。而无论是理性、知性还是感性，都充分体现出了主体的能动性，即便是感性材料和感性经验的获得也决定于主体的能动性，这就是先验感性论所证明的一种先天能力，即时间和空间，它们作为感性直观既是先天的又是先验的。虽起自于感受性但却决定于接受性，并非所有的自在之物都可以借助先天感性直观而成为表象，继而对表现进行加工、整理、抽提，从而形成知识。通过建构性原则，知性使自然界获得"规律"，这是"人为自然立法"，并不是知性为自然界制造了、制定了规律，而是自然界的规律因知性而被给予、被呈现，不是被生成而是被开显、呈现。似乎

第十章　危机管理中的政治力量和人格魅力

自然界的规律就在那里，但却不会自动呈现出来，只待人的知性予以开显一样。如果说人的知性是受感性世界制约的，如果没有了感性世界这个素材、元素，知性便永远不会通过综合判断和形成经验性的知识，尽管它是先天知识。人的自由在思辨理性那里只认其可能但不必然的意志和能力，只有在由人自身的行动而成的世界里，人的意志自由才是必然的、现实的。因为在出于行动者之意愿和意向的行动中，其所遵守的法则乃是自己制定的，自己既是法则的制定者就必须是法则的践行者。

创智理性作为一种技艺，是创制艺术品和产品的能力，它虽不拥有逻各斯却可以分有逻各斯，将可能的事物变成现实的事物。而无论是制作工艺品还是生产产品，都要制定和遵守技术规范，如此一来，创制理性便有了除了生产产品和工艺品之外，还有另一个使命，那就是创制各种规范体系。通过生产性的非生产性的想象力，人要创制用于生产产品的技术规范，还要制定用于激励、要求和禁止行动的行为规范。行为规范的创制、修正、矫正和完善甚至替换同样需要理论理性和创制理性，而这一点常常为人为所不重视。

实践理性是人们用于处理与自己欲望有关的事情时所需要的意志和能力。康德在《道德形而上学原理》中将善良意志和实践理性视作有关行动的两个不同环节，但本质上是同一种意志和能力。在形式的意义上，实践理性就是依照先天实践法则而行事，遵守视人人为目的而不仅仅是手段的普遍规范；在质料的意义上，就是尊重他人的人格和承认他者的财产。如果把理论、创制和实践理性视作是人类理性的"先天原理"，那么人类历史上似乎从未出现过完全依照这个原理而行事的情形，实际的情形则是，要么发展不足要么应用过度，或许一种适度的情形只是一种理想。即便如此，这个"先天原理"依旧大有用处，它既是人类用以规范不足与过度行为的根据，又是评判的标准，同时还是通过修正、矫正、完善规范而实现适度、正当的动力。

◇◆ 追寻政治的"是其所是"

第二节 公共危机之原始发生的前提批判

在人类所经历过的各种危机中,公共卫生危机是最严重的一种。人们可以从日常意识的水平上,在日常生活的范围内表达自己的立场、意见和情绪,也可以通过权威媒体表达国家意志,在"绝对命令"的指导下,采取集体行动;但如果悬置先见、成见和偏见,用哲学人类学的视界去认知、反思和把握这个"突如其来"的公共卫生危机,那么就必须把"元哲学"提供的"先天原理"转变成原则和方法,用部门哲学的范畴和话语去反思和批判公共危机的原始发生、社会危害以及防控和消除的具体道路;在国家治理和社会管理的学科视野之下,揭示公共危机管理过程中暴露出的种种具有哲学性质的问题。

所谓公共危机之原始发生的前提批判是指从哲学高度找寻公共危机发生的事实根据和价值依据,为未来的归责奠定基础。公共危机事件是指可能导致社会价值体系解构和社会秩序系统崩溃的突发事件,宽泛地说,是对所有有生命存在者都有根本影响的实践。但由于人以外的有生命存在者不会因其错误的观念和行动而导致危机的发生,因此我们的分析和论证只限于与人的观念和行动有关的事情,进一步地,与人的存在论、认识论和价值论,以及理论、创制和实践理性有关的事情。公共卫生危机在何种意义上是哲学性的或哲学式的呢?其分析和论证可从如下几个方面展开。

其一,从存在论考察,它是否与人的生产、交往和生活方式有关。公共卫生危机的根源在于危及人的生命的某个元素的快速爆发和蔓延。工业化以来,随着科学技术的发展,更随着人类理性能力的提升,人类在两个方面突飞猛进地发展了,一个就是实践能力,一个就是理性能力。借助人类自己创造的生产工具,开疆扩土,将自己的生产和生活空间推进到原本属于其他存在者的空间里,破坏了导致公共卫生危机的原子的自然宿主的生存环境,将那些原本不能随意触碰的

第十章 危机管理中的政治力量和人格魅力

动植物纳入到自己的生活空间，或作为工具，或作为生活资料。如果说就目前人类所知的一切有生命存在者都生存在地球上，那么地球就是它们唯一的生存家园，而在有生命和无生命两大系统之间，植物与动物之间以及动物和动物之间，在长期的进化中形成了一个自组织系统，存有自我维系、自我修复能力。然而这种自我修复能力在人类强大的改造能力面前却显得极为脆弱，当被破坏了的自组织系统不再能恢复到原有的状态中，各种危机便接踵而至。起始于近代的工业化过程，一如马克思在《共产党宣言》中所说的，机器的采用，化学在工业和农业中的应用，轮船的行驶，铁路的通行，电报的使用，整个整个大陆的开垦，河川的通航，仿佛用法术从地下呼唤出来的大量人口——过去哪一个世纪料想到在社会劳动里蕴藏有这样的生产力呢？不断提升的改造能力、不断拓展的市场，使得人类产生了两个极其危险的观念：理性无限论和市场万能论。给我一个杠杆，我能够将地球撬起来；给我一组知性范畴，我将告诉你世界是怎么生成的。人类进入了一个全面的"图像化"的时代。

如果对公共卫生危机的原始发生只做生物学、病理学意义上的追问和追查，那么这种自然主义的、实证主义的思维方式，无法从根本上对公共卫生危机的原始发生进行彻底的前提批判，那么后果就只有一个，危机重演、悲剧重现、仇恨日甚、怨天尤人。而哲学式的前提批判恰恰是对人类造成危机的哲学性的观念和哲学式的行动进行批判，因为它们才是造成公共危机的源初性力量。世界上从不存在绝对性的存在者，人类始终孜孜以求那个绝对的无制约者，但却从未找到它，最后康德给出了一个只向人类自身有效的无条件的制约者，这就是具有善良意志和实践理性的人，它在自然本体面前是被限定的存在者，但在自我感悟和自我实践的世界里，又是无限的存在者，他只受自己制定的法则的约束。在追问公共危机之原始发生的观念基础时，有两个观念值得深入分析和论证。康德在《纯粹理性批判》第一版序言中说道："人类理性在其知识的某个门类里有一种特殊的命运，就是：它为一些它无法摆脱的问题所困扰；因为这些问题是由理性自身的本性向自己提出来的,但它又不能回答它们;因为这些问题超越了人类理性的一切能力。"① 在思辨理性中,理性通过提出原则和方法,促使知性创制一套范畴体系,依照量、质、关系和模态的演进逻辑,对通过先天直观形式即时空获得的感性材料进行加工、整理、抽提从而形成知识。但我们所能加工的只是杂多的表象,至于那个本体、物自体、事物自身究竟如何,我们的理性和知性都无法彻底知晓。这与其说给上帝留了地盘,倒不如说给自然留了余地。康德本体与现象的分离说具有双重哲学意义,一方面,通过给自然留有余地,促使人类自身必须承认本体、尊重本体和敬畏本体,以此确认和承认人类能力的有限性;另一方面,也可以走向完全的主体主义:一切均以我的感觉为主,"存在就是被感知",只有感觉得到的东西才是真实的,一切知识均来源于感觉,规律不过是感觉的复合、感觉的连接,这是经验论的主观主义。一切知识均来自人的先天知识,人的知性就有产生知识的能力,这是唯理论的主观主义。

其二,科学技术的"祛魅"与公共危机。经验论和唯理论这两种独断论式的致思范式,导致了自然的客观实在性和可知性完全决定于我的感知和推理。我们能够知晓的只有我们的表象,只有对表象进行加工、整理才能形成知识。只有被表象化、图像化、知识化的对象才是可知的、可把握的,至于那个表象背后的"本体"、"物自体"则是不得而知的事情。这种表象论导致了海德格尔所说的"世界图像的时代"的来临。"说到图象一词,我们首先想到的是关于某物的画像。据此,世界图象大约就是关于存在者整体的一幅图画了。但实际上,世界图象的意思要多得多。我们用世界图象意指世界本身,即存在者整体,恰如它对我们来说是决定性的和约束性的那样。图象在这里并不是指某个摹本,而是指我们在'我们对某物了如指掌'这个习语中可以听出的东西。这个习语要说的是:事情本身就像它为我们所了解的情形那样站立在我们面前。'去了解某物'意味着:把存在

---

① 康德:《纯粹理性批判》,邓晓芒译,人民出版社2017年版,第1页。

者本身如其所处情形那样摆在自身前面来，并持久地在自身面前具有如此这般被摆置的存在者。'我们对某物了如指掌'不仅意味着存在者根本上被摆置到我们面前，还意味着存在者——在所有它所包含和在它之中并存的一切东西中——作为一个系统站立在我们面前。"①使世界图像化，就是使世界被摆置到图像者面前，被表象、被摆置了的世界就是一个被理解了的、被说明的世界，就是世界的"是其所是"。世界本身的"真"决定于世界是否以合于表象者的方式被摆置、表象；世界自身如何、怎样不重要，重要的是它被表象、把捉和说明的方式。这一原理已由康德给出：人的先天直观形式即时间和空间早已先天存在于人的认识能力中，在没有外界感性材料刺激它，使它被唤醒之前，就已经是逻辑在先了，尽管在形成知识的过程中，感性材料是时间上在先的。作为表象出现的感性材料和经验虽然取决于外界的刺激，但却决定于人的接受性，而接受性不是照镜子，不是照抄照搬感性材料，更不是把山川河流、田野风光直接移植到人的大脑中，成为倒置的影像，而是经过了先天直观形式即时空的选择和改造；被摆置的对象是客观实在，但被摆置之后的表象却是已在时空框架中的主体性存在。通过外感知我们知晓不同的对象并列地、同时地被摆置我们面前；通过内感知我们知晓某个特定对象有着先后相继的轨迹。还不止于此，理性用建构性原则，借助知性概念对杂多的、无序的表象进行加工、整理、抽提，形成用以解释、阐释、规定对象的知识。这就是世界的被给予性，世界因我而敞开、敞亮，更因我的给予过程而精彩。"所以，从本质上看来，世界图象并非意指一幅关于世界的图象，而是指世界被把握为图象了。这时，存在者整体便以下述方式被看待：唯就存在者被具有表象和制作作用的人摆置而言，存在者才是存在着的。在出现世界图象的地方，实现着一种关于存在者整体的本质性决断。存在者的存在是在存在者之被表象状态中被寻求

---

① 《世界图象的时代》，上海三联书店1996年版，第898—899页。

和发现的。"① 那么，在众多的存在者中，何种样式的存在者才有如此这般的表象能力呢？他不但进行着这样的表象，使世界图象化且自知着这种图象化的过程，这个存在者不是任意一个，而就是人，且只能是人。在古希腊哲学中，从早期的自然哲学转向苏格拉底及其之后的人的哲学，其思考世界的方式发生了结构性的变迁。在自然哲学那里，包括人在内的所有存在者都必须承认和遵循那个共同的"始基"而动，始基展开自身为万物，而万物又复归于它。在由同一个始基所决定的展开之物种，共同遵守着正义原则；因为，尽管每个展开物都有超出自己存在的边界而损害他者的内在冲动，但由于每个扩展物作为一团活火，都在一定的分寸上燃烧，也在一定的分寸上熄灭。如果哪个扩展物超出自己的分寸而侵犯、损害他者，必招致灾祸，遭到天谴。但人由于有不同于其他任何存在者的思维和实践能力，在其无意识和潜意识中始终存在着超出自己的边界、越过活火燃烧和熄灭的分寸而伤害世界正义原则的原始冲动，使自己变成唯一的创造者和解释者。虽不能说普罗泰戈拉通过他的令后人震撼的命题，"人是万物的尺度，是存在者存在的尺度，也是不存在者不存在的尺度"②影响了近现代以来的普遍观念，但至少将人类的超出自己活动的边界、从有限达于无限的原始冲动被哲学化了。惟其人类这种原始冲动存有诸种风险，所以哲学家特别是道德哲学家都在理性、理智地教导人们，必须具有边界意识和理智精神。比普罗泰戈拉稍晚 20 年的苏格拉底就明确突出了这样的哲学忠告：作为元哲学问题，人要充分你自己；作为知识论，要自知其无知，随着认知边界的拓展，未知事物会越多；作为道德观念论，美德即知识；作为实践哲学，在行动中，人要"毋过"。康德用善良意志、先天法则和实践理性的有机统一昭示人们要遵守普遍有效的绝对命令。

但人类历史的演进、迂回和发展似乎从未完全倾听过伦理学家的

---

① 《世界图象的时代》，第 899 页。
② 《世界图象的时代》，《海德格尔选集》（下），孙周兴主编，上海三联书店 1996 年版，第 901 页。

第十章 危机管理中的政治力量和人格魅力

声音和劝告,而是依照属于它自己的道路前行,伦理理念本质上是反思性的,而不是建构性的。起始于近代的主流形态的科学技术就充分显示了人类超出边界、达于无限的原始冲动和任性性格。在现代化运动过程中,人不但认为自己是一切事物的改造者和解释者,也实践着这种改造和解释。人成为了主体,成为了自以为是的主体。"现在,人在存在者中间的地位完全不同于中世纪和古代人了。决定性的事情乃是,人本身特别地把这一地位采取为由他自己所构成的地位,人有意识地把这种地位当作被他采取的地位来遵守,并把这种地位确保为人性的一种可能的发挥的基础。人把他必须如何对作为对象的存在者采取立场的方式归结到自身那里。于是开始了那种人的存在方式,这种方式占据着人类能力的领域,把这个领域当作一个尺度区域和实行区域,目的是为了获得对存在者整体的支配。"① 然而,人并没有对这个自认为是一切存在者存在的尺度、不存在者不存在的尺度进行过彻底的反思,在观念上和实践上,都产生了一个尖锐的矛盾:"唯因为人根本上和本质上成了主体,并且只是就此而言,对人来说就必然会出现这样一个明确的问题:人是作为局限于他的任性和放纵于他的专横的'自我',还是作为社会的'我们';是作为个人还是作为社会;是作为社会中的个体,还是作为社团中的单纯成员;是作为国家、民族和人民,还是作为现代人的普遍人性——人才愿意并且必须成为他作为现代人的本质已经存在的主体?唯当人本质上已经是主体,人才有可能滑落入个人主义意义上的主观主义的畸形本质之中。但也只有在人保持为主体之际,反对个人主义和主张社会是一切劳作和利益之目标领域的明确斗争才有了某种意义。"②

然而,人之成为世界主体的过程,乃是一个无需征得他者同意而一意孤行的过程,本质上是一个充满暴力的过程。"现代的基本进程

---

① 海德格尔在《世界图象时代》一文中,对普罗泰戈拉的这个命题作了自己的"翻译":"(各个)人是万物的尺度,是在场者如其在场那样在场的尺度,也是不在场者不在场的尺度",图象,第913页。

② 《世界图象的时代》,第902、904页。

乃是对作为图象的世界的征服过程。'图象'（Bild）一词意味着：表象着的制造之构图。在这种制造中，人为一种地位而斗争，力求他能在其中成为那种给予一切存在者以尺度和准绳的存在者。因为这种地位确保、组建和表达自身为世界观，所以，现代的与存在者的关系在其决定性的展开过程中成为各种世界观的争辩，而且不是任意的世界观的争辩，而只是那些世界观的争辩——这些世界观已经占取了具有最终坚决态度的人的极端的基本立场。为了这种关于世界观的斗争，并且按照这种斗争的意义，人施行其对一切事物的计算、计划和培育的无限制的暴力。作为研究的科学乃是这种在世界中的自行设立的不可缺少的形式，是现代在其中飞速地——以一种不为参与者所知的速度——达到其本质之完成的道路之一。"① 而另一条道路就是现代技术。在科学与技术之相互嵌入的历史进程中，二者之间的嵌入似乎是不对称的，在古代，各种实用技术的发明和运用通常都是在反复进行的生产实践中实现的，技术对科学的要求显然不那么强烈，反之科学试图转换为技术的愿望也不那么迫切。而在近代、现代乃至当代，科学与技术之间的亲和力却表现出超乎寻常的密切。如果说，海德格尔的使"世界图象化"只是观念地改造世界，将世界强行纳入到自己的解释体系，那么现代技术则是通过现实地改造世界，将世界实际地纳入自己控制、支配和制造的版图之中。现代技术的神奇功效充分证明了使世界图像化的意愿和观念是有充分根据的，因而是可实现的。"由于现代技术的本质居于座架中，所以现代技术应用精确自然科学。由此便出现了一个惑人的假象，仿佛现代技术是被应用的自然科学。"②

技术是在物与物、人与物、人与人之间完成的某种设置；技术既没有增加原有的要素，也没有减少已有的原子，其所改变的乃是原有的装置，或制造新的装置；它是通过增加或减少要素而改变原有的装

---

① 《世界图象的时代》，第902、904页。
② 《技术的追问》，《海德格尔选集》（下），孙国兴编，上海三联书店1996年版，第941页。

置。其实，技术不是创造了什么新的元素，更不是无中生有，而是把不同装置中的不同要素相互连接，重新组合。技术本质上就是"座架"。"座架乃是那种摆置的聚集，这种摆置摆弄人，使人以订造方式把现实事物作为持存物而解蔽出来。作为如此这般受促逼的东西，人处在座架的本质领域之中。"技术作为座架本质上是现代化的产物，它促逼着、摆置着它意欲装置的东西，它不再顾及被摆置的东西的结构、运行逻辑，即不再倾听对象的基于"是其所是的东西"所发出的声音。在古代，人类发明的技术大都是顺其自然和因势利导的产物；农业也证明是生态经济："农民先前耕作的田野的情形不同；这里'耕作'还意味着：关心和照料。农民的所作所为并非促逼耕地。在播种时，把种子交给生长之力，并且守护着种子的发育。但现在，就连天地的耕作也已经沦于一种完全不同的摆置着自然的订造的漩涡中了。它在促逼意义上摆置着自然。于是，耕作的农业变成了机械化的食物工业。"① 技术作为一种客观性的解构与建构过程，本质上就是一种"解蔽"和"祛魅"过程。它要打开世界的秘密，使人所不知、不能的事情招致前来，让那些充满神秘、彰显魅力的他者来到人面前，展现它们那些不为人知的一面，这倒不是为了让人以外的他者在人面前彰显它们各自的魅力，显示它们各自的力量，而是为了显示它们的渺小，促逼它们在人面前显露无能为力、自愧不如。理论的创造和传播者、技术的发明和使用者用极为善意的口吻说道，通过使你们得以"解蔽"和"祛魅"并不是要暴露出你们的缺点，而是要去掉"遮蔽"在你们身上的外壳，亮出你们的魅力来。就如同通过座架，将掩藏在土地下面的煤开采出来，通过"解蔽"、"去蔽"、"祛魅"使煤亮出乌黑的光亮来。然而事实证明，这却是一种伪善的说法，技术的真正目的是支配、控制和掠夺。技术具有两面性或二重性，它无法做到技术的使用者所意愿的，即规避代价获取创价；因为

---

① 《技术的追问》，《海德格尔选集》（下），孙国兴编，上海三联书店1996年版，第933页。

技术就像一块银币的两面，创价与代价相伴、福祉与祸患相随。不过一切的技术将人带入危险的境地："由于人被带到了上述可能性之间，人便从命运而来受到了危害。解蔽之命运作为这样一种命运，在其所有方式中都是危险，因而必然是危险。"所以，说到底，"座架占统治地位之处，便有最高意义上的危险。"海德格尔曾信心满满地说道，将来基于技术而又超越技术的领域一定是艺术，它既与技术的本质有亲缘关系，又与技术之本质有根本的不同。然而，海德格尔在发表于1954年的《技术的追问》一文中所企盼的这个"艺术"，在近70年之后的今天，似乎尚未出现。无论以悲观的情绪还是以乐观的情感来期待这个"艺术"，理智要求于我们的是，必须重新界定现代化以来人们的科学和技术，用一种平静的心态充分审视人类的命运，反思现代化以来形成的那种傲慢、狂妄。在看待和对待人类命运这个问题上，独断论和怀疑论都是不可取的，而辩证论才是我们必须采取的正确立场和理性态度。

第三节 如何以政治哲学的方式看待和对待公共危机？

"哲学批判逻辑的先行标划"为我们哲学式地沉思公共危机创建了用以进行分析和论证的"原理"，将这个"原理"应用于公共危机的研究，具有双重任务，一个是用以指导、范导，一个是检验，通过运用以检验"原理"的有效性及其程度。而"公共危机之原始发生的前提批判"则为分析公共危机提供了事实根据和价值依据。接续的工作就是哲学式地分析和论证公共危机及危机管理中的哲学问题了。

一 公共危机何以是具有哲学性质的事件

公共危机是属人世界的一个特殊事情，只是由于人是价值性的存在物，也由于公共危机又总是无价值甚至是反价值的事情，所以才显得格外重要。因为公共事件不是人类所期望的而是力求规避的事情，

第十章 危机管理中的政治力量和人格魅力

然而公共危机就像一切价值物那样，都是世界的组成部分。主观上企盼的事情未必有事实上的根据，而所规避甚至怨恨的事情也未必没有事实基础。说到底，这是一个理解和把握事物的视界问题。

判定一个事物是不是哲学性质的，有两个不可或缺的根据。一个是广度和深度问题，一个是意向和能力问题，前者是事实依据，后者是道德根据。"公共危机"既是一个描述性概念又是一个规范性范畴，这是从上述两个判据中推导出来的。"公共危机"描述的是一个有可能导致社会价值体系解构和社会秩序系统崩溃的特定事件；"公共危机"又是一个人类试图规避和消除的事件，它或是与人的观念和行动有关，无论是故意的还是无意的；或是与人的行动无直接关联，而是自然界运行过程中的一个自然事件。无论是何种原因导致"公共危机"，而就其所产生效应的广度和深度而言，并非都是哲学性的。哲学所沉思的对象乃是具有哲学形式的事情，而不是随意的哪一个现象。判定一个"公共危机"是不是哲学性的，首要的根据是，此事件是普遍性的、根本性的，有可能颠覆人类已有的观念和行动；其次的根据是相关于人的意愿和能力，是由人类自身的严重过错而导致的，因此，人类自身便是最大的责任主体；它促使人类要改变过往的存在论、认识论和价值论三位一体结构，矫正、修正、改变已有的理论理性、创制理性和实践理性三者合一的精神体系。

在诸种危机事件中，公共卫生危机是最普遍最严重的一种。其严重性可有如下方面加以证明。其一，公共卫生已经变成了全球性的公共危机事件，它沿着属于它自己的运行轨迹，超越了地域，越过了国界，成了真正意义上全球意义上的"公共物品"，只是这个"公共物品"不是人们愿意分享和共享的公共价值，而是唯恐避之不及的公共性的敌人。无论是正价值、无价值、还是反价值，只要它是相关于"类"，涉及类的理念和概念，那它必是哲学问题，或具有哲学性质。其二，在观念上，公共卫生危机似乎快速成为了一个人类学范畴。作为一个"新生事物"，它促使人类要打破地域限制，放弃地区与地区之间、国家与国家之间往日那种提防、限制、攻奸、争斗，更要打破地方性知识的壁垒，动员整个人类自然科学、社会科学乃至人类学知识，凝聚整个人类的实践智慧，应对突如其来的"不速之客"。其三，可能导致革命性的变革，观念的革命、制度的革新、体制的转变。其中哲学观念的革命是最高的也是最基本的。

首先，本体论的革命。自近代的现代化运动以来，本体论沿着人的主体地位逐渐确立的路径而不断变换其自身，实现了从自然本体向社会本体再向欲望本体的转变，而决定这一转变的根本力量则是近代以来主体—客体—主体模式的确立。黑格尔在《精神哲学》中说道，如果有一个哲学概念是普遍的，适合于所有人，那么这个概念就是"自我"，当我说出"自我"时，我不过是说出了一个适合于所有人的观念，因为每个人都是"自我"。而这个"自我"天然就有一种我—他者—我的原始冲动，现代化运动将这个原始冲动变成了现实的观念和行动。然而，正如黑格尔所说，由于每个人都是自我，都有相似甚或相同的观念和行动，因此，如果每个人都一意孤行，将自己视为真实的自我、主体，而将他者视为虚假、虚无，那么我的自我、我的主体也就被取消或被消灭了，所以每个人的自我和主体都必须接受普遍性的制约。然而，个体、民族、国家乃至人类，似乎从未做过这样的沉思和反思，相反，具有绝对自我意识的个体、民族和国家，开始凭借其暂时的优势而任性妄为、自以为是，出现了个体、集体利己主义；国家、人类利己主义。

其次，观念论的革命。起始于古希腊泰勒斯的本原追问，开启了西方元哲学致思路向。哲学家们坚信，一定有一个始基，万物始初于它又复归于它，且坚信人类有完备的能力和整全的理论将这个始基开显出来、表达出来。这是独断论的本体论。及至近代，笛卡尔开启了寻找这个理性能力和完备理论的过程，出现了经验论与唯理论之争，虽旨趣不同，但终极目的是一致的，那就是找到能够证明始基存在的理论和知识体系。二者虽然坚信自己的立场和理论，但都难以驳倒对方，使自己的理论成为主观和客观都有充分根据的那种"视其为真"，这是一种怀疑论的知识论。既要承认世界的无限性又要承认理性和知识的有限性，从而得出任何存在者都可能是始基，且任何存在者都不可以以自己是始基的名义侵害他者的结论，这是辩证论的真理论。

其三，当代哲学意义下的"真理"概念可能要发生颠覆性的变革，即它不再是单一的被证明是正确的知识，也不再是简单的"有用即真理"的实践命题。面对突如其来的公共卫生危机，"有用即真理"的实践命题更是遇到了前所未有的挑战。在各种形态的利己主义背后乃是个体、集体中心主义，国家、人类中心主义这种根深蒂固的观念。

其四，理性的有限性和知识的非完备性问题。面对突如其来的公共卫生危机，人类没有无限的理论理性，将那个导致公共卫生危机的原子呈现在表象里、把握在意识中，虽然它们可以呈现在显微镜下，但人类尚无法得知它的来源、去向、演化、传播机制；也无法用现有的理论和知识去解释它，或许至今人们的思考路径和解释模式就与那个原子的"是其所是"相去甚远。

其五，实现从直线思维、片面思维和段落思维向整体思维、复杂思维和矛盾思维的转向，已成必然。一如海德格尔所说，现代性场域下的使"世界图像化"、现代技术的"解蔽"、"祛蔽"、"祛魅"功效，重构了一个属人的世界。然而作为人化的世界，也已经颠覆了传统的人与自然、人与社会、人与人的关系，将先前各自安好的动植物都通过生产和技术的过程被纳入到生产与消费的系列，同时也把各种导致公共卫生危机的原子从先前的相对安全的领域释放出来；可以解构一切也可以合成一切的科学信念和技术"祛魅"，使人类陷入到"给我一个杠杆，我将撬起整个地球"的狂妄理念、直线思维、片面思考、段落判断的模式之中；既无风险意识更无命运概念。人是人本身的主人，更是解构世界、合成世界的主体；我是我命运的主宰，即便是不合人之意向和意愿的他者意志，我也要把它纳入到我的运行轨迹中来，我与命运抗争。然而，现代化运动以来，已经出现、正在出现和将要出现的自然现象、社会现象和精神现象，使人应接不暇、穷于应付，环境恶化、沙化增大、灾害不断、危机四伏、怪病丛生。人们开始怨天尤人、相互推诿、互相攻讦。事实上，人类社会已经进入到真正的哲学人类学的时代，即类的难题与困境已经超越了地区的限制和国家的边界，俨然成为了整个人类的事情。然而，人们似乎依旧沉浸在撬起整个地球的狂妄幻想之中，醉心于通过改造基因结构可祛除百病、切除先天缺陷、追求永生不朽的想象之中。近代以来的狂妄、不理性、臆想乃是与整体性观念、复杂性思维、冲突性意识相冲突的。无论是未经人类改造的世界，还是经过改造的人化自然，永远都是一个整体，各种无生命物质、有生命存在物都相互关联地存在着。每个存在者都有其天然的存在理由，或许那个导致公共卫生危机的原子比人类的存在还要久远；每一种存在者的存在状态和产生作用的方式都是不同的。自在的自然、人化的自然的复杂性远远超出了人类现有的理性能力和知识结构的边界。各种存在者原本就处在或和睦相处、或冲突不断的状态，矛盾永远都是不可否认、不可消除的事实；解决了旧矛盾产生了新矛盾，消除了一个矛盾又引发了若干矛盾。人类陷入了既无认识上的当止、又无行动上的行止的状态。于是，不请自到的命运、座架摆置的命运、风险丛生的命运同时招致前来，然而人却还处在"我与命运抗争"这种一意孤行和自我沉醉的状态之中。一些导致社会价值结构解体、社会秩序系统、个体生命终结的体积大小不一的元素，始终存在于人类左右和前后，它们以不请自到的样式招致前来，无需征得人类的同意便可"我行我素"、"肆意横行"，使人"防不胜防"。细菌、海啸、地震、暴雨、狂风……它们或许是自在的，与人类活动无关，或许是由人类行为招致而来的，但都是客观的。这是人类的命运，是不可否认的事实，不可抗拒的力量。它们以无声的语言、以"我行我素"方式向人类述说着它们远比人类久远的变迁史。对此，人类或视而不见、或奋起反击，试图用理论和技术改变这种原本不可改变的命运，于是又陷入到自我承诺、自我创造的命运之中。然而这种命运却是双重的，技术座架的命运和招致风险的命运交织在一起。"如果这种命运，即座架，乃是最

第十章 危机管理中的政治力量和人格魅力

极端的危险——不仅对一切人来说是这样，而且对一切解蔽本身来说也是这样——，那么这种遣送还可以被叫做允诺吗？当然罗；尤其是当在这种命运中生长着救渡的时候。每一种解蔽之命运都是从这种允诺而来并且作为这种允诺而发生的。因为这种允诺才把人送到那种对解蔽的参与中，而这种参与是解蔽之居有事件所需要的。作为如此这般被需要的东西，人被归本于真理之居有事件。这样或那样遣送到解蔽之中的允诺者，本身乃是救渡。因为这种救渡让人观入他的本质的最高尊严并且逗留于其中。这种最高尊严在于：人守护着无蔽状态。并且与之相随地，向来首先守护着这片大地上的万物的遮蔽状态。假如我们尽我们的本份着手去留意技术之本质，那么，恰恰在座架中——此座架咄咄逼人地把人拉扯到被认为是唯一的解蔽方式的订造之中，并且因而是把人推入牺牲其自由本质的危险之中——，恰恰在这种最极端的危险中，人对于允诺者的最紧密的、不可摧毁的归属性显露出来了。"① 人通过技术可以造就一切而造就的允诺，将人们置于一种自我构造、自我生成的命运之中。毫无疑问，这个允诺的动机是善良的，即通过解构一切和合成一切为人类带来福祉。然而善良允诺并不能保证技术只能带来善良而规避邪恶，相反，技术既可以向善，也可以趋恶，或是福祸相依。向善的路可称为"守护"；趋恶的路可称为"座架"。如此一来，无论怎样允诺都不能一厢情愿地使技术变成单一的向善之路。在解蔽、去蔽的同时，绝有可能造成如下情形：使原本无蔽状态的事物在被解蔽的同时被遮蔽，然而绝有可能是，解蔽了罪恶，遮蔽了真理。用潘多拉神话比喻，人有能力打开魔盒放出魔鬼却没有能力将魔鬼收归盒中。这就是座架。若能守护大地上的万物，让其绽放自己而不予强制，亮出原本的光彩来，这便是海德格尔的"守护"，也就是艺术。用守护、呵护代替座架，使艺术超越技术，虽不失为努力的方向，但却是一条充满荆棘之路。

看来，就人类所能遭遇到的种种公共危机，虽不能得出绝对结论

---

① 《技术的追问》，第950页。

说，这些危机都是由技术的"座架"释放出来的"魔鬼"，用来惩罚人类因狂妄的理念、傲慢的情感和鲁莽的行动的，但却是人类不得不正视、重视和解决的问题。于是，如何以哲学的态度看待和对待公共危机的问题，就集中表现为如下几个方面：一是理性主义指导下的命运观念。面对种种公共危机，一种过度自信的"向一切命运抗争"和一种过度无为的"听天由命"都不是正确的态度，前者表现为过度，后者表现为不足，正确的命运观则是适度的理性认知和情感取向。在哲学的意义上，适度的命运观首先表现为理性主义的判断和推理。如赫拉克利特所言，每一存在者就是活火，在属于它自己的分寸内燃烧和熄灭，人复如是。不论我们拥有逻各斯还是分有逻各斯而思考和行动，都是自己必须承认的命运。各种公共危机同样是在一定分寸内燃烧和熄灭的结果，世界的多样性同样包含着危机的多样性。其次，技术的发明与应用也必须在一定的分寸内进行，不顾自身自然、身外自然的分寸而任意"座架"，必使解蔽者处于极度危险之中。其三，在实践理性上，人必须遵循自己向自己制定出的实践法则，不但要知止，且必须行止，在道家哲学和儒家哲学中分明蕴含着从知止到行止的哲学智慧。

如果说以上所论只是就公共危机所具有的哲学性质以及我们对待和看待公共危机的哲学态度而言的，只是摆明了公共危机之原始发生的前提考察，以及公共危机之于人类的效用，那么这种分析和论证还只是一般性的哲学证明，类似于康德对纯粹理性批判所做的工作。然而这种批判只具有认识论或工具论的意义，必须实现从思辨理性向实践理性的转向，因为由实践理性所创造的道德世界，才是人类理性所要实现的终极目的。如果把对公共危机的哲学批判贯彻到底，就必须从无人称、无主体的讨论转向对行动主体和责任主体的规定，这就是公共危机管理中的哲学态度和哲学行动，这种论证显然是具体哲学或部门哲学性的。公共危机的一般哲学批判着眼于无限性概念下人类与其自然环境之正当关系的讨论；公共危机的具体哲学批判执着于有限性概念中于危机状态下人与集体、人与人之正当关系的规定。

第四节　危机管理中的哲学态度与哲学行动

危机管理中的哲学态度涉及管理者和利益相关者在认知、应对、防控和消除过程中所表现出的理性精神和道德人格；危机管理中的哲学行动体现的是个体、集体和国家行动以及集体行动的内在逻辑。而无论是理性精神和道德人格都是相关于哲学的核心问题即正确性和正当性的，作为一种可行能力和优良品质，理性精神和道德人格是个体和集体无时无刻不在使用中的核心素养和素质。在相对稳定的社会状态下，作为可行能力的理性精神和道德人格也表现为平稳的状态，在生产、交往和生活中，表现出边界相对清晰的信念、认知、情感、意志和行动，表现为具有领域性、层次性的道德形态，如国家伦理、职业伦理和家庭美德。当社会处于局部的甚至是整个社会国家范围内的公共危机时，不同层次、不同职业的人们，便在瞬间隐去了他们往日那种职业上的特征、地域上的差别，而变成了具有相同尊严的平等者，因为所有人的生命价值是同等的，它们促成了真正的集体行动。人们各就其位、各司其职、各负其责，表现出前所未有的坚定的信念、信心，饱满的激情、热情、同情，顽强的意志和义无反顾的道德行动。在危机事件的认知、防控、管理中显现出强大的道德人格魅力。如果说，在日常的生活状态下，理性的作用、德性的力量、道德人格的魅力是潜藏于人们的心灵深处，是潜在的力量，难见其耀眼的光辉，那么在公共危机管理中，道德人格便瞬间爆发出惊人的力量，它使人真正成为了具有人格的沉思者和行动者。那么，理性精神和道德人格是如何在危机管理中展现其魅力的呢？在公共危机及危机管理中，稳定状态下潜藏着的社会问题会集中爆发出来，无法预知的风险和危险也一并招致前来，它使往日的社会价值结构和社会秩序体系濒临解体；人们的认知、情绪、情感和意志也会处于应急状态。如何充分运用理论理性和实践智慧应对和解除危机，就集中表现为客体性和主体性两个方面的哲学问题。在客体性方面，集中表现为社会、政治、道德和文化四个问题域的相互交织、相互制约；主体性方面，集中表现为社会哲学中的社会秩序、政治哲学中的公共意志和集体行动、道德哲学中的德性与规范、文化哲学中的反思与重构。

一 社会哲学视角中的社会秩序

人类的任何一种稳定状态和危机状态都是在特定的社会场域下发生、持续和演变的。起始于近代的现代化过程构建了不同于传统社会的社会结构及其运行方式，它形成了鲜明的社会特征。首先，在经济、政治和文化这三种核心要素中，实现了迄今为止被视为相对合理的组合：三者之间保持相对的分离状态，各自相对独立地发挥功能。经济以效率和公平为核心价值，通过资本、市场和科技三种要素构建现代生产逻辑：生产—分配—交换—消费。财富的快速积累和分配，为应对公共危机奠定了物质基础。科技的飞速发展和广泛应用为预判、解释、预防、治疗由公共卫生危机所引发的各种疾病提供了理论和医疗支持。市场的建构和拓展为应对和消除危机实现了人力资源快速集中、各种物资快速供给。其次，资本与技术的相互嵌入，使得人与自然、人与人和人与自身的关系进入到全面的人化和重构之中，这使得人类社会进入到高风险社会。其三，由资本的世界运行逻辑所推动的全球化、世界化，使得人们成为了形式（规则）和质料（利益）双重意义上的"命运共同体"。全球化既可以使资源和财富在世界范围内流动，科学技术在全球范围内分享和共享，但日益增强的流动性和变动性，也会使局部的、地区性的公共卫生事件快速成为世界性的公共危机。如果把社会哲学定义为研究社会结构及其运行逻辑的学科或学说，那么它就必须研究稳定状态和危机状态下的社会结构及其运行。如果说在稳定状态下，人员流动、资源分布、空间正义都是可预期和掌控的，那么在危机状态下，人员、资源和空间都要以紧急的形式被调动、控制，如果依旧行使过往的管理模式，那么就会错失预判、应对、防控和消除公共危机的最佳时机，所以在危机状态下，时间和空间更具有人类学意义。现代化、全球化、科技化、自动化、智能化等各种因素交织在一起，构成了现代性的整体肖像：创价与代价相伴、机会与风险共存。过度干预与过度消费，会使潜在的风险、危险集中爆发出来，出现"喜不双来、祸不单行"的危险局面。

在危机状态下，社会秩序处于程度不同的停滞或解构状态。在各种社会秩序中，经济秩序是最根本的。现代生产逻辑乃是一个具有相对自组织能力的系统，生产、分配、交换和分配逐个环节会在需要和供给相互依存的经济链条上运转。危机状态下的相对停滞或完全停滞，使经济链条中断。而支配市场自行运作的那只看不见的手也已经失效，市场失灵导致供给与需求体系解体。而以追求利益最大化为直接目的的经济人通常不会放弃他的基于供求关系之上的等价交换原则，虽不排除经济人的慈善行动，但这总是有限度的"让渡"、"牺牲"，而用于紧急救援的人员调配、物资供应、医疗供给，都不可能是以获取收益最大化的商业行为，而必须是基于政治权力和公共职权之上的治理和管理。因此，在经济秩序受到威胁的特定状态下，经济秩序的维系必须依靠政治行为和公共管理。交往活动的中断，个体处于隔离状态，使得直接交流、交往停滞下来，绝大部分人成为了公共危机的边缘人和旁观者。现代传播媒介为人们之间的信息沟通和情感交流提供了技术支持，关于公共危机的"真相"主要依靠相关报道。出于恶意的制造虚假信息、谣言传播、恶毒攻击、不缓报瞒报，导致认知模糊、情感波动、情绪激动，使评估和评价体系陷入自相矛盾、相互否认、失真失实、真假难辨的境地，人们可能会偏离公共危机本身而纠缠于信息真假的甄别中，致使人们的心灵失去秩序。经济之序和心灵之序一旦失去平衡，社会秩序的其他领域就会随之改变。如果说以经济秩序为主要形态的社会秩序乃是一种自在的、自发的和谐状态，是过程和后果主义的，那么在危机状态下，维持现有秩序、构建新秩序就绝不能单单依靠"市场自治"和"个人意志"，而必须依靠政治治理和公共意志，这便是政治哲学问题。

二 政治哲学视阈中的公共权力、公共意志与集体行动

在现代性场域下，政治哲学似有成为显学的势头，约有两个理

由，其一，在人类由无阶级到有阶级社会，再到无阶级社会；从无国家到建立国家，再到消灭国家的漫长进程中，其间会有许多中间状态。在基本上消灭了政治压迫和经济剥削的情境下，政治权力和公共职权的作用不是被削弱了而是被加强了。全球化、世界化场域的建构，如何正确而正当地加强国际交流和实施全球治理，日益成为人类的事情。资本的逻辑和军事的力量，被证明是导致国际间不公平、全球不正义的治理方式，而在相互尊重、相互有利原则指导下，基于差别，求同存异，合作共赢，才是最好的全球治理模式，而这种模式正是政治治理的模式。在建立、完善社会主义市场经济过程中，在相对稳定的社会状态下，由于越来越多的社会关系的处理都需要公共政策和制度来完成，而不能完全依靠市场调节，更无法依靠个人意志。在公共危机状态下，当市场调节已经变弱、个人意志无力的情形下，政治治理和管理就显示出巨大威力。在公共卫生危机的预防、控制和修正过程中，社会秩序系统受到严重冲击，如何认知、解释、应对、防控、消除危机，一时间成为了所有治理和管理活动的重心。

在诸种社会建设和社会管理理论中，滕尼斯和涂尔干的理论值得重视。滕尼斯把人们因基于不同力量通过相互连接、共同交往而形成的"集体"分别称为"共同体"与"社会"。把基于血缘、地缘和情缘形成的集体称为"共同体"，而把充满利益交割关系的领域称之为社会，他用"关系"、"意志"来描述和区分共同体与社会的本质。"人的意志存在于人们相互之间的多种关系里；只要关系中的一方是主动者或施加作用者，而关系中的另一方是受动者或感觉到作用者，那么任何这样的关系都是一种相互作用。"[①] 这里的"意志"既指一种支配能力，又指一种支配关系，人和人之间的许多关系都是基于意志之上的支配与被支配的关系。如果仅从这种支配和被支配的关系并不能确定支配的性质和意义，必须充分解释支配的过程和后果对支配

---

① ［德］费迪南·滕尼斯：《共同体系社会》，张巍卓译，商务印书馆2019年版，第67页。

者和被支配者所产生的意义。"对关系本身，因此也即结合而言，如果我们将它理解为真实的与有机的生命，那么它就是共同体的本质；如果我们将它理解为想象的与机械的构造，那么这就是社会的概念。"① 很显然，滕尼斯对共同体与社会持一种极为鲜明的价值立场，"所有亲密的、隐秘的、排他性的共同生活都被我们理解成共同体中的生活；而社会是公共生活，社会就是世界。在共同体里，一个人自出生起就与共同体紧紧相连，与同伴共同分享幸福与悲伤；而一个人走入社会就像走入另一个国度"。② 滕尼斯进一步通过"本质意志"与"抉择意志"两个概念呈现共同体与社会得以运转的基础。"本质意志是人的身体在心理层面上的等价物，或者说是生命的统一原则，只要设想生命处于这样一种现实的形式中：思维本身从属于现实。"而"抉择意志是思维本身的一个产物，只有在同其创造者（思维主体）的关系中，它才能获得真正的现实性；即使这种现实可能被他人认识并由此而得到承认。"③ "本质意志"与"抉择意志"在行动的动因或倾向这一点上是一致的，但目的却不同，前者建立在过去的体验和经验之上并由此来解释；后者则建立在对未来的想象中，并以此来解释。

在共同体与社会之于人的社会性或公共性意义上，涂尔干似有不同观点。在他看来，在血缘、地缘和友缘共同体中人的理性是极不发达的，而只有在社会中人的理性才被培养和开显出来，只有每个人能够拥有且充分运用理性，才标志着他的社会性已经发展到了相当高的程度。涂尔干在《家庭社会学导论》中提出了"机械团结"和"有机团结"两个概念，机械团结描述的是在宗教信仰、道德情感、个人意志高度一致的场域下的社会整合形式，同质意志的广泛存在使异质

---

① ［德］费迪南·滕尼斯：《共同体系社会》，张魏卓译，商务印书馆2019年版，第68页。
② ［德］费迪南·滕尼斯：《共同体系社会》，张魏卓译，商务印书馆2019年版，第68页。
③ ［德］费迪南·滕尼斯：《共同体系社会》，张魏卓译，商务印书馆2019年版，第200页。

意志既无可能也无必要。罗尔斯又提出了"公共理性"概念，用以指明一个充满良序的正义社会是如何形成的。

如果将以上三种社会治理理论还原到其所适用的具体场域，不难发现，它们的适用场域都是相对稳定的社会状态。在危机状态下一种有效的国家治理和社会治理又如何可能呢？重大公共卫生危机作为一种突发性的公共事件，其破坏力之强、波及范围之广、传播速度之快，都是任何一个一般性的社会事件所不可比拟的。个体、集体、组织、盈利组织、公益组织都无法应对这个危机事件。唯一能够做出快速反应、进行准确预判、实施正确决策、动员全部力量，实施正确、正当治理和管理的组织，非政党、政府莫属。然而，如果一个政党和政府是一个运用资本逻辑进行治理和管理的政党、政府，就会充分考虑个人利益、集团利益和国家利益，从而表现出明显的个人利己主义、集团利己主义和国家利主义；如果政党、政府是一个充满官僚主义和形式主义的决策者和治理者，就会置个体生命于不念、置公共安全于不顾、置人类命运于不屑，只顾自身的权力支配和地位身份；如果一个政党、政府是一个软弱的、无力治理和管理各种社会组织的决策者和治理者，也会无力有效阻止因不正确的预防、应对而产生的公共卫生危机扩大。

在百年党史实践中，在应对、治理、修复各种公共卫生危机过程中，中国政党、政府表现出了超乎寻常的理性和智慧。首先，它将一贯坚持的以人民为主体的理念贯彻到公共卫生危机管理的各个环节之中；其次，是在理论理性、创智理性和实践理性的支持下，以公共价值为目的而采取的集体行动，是一种公共理性和集体智慧保证之下的有机团结。其三，政治权力和公共职权在终极目的的规定下，被合理运用；体现了手段之善与目的之善的有机统一，使权力的分割与运行体现了正当性要求，领悟了历史的声音、倾听了人民的心声，使权力从可能性变成了"执政为民"的现实力量。它成为排除了各种抗拒、障碍以贯彻其意志而必问其正当性基础为何的科学决策、统一领导、准确预判、精准防控的具体行动。其四，它最大限度地抑制和克服了危机管理中官僚主义和形式主义的作风，用哲学思维（整体性思维、复杂性意识、矛盾性方法）和实践智慧将公共意志与国家意志、正当意志高度协调起来，将事实逻辑与价值逻辑自觉统一起来，个体的生命、人民的利益就是集体行动的价值逻辑。

三 道德哲学视野中的德性与规范

在公共卫生危机管理中，道德人格的构成部分不是单独地发挥作用，而是形成一个有机的能力体系和优良品质。道德信念是连接信仰和信心的中间环节，是个体、集体和国家为战胜重大灾情而产生的保护财产、维持秩序、拯救生命、维护尊严、重建和谐的强烈的心理倾向；是个人、组织和国家恪尽职守、勇于担当、不怕牺牲、拯救生命的可行能力和优良品质。道德信念是主观有充分根据而客观不必然的那种视其为真，它所指向的是可能的社会良序状态、人们的快乐和幸福状态；然而这是一个非经过艰苦努力、共同奋战、精诚团结、相互协作、自我牺牲才能成就的状态，没有坚定的道德信念，没有聚集全部的社会力量和主体能力的强烈和强大的精神力量和心理能量，良序和幸福是不会自动出现的。每当公共卫生危机爆发，由中国共产党人领导的社会主义政党即刻发出全力抗击、保护财产、维持秩序、拯救生命的政令，表现出坚定的战胜危机的信念和信心，这是政党的伦理精神、人民的普遍心声，它从精神的高度体现了人民为主体的治国理念；作为强大的精神力量和普遍的伦理精神激励着、鼓舞着各个职业领域的人们，科研队伍和科研机构表现出了努力探索科学理论、大胆进行临床实验、全力研发有效药物的坚定信念和信心，医护人员展现出奋战一线、崇尚生命、风险救护、连续作战、共渡难关的坚定信念和信心。面对复杂多变的公共卫生危机，政党、组织、人民表现出了空前的共同的信念和信心，这是一个蕴含着无穷的力量、激发强大的战斗力量的精神力量和心理能量。信念是方向，也是动力，更是力量。

道德认知乃是行为主体对自己之行为规范的了解、理解和把握，

◇◆ 追寻政治的"是其所是"

是对正当行动之发生、发展和趋势的正确理解,是对内心之正义感、同情心、自我牺牲等心理状态的体验。如果说道德信念是决定和推动着行动主体做其应为之事而达于良序和幸福状态的精神指向和心理倾向,是一种缺少理性道德判断和道德推理的情感力量,那么,道德认知则是把这种精神指向和心理趋向置于科学思维和实践逻辑之上的理性思考、正确判断和正当选择。道德信念是我们想成为什么,而道德认知则是我们能够成为什么,"应当"必须基于"能够"之上。人类不可能用理论、图像完全描述它们的公共卫生危机的原始发生及其流变、变异、传播的内在机理、未来趋势,也不能用现有的相关知识证实和解释公共危机发生和演变的复杂过程。道德认知有广义和狭义之分,广义的道德认知包含理论理性、创制理性和实践理性三个层面。必须充分地认识到,公共卫生危机通常是一个非常复杂的生物和生理现象,是一个必须用理论理性使之被呈现在表象里、把握在意识中,其发生、机理和演变、变异,只有在科学精神的支配下,用理论理性才能被认知、把握、描述和解释,而不是仅用厌恶、谴责、愤怒所能解决了的。人类从未终止过对各种公共卫生危机的认知、理解、分析和论证,或许导致危机的某个原子比人类生成史更久远,或许它们更有资格言说全部生物演化和进化史。公共卫生危机爆发以来,无论是政府、组织还是个人,人们表现出了足够的理性精神和理论理性能力。每每发生公共危机,政党和政府都以强有力的集体声音表达公共意志,作为一种精神呈现和意志表达,它激起了各行各业的人们积极参战、勇于担当、勇敢牺牲的激情和热情,将潜藏于心灵深处的道德力量呼唤出来、焕发起来,但人们并不是盲目地"兵来将挡水来土掩",而是科学决策、正确防控。理论工作者在已有研究成果基础上,组织科研精英、整合实验手段,集体攻关,适时、适度、谨慎地公开科研成果,公布实验结果;一线医护人员,严加防范、科学护理,最大限度地防止危机风险的扩散。创制理性是道德认知中的第二个层面。在公共卫生危机的研究、防控过程中,包括科学研究和科学实验规范、操作技术规范、科研道德、医护职责、保障要求、相关行为规

第十章 危机管理中的政治力量和人格魅力

范在内的各种规范体系,不断被创制出来,并根据事实逻辑和价值逻辑的演进不断进行修正、矫正和完善。实践理性是道德认知的第三个层面,也是狭义的道德认知。被认知、理解和把握的对象就是各种道德规范,这是一种未经也无需法律确定和确证的应尽的义务和履行的责任。责任是出于对规范的尊重而产生的行为必然性。规范认知、责任理解是在反复进行的生产、交往和生活实践中形成的,经日经月累已经变成熟知的、无需再度"学习"的行为要求。而在由规范所规定的责任中,约有三种状态:鼓励但不必然的道德要求,是不完全责任,这是值得赞美、称誉的行为,是行为楷模、道德榜样,体现的是人性最为优秀的部分;要求且必然的道德要求,是无条件的绝对命令,是任何一个有能力履行道德责任的人都必须做到的;反思、批判的道德规则,这是一种反乎责任的行为,是损人利己、损人不利己的行为,这是被反思、批判和禁止的行为。在公共卫生危机面前,无论是政策的设计者、制度的制定者,理论的创立和传播者,一线医护工作者,都表现出了合乎责任和出于责任的行动。那些将个人利益得失、生命健康置之度外,全力"治病救人"的科研队伍、医护人员,实现了鼓励但不必然的道德要求,这是值得赞美、称誉的高尚行为,是行为楷模、道德榜样。他们有真诚而善良的道德动机,而少有急功近利的目的、提干晋升的打算;不是预先学习、温习本该早已"烂熟于胸"的道德规范,然后"有板有眼"地遵守它;更不是为日后积累资本而上演"道德话剧";相反他们以无声的语言——行动,证明自己是道德境界的信念者、道德规范的领悟者、道德责任的践行者。一如亚里士多德所说,一个正义、勇敢、同情、慷慨的人,不是说自己是这样的人,而是通过行动证明自己是这样的人。只有不断地做公正之事的人才是公正的人。他们是真正有德性的人,他们是真正践行德性的人。这才是一个人、一个组织、一个民族和国家真正拥有的道德范型和伦理精神,是活的、流动的善。道德认知不仅表现在行动主体的发动、过程和结果中,也同样表现在道德评价中。如果说在以手工业和农业为生产方式的传统社会,道德评价所针对的是日常生活,所依据的是千百年不曾变化的道德常识，那么在充满普遍交换、广泛交往、科技进步、媒体发展、风险倍增的现代社会，被评价的对象充满了复杂性和冲突性，因此，依照已有的道德常识就难以做出公正的道德评价，要想成为一个公正的旁观者，就必须拥有足够的且能够正确运用的道德理性知识。在公共卫生危机面前，尽管总有个别的评价者别有用心、蓄意歪曲、不顾事实、出于无知，做出具有明显混淆视听、引起混乱动机的舆论评价，但绝大多数公共危机的在场者、直接旁观者和间接旁观者，都能够运用理性知识进行具有充分根据的道德评价，从而形成了健康的舆论导向和道德环境。给予那些身先士卒、敢于担当、牺牲自我、拯救生命的行为楷模和道德榜样以高度称颂和赞美，给予那些玩忽职守、临阵脱逃、发国难财、制造事端、混淆视听之行为给予坚决的舆论谴责和道德批判，就是一个公正的旁观者的表现。

　　道德情感是一个人因外在的道德事实或道德现象而产生的深沉、持久和类型化的内心体验；在内心体验基础上基于已有的道德理性知识对自己和他人做出的具有善恶性质的评价和行动。就道德体验的类型和性质看，可有愉悦、快乐的，平淡、无所谓的，厌恶、谴责、批判的。在具体的道德实践中，可能存在着康德意义上的出于对先天实践法则的敬重而产生的纯粹的道德情感，即敬畏感，但从我们所能解释的生活场景中，因基于血缘关系之上的自然情感、基于友爱之上的社会情感、基于生命感悟之上的神圣情感，倒是道德感的主要类型。在一个平常的、平静的甚至是平淡的日常生活中，道德情感中的理智感、正义感和同情心似乎都潜藏于人们的内心深处，而在危机事件中、生死攸关时，人们那种潜藏着的道德感便瞬间爆发出来，展现出来。发自内心的移情、同情，对生命渴望的体验，变成了强烈的心理倾向，它和信念、信心结合在一起，凝聚成一股强大的情感输出和精神流动，它动员起行动者的全部理智德性和道德德性力量，投身到精神的鼓励、情感的安慰、行动的救助之中。在预判、防控和消除公共卫生危机的过程中，不同职业、不同生活旨趣的人，均表现出了对患者的同情、移情，感同身受地经受着同样的煎熬和渴望。似乎每一个救助者都成了公正的旁观者，无论是对媒体还是对自己，都信心满满地说，救助者和被救助者，乃同根同源、同在共在，有相同的尊严，共同的生命渴望，救助患者乃天经地义、人伦之道。这是一种非反思、非分析的道德力量，几乎没有哪一个行动者预先对自己应尽何种义务、如何履行义务，进行一番合理性论证；也没有哪一个行动者事先精确计算，从成本收益的功利主义理论出发计算自己的道德选择所获得收益。那种精致的功利主义、那种损人利己的行为为人们所不齿。但道德情感也不是即兴、即时的情感表演，而是自己既为剧作者又是局中人的道德杰作；它之所以感人，那是因为它是发自内心深处的声音，是真诚、真挚的感同身受、同感共情；一切虚假的道德表演都显得那么做作、不合时宜，更使那些官僚主义和形式主义者汗颜，无所遁其身。道德选择和行动上的利己者、道德评价上的吝啬者，均不在道德情感的发生、传播的范围内。道德情感具有强烈的感染效应和强大的扩展意义，它以正能量传播到每个领域，感染在场者、旁观者和不在场者。它是不可言说的，因为它无须言说，真实、真诚、真挚的情感只能去感悟、去体验。

　　道德意志是决定一个道德选择和道德行动能否发生的直接动因，包括善良意志和实践理性两个元素。作为动机，道德意志表现为向善的意愿和意向，相当于曾子笔下的"正其心、诚其意"，是一种自知其善恶的意念和意向；是一种"喜怒哀乐之未发谓之中"的状态。由事物的复杂性和价值的多样性所决定，也由内心的需求和欲望所推动，一个行为的选择常常是善恶交织、好坏并存的。在利己和利他之间充满着不可兼得。于是在善恶之间、好坏之中，如何选择前者，"善良意志"起着至关重要的作用，没有"喜怒哀乐之未发谓之中"便没有"发而皆中节谓之和"的过程和后果，"中也者"天下之大本也，"和也者"天下之达道也。一个道德行动的发生仅有善良意志是不够的，只有将善良的意愿和意向表现在具体的行动中，一个真正善良的过程和结果才能出现，而支撑这一结构的关键因素就是实践理性，它是一种将善良动机转换成具体的行动并在行动的行进中排除外在障碍、困难，抵御外部诱惑，抗拒内心欲望与冲动，而把善良意志贯彻下去的能力体系。"格物致知"之"知"，既可为知，又可为智。推究万物之理以求天道、人道，此谓"知"；格心中之私欲以求尽性（人性之善），此谓"智"，只知其善而不为善，只为善念，既知其善又行其善，方为真实之善，这便是知止且行止。如果说在稳定的、正常的社会状态下，一个行为的选择尚有足够的可能性空间，可以在利他动机和利己动机之间做出比较、权衡和选择，那么在公共危机之中，人们则要在"时不待我"的境遇下做出抉择，当人们毫不犹豫地、义无反顾地选择了合乎和出于责任的行为，那充分证明了行动者具有坚定的道德动机和顽强的实践理性。置自身的利益得失、生命健康于不顾，视他者为同类、视患者为同胞，全力以赴、奋不顾身，绝非一时冲动，更非意念之举，而是集信、知、情、意于一身的有机综合。

道德人格乃德性论的核心，善念、善行均生发于它，又复归于它，是一个人进行正确思考和正当性的初始性力量。危机无情人有情，无论是科学决策还是有效防控，无论是科学研究还是临床实验，无论是精准判断还是精心呵护，人们都表现出了中华民族特有的道德范型和伦理精神；这个范型和精神是人们千百年来在共同的生产、交往和生活中生成出来的、培养起来的，潜藏于心灵深处的精神财富，是无声的语言，因为语言就是存在，是无形的力量，只有无形的力量才不可估量。

四 文化哲学理念下的反思、批判与重建

无论从内涵还是外延上看，文化哲学都是统领社会哲学、政治哲学和道德哲学的综合概念，公共危机及危机管理充分体现了文化的内涵和文化的类型，这就是器物文化、制度文化和思想文化。在公共卫生危机的预判、防控和管理中体现出来的中国理念、中国制度、中国方案、中国道路乃是当代中国社会主义精神的集中表现，是公共危机

和危机管理中的精神。如何将这种精神保持下来、延续下去，成为社会稳定状态下的哲学思维和实践智慧，应给予文化哲学高度上的反思、批判与重建。

首先，在非常与正常状态之间。非常状态乃指社会处在危险或无序状态；正常状态则是就社会有机体有序运转而言。作为人类生存、生活于其中的环境——社会场域，必须具备两种条件，或必须具备两种状态，以为实现人类所追求的目的之善奠定基础。其一，人类必须凭借其理智德性和道德德性创造出用以满足人的生物性、社会性和精神性需要的价值系统，借以获得快乐和幸福；其二，必须在人与自然、人与社会、人与人、人与自身之间建构起有利于实现天人之道、人伦之道和心性之道的秩序体系。秩序是规则体系，是行动方式，是物与物、人与物、人与人之间的有价值、有意义的组合方式。我们就把在这两个条件组合在一切的时空结构称之为"社会场域"。在相对稳定的社会场域之下，尽管也存在着破坏甚至解构价值体系和秩序系统的因素，如没有效率的治理和管理，人为制造的暴力事件，不可抗拒的自然灾害，等等，但都不致于导致社会体系崩溃，因为这些事件都未能突破社会安全阈限，尽管道德宽容已将诸种破坏社会秩序的事件纳入严厉谴责和批判的范围。而重大公共危机，尤其是重大的被国际公共卫生组织确定为一定级别响应的公共卫生危机，则是那种导致社会价值体系解体、社会秩序系统崩溃的公共危机。在人类发展史上，人类曾经历了无数次的重大公共卫生危机。人类凭借其有限理性认知、分析、论证、描述危机的原始发生及其演变、变异、传播、传染的内在逻辑，并创制了相对有效的药物控制危机，尽管还只是相对地认知和防控。但毕竟积累了相关的理论知识、深化和拓展了理论研究的深度和广度。人类在应对各种危机的过程中表现出了空前的团结、合作，体现出了超乎寻常的道德人格魅力，但这种魅力毕竟不是创造好生活过程中应有的道德范型和伦理精神，而是在应对无价值甚至是反价值的公共危机过程中呈现出来的"不得已"式的伦理精神。因为公共危机一定不是人类所意愿所希望的事情，而是人类避之不及的"灾难"。事实证明，除去战争、瘟疫、自然灾害之外，人类在绝大部分时间里都处在相对平稳的状态之下。在三种和谐（人与自然、人与社会、人与自身）状态之下，通过手段之善实现目的之善才是人类的价值理想和实践目的。重大公共卫生危机之后的正常状态描述的就是重大危机过后，人们该如何思考、怎样生产和交往、如何过好平静、平凡甚至平淡生活的过程；如何通过修改、矫正甚至改变原有的观念、政策、制度和体制，以创制更能体现手段之善、实现目的之善的社会结构的过程。非常状态之后的正常状态不仅仅指危机过后的社会时空结构，更是指这个时空结构中的人们如何反思、批判和建构的过程，借以建立起值得汲取的集体道德记忆。

其次，非常状态之后的正常状态与人的道德人格。康德在论述"先天综合判断如何可能"时给出了一个颇有启发的观点，即"能动性"和"感受性"、"接受性"。人的理性认识能力的能动性表现在两个方面，一方面，理性通过知性的自我构造原则，构造出了不依赖于感性材料和感性经验的"先验逻辑"，即先天的"原理"；另一方面，通过这些原理整理、改造借助感性直观即时空得来的感性材料，从而得出科学知识和知识的对象来。但人的理性认识创设的"原理"又是被动的，它需得到激发、激活，没有外在的感性材料的刺激，没有感性经验的激发；没有原理对这些材料和经验的"感受"和"接受"，"原理"也无用武之地，知识也不可能产生。此所谓知性无感性则空，感性无知性则罔。依照这个原理，道德人格类似于康德的先验逻辑、先天"原理"，它潜存于人的心灵深处，是等待展现、迸发的潜在力量。若没有外在事件、没有外在环境，道德人格便不可能现其身。没有危机事件便没有危机管理中的道德范型和伦理精神，没有公共卫生危机的危险性和风险性，便没有全民对危机的防控和管理，也没有管理过程中道德人格魅力的集中迸发。然而，我们绝不能为着彰显人类的道德人格魅力而故意制造引发和激发这种魅力的危机事件，因为危机事件是反价值的非意愿事实。借助康德的"先天综合判断"理论，我们就公共危机与道德人格魅力的内在关系问题，可作这

第十章 危机管理中的政治力量和人格魅力

样两点深入分析和论证,其一,道德人格作为一种潜在的精神、心理和行动力量,可有不同的内涵和展现方式,而决定内涵和方式的"感性材料"和"感性经验"就是外在的客观环境,即"场域"。稳定的、日常的场域与动荡、危机、灾难情形之下的场域一定不同,不同场域下道德人格的内涵和展现方式也就有别。其二,在危机防控与管理中展现出来的道德人格魅力便是行动者于特定场域下在瞬间迸发出来的道德范型和伦理精神。对此,我们既要充满理性和满怀感情地、以公正的旁观者的视角给予充分肯定和高度评价,给予称颂和赞美;但从实践哲学角度观之,却不能将这种范型和精神视为人类德性的正常或永恒状态,如果在非常状态之后的正常状态中,我们主观地、情绪式地将这种范型和精神确立为一个民族和国家的基本的或核心性的伦理范型,就必然跌进道德空想主义、道德形式主义的陷阱,继而制造各种"案例",树立各种"楷模"、"榜样",借助庞大的教化和规训系统,以使每个人都成为"楷模"、"榜样"。将宣传的、教化的伦理范型视作人们实际拥有的德性,不知疲倦地"徜徉"在、"沉浸"在空乏的宣传、强制的教化中而不"知返",乃是我们必须汲取的道德教训。

其三,回归真实的道德世界。如何直接面向"公共危机与道德人格"关系本身,如何沉思隐藏在这种关系背后的整体性、复杂性和冲突性事实,乃是回归真实的道德世界的认识论前提。道德人格作为一个人能够正确思考和正当行动的主体性力量,并不独立存在,它与人的其他能力如知性和判断力有机地结合在一起。对"公共危机与道德人格"之关系的认识除了需要理性(实践理性)之外,还需要知性和判断力。德性的教化、命题的传播、训诫的灌输、榜样的宣传,对生产、交往和生活无疑是重要的;对国家治理和社会管理也同样是重要的,但它们只构成道德范型存在状态中的应然部分,而实然和已然则是另外两种形式。人们从事生产、交往和生活,从事治理和管理所能应用的德性和规范则是人们实际拥有且可以反复运用的德性。所以真实的道德世界才是我们用以分析和论证危机事件以及日常生活状态下社会价值体系和社会秩序系统如何可能的基础。

基于对"公共危机和道德人格"之整体性、复杂性和冲突性的正确认识，回归真实的道德世界可有三种进路：其一，在对公共危机的认知、预防、管理和消除过程中，人们的道德判断和道德行动是不同的，并非只有一种"向善"的类型，还有"向恶"的表现，以及道德冷漠的呈现。真实的道德世界必须含括这三种情形，如若只是称赞那些勇于担当、忘我工作甚至自我牺牲的行为，而置那些投机钻营、发国难财、制造舆论、混淆视听、玩忽职守、临阵脱逃、形式主义、官僚主义，事不关己高高挂起、道德冷漠、毫无同情、置若罔闻的行为于不顾，不制裁、不惩戒、不批判、不谴责，而是一味地树"楷模"、立"榜样"，进行单一的宣传、教育，这对那些默默无闻地奋战、奉献、牺牲的人们是严重的不公平，对营造一个真实的道德环境也没有积极作用。我们用诱人的道德光鲜绑架了那些"道德榜样"、"人民楷模"，使他们因在那个曾经的道德高地上，他们是楷模、榜样，他们只有永远守住这个道德上的"战略高地"，才是榜样、楷模，也只有兑现这个美好的道德称呼，才能成为他们自己，否则便是无德甚至是缺德之人。而那些给他们"榜样"和"楷模"称呼的人，并把这些称呼传播到社会的每一个角落的人，或许也是道德的践行者、公正的旁观者，但绝对不排除那些利用公共权力的支配权和权威媒体的话语权制造舆论、进行道德宣传的人是存在的；他们不断地赞美别人、鼓励别人，而自己却是公共危机的局外人，是风险与危险的躲避者；那些既无德性又无德行的人是没有资格进行道德宣传的。道德假象、虚假繁荣的制造者通常都是形式与质料的分离者：德性与规范的分离、言说与行动的分离、行动受益者与行动责任者的分离、德性与幸福的分离。总是向他者提出最高的道德要求，而自己践行的却是最低要求，甚至是无要求。人们必须理性地、公正地看待"公共危机与道德人格"之关系中的道德乱象，辨别出哪些是真相，哪些是假象，哪些是幻相。其二，整体性思维和复杂性意识，要求我们对造成"公共危机与道德人格"之诸种根源做更加深入的分析。如果全力预防、管理和消除公共危机体现的是"公共危机与道德人格"之关系的价值逻辑，那么造成这一关系的事实逻辑是什么呢？就公共卫生危机的原始发生看，不排除个别危机事件和导致危机的原子乃自然之安排，但多半与人类的生产、交往和生活紧密相连。在人类所生存、生活于其中的这个星球中，任何一种无生命物质和有生命存在物都有其天然的存在理由，没有哪一种存在者可以任性地说，只有我才有优先存在的理由，为着使我的存在亮出耀眼的光辉，我可以任意看待和对待其他的存在者。自然有着属于其自身的自组织能力，它是一个自行调节以保持生态平衡的系统。或许可以悲观地说，不断爆发的公共卫生危机就是自然保持其自身平衡的手段。然而，似乎人类从不认为自己和其他所有类属是同等重要的，他自称是灵长类动物中的"优秀者"，一如人类作为优秀者支配整个自然界那样，人类社会内部的优秀者也支配了整个社会，社会达尔文主义就像自然进化论一样，根深蒂固。然而，事实证明，人的认知能力和理性能力都是有限的，可人们不顾及这种有限性，理性无限论和市场万能论支配着人们任性地、任意地看待和对待身外的自然和自身的自然。虽不能完全证实和证明，公共卫生危机与人们的不正确、不正当的生产、交往和生活方式有直接的关联，但作为导致公共卫生危机产生的原子并不直接"参与"人类的生活，它们有属于其自身的相对独立的"领地"，而人类却依仗他的意识和行动，不断开疆扩土，不断侵占原本属于其他物种的"领地"。其三，关于在处理"公共危机与道德人格"之关系过程中，如何建立实质性的激励、奖励和正义"补偿"制度，既重要又迫切。这可有三种方式，一种是精神的奖励；二是物质的奖励；三是正义意义上的分配性制度安排，如对公共危机的防控和管理有重要贡献，其付出已长期且远远超出其所得，可通过制度性的分配安排给予补偿。

其四，公共危机之后的谨防、反思与重建。如果从大伦理观角度分析，在公共危机之后，人们能否进行整体性的道德反思，建立起行之有效的"集体道德记忆"，吸取教训、总结经验，以公共危机的防控、处置和解除中的道德体验和道德经验为基础，以实现从公共危机向正常生产、交往和生活状态转向为契机，矫正、修正、完善原有的制度和体制，完善公共危机之前的道德规范、提升公共危机之后的德性结构。首先，谨防官僚主义和形式主义的"复归"。在稳定的、常态化的国家治理和社会管理中，官僚主义和形式主义似乎已成为实现效率、平等、正义等社会核心价值的顽疾。虽然早已突破道德宽容的底线，但在社会安全阈限内，官僚主义和形式主义并未从根本上导致社会价值体系解构和社会秩序系统崩溃，而在防控、应对和解除公共危机的过程中，官僚主义和形式主义造成的社会危害倍增，因为它掩盖了公共危机的实情、延误了战机、错失了良机，甚至置自己必尽的公共职责于不顾。对此，尽管权威媒体予以严厉批判，民众予以严厉谴责，暂时性地受到遏制，但如果不痛下决心，从制度、体制，甚至法律设计上予以实质性的根除，那么回复到公共危机之后的正常状态，便又会"回归"到国家治理和社会管理过程之中。诸如，在公共危机之后不从根本上反思在公共危机中预测、认知、判断、应对、防控、解除等等各个环节出现的道德乱象，而是沉浸在摆脱危机之后的"非理性"的总结、宣传、教化中；如果危机过后没有危机感，反而大张旗鼓地营造"成就感"、"喜悦感"，那么在未来的道路上，同样的错误还会继续，同样的危机依旧潜伏。如果说，公共卫生危机是一种"自然瘟疫"，那么官僚主义和形式主义则是一种"社会瘟疫"，如果得不到根治，极有可能毁掉社会主义改革积累起来的现代管理制度和现代精神体系。其次，反思现有的科技体制、知识生产机制、科技转换机制。每一次的公共卫生危机的爆发都充分证明了人类的全部知识都是有限的，现有的理论理性、创制理性和实践理性无法从容地应对公共危机。功利主义的政策导向，使得科学研究、临床实验变成了谋得奖励、奖项、荣誉、收益的手段。如果不是出于科学研究和知识应用本身，即康德所说的，如果不是出于责任而是合乎责任甚至反乎自认，其所遵守的就是假言命令，只有出于科学精神和人类福祉从事科学研究和实验，才是定言命令。其三，完善或重建新型科技创新体制和公共危机管理体制，显得极为迫切。这属于科技伦理和管理伦理范畴。随着现代科技的飞速发展，随着人类对身外自然和自身自然的深度"开发"，各种科技伦理问题急速突显出来。反复进行的公共危机管理实践已充分证明，人与自然、人与社会、人与自己之间的深层危机逐渐显露出来。公共卫生危机的类型多种多样，我们如何在知识更新和技术创新过程中，同时创制出相应的伦理规范，以使人们的生产方式、交往方式和生活方式限定在天人之道、人伦之道和心性之道所规定的范围内。如何治理环境、保护动物、珍惜生命；如何为着无谓的公共危机"不惜一切代价"、付出生命代价的"公共危机"不再重演，都成为了公共危机之后，人们必须深刻认识和正确解决的道德难题。

公共危机与道德人格的整体性、复杂性和冲突性关系，如上所论，乃是现代性场域下的共同问题和难题，它超越了地区和国界，成为了世界性的难题。只有打破地域性知识的边界，去掉狭隘的地方和国家眼界，充分借鉴和运用人类共同的理智德性（理论理性）和道德德性（实践智慧）才能应对和解决全球性的公共危机。构建人类命运共同体早已不再是简单的价值诉求，而分明成为了康德道德哲学视阈下道德行动的绝对命令。

第十一章　从权力政治到生命政治：
两种场域与两种路向

对个体自身而言，生命就是他的全部，生命的权力是自在的，具有无需征得他人同意就可先天获得的合理性，保证、发展和满足生命权力是他最大的"政治"；但由于每个个体又是非自足、非完满的存在者，所以个体必须在主体间相互合作和共同对待中尊重个体生命和完成个体生命。狭义的"生命政治"概念特指政府、政党、国家在政治权力和公共职权支配下、通过政策、制度和行动创造并分配公共善、看待和对待个体生命时所体现出来的观念和行动，以及这种观念和行动所具有的性质。人类发展史本质上就是如何看待和对待个体生命的心路历程。在权力、资本和生命的价值排序中，如若将权力和资本置于民众的生命之上，"生命政治"就会作为普遍性问题而存在；如若把生命置于权力和资本之上，"生命政治"就会作为普遍价值存在。生物性、社会性和精神性是生命的三种存在形式，同时也是生命之政治属性的三种表现形式。在社会正常状态下，生命的自然属性得到保障的条件下，生命政治的社会性形式即"外在之善"的获得、生命政治的精神属性形式即"灵魂之善"的实现，就成为了政治权力和公共职权所要实现的终极目标；在非常状态下，个体生命受到严重威胁，恢复生命、保持健康就变成了首要的政治任务，生命政治的生物属性就具有了社会性和精神性意义，因为失去了生命的生物属性，它的社会性和精神性也就没有意义了。在公共危机中，公共卫生危机是相对严重的一种，具有原因性、普遍性和主体性等内部特征。

第十一章　从权力政治到生命政治：两种场域与两种路向

在公共卫生危机的认知、应对和防控中，个体防护、集体行动、政党统领、生命至上体现的是中国人的哲学思维和实践智慧；个人权利与自由至上、权力与资本逻辑优先，反映的是西方人的思维方式和国家治理范式。反思与批判公共卫生危机，既可直面危机自身，寻找危机根源、描述传播方式、澄明危机机理、制定防控方案，这是科学与技术的思考与行动方式；也可直面个体、集体和国家在应对、防控、消除危机时所呈现出来的思考与行动，这是一般哲学和具体哲学的致思范式。在哲学思维和实践智慧的意义上，政治哲学无疑是把握危机自身和危机防控之哲学性质的重要方式。对这一哲学性质的沉思，政治哲学可以提供两种思考路向，其一，在有效防控中，资本逻辑和政治逻辑何者优先？其二，在政治逻辑优先的运行中，如何处理权力政治与生命政治的关系？基于这两点，更为深层的问题是，一个好的国家治理和社会管理，如何在正常状态和非常状态之间保持一致性？这就是"从权力政治到生命政治：两种场域与两种路向"这一题材的真实含义。

　　无论是纯粹出于自然，还是因人的行动而成，公共卫生危机都以突如其来的样式、迅速蔓延的势头、极富破坏的后果，迅速出场、在场；呈现出空间上的广泛性、时间的持续性和破坏的严重性等外部特征。现有的心灵秩序和世界秩序受到严峻考验；已有的和现有的思考与行动受到严厉拷问。"人是谁、从哪里来、到哪里去"这一古老哲学追问重又成为当代人类的问题和难题，回答这些问题需要的知识，寻找的是答案；解决这些问题需要的是智慧，寻求的是方案。人在本质上就是不断制造问题、追问问题、体会问题和解决问题的灵长类动物，如果说"问题青年"、"问题官员"、"问题组织"还只是描述了这个社会、这个世界所存在着的某个领域、某个层次的问题，那么公共卫生危机的爆发、肆虐、势如破竹，不可视见，来无影去无踪，则迅速地将人类推入"问题人类"的深渊，公共卫生危机具有了人类学的性质。面对公共卫生危机预判、防控和管理中存在的种种失误、偏失、错误、罪恶，人们纷纷表达批评、谴责、愤怒；面对危机防控中呈现出来的积极应对、勇于担当、不怕牺牲的"英雄事迹",人们同情、肯定、赞美、敬佩,这些情绪和情感性的表达,证明了绝大多数人都是公正的旁观者。情绪和情感固然激起了人们的认识与行动,科学预判和正确治理危机则是一个科学的、理性的事情,对危机自身以及危机的防控需要哲学思维和实践智慧。政治哲学的出场和在场,目的就是要澄明危机和危机防控与治理所蕴含的哲学性质,并基于这种澄明而正确思考和正当行动。

第一节 面向学术还是面对问题:对政治哲学自身的先行批判

明了自己在做什么,应当做什么,就是一个人在做人做事上的自知之明。从事学术研究也同样如此。面对公共卫生危机这一问题,面对"权力政治与生命政治"这一题材,我们能够做什么、应当做什么,无疑是需要先行反思的事情。为自己的任何一个具有利益相关性的思考与行动进行正当性基础的论证,是现代伦理文化的一个重要标志;提供充分根据和正当理由是现代国家治理和社会管理所需要的政治伦理基础。

我们试图从日常意识和日常语言入手,讨论学术与问题的关系。面对公共卫生危机,每个人、集体和国家都有天然的、不可剥夺的权利,表达自己的情绪、意见、立场和观点,其动机无非两种,其一,只是"说说",既不想影响他者,更不想决定政策,因为言说者清楚,它的情绪、立场、观点根本就不会产生支配性后果,其二,不止是"说说",总是试图影响他者,甚至大有"治国安邦"之鸿鹄之志。在正常情况下,每个人都有表达自己意志的欲望,也存在被情绪和观点所指称的对象,当然也有无对象的表达这种情形,这是起于心意以内的情绪,但多半都是有外在原因性的情绪表达。有表达的想法却未必有支配他者的欲望,至于是何种原因造成此种情形,则不是我们讨论的题材。日常意识和日常语言意义上的情绪、立场、意见和观

第十一章 从权力政治到生命政治:两种场域与两种路向

点,是未经过反思和检验的,通常是不需要正确性和正当性基础证明的,产生和消失具有同样的速度。如若将日常意识和日常语言意义上的表达移植到学术研究中来,则又是一番值得细说的景象。其一,对学术和学问有浓厚的兴趣,甚至不乏痴迷忘我之人,对一个思想家,对一个学术流派,对一国文化的兴趣颇为专一,所从事的研究也颇为专心,研究的程度可谓精深,当专一和专心相互嵌入在一起的时候,便积淀成一种一经形成便挥之不去的心态;一旦上手便爱不释手甚至他我为一,俨然成为某个思想家的言说者、传播者、开显者,有意无意地以某个思想家的权威研究者自居;字里行间、一言一行都投射出他就是那个思想家本身,听不得半点质疑、批评,更受不了集体性的反思与批判。我们就把言说、传播他人思想的功夫称之为学术,这是学术概念的本义,它的转义是从事学术研究的技艺。专攻学术的人,出于康德而止于康德;出于福柯而止于福柯。真可谓术业有专攻。大体说来,学者总归属于知识的传播者,虽说固守、坚守自己学有专攻的学术园地,几乎或从不过问时事,更不过问政治,但也不阿谀奉承、攀炎附势,保持着学者的"尊严"、"气质"、"人格",一幅"高冷"的学者气象。这种"两耳不闻窗外事、一心只读圣贤书"式的学术路向,本质上属于自说自话、自娱自乐式的学术范式。在当下的学术研究中,此种学术范式大有打破独来独往、单打独斗的个体独白式、自语式的研究范式,而逐渐形成江湖式、门派式的集体行动。以集体的形式着迷、迷恋某个思想家、某个学派,以集体的形式轻视、无视甚至蔑视时事,专注于以集体的方式所共出的研究对象,从而获得集体性的共同体验,是当下学术界一个颇为值得关注的现象。在他们的学术视野中,没有中国问题、民族文化、中国体验、中国危机。有学术而无问题,此种学术范式必有其存在的理由,随着生产力的提升、科学技术的发展,生活资料日益丰富,财富剩余日增,从体力劳动中游离出来的人从事学术研究,虽不能创造知识,但可以记述知识、传播知识,其社会作用自不可小视。其二,对时事有浓厚兴趣,对"参政议政"有强烈欲望。此种情形又有两种类型,一种是

"真理派",一种是"势利派"。"真理派"以追求真理为最高目标,以反映历史声音为己任,以表达人民心声为幸事。但又因为常常缺少学术功夫而使得对立场和观点的论述和表述缺乏充分根据、充足理由,类似于康德所说的"意见",即主客观都缺少充分根据的那种"视其为真"。但"真理派"终归是表达了历史的声音和人民的心声,是求真向善趋美之善良意志的欠论证表达。"势利派"则是以获得各种利益为真实动机、以缺少反思和批判性而一味辩护为手段、以博得他者信任和承认为目的"理论"研究。"真理派"以反思和批判为主,"势利派"以辩护和论证为主,不求其真而求其用。看来,对学术研究本身进行反思和批判,乃是真正从事理论研究所必须预先解决的问题。总结下来,真正的学术研究必须具备如下三个核心要素,经历三个环节。三个要素:善良动机、学术训练、逻辑呈现;三个环节:学术—理论—思想。在此,我们试图将这三个要素、三个环节用在对"从权力政治到生命政治"这一主题的分析和论证中。

  首先,尽管"权力政治"与"生命政治"问题在政治哲学视阈中似乎属于边缘话题,但却是蕴含鲜明立场和态度的题材,如果一味地辩护或极端地批判,都会偏离客观的政治事实,只有将辩护与批判有机结合起来,才能真正揭示蕴含其中的事实逻辑和价值逻辑。如果一味地辩护,就会遮蔽国家治理和社会管理中产生偏离目的之善的观念和行动的可能性,而不能指明求真向善趋美的现实道路;如果极端地批判,就会否认和抹杀治理和管理实践中正确且成功的一面,因此,单一的辩护与批判都是独断论式的思考方式。而真正的学术研究是辩证论的,从整体性、复杂性和冲突性三个维度分析和论证权力政治和生命政治的可能性与现实性。

  其次,实现从学术训练到问题研究的飞跃。"权力政治"与"生命政治"既是一个学术问题更是一个实践问题,具有原因性、普遍性和主体性三个典型特征。对这三个特征的确定和确证,必须吸收和借鉴他人的理论和思想,最为直接的思想资源就是福柯的生命政治理论。因为在现当代西方政治哲学中,"生命政治"是由福柯提出并加

第十一章 从权力政治到生命政治：两种场域与两种路向

以论证和运用的，因此必须在对福柯思想做整体性把握的基础上，准确领悟"生命政治"概念的含义、构成和边界。依照笔者的初步理解，福柯的思想是发生学意义上，他并不预先构造一个康德式的"先天逻辑"、"先验逻辑"，之后将这个逻辑现实化，而是对权力的原始发生即通过对君主权力、规训权力和生命权力的历史考证而论证权力；福柯一生都在致力于考证和拷问，个体、人，是如何被管制和教化的。福柯的理论旨趣、学术志向有点像马克思在《1844年经济学哲学手稿》中说的，共产主义是通过人而为了人，对人的本质的重新占有。我们对福柯可以有个人的偏好，甚至以一生都在研究福柯为幸事，甚至成为病理学意义上的膜拜者，这些都是可以理解也是可以适度接受的现象，因为在当下社会状态下，已有足够的时间剩余和财富剩余为这种"顶礼膜拜"式的学术研究提供保障。社会事实的多样性和社会财富的丰富性，为学术研究的多样性提供了基础，学术生态学的根本特征就是学术多样性；学术宽容以及宽容环境的形成，正是学术繁荣的标志。而要以"权力政治和生命政治"为研究题材，就不该囿于对福柯思想本身的译介、评价和赞美之中。福柯的"生命政治"与其说是一个概念、一种理论、一种思想，倒不如说是一种思考权力问题的方式；它不是关闭了人们继续反思和批判权力现象的大门，而是敞开了一个继续思考的视界。

其三，讨论政治问题从来都是有政治风险的。政治对人们的开放程度是社会向人类开放程度的重要标志，一个充满政治开放和社会开放的历史状态，也一定是充满活力、生机和希望的社会状态，这正是"生命政治"的本真含义。就政治的观念史或概念史而言，它本身就是历史性的，不同社会状态下的人们对政治的理解和构造也是不同的。有关政治概念的技术主义界定和本质主义定义的历史性转型，为人们公开、公正地讨论政治提供了历史前提；而由公共卫生危机引发的全球性的风险与危险则为这种讨论提供了现实条件。政治哲学是对具有政治性的社会事实的研究；并非所有的社会事实都是典型的政治事实，尽管它们与政治相关，所以政治哲学并不研究所有的社会现象，只有当社会事实呈现出典型的政治性质时，它或它们才会进入政治哲学的视野。一如马克思所说，只有当物以人的方式同人发生关系时，人才以物的形式同物发生关系；只有当社会事实以政治哲学的方式向人敞开时，政治哲学才以事实之政治性质的方式同事实发生关系；政治哲学的出场和在场以重大的政治事实的产生为前提。

其四，以怎样的动机和方式讨论"生命政治"直接决定着研究的方向和程度。在一个"遮蔽"、"规避"、"掩盖"真的社会里，追求真理是一种正气，说出真理是一种勇气，正气和勇气之所以被称赞，那是因为它们推动着人类走向充满整体性的好生活的世界；如果在一个充满总体性的求真向善趋美的社会里，有意、故意去制造假相、攀炎附势、阿谀奉承、说假话、说空话、说套话，那就是对真理的蔑视、对善良的践踏。当充满善良动机地去关注"生命政治"却也未必说出它的"真理"，尚需合理的原则、正确的方法、规范的陈述。学术、理论和思想之所以严格区别于情绪和意见，就在于它们是经得起检验的"沉思"和"理性"。

第二节　直面生命政治自身：生命政治"原理"的先行标划

在进入"权力政治与生命政治"这一主题所蕴含的丰富世界之前，预先给出这个主题所使用的核心范畴的定义，似乎是倒置的思维逻辑，康德曾明确表示，这种倒置的思维逻辑严重伤害了事物自身的原始发生和演进过程。事实上，这绝非一个简单的逻辑起点问题，而是如何把握"真"的问题，这里有两个极为重要的前提性工作需要完成。

其一，思维的逻辑和表述的逻辑的区别。马克思在《资本论》第一卷开篇便说："资本主义生产方式占统治地位的社会的财富，表现为'庞大的商品堆积'，单个的商品表现为这种财富的元素形式。因此，我们的研究就从分析商品开始。"或许有人疑问，既然是"资本

第十一章 从权力政治到生命政治：两种场域与两种路向

论"，那马克思为何不从定义资本、分析资本的性质、结构开始，而从分析商品开始？这就是哲学研究不同于其他学科的方面，从概念开始，从定义开始，从范畴表的设计开始，然后用范畴群和话语去整合、整理、统合感性材料，论证那个早已拟定好的结论。这绝不是真正的哲学沉思和哲学表述，而是实证主义、结构主义的论证和表述方式。既然结论已经预先给出，那么余下的事情就是去证明这个结论。在马克思看来，理论把握世界的方式之所以不同于甚至优越于其他方式，乃在于这种方式是第一条道路和第二条道路的有机统一。"第一条道路是完整的表象蒸发为抽象的规定；在第二条道路上，抽象的规定在思维形成中导致具体的再现。"经过将完整的表象蒸发为抽象的规定，在马克思得到的"许多东西"中，商品生产才是资本主义社会一切社会行动和社会关系的根源；在第二条道路上，马克思就一定要从分析商品开始，正是在分析商品和货币及其相互转换过程中，资本才通过商品和货币而见出其自身，这正是资本借助商品和货币而展开其自身的历程。范畴群和话语体系只是资本逻辑得以显现的道具、工具，没有这些概念和话语资本便无法呈现其自身，无法"招致前来"；没有这些范畴和话语我们也无法知晓资本真面目。资本借助范畴和话语被呈现，而不是被给予、被生成。如果采取倒置的论述和表述，资本就会成为范畴和话语的玩偶，一种活的、充满自我展开之可能性的"主体"就会被扼杀、湮灭在毫无生气的范畴和话语中。离开充满生命和活力的时代问题、难题和主题而抽象地制造话语、争夺话语权，这是人造的学术，是学术的虚假繁荣，是学术形式主义和官僚主义的突出表现，它只能说明我们距离真实、真理和真诚越来越远。这就是马克思为何没有从定义出发，而是从充满活力的主体即商品生产出发的根本原因。《资本论》不是一部字典、词典，更不是任意裁剪的"资料库"，而是一部既是剧作者又是局中人的资本戏剧。让时代主题亲自出场，它自己言说自己、呈现自己和表达自己，才是真正的学术；把主题有机地呈现在表象里、把握在意识中才是理论和思想，这就是"哲学是时代精神的精华"的真实含义。当宣传家和辩护士变成了理论家和思想家，真理、理论和思想就会因为普遍的"遮蔽"而退场或隐匿。但它们永远不会从属人的世界中消失，因为它们就是个体和类本身，消灭了真理和思想也就等于消灭了人本身。对"生命政治"的研究也必须运用马克思给出的致思范式。从权力、政治、生命相互关系的现实后果出发，采用回溯法，即从果溯因，直至最简单的规定，即人的存在状态及其展开方式与作为这种展开方式的社会结构及其展开方式之相互嵌入的关系，然后从这种关系起始，将相互嵌入的历史逻辑呈现在概念和话语的展开之中。

其二，我们用以论证生命政治的价值依据是如何给出的呢？如果这个依据没有存在论和认识论根据，那么它就是不可靠、不可信的。对此一依据的揭示必须运用康德的两个世界理论。康德以"作为一种先天地立法的能力的判断力"为标题论证和论述了这一具体过程："一般判断力是把特殊的东西当做包含在普遍的东西之下、来对它进行思维的能力。如果普遍的东西（规则、原则、法则）被给予了，那么，把特殊的东西归摄在普遍的东西之下的判断力，（即使它作为先验的判断力先天地指明了诸条件，惟有根据这些条件才能被归摄在那普遍的东西之下）就是规定性的。规定性的判断力从属于知性提供的普遍的先验法则，它只是归摄性的；法则对它来说先天地确定下来的，因此它不必为自己想到一条法则，以便能够把自然中的特殊的东西置于普遍的东西之下。——然而自然有如此之多的形式，仿佛是普遍的先验自然概念有如此之多的变异，它们通过纯粹知性先天地立的那些法则依然未得到规定，因为这些法则仅仅一般而言地关涉一个自然（作为感官的对象）的可能性，但这样，对于这些变异就也必须有一些法则，这些法则虽然作为经验性的法则按照我们知性的洞识来看可能是偶然的，但如果它们应当叫做法则的话（就像一个自然的概念也要求的那样），就必须在杂多之统一性的一个尽管不为我们所知的原则出发被视为必然的。""作为一种先天地立法的能力的判断力"把特殊的东西包含在普遍性东西之下加以思考，貌似为自然界立了法则，为特殊的东西提供了普遍性的法则，但这并不意味着这些个别

第十一章　从权力政治到生命政治：两种场域与两种路向

的、特殊的东西以及统合这些特殊的普遍法则完全是靠知性想象出来的，先天的、先验的自然法则以概念的形式先天地存在于人的知性之中，而这个先天法则与自然本身的普遍性恰是相合的。但自然不会像人那样，把属于自身的普遍法则呈现给自己，而是依靠人的知性得以显现，这便是自然法则的被给予性。被给予性不等于被生成性，自然界的法则不是人给它创制出来的，而是由人给显现出来的，自然因人的具有立法能力的判断力而得以澄明，获得了无论对其自身而言还是对于让其显现的人而言都极其重要的确定性和明见性。

然而，拥有且充分运用理论理性（思辨理性）并不是终极目的，只有实现从理论理性向实践理性的转向才能回到康德一生所致力于它的主题：人，所知者何？所应者何？所愿者何？所是者何？完成了所知、所应和所愿，所是也完成了。完成人、成为人、实现人，这就是康德哲学的终极目的。康德在《纯粹理性批判》中已经给出了这个终极目的，那就是过一种有尊严的整体性的好生活："我把对这样一种理智的理念称之为至善的理想，在这种理念中，与最高幸福结合着的道德上最完善的意志是世上一切幸福的原因，只要这幸福与德性（作为配得幸福的）具有精确的比例。所以纯粹理性只能在这个最高的本源的善的理想中找那两个最高的派生的善的要素在实践上必然连结的根据，也就是一个理知的、即道德的世界的根据。既然我们必须通过理性把自己设想为必然属于这个世界的，哪怕感官向我们呈现出的只不过是一个现象的世界，则我们也必须假定那个道德世界是我们在感官世界中的行为的一个后果，而由于感官世界并未向我们显露出那种连结，所以必须假定那个道德世界是我们未来的世界。"康德的道德世界就是属人的世界，在这个世界里，每个有理性者无疑是以个体的形式思考和行动的，但却不是独立地、孤立地进行的，而是以集体的、类的形式完成的，个体间的相互连接、相互嵌入和相互尊重的共同"业绩"就是"目的王国"的建立。"目的王国"既供给着政治的初始根据，又提供着实现政治的道路；没有对根据的澄明和对道路的揭示，"权力政治和生命政治"就不会成为问题、成为主题、成为难题，也就找不到解决问题的出路。

首先，"目的王国"中的每一个有生命的存在者，都是一个需要着的因而是价值性的存在物，他的所有需要都是基于他的存在状态及其展开过程之上的。由于是非自足的、非完满的，所以才是需要着的存在物；他非得获得各种价值物以满足他的各种需要不可，否则便难以生存和生活下去。与人的生存状态及其展开过程相对应，人的需要便呈现出由低到高的递增结构，展开来说便是生物性需要、社会性需要和精神性需要；与三种需要相对应的是三种善：身体之善，健康、强壮、敏捷、优美是身体之善的四个向度，且呈现出由低到高的递增情态；外在之善：财富、资本和荣誉，满足衣食住行用之需要的价值物就是物质财富，满足信知情意之需要的价值物就是精神财富，物质财富通常具有一人一次消费的特点，而精神财富则可以多人多次消费，随着财富的消费，其意义会呈现倍增的特点。这里的资本是指嵌入在人们相互交换、交往活动和关系结构中的资源，即社会资本，它既可以是货币和财物形式的，也可以是无形的道德形态的，如正义、诚实、勇敢、慷慨、友爱、仁慈，等等，以及基于这些品质之上所形成的认同感、归属感，所获得的认知度、美誉度和和谐度；荣誉，在古希腊文化中，通常是指一个公民在城邦共同体中履行相应义务后所获得的馈赠，为城邦做自己应为之事乃是最大的荣誉；精神性需要本质上是一种自足的、自在而自为的、由内到外的强烈倾向，而生物性的、社会性的需要都是非自足的、依赖性的，是由外到内的，无论是身体之善的自得还是外在之善的获得，都是通过自身努力但却不由自己决定的事情，但精神需要则是对外界依赖性最弱的倾向，如自由、人格、境界、理性，等等。亚里士多德把"沉思"看作是最自足的属人性品质。当生物性、社会性和精神性需要被有机地组合在一起成为一个完整的"人格"时，每个人天然具有的存在合理性就被共出了，这就是"自我"。"如果我们稍微更仔细地考察精神，那我们就发现精神的最初的和最简单的规定就是：精神是自我。自我完全是一个完全简单的东西、普遍的东西。当我们说自我时，我们想到的大致

第十一章 从权力政治到生命政治：两种场域与两种路向

是一个个别的东西；但因为每个人都是自我，从而我们只是说出了某种完全普遍的东西。自我的普遍性使得它能够从一切事物甚至从它的生命抽象出来。"每个需要着的、感受着的，自我体验、自我证明着的自我就是一个全体，他自己就是他的一切，因为他自己的各种需要以及各种需要的全部满足就是他的终极目的，所以，他就是他自己的最大"政治"。然而，我们从来不把每个个体自认自己是最大的政治看作是政治哲学的对象，因为每个个体无论怎样过度地看待和对待自己，他都不能完全依靠自己而实现自己的目的。但正是这种非自足性，每个人必须在"目的王国"中满足自己的需要这一客观事实，才使已有的、现有的政治学、政治哲学和政治伦理学把个体的源初性存在状态及其展开方式驱除到研究对象之外，因此，这些学科和学说也就变成了无根基、无终极对象因而不真实的学科。先行确定、确认个体存在状态及其展开方式的自在合理性并不导致个人主义、利己主义；强调集体和国家利益也并不必然推导出合理性、正义性。如果说每个个体自认其存在为最大的政治，其合理根据无法从其自身给出，那么就只能在主体间性中给出，这正是由个体的先天性缺陷即非自足性和非完满性给出的社会性和人类性要求，即人是被规定为过集体生活的动物。

其次，"目的王国"是一个出于个体又超越个体而达于集体、终究又回到个体的人类共同体。人是被规定为过集体生活的动物的理由已由个体的先天缺陷所证明，人的需要的多样性与人的能力的有限性的矛盾，依靠个体自身是无论如何也解决不了的，唯一的道路便是合作，而合作的规范化形式就是组织；通过合作产生合作剩余，通过分享和共享合作剩余人的有限性得到了一定程度的解决，通过组织，个体才能采取集体行动，即分工又合作，创造人们各种各样的价值物。而就组织而言，有家庭、村社、社会、政府和政党。从终极目的看，这些组织的形成和运转都是为了组织成员能够在创造和享用合作剩余过程中，除了分得与劳动相匹配的份额之外，还在合作和交往中获得存在感、认同感、归属感和幸福感，也在生产劳动的分化中，进行沉思，进行精神生活资料的生产。那么，可否认为，凡是与个体所需要的三种善的创造和分配直接相关的集体行动、组织化的分工、合作与管理都具有政治性质呢？虽然不能精确确定和确证"政治"概念产生的最初时间，但从人类集体活动史的原始发生看，则一定晚于家庭、家族、部落、部落联盟概念。当人类还处在基于自然分工、初始的社会分工而分工协作的状态时，人们通常是基于血缘和地缘关系、依照自然情感进行管理的；实行的是各尽所能、按需分配的原则，身体和智力上的优势尚未成为获得特权的基础，相反倒是成为承担更多责任的基础。这种原始共产主义常常被人们想象成一个好社会的"理想模型"，其实，这是一个必须严肃对待的历史悖论问题：能力有限、意识低下、财富匮乏但却人人平等；能力提升、意识发达、财富增加，但却矛盾重重、两极分化。当面临选择时，在人类集体性的道德记忆中，似乎不乏将人人平等甚至绝对平均主义视作最高价值原则进行国家治理和社会管理，最后却濒临社会崩溃边缘的例子。就像人类在不断进化中，超越了家庭、家族、村社、部落、部落联盟的狭小边界而采取国家这种治理方式那样，人类也在不断地寻找能够快速积累财富并公平分配、最大限度实现个体愿望的社会治理方式。当人们或由于战争、或由于资本的运行逻辑而导致的更大范围的"合作"时，一种超越家庭、氏族、村社、部落之整合力量之上的强大机构产生了，这就是国家。恩格斯在《家庭、私有制和国家的起源》中，以摩尔根的《古代社会》所提供的人类学素材，以易洛魁人、希腊人的氏族和家庭为"样本"，以文化人类学的叙事方式叙述了家庭和氏族的发生史；以罗马人、希腊人和德意志人为"范本"，叙述了国家发生史。从恩格斯叙事的时间逻辑看，国家显然是在家庭、氏族和部落的解体与整合中产生的。家庭、氏族、部落、部落联盟既是人们的生产组织、管理单位，又是生活共同体，而国家则是非人格化的权力机关；国家的本质与功能决定了由国家所实施和控制的治理和管理一定是政治性的，而家庭、氏族所实施的管理和分配则不是。从国家的原始发生、演变及其趋势看，国家的存续只是人类发生和进化史中的

第十一章 从权力政治到生命政治：两种场域与两种路向

特定社会事实，并不伴随人类始终。

国家的产生是以生产力有了一定发展但又发展不充分为前提的，当人们在生产过程中形成的不同地位和力量变成了对立关系时，国家就应运而生了。"国家决不是从外部强加于社会的一种力量。国家也不像黑格尔所断言的是'伦理观念的现实'，'理性的形象和现实'。确切地说，国家是社会在一定发展阶段上的产物；国家是承认：这个社会陷入了不可解决的自我矛盾，分裂为不可调和的对立面而又无力摆脱这些对立面。而为了使这些对立面，这些经济利益相互冲突的阶级，不致在无谓的斗争中把自己和社会消灭，就需要有一种表面上凌驾于社会之上的力量，这种力量应当缓和冲突，把冲突保持在'秩序'的范围以内；这种此社会中产生又居于社会之上并且日益同社会相异化的力量，就是国家。"恩格斯在于家庭、氏族、部落的比较中指出了国家的功能：第一，按地区来划分它的国民；第二，公共权力的设立，这种公共权力已经不再直接就是自己组织为武装力量的居民了；第三，"为了维持这种公共权力，就需要公民缴纳费用——捐税。捐税是以前的氏族社会完全没有的。但是现在我们却是十分熟悉它了。"第四，掌握公共权力的特定人群产生了，这就是官吏。"官吏既然掌握着公共权力和征税权，他们就作为社会机关而凌驾于社会之上。从前人们对于氏族制度的机关的那种自由、自愿的尊敬，即使他们能够获得，也不能使他们满足了；他们作为同社会相异化的力量的代表，必须用特别的法律来取得尊敬，凭借这种法律，他们享有了特殊神圣和不可侵犯的地位。文明国家的一个微不足道的警察，都拥有比氏族社会的全部机构加在一起还要大的'权威'；但是文明时代最有势力的王公和最伟大的国家要人或统帅，也可能要羡慕最平凡的氏族酋长所享有的，不是用强迫手段获得的，无可争辩的尊敬。后者是站在社会之中，而前者却不得不企图成为一种处于社会之外和社会之上的东西。"就像马克思和恩格斯在《共产党宣言》中对资本主义或资产阶级的价值二重性所论述的那样，国家也以异化的、强制的形式将人类从蒙昧、野蛮状态推进到了文明社会。国家就像霍布斯笔下的

"利维坦",作为一个海中怪兽,国家既有效管理着社会,又使社会不断陷入分化、矛盾和冲突之中。这着实是一个悖论,一如前述,平等、温情但却财富匮乏,经济发展、科技进步但却矛盾、冲突、不平等,那是否存在这样的可能性呢:发展、进步与平等、温情的有机组合。在马克思和恩格斯看来,这样的状态一定会到来,这就是共产主义。国家是相对的、历史的,基于资产阶级国家而又超越它,正是共产主义的使命。"所以,国家并不是从来就有的。曾经有过不需要国家,而且根本不知道国家和国家权力为何物的社会。在经济发展到一定阶段而必然使社会分裂为阶级时,国家就由于这种分裂而成为必要了。现在我们正在以迅速的步伐走向这样的生产发展阶段,在这个阶段上,这些阶级的存在不仅不再必要,而且成了生产的真正障碍。阶级不可避免地要消失,正如它们从前不可避免地产生一样。随着阶级的消失,国家也不可避免地要消失。在生产者自由平等的联合体的基础上按新方式来组织生产的社会,将把全部国家机器放到它应该去的地方,即放到古物陈列馆去,同纺车和青铜斧陈列在一起。"

从这种表面上显得繁琐但实际上非常必要的讨论中,我们试图达到的目的是要澄明权力政治和生命政治之间的历史逻辑和价值逻辑,没有对这两种逻辑的预先呈现,有关"生命政治"的一般"原理"就不可能标划出来。从恩格斯和摩尔根关于家庭、氏族和国家的发生史的描述和论述中,我们得到的最大理论成果是,权利、权力和政治是构造"生命政治"之"原理"的"关键词",或轴心。

(1)有关"生命政治"的语言哲学原理。根据国家发生史及其历史展开过程,权利、权力和政治具有内在的逻辑关系。在理解和把握它们与"生命政治"的关系问题上,建构有关"生命政治"的语言哲学原理,绝非仅仅是对"关键词"进行定义,确定它们的内涵与外延,而分明是对"关键词"所指称的对象的认识、观念或理念进行考察。借助康德的"目的王国"理论,我们得到的最大理论成果便是对"权利"的确定和确证。最为初始的、源初的权利乃是对任何一个有理性存在者之身体之善、外在之善和灵魂之善的先行确

第十一章　从权力政治到生命政治：两种场域与两种路向

定，这种确定无需一个正当性基础的证明，一个人的生命存在、社会性存在和精神性存在是自在的，一经来到这个属人世界，他的"此在"就被先行确定了，他无需征得他人和"组织"的同意即可获得"此在"的理由，这正是人人平等的最为原始的根据。只有普遍性的存在才是无需一个正当性基础证明的，说每个人的存在本身具有自在的合法性，不是因为这是一个不容否认的事实，而是因为这个事实适合于所有人，每个人在来到属人世界的那一刻都具有无需证明的自在合法性，即凡是存在的都是合理的。就如同黑格尔所说的"自我"，当每个人言说"自我"时我们确实说出了一个普遍性的事实，因为人人都是自我。这是一种"默契契约"，即无需提供理由的契约，作为"隐性契约"，它不同于"显性契约"，即缔约双方就各自的权利和义务关系进行反复博弈最后达成双方认可的有效"承诺"。一个生命来到属人世界的初始状态，乃是一个可能的有理性存在者，他的理性、情感、意志都处在无意识、潜意识和部分意识的状态之中，他尚无足够的能力与先于他在世的人进行博弈，借以证明，"我"来到这个属人世界与你们具有同样的理由，继而像缔结"显性契约"那样，确立权利与义务的对等关系，以及各自的义务边界。对一个生命降生到世界上具有自在的合理性这一点，其根据和理由并不来自宗教和道德，而是来自包括人在内的一切动物界所共有的法则，即"相互依存性"。所有的动物都是被规定为过"集体生活"的，都具有相互依存的性质，只有严格遵守"依存性原理"才能保存生命、实现生命和完成生命。这就是最为原始的"生命政治"，也是现代人的权利概念中的初始含义，即个体生命的生存权。所不同的，只是人类是通过建构相互依存性和而实现集体生活的，因而是基于既成之上而生成的，动物则是在自然界给定的边界内通过维持相互依存性而过"集体生活"的。动物通过分工与协作只是为了获取食物、分配食物，但却不会生产食物；动物也有移情和同情，但人类之间的移情和同情却通常是在理性和理智的支配下实现的。惟其如此，人比其他动物更高级更高贵的地方，恰恰在于通过创造更加高级的相互依存性而使每个人的生命更加靓丽，更有创造性，更有意义。因此，无故地消灭生命，或一个生命面对死亡威胁而不予施救，所违背的不是人道原则而是普遍性的生命原则。如果把"救民于水火、解民于倒悬"视作人类的最高道德行为，那么就一定是"遮蔽"了人类高级道德行为本身。理由是，将受到死亡威胁或受病痛折磨的生命恢复到健康状态、置于安全的生存、生活环境之中，乃是一种"矫正"的、"恢复性"的正义，目的是使一个生命获得"身体之善"。

如果把一个生命所需要和获得的"身体之善"视作"权利"的全部或"生命政治"的全部，那一定是把"生命政治"的丰富内涵简化到了仅仅是"活着"的层面上，相反，"生命政治"概念与生命政治事实同样丰富多彩。在相关于个体生命的权利概念中，除了保证和维系生命健康、强壮、敏捷和优美这一基本涵义之外，这是生命的自我同一性，还有个体生命的社会规定性，即生命之间的依存性、相关性，即外在之善，其内容已由上面论述给出。将外在之善纳入到权利概念之中，意味着，个体生命虽然具有自在的合理性，具有自我同一性，但生命的确定和确证，生命的维系、实现、完成却是在主体间的相互依存和相互承认、确定中完成的，所以，剥夺了个体生命的外在之善也就剥夺了他的生存权和生命权本身。"每个人以物的形式占有社会权力。如果你从物那里夺取这种社会权力，那就必须赋予人以支配人的这种权力。"① 判断一个政府、政党和国家的合理性程度，其重要根据在于是否找到了快速积累财富、公平分配财富的经济组织方式和国家治理、社会管理方式。相关于个体生命的外在之善构成了"生命政治"的社会形态，即现代人的权利概念中的财产权。在相关于个体生命的"权利"概念中，除了生存权和财产权之外，最为困难也是最高级的权利则是自由权，即个体生命在具备了足够的理智德性和道德德性之后，拥有根据自己的意志和意愿合理表达自己的意志和行动的权利，即现代人的权利概念

---

① 《马克思恩格斯文集》第8卷，人民出版社2009年版，第52页。

第十一章　从权力政治到生命政治：两种场域与两种路向

中的自由权。这种权利虽然不是必要性的权利，但却是社会进步和人的发展程度之最高体现的权利。

当我们从内涵和外延上界定和规定了人的"权利"之后，接续的概念便是"权力"。如果说"权利"概念适合于所有人，是每个人有生命存在者先天具有而在主体间确定和确证的"善型"，那么"权力"则是描述不同个体间在相互作用过程中形成的支配性力量。"权力"事实与概念同人类生命史和生活史同样长久，其所描述的是不同生命个体之间的差异性事实，以及基于这种差异性形成的支配性事实。权力是嵌入在人们之间的活动结构和关系结构中的支配性力量，它起源于个体之间的差异性而发源于居于优势地位的个体对居于弱势地位的个体的支配过程。在与权利有关的行动和关系中，"支配"现象是随处可见的，但基于"权力"之上的"支配"却并不如此。"我们将'支配'（Herrschafut）定义为：一群人会服从某些特定的（或所有的）命令的可能性。因此这个定义并没有统括所有行使'权力'（Macht）或'影响力'（Einfluss）的形态。"虽然不能说任何一种支配类型都是基于权力之上的，但由权力导致的人们之间的非对等关系则一定是支配性的。"无论如何，我们可以想像到的制度，都不能没有权力——即使是最有限——来发号施令，因此，就有支配。""在最一般的意义上，权力是通过支配人们的环境以追逐和达到目标的能力。"迈克尔·曼把人类社会生活中所有符合上述定义的社会事实，统称为社会权力，在迈克尔·曼看来，我们完全可以以社会学的学科视野来定义和分析权力现象，把全部支配行为称为社会权力，因为这些支配性行为均出于同一个原因，即人类本性和社会本质。"人类无休止地、有目的地并且是有理性地为增进他们对生活中美好事物的享用而争斗，为此，他们有能力选择和追求适当手段，它们是权力的来源。"根据迈克尔·曼的论证，我们可以根据广泛性、深入性、权威性和弥散性把社会权力划分为四种类型，它们既是权力的来源，也是权力的类型：意识形态权力、经济权力、军事权力和政治权力。在权力的这四种类型中，政治权力是最为特殊的，在社会关系内，行动者具有可以排除各种抗拒以贯彻其意志而不问其正当性为何的可能性。那么行动者依据何种力量才有这种可能性呢？韦伯给出了"支配的三个纯粹类型"，在这三种类型中，只有"法制型"或"法理型"支配是有法律基础的，且对这个基础的正当性基础是经过证明的，而"传统型支配"和"卡理斯玛支配"则是以"确信"和"崇拜"为基础的。简约地说，在政治权力的支配类型中，其所依据的基础可以是"法律范型"、"文化范型"，也可以是"道德范型"，这只是就支配的根源而言的，至于支配的目的和效果则"语焉不详"。看来，除了对权力支配的基础和过程进行论证之外，还必须对支配的动机和目的进行"考证"。

在权力的四种类型中，只有"政治权力"才有"政治性"，如果不能将这种"政治性"澄明出来，那么"权力政治"和"生命政治"的内在逻辑关系就无法演证出来。判断一个社会事实是否是政治性的，主要有两个根据，一个是结果意义上的，一个是动因意义上的。一个观念和一个行动如果涉及国家的根本利益，或相关于众多公民的根本利益，我们就会断定，这是一个具有政治性的事件，如颠覆国家政权的叛变、攻击行为；涉及绝大部分或全体公民之生命权、财产权和自由权的公共危机。当一个观念和行动的发生是依靠政治权力和公共职权而实现的，我们就会判定这是具有政治性的观念和行动。在具有公共性质的"物品"中，政治权力的公共性程度最大，它可以违背被支配者的意志而"一意孤行"，可以借助政治决策、制动和行动支配所有公民。"权力政治"这个概念所指称的正是对"政治权力"的发生、获得、行使进行正当性基础论证的过程及其后果。而这种批判与论证的关键则是对"政治"的界定和规定，可有三种思考路向，即目的论、过程论和动机论。国家权力的终极目的的先行预设，乃是国家权力之政治性质的根本体现，国家作为每个有生命存在者必须过集体生活的最高共同体形式，其终极目的就是最大限度地保障和实现某个公民的根本利益，即身体之善、外在之善和灵魂之善。什么才是国家"是其所是的东西"？这就是黑格尔在《法哲学原理》中所说

第十一章 从权力政治到生命政治：两种场域与两种路向

的："国家是伦理理念的现实——是作为显示出来的、自知的实体性意志的伦理精神，这种伦理精神思考自身和知道自身，并完成一切它所知道的，而且只完成它所知道的。"① 那么，国家所知道的、并且只完成它所知道的东西到底是什么呢？这便是动机论所要回答的。国家是非人格化的一组力量体系，但掌握国家机器并运行这部机器的"政治精英"却是人格化的个体及其集团，他们获得、行使国家权力的动机直接决定着国家的性质及其运行路向，能否把全体公民的"善型"、"权利"作为其"治国理政"的终极目的，就成为了他们获得权力和行使权力的正当性基础。以此观之，人们的政治观念直接决定着人们的权力观念，基于人们已有、现有和将有的政治观念，在界定和规定政治概念时，就有了如下几种情形。第一，技术主义的定义，政治是人们获取政治权力的技艺。如若只问如何获得权力而不问获得的正当性基础，更不问追求何种目的，这种"权术"性质的政治观念，无法保证公民的根本权利。第二，本质主义的定义。政治是相关于每个公民之根本利益的所有方面。把政治规定为最大限度地保障和实现公民的生存权、财产权和自由权的方式，体现了政治概念的目的论；为实现此目的，政治决定着也约束着国家权力，使之朝着实现正义、平等、自由、富裕等方向运行，合理分割、正当使用，体现了政治概念的方法论。第三，过程主义的定义。强调治国理政的过程，这既是技术论的又是方法论的。善的目的的实现需要正确的手段做保障。"一种发挥作用的政治的定义是：我们理解和治理我们社会事务的方法。这特别适用于对稀有资源的分配和其基本原则。它也涉及一些人或群体获得政权并不必另一些人或群体对形势具有更大控制权的手段和方式。"毫无疑问，杰弗里·庞顿等人的政治定义是过程论和方法论意义的，它只揭示了作为政治之核心力量的政治权力的获得方式、用政治权力管理公共事务的方式与方法，这是政治学的思考方式，本质上属于技术主义的定义方式。而政治哲学和政治伦理学对政

---

① ［德］黑格尔：《法哲学原理》，范扬、张企泰译，商务印书馆1961年版，第253页。

治和权力的沉思必须是本质主义的，将技术主义的思考纳入到目的论和动机论的规定之中。

至此，我们将有关"生命政治"的语言哲学原理表述如下：在权利、权力和政治之间，权利构成权力和政治的目的之善，权利的内部构成就是生存权、财产权和自由权，权利的外部构成就是财富的快速积累和公平分配、社会自治能力的提高、每个人都有能力和意愿过一种整体性的好生活。权力是实现目的之善的核心力量，它通过体现正义、平等、效率等原则的政治观念、政治制度、政治体制和政治行动来实现公共权力的"是其所是"。政治，作为观念就是将权利变成一种普遍有效的实践法则，约束权力的分割和运行。政治，作为一种制度，就是在公平与效率、正义与平等、自由与幸福之间找到一个平衡点，在平等原则和差别原则之间找到结合点。政治，作为一种行动，就是拥有且行使政治权力和公共职权的政治精英在善良意志的推动下、在实践理性的保证下，最大限度地创造公共价值并合理地分配公共价值，还要随着社会的进步和科技的发展，不断完善国家治理体系、不断提升治理能力。作为语言哲学原理的"生命政治"本质上并不是语言问题，而是一种价值体系，这个体系的本体论基础乃是向每个有生命存在者而言的权利，它的认识论基础是人们对权利的认知、把握和确认，是可以普遍化的价值共识。

如果说这个以权利、权力和政治为核心要素构造起来的有关"生命政治"的"语言哲学原理"，只是一种可能的"理想模型"，那么，在具体的实践过程中，则呈现出整体性、复杂性和冲突性，因此如何拥有哲学思维和实践智慧就成为了决定这个"理想类型"能否实现的关键。

（2）有关"生命政治"的"实践哲学原理"。如果说有关"生命政治"的"语言哲学原理"解决的是"权利"何所是和何所向的问题，那么有关"生命政治"的"实践哲学原理"解决的则是何所为的问题。即便所有人都确认和承认国家"作为伦理理念的现实"就是最大限度地保障和实现有生命个体的"善型"即"权利"，却也不

第十一章　从权力政治到生命政治：两种场域与两种路向

能保证一个现实的国家确实能够实现"生命政治"所要求的全部内容。

在有关"生命政治"的"实践哲学原理"中，最为关键的是政治精英及其权力集团能否实现黑格尔笔下的"伦理理念"。"国家是伦理理念的现实——是作为显示出来的、自知的实体性意志的伦理精神，这种伦理精神思考自身和知道自身，并完成一切它所知道的，而且只完成它所知道的。"黑格尔在这里明显地有将国家这个"利维坦"人格化的倾向，如果不是将其理解为是在为普鲁士政府唱赞歌，而是对国家"是其所是的东西"的澄明，并将其作为绝对命令向拥有和行使政治权力和公共职权的政治精英及其权力集团提出，那么黑格尔的观点倒是颇有启发意义的。首先，善良意志。这是决定拥有和行使政治权力和公共职权的人能否将权力用于创造和实现公共善的初始性力量，它是将公共善作为各种动机中的首要动机加以贯彻的意愿和意向。《大学》右经一章中所说的"正其心"、"诚其意"相当于康德笔下的"善良意志"。虽不排除完全出于责任地将公共权力用于创造和实现公共善的政治家和管理者，但真实的情形则是，作为"伦理精神思考自身和知道自身"的政治家及其权力集团在动机丛中，既有"向善"的力量，又有"趋恶"的倾向，能够将遵守法律的动机、创造和实现公共善的动机置于利己动机之上，只是多种动机中的一种；没有利他动机实难有利他行动。人类不同于其他动物的地方，不在于拥有利己动机，而在于将利己动机置于合适的位置，找到合理的实现方式。没有强烈的利己动机，强大的利他倾向就失去了道德意义。在动机与公共善以及法则之间会有三种情形：反乎、合乎和出于，只有出于责任的行为才能使道德行动具有持续性和广泛性。其二，实践理性。实践理性是把善良意志贯彻在行动、实现在结果中的自治能力，具有两个向度，一个是能够抗拒内心的利己动机，一个是抵御外部诱惑。由于政治权力和公共职权是最具公共性的支配性力量，潜在资源、现有财富、身份、地位、机会都有可能成为它所支配的对象。实践理性就是把对法律的敬畏和罪感的体验贯彻到政治活动和管理活动中，它需要以完整的道德人格作坚实的基础。其三，技术理性。国家治理和社会管理不仅仅是一个价值理性问题，更是一个技术理性问题。政治精英及其权力集团拥有且充分运用他的善良意志和实践理性只构成创造和分配公共善所需的必要条件，如何将善良意志和实践理性变成可实践的治理和管理活动，所依靠的是创制理性和科技理性，前者提供体现效率、公平和正义原则的规范体系，后者提供实现这些原则的方法与策略；在善与恶、好与坏、正确与错误之间选择前者；在价值系列中，当存在价值冲突的情境下，是生命价值优先还是资本权力优先？其所反映的是决策者、管理者的伦理智慧和伦理技巧。

（3）有关"生命政治"的"历史哲学原理"。如果说，政治精英及其权力集团所具有的伦理智慧和伦理技巧，构成了有关"生命政治"之实践哲学原理中的主体性要素，那么"场域"则构成客体性要素。有关"生命政治"的政治哲学批判，必须在社会历史之具体场域下进行，因为个体、集体、国家如何看待和对待"生命政治"都是在具体的语境下进行的，没有对具体语境的整体性考察便难以理解不同国体、政体和体制下的人们，在看待和对待"生命政治"的方式上何以有如此之大的区别，如资本逻辑优先于政治逻辑和生命逻辑；生命逻辑优先于资本和权力逻辑。这个具体语境就是"场域"。

"场域"（field）理论是由法国著名社会学家布尔迪厄提出并运用的社会学理论。"惯习"（habitus）、"资本"（capital）、"场域"（field）是由他所创设的统领其社会学理论的"知性范畴表"，在此我们无意去介绍布尔迪厄是如何创设这个范畴表的，更无意去转述他的各种学术成就，而是想借用这个范畴表分析和论证人们看待和对待"生命政治"的方式是如何发生的。"从分析的角度来看，一个场域可以被定义为在各种位置之间存在的客观关系的一个网络，或一个构型。正是在这些位置的存在和它们强加于占据特定位置的行动者或机构之上的决定因素之中，这些位置得到了客观的界定，其根据是这些位置在不同类型的权力（或资本）——占有这些权力就意味着把持了这一场域中利害攸关的专门利润的得益权——的分配结构中实际的和

第十一章 从权力政治到生命政治:两种场域与两种路向

潜在的处境,以及它们与其位置之间的客观关系(支配关系、屈从关系、结构上的对应关系,等等)。"场域是被构成的,是不同群体在各自所处的位置上依据自己掌握的权力(资本)相互嵌入、相互影响而形成的有形和无形的语境、境遇。人们可以无人称式地分析和论证场域的内部构成及其生成逻辑,这可能是社会学的学术旨趣,而我们要做的工作是一个具体的场域是如何形成的以及在这个场域中人们是如何看待和对待"生命"的。布尔迪厄在谈到"一个场域运作和转变的原动力"时说道:"一个场域的动力学原则,就在于它的结构形式,同时还特别根源于场域中相互面对的各种特殊力量之间的距离、鸿沟和不对称关系。正是在场域中积极活动的各种力量——分析者之所以将这些力量筛选出来,把它们看作对场域的运作关系重大的因素,正是因为这些力量造成了场域中至关重要的差异——确定了特定资本。只有在与一个场域关系中,一种资本才得以存在并且发挥作用。这种资本赋予了某种支配场域的权力,赋予了某种支配那些体现在物质或身体上的生产或再生产工具(这些工具的分配就构成了场域结构本身)的权力,并赋予了某种支配那些确定场域日常运作的常规和规则,以及从中产生的利润的权力。"处于特定场域之中的个人或组织皆拥有一定的位置,这个位置相应地匹配着一定权力,拥有各种位置和权力的个人或组织相互合作又相互竞争,他们既在各自具有相对清晰边界的域限内活动着,如艺术场域、宗教场域、经济场域、政治场域,遵循着各自特有的运行逻辑,他们之间又相互嵌入、相互影响,既像是游戏又像是争斗:"作为包含各种隐而未发的力量和正在活动的力量的空间,场域同时也是一个争夺的空间,这些争夺旨在维续或变更场域中这些力量的构型。进一步说,作为各种力量位置之间客观关系的结构,场域是这些位置的占据者(用集体或个人的方式)所寻求的各种策略的根本基础和引导力量。场域中位置的占据者用这些策略来保证或改善他们在场域中的位置,并强加一种对他们自身的产物最为有利的等级化原则。而行动者的策略又取决于他们在场域中的位置,即特定资本的分配。他们的策略还取决于他们所具有的对场域的认知，而后者又依赖于他们对场域所采取的观点，即从场域中某个位置点出发所采纳的视角。"

起始于15世纪末的现代化运动开启了一个完全不同于中世纪的"场域"构造运动，关于这个被构造出来的新型"场域"与其之前和之后的社会状态的关系，马克思在"既不同于资本主义前的各社会形态又不同于未来的共产主义社会的资产阶级社会的一般特征"这个标题之下，明确指出了资本主义社会对以往社会的超越性特征，即"在这种社会形态下，才形成普遍的社会物质变换，全面的关系，多方面的需求以及全面的能力的体系。"这种特征是为建立更高社会形态创造了条件，"建立在个人全面发展和他们共同的社会生产能力成为他们的社会财富这一基础上的自由个性，是第三个阶段。第二个阶段为第三个阶段创造条件。"然而资本主义的产生和发展却是在充满血腥的"场域"下完成的，"资本主义社会的经济结构是从封建社会的经济结构中产生的，后者的解体使前者的要素得到解放"，"但是另一方面，新被解放的人只有在他们被剥夺了一切生产资料和旧封建制度给予他们的一切生存保障之后，才能成为他们自身的出卖者。而对他们的这种剥夺的历史是用血和火的文字载入人类编年史的。"资本来到人间除了使资本家"忘我"地攫取剩余价值之外，似乎没有任何其他的打算，增殖是资本的唯一使命。在资本的演变史上，无论它采取产业资本主义、货币资本主义，还是知识资本主义，资本的主人无论是采取个体资本家、集团资本家还是国家资本家，它的灵魂是不变的，这就是增殖，它的运行逻辑是不变的，这就是它永远置自身于生命价值与"公共善"之上。尽管第二次世界大战以来，资本主义也在不断修正、调整自身的运行方式，缓和由资本的"任性"所造成的难以调和的社会矛盾，但作为本体论的"资本主义精神"似乎从未彻底改变过。在资本的生成和演化史中，无论是在"原始积累"阶段，还是在扩张阶段，由资本的运行逻辑所导致的非人道事实已是昭然若揭。在世界化和全球化已成客观事实的当代场域下，资本的运行逻辑借助"商人思维"将"增殖"至上原则推行到了世界的各个角落。"公共善"、"生命政治"再次变成了全球性的危机。

"社会主义精神"之不同于"资本主义精神",不仅仅表现在创造财富和分配财富的方式上,更在于资本、权力、政治和生命之间的逻辑关系上。由中国共产党人领导的百年社会主义制度发生、发展和完善史,本质上就是"以人民为主体"的发展史,"一切依靠群众"、"一切为了群众"、"为人民服务"、"美好生活",等等,都是"以人民为主体"这一面向"终极之善"的核心价值观在不同时代的表现。虽然在建国后的几十年里我们未能很好地找到解放生产力和发展生产力的道路,但"以人民为主体"的观念依旧是我们秉持的核心观念。改革开放40多年来,虽然在某些领域、某个段落上,出现了由资本逻辑和权力逻辑替代"权利逻辑"的倾向,但由于中国共产党人拥有超强的自我纠偏、自我矫正、自我反思和自我完善的优良品质,通过政治、经济和文化的深度改革,重又使"以人民主体"的价值理念变成了全面的社会实践。这不仅是在稳定社会状态下如此,在各种公共危机的防控和消除过程中更是如此。一种价值观,一个民族和国家的"精神"是在特定的历史场域下生成的、养成的,而这种"精神"一经生成便即刻将其自身反身嵌入到人们的日常观念、集体概念和集体行动中,从而形成集体行动的运行逻辑。在正常状态和非常状态下,"权利"观、"生命政治"观可能会有不同的表达形式和实现方式,但总有某种一致性。对这种差异性和一致性,政治哲学必须在理性精神指导下予以深入分析和论证,探寻权利、生命、资本和权力之间的应然逻辑。

第三节 同一种场域下的两种路向与两种场域下的同一种路向

康德基于"目的王国"的设置而给出的普遍道德哲学命题,"人人都是目的而不仅仅是手段",作为有理性存在者,自在地就值得重视,通过德性每个人获得了自尊,也获得了来自他人的尊重,即尊严。具有基本道德理性知识的人都会同意这一命题，并在个体能力所及的范围内，平等对待。然而，个体的自尊和尊严，个体生命的维持和升华都必须在集体行动中完成，家庭、氏族、部落和国家就是集体的不同形式。当集体一经生成便形成了集体行动的逻辑，它与集体中的个体就有了分别，集体意志就会基于个体意志而又超越于个体意志。当公共意志变成了少数集团甚至某个人的个人意志时，一种强大的异己力量就会控制着个体的思考与行动。在人类发展史上，自从产生了私有制，出现了一个阶级压迫另一个阶级，并把这种剥削和压迫工具化的时候，一种更大的异己力量就产生了，这就是国家。"至今一切社会的历史都是阶级斗争的历史"，作为最高形式的私有制社会，虽然"资产阶级在它的不到一百年的阶级统治中所创造的生产力，比过去一切时代创造的全部生产力还要多、还要大。"但资产阶级也把似有制发展到了极端的形式，"它使阶级对立简单化了。整个社会日益分裂为两大敌对的阵营，分裂为两大相互直接对立的阶级，资产阶级和无产阶级。""现代的资产阶级所有制是建立在阶级对立上面、建立在一些人对另一些人的剥削上面的产品生产和占有的最后而又最完备的表现。"所以只有废除了资产阶级私有制，才能使国家变成真正统一组织劳动、共同分配财富、使每个人成为社会主人的自由联合体，成为最大限度实现"权利"的社会治理和管理的组织，使"生命政治"不再成为问题，而是成为价值。"共产主义的特征不是要废除一般的所有制，而是要废除资产阶级的所有制。"资本主义、资本主义国家，无论怎样改变它的国家治理和社会管理模式，它的核心价值观念和核心价值体系是不变的，如果在稳定状态下，这种体系还有某种代表人类最高价值的幻相，那么在非常状态下，它的资本、权力优先于生命价值的本质就昭然于天下了。

1917年人类历史上第一个社会主义国家诞生，它使康德的"目的王国"、空想社会主义的理想变成了伟大的社会运动；1921年起，由中国共产党人领导的社会主义伟大实践，在近一百年的时间里，艰苦探索着一个最大化实现"生命政治"的道路。社会主义既是一组

第十一章 从权力政治到生命政治:两种场域与两种路向

价值观念、一套制度体系,又是一个持续的改革发展运动。

资本主义与社会主义是当代场域下人类在国家治理和全球治理中所运用的两大体系,在整个现代化运动中,资本主义先行于社会主义而主导了现代化运动;在近百年来的相互对立中,社会主义的崛起、尤其是中国特色社会主义的后发模式,使社会主义运动也越来越具有了世界性的影响和全球化的意义。但西方发达国家始终"秉持"着基于资本运行逻辑之上的功利主义和实用主义价值观,不论是在国家治理和社会管理上,还是在全球治理中,都始终贯彻它的单边主义、本国优先的理念,将资本、权力置于权利、政治之上。相反,作为日益崛起的社会主义国家,在资本、权力、权利和政治的逻辑结构中,始终把权利和政治置于资本和权力之上,在不断改革创新中,在不断变换的全球治理中,开显出了中国特色的政治模式,这就是在国家治理和社会管理中,始终贯彻"以人民为主体"的价值理念,最大限度地实现每个人的生命价值,最大限度地创造并合理分配公共善,为每个人拥有一个整体性的好生活创造条件和环境;在全球治理中,始终把人类的共同利益作为处理国际事务的价值基础,只有放弃本国至上、集团至上、个人至上的利己主义行为,才能有效应对全球性的危机甚至灾难。这个政治正在朝着将个人权利与人类利益有机统一起来的正确方向迈进。

(1) 同一种场域下的两种路向。不同国体、政体、体制、制度在正确性和正当性意义上的差别,可有两种不同的证明方式,一种是不同场域下各自的运行状况,这只有想象比较的意义,因为别一种场域下的国体与政体在那种场域下是正确的、正当的、有效的,移植到此一种场域中来就极有可能是失当的、无效的。一个民族、一个国家的人们在存在感、成就感和幸福感的获得上,并不完全取决于物的因素,文化的、精神的因素或许是更为重要的方面。离开具体场域讨论不同国体和整体的优势与劣势并无实质性意义。但在同种场域下,处理同一种类的事情,不同国体和政体的优势与劣势、正确与正当就清晰可见了。

◈ 追寻政治的"是其所是"

突如其来的公共卫生危机,以前所未有的速度、广度和力度,越过地区的边界、超越国家的界限,成为了一个真正的全球性危机。无论是出于自然的原因,还是因人的生产、交往和生活所致,公共卫生危机都在全世界的范围内"一视同仁"地威胁着个体的生命。面对突如其来的公共危机,面对受危机折磨甚至濒临死亡的鲜活生命,依靠个体、集体的有限力量无法有效地阻止危机的蔓延,更无法防控和消除。在看待和对待公共卫生危机问题上,作为当下两种主要的全球治理、国家治理和社会管理模式的国体和政体,社会主义制度与资本主义制度却表现出了全然不同的价值观念、制度安排和实际行动。中国共产党人采取的是个体防护、集体管理、组织领导、全党指挥的认知、应对、防控模式;面对人类迄今为止所遭遇到的最为严重的公共卫生危机,只能也只有采取全能政府的治理模式才能有效遏制危机的蔓延;政党和政府快速做出正确决策,将危机控制在人的能力所及的范围内;医护人员全力以赴、自动请缨、用于担当、恪尽职守、自我牺牲;科研人员将已有的现有的科学研究用于控制、消除危机的研制之中,集体攻关、国际合作,夜以继日地查阅文献、科学试验;无数的在场的、不在场的旁观者,以移情和同情的方式,表达着赞美、实践着鼓励。所有这一切,用铁一般的事实充分证明了,在资本、权力、利益面前,只有生命才是最宝贵的,只有恢复健康、维护生命、提升生命才是最大的政治,这是非常状态下"生命政治"的光辉写照。

相反,在资本主义国体、政体、制度、体制与行动结构中,面对突发的公共卫生危机,却表现出与它以往所倡导的人的权利第一、自由至上的观念和行动大相径庭的想法和做法,一些民众如此,政党和政府更是如此。"朕即国家"的国家治理模式,使得国家首领无法分清国家意志与个人意志的本质区别,他既不想知道国家是伦理理念的现实,即在危机状态下,个体的生命就是这种现实,更不想实现这种伦理理念;相反,他把他的根深蒂固的商人思维和权力观念借助国家机器和庞大资本贯彻到国家的各个领域。基于资本运行逻辑之上的功

第十一章 从权力政治到生命政治：两种场域与两种路向

利主义和利己主义价值观使他在生命与利益不可兼得的情境下而选择利益；不仅如此，即便公共卫生危机在全球范围内迅速蔓延的危机状态下，他依旧坚决地贯彻着在稳定状态下的原则，在作为的意义上，获得最大化利益，在不作为的意义上，洗刷罪责、摆脱责任、逃避惩罚，停止对国际世卫组织的经费支持，他要把资本和权力至上原则贯彻到世界各地。

这就是同一种场域下的两种不同路向。自从社会主义国家产生以来，关于两种制度的优与劣的争论和讨论就从来没有停止过。无论是政治学、法学、国际关系理论，在致思范式上似乎都存在着这样的倾向，第一，其所讨论的对象都是在各自的场域下的国家治理和社会治理模式，对其过程和效应之差异的比较并不具有本质上的意义，人类迄今为止尚未构建出只有创价而无代价的治理和管理模式，其优点与缺点似乎同样突出，因为它就像一块银币的两面，它们是一体两面的关系。第二，在比较的模式上，似乎都在用此模式的优点比附彼一模式的缺点，而不是对在同一种场域下面对同一种危机，在治理和管理上的优与劣进行比较。而由公共卫生危机所引发的全球性危机，为这种比较提供了鲜活的素材。人们真正该做的是对自己的治理和管理模式做全面而深刻的反思，而不是一味地夸大他者的缺点、夸大自己的优点。

（2）两种场域下的同一种路向。"生命政治"是福柯在1978—1979年法兰西演讲时明确提出的一个概念，而且是在"君主权力"、"规训权力"的比较中创制和使用的，"君主权力"、"规训权力"和"生命权力"是福柯所论及的三种权力形式。在创制和使用中，始终贯穿着两种旨趣，一种是描述性的，一种是规范性的。作为一个描述性的范畴，福柯借助大量历史事实描述"君主"是如何借助国家权力对个体进行支配和改造的；学校、工厂、军队、医院、幼儿园等组织又是如何借助各种规范对个体进行有效规制和教化的，它们分别表现为"权力政治"和"规训政治"。随着人类对前两者的改造和修正，一种以使个体获得快乐和幸福为目的的权力和规训就可能产生，以个体之快乐和幸福为终极目的的"政治"，这就是就是"生命政治"。福柯认为这种"生命权力"出现在十八世纪下半叶，人们不是用"生命权力"替代了"君主权力"和"规训权力"，三者是并存的，先前是通过"君主权力"和"规训权力"将个体生命改造、整合、规训成君主权力的支配对象、国家机器中的一个部件、权力棋盘上的一枚棋子。"生命权力"的出现，颠覆了先前的结构，使个体生命健康、快乐、幸福成为了那两种权力得以产生和运行的目的。福柯试图将"生命政治"的观念史和实践史统一起来加以思考，将客观因果性陈述与意义妥当性陈述结合起来加以解决。我们借用福柯"生命政治"概念的真实意图，是想把这一概念改造成一种思考方式，用以分析和论证同一种国体、整体、体制和行动如何在不同场域下最大限度地实现"生命政治"。在这里，"生命政治"既是一个道德哲学命题又是一个"实践哲学"难题。

生命价值优先原则在预判、防控和消除公共卫生危机过程中国得到了彰显，由此体现出来的社会主义理念、制度优势，中国人特有的精神体系也得到了国人和世界人民的普遍认可。人们可以从传统文化中、社会主义精神体系中发掘这种理念、制度和精神得以存续和彰显的观念基础和社会基础，从而证明社会主义制度的优越性，增强各种信心，这些都是必须肯定甚至要发扬光大的。但也必须理性地、公正地看待和对待人们在危机防控中所表现出来的思考与行动，假如我们是一个公正的旁观者，那么至少如下一些方面值得深入分析和论证。

正常状态与非常状态是人们必须面对的两种具体场域，促使正常状态解构而变成非常状态的原因通常有两种，一种是人为的，如政变、战争；一种是自然灾害，如地震、海啸、瘟疫。由这些事件所导致危险状态被称之为公共危机，由公共卫生危机所引发的危机就是迄今为止最为严重的危机，它有可能导致社会秩序系统解构、社会价值体系崩溃、个体生命受到威胁。在危机预判、防控与消除过程中，资本、权力、生命在瞬间被并置在一起。事实证明，只有采取生命至上、秩序次之、经济又次之的解决之路才是一种正确和正当的道路。

参考文献

（宋）朱熹撰：《四书章句集注》，中华书局 2011 年版
《技术的追问》，《海德格尔选集》（下），孙国兴编，上海三联书店 1996 年版
《康德著作全集》第 5 卷，李秋零译，中国人民大学出版社 2007 年版
《马克思恩格斯全集》第 42 卷，人民出版社 1979 年版
《马克思恩格斯全集》第 46 卷（上），人民出版社 1979 年版
《马克思恩格斯文集》第 10 卷，人民出版社 2009 年版
《马克思恩格斯文集》第 1 卷，人民出版社 2009 年版
《马克思恩格斯文集》第 2 卷，人民出版社 2009 年版
《马克思恩格斯文集》第 5 卷，人民出版社 2009 年版
《马克思恩格斯文集》第 8 卷，人民出版社 2009 年版
《马克思恩格斯选集》第一卷，人民出版社 1972 年版
《世界图象的时代》，《海德格尔选集》（下），孙周兴主编，上海三联书店 1996 年版
《说文解字》（四），汤可敏译注，中华书局 2018 年版
《说文解字》（一），汤可敏译注，中华书局 2018 年版
《西方哲学原著选读》（上卷），商务印书馆 1981 年版
《亚里士多德全集》第七卷，苗力田译，中国人民大学出版社 1993 年版
《资本论》（纪念版）第一卷，人民出版社 2018 年版
参见黑格尔《法哲学原理》，范扬、张企泰译，商务印书馆 1979 年版
康德：《纯粹理性批判》，邓晓芒译，人民出版社 2017 年版

罗尔斯：《公共理性的观念》，载［美］詹姆斯·博曼主编，陈家刚等译，中央编译出版社 2006 年版

马克思：《1844 年经济学哲学手稿》，人民出版社 2018 年版

马克思：《资本论》第一卷，人民出版社 1975 年版

马克思：《资本论》第一卷，人民出版社 2018 年版

朱熹：《四书章句集注》，中华书局 2011 年版

［德］费迪南·滕尼斯：《共同体系社会》，张魏卓译，商务印书馆 2019 年版

［德］黑格尔：《法哲学原理》，范扬、张企泰译，商务印书馆 1961 年版

［德］黑格尔：《法哲学原理》，范扬、张企泰译，商务印书馆 1979 年版

［德］黑格尔：《法哲学原理》，范扬、张企泰译，商务印书馆 2010 年版

［德］黑格尔：《精神哲学》，杨祖陶译，人民出版社 2006 年版

［德］胡塞尔：《纯粹现象学通论》，李幼蒸译，商务印书馆 1992 年版

［德］康德：《纯粹理性批判》，邓晓芒译，人民出版社 2004 年版

［德］康德：《纯粹理性批判》，邓晓芒译，人民出版社 2017 年版

［德］康德：《道德形而上学》，《康德著作全集》第 6 卷，张荣、李秋零译，中国人民大学出版社 2007 年版

［德］康德：《道德形而上学奠基》，杨云飞译，邓晓芒校，人民出版社 2013 年版

［德］康德：《道德形而上学原理》，苗力田译，上海人民出版社 1986 年版

［德］康德：《判断力批判》，邓晓芒译，人民出版社 2002 年 12 月第 2 版

［德］康德：《判断力批判》，邓晓芒译，人民出版社 2002 年版

［德］康德：《实践理性批判》，关文运译，广西师范大学出版社 2002 年版

[德] 康德著：《纯粹理性批判》，邓晓芒译，人民出版社 2004 年版

[德] 康德著：《康德书信百封》，李秋零译，上海人民出版社 2019 年版

[德] 康德著：《判断力批判》，邓晓芒译，人民出版社 2002 年版

[德] 康德著：《实践理性批判》，关文运译，广西师范大学出版社 2002 年版

[德] 韦伯：《经济与历史：支配的类型》，康乐等译，广西师范大学出版社 2004 年版

[古希腊] 亚里士多德：《尼各马可伦理学》，廖申白译，商务印书馆 2003 年版

[美] 汉娜·阿伦特：《康德政治哲学讲稿》，曹明、苏婉儿译，上海人民出版社 2013 年版

[美] 汉娜·阿伦特：《康德政治哲学讲座》，曹明、苏婉儿译，上海人民出版社 2013 年版

[美] 路易斯·亨利·摩尔根：《古代社会》（上），商务印书馆 1977 年版

[美] 罗尔斯：《公共理性的观念》，参见《协商民主：论理性与政治》，詹姆斯·博曼、威廉·雷吉主编，陈家刚等译，中央编译出版社 2006 年版

[美] 斯蒂文·贝斯特、道格拉斯·凯尔纳：《后现代理论》，中央编译局 1999 年版

[美] 汤姆·罗克莫尔：《康德与观念论》，徐向东译，上海译文出版社 2011 年版

[美] 约翰·罗尔斯：《作为公平的正义》，姚大志译，上海三联书店 2002 年版

[英] 伯兰特·罗素：《权力论》，吴友三译，商务印书馆 2012 年版

[英] 迈克尔·莱斯诺夫：《社会契约论》，刘训练等译，江苏人民出版社 2006 年版

[英] 迈克尔·莱斯诺夫等：《社会契约论》，刘训练等译，江苏人民出版社 2006 年 12 月第 2 版

［英］迈克尔·曼：《社会权力的来源》（第一卷），刘北成、李少军译，上海人民出版社2002年版

［英］迈克尔·曼：《社会权力的来源》，刘北成、李少军译，上海人民出版社2002年版

［英］迈克尔·曼《社会权力的来源》，刘北成等译，上海人民出版社2002年版

［英］威廉·葛德文：《政治正义论》，何慕李译，商务印书馆1979年版

［英］亚当·斯密：《道德情操论》，蒋自强等译，商务印书馆1997年版

［英］约翰·密尔：《论自由》，许宝骙译，商务印书馆2017年版

参见晏辉《法律文化与现代伦理精神》，《社会科学辑刊》2015年第2期

参见晏辉《论自我的哲学边界》，《天津社会科学》2015年第4期

晏辉：《中国问题与中国当代哲学》，《山东社会科学》2008年第2期；《哲学问题与问题哲学———一种可能的哲学观》，《学术研究》2003年第10期

晏辉：《公共性的原始发生》，《教学与研究》2007年第4期；《现代性语境下公共性问题的哲学批判》，《哲学研究》2011年第8期；《精神公共性危机及其重建》，《苏州大学学报》2013年第2期

晏辉：《论政治观念》，《南京社会科学》2011年第6期

晏辉：《在冷漠与激情之外——论政治表达的第三种方式》，《河南社会科学》2016年第8期